中国东北振兴研究院
CHINA ACADEMY OF NORTHEAST REVITALIZATION

2019

东北老工业基地全面振兴

进程评价报告

李凯 李伟伟 王世权 易平涛 / 著

经济管理出版社
ECONOMY & MANAGEMENT PUBLISHING HOUSE

图书在版编目（CIP）数据

2019 东北老工业基地全面振兴进程评价报告/李凯等著．—北京：经济管理出版社，2020. 11
ISBN 978 - 7 - 5096 - 7649 - 3

Ⅰ.①2⋯　　Ⅱ.①李⋯　　Ⅲ.①老工业基地—区域经济发展—研究报告—东北地区—2019　　Ⅳ.①F427.3

中国版本图书馆 CIP 数据核字（2020）第 235476 号

组稿编辑：张巧梅
责任编辑：张巧梅
责任印制：赵亚荣
责任校对：陈　颖

出版发行：经济管理出版社
　　　　　（北京市海淀区北蜂窝 8 号中雅大厦 A 座 11 层　　100038）
网　　　址：www. E - mp. com. cn
电　　　话：（010）51915602
印　　　刷：北京晨旭印刷厂
经　　　销：新华书店
开　　　本：787mm × 1092mm/16
印　　　张：19
字　　　数：426 千字
版　　　次：2020 年 12 月第 1 版　　2020 年 12 月第 1 次印刷
书　　　号：ISBN 978 - 7 - 5096 - 7649 - 3
定　　　价：88. 00 元

前　言

　　东北地区是中国重要的工业和农业基地，担负着维护国家国防安全、粮食安全、生态安全、能源安全、产业安全的重要使命，关乎国家发展大局。中华人民共和国成立以来的很长一段时间内，一直是带动中国经济发展的火车头和急先锋，被冠以"共和国的长子""中国工业的摇篮"。然而，伴随着中国经济进入新常态，面对日益纷繁复杂的国际政治经济形势，东北地区表现出了明显的不适应，经济下行压力增大，部分行业和企业生产经营困难，体制机制的深层次问题进一步显现，经济增长新动力不足和旧动力减弱的结构性矛盾突出，发展面临着新的困难和挑战。

　　在上述背景下，"十三五"开局之年，以《中共中央国务院关于全面振兴东北地区等老工业基地的若干意见》出台为标志，一场旨在以创新驱动为引领、以结构调整为基点、以体制机制重塑为依托、以创新创业为关键、以民生保障为前提的新一轮东北老工业基地全面振兴攻坚战盛大启幕。新一轮振兴目标非常明确，概而言之就是：到2020年，东北地区在重要领域和关键环节改革上取得重大成果，转变经济发展方式和结构性改革取得重大进展，经济保持中高速增长。在此之上，2030年，东北地区将会实现全面振兴，走进全国现代化建设前列，成为全国重要的经济支撑带。

　　新时代东北振兴，是全面振兴、全方位振兴。为了实现既定的振兴目标，国家在政策和资金等方面给予了大力支持，社会各界也给予了东北前所未有的关注，东北各级政府更是"撸起袖子加油干"，希冀在新一轮振兴中有所作为。然而，在振兴战略如火如荼推进之际，如何判断东北全面振兴进展，客观反映东北振兴进程？怎样清晰刻画东北经济社会发展中的短板，精准施策？一系列现实问题摆在我们面前。基于此，在国家发改委的指导下和中国东北振兴研究院积极推动下，东北老工业基地全面振兴进程评价被提上日程。

　　开展东北老工业基地全面振兴进程评价，旨在通过设计一系列指标并运用统计数据，形成能够全面评价东北老工业基地振兴进程指数，据此判断东北全面振兴、全方位进程，明确振兴中存在的问题，并提出具体对策，实现以评促建，评建结合，成为东北振兴的"晴雨表"。在此基础上，形成《东北老工业基地全面振兴进程评价报告》（蓝皮书），2017 年始，每年定期发布。《东北老工业基地全面振兴进程评价报告》（蓝皮书）主要包括总报告、评价报告和附录三部分，力求全面评价东北振兴中的政府治理、企态优化、区域开放、产业发展、创新创业与社会民生情况。

本书是在国家发改委振兴司的指导下，由中国东北振兴研究院、东北大学、中国（海南）改革发展研究院等多家单位精干的科研力量通力合作完成的。全书由中国东北振兴研究院副院长、东北大学教授李凯提出编写提纲和框架并负责内容的总体审核。迟福林、殷仲义、夏峰、匡贤明等参与了课题指标设计等讨论，辽宁大学张丹宁副教授、南昌大学李玲玉博士，博士后陈阳、周莹及博士研究生王露、董乾坤、石茹雪，硕士研究生张晓明、刘朋飞、黄海、王士烨、王胜男、刘亚倩、袁建荣、梁媛媛、胡小慧、惠文锋、左晓芹、宋雪峰、严明、曹敏，本科生樊智豪、李晨阳、陈真真等参与了本期评价报告数据收集、分析及部分章节初稿的整理工作。

《东北老工业基地全面振兴进程评价报告》已连续发布 3 年，得到了社会各界同行的高度关注与积极反馈，《2019 东北老工业基地全面振兴进程评价报告》（蓝皮书）又将付梓，值此之际，首先，要感谢国家发改委振兴司、东北大学、中国（海南）改革发展研究院、中国东北振兴研究院的各位领导和同仁的大力支持。其次，要感谢郭亚军教授领衔的东北评价中心及学术团队所提供的技术协助。最后，本书在撰写过程中参考了大量国内外已有文献，囿于篇幅并未一一列示。同时，经济管理出版社的张巧梅编辑在本书的出版过程中做了大量的协调工作，在此一并表示感谢。

受数据资料来源与时间等限制，本书中不足之处在所难免，敬请各位读者批评指正。

李 凯

中国东北振兴研究院副院长

目　录

上篇　总　报　告

上篇　总　报　告

一、宏观背景与研究意义

（一）宏观背景

当前，全球新一轮科技革命和产业变革蓄势待发，创新多极化趋势日益明显，大国关系发生转折性变化，传统的生产方式、社会结构和生活方式正在发生转变。创新驱动成为各国实现经济再平衡、打造国家竞争新优势的核心，正在深刻影响和改变国家力量对比，重塑世界经济结构和国际竞争格局。在全球经济社会格局大调整、大变革、大重组继续向纵深发展的挑战下，中国正处于经济转型的历史关节点。传统的经济社会格局不断重塑，新的增长力量还在孕育中，并且与全球化新趋势呈现历史交汇（迟福林，2016；陈昌盛等，2020）。为了适应全球化新趋势，应对世界所面临的百年未有之大变局，破解经济社会发展中的各种难题，发达国家已加紧进行新的战略部署，将突破核心关键技术作为抢占未来发展战略制高点的重要路径。中国也正在积极推动并深化"一带一路"倡议，以经济转型为目标强化结构性改革，兼顾稳定经济增长和防范经济风险，加大改革力度，激活微观市场主体活力，实现增加有效供给和刺激有效需求双轮驱动，推进经济转型升级，释放经济增长潜力，稳定经济发展预期，适应结构优化、动力转化的发展新常态。全球化新趋势和中国经济转型不断深入为东北老工业基地全面振兴、全方位振兴提供了难得的战略机遇和带来巨大挑战。

东北地区是中国重要的工业和农业基地，在维护国家国防安全、粮食安全、生态安全、能源安全、产业安全中具有重要的战略地位。着力推动经济发展质量变革、效率变革、动力变革，实现东北地区经济社会高质量发展，增强区域发展的竞争力、创新力、抗风险能力，关乎国家发展大局。国家对于东北地区一直以来都比较重视。党的十八大以来，习近平总书记多次赴东北地区视察和主持召开会议，就东北老工业基地振兴工作提出了一系列新的战略判断和重要指示要求，指出当前东北地区面临的矛盾和问题，归根结底是体制机制问题，是产业结构问题和经济结构问题。解决这些问题，归根结底要靠全面深化改革，并明确提出要着力完善体制机制、着力推进结构调整、着力鼓励创新创业、着力保障和改善民生"四个着力"的总体要求，并要求要像抓三大战略一样持续用力，形成新一轮东北振兴的好势头。李克强总理也多次主持召开会议专题部署东北振兴工作，做出系列重要批示。2016 年 4 月 27 日，《中共中央国务院关于全面振兴东北地区等老工业基地的若干意见》（以下简称 7 号文件）提出，"要以知难而进的勇气和战胜困难的信心坚决破除体制机制障碍，加快形成同市场完全对接、充满内在活力的新体制和新机制"。一场旨在以创新驱动为引领、以结构调整为基点、以体制机制重塑为依托、以创新创业为关键、以民生保障为前提的新一轮东北老工业基地全面振兴攻坚战盛大启幕。新一轮振兴目标非常明确，概而言之就是：到 2020 年，东北地区在重要领域和关键环节改革上取得重大成果，转变经济发展方式和结构性改革取得重大进展，经济保持中高速增长。在此之上，2030 年，东北地区将实现全面振兴，走进全国现代化建设前列，成为全国重要的经济支撑带。2018 年 9 月，正当东北振兴如火如荼展开之际，习近平总书记到东北三省考察，主持召开深入推进东北振兴座谈会并发表重要讲话，强调新时代东北振兴是全面振兴、全方位振兴，要从统筹推进"五位一体"总体布局、协调推进"四个全面"战略布局的角度去把握，重塑环境、重振雄风，形成对国家重大战略的坚强支撑。面对新形势、新机遇、新问题，在内外环境发生深刻变化的大背景下，新时期东北老工业基地振兴的蓝图已然绘制，政策不断供给，全面振兴、全方位振兴进程正在不断深化。

（二）研究意义

东北全面振兴、全方位振兴是国家总体战略布局，国家在政策和资金等方面给予东北大力支持，社会各界也对东北前所未有的关注，东北各级政府更是围绕"振兴蓝图"进行顶层设计，希冀在新一轮振兴中有所作为。然而，在东北振兴战略走到今天，如何研判东北全面振兴进展，客观反映东北振兴进程？怎样清晰刻画东北经济社会发展中的短板，精准施策？一系列现实问题摆在我们面前。为此，综合考虑东北老工业基地振兴的时代背景，对东北老工业基地振兴的政策环境、区域环境等进行深入研究，创建东北老工业基地全面振兴进程评价指标体系，在此之上，依据调研数据评价东北振兴状况将具有重要的现实意义。

然而，概观已有的研究，与实践迫切需求不相匹配的是，虽然理论上关于老工业基地振兴的研究近年来取得了丰硕的成果，提炼并总结了老工业基地发展的障碍性因素与动力机制、振兴的路径和方向及不同利益相关者的作用（张虹等，2011；吕政，2012；刘凤朝等，2016），研究中也尝试对诸如东北老工业基地振兴绩效、竞争力等进行评价，但尚缺乏系统性的、能够全面反映东北老工业基地全面振兴进程的评价指标体系，这已成为一个重要的理论缺口。如此一来，必然难以有效解释东北老工业基地振兴关键点的选择，也难以对建构有助于东北老工业基地的创新驱动机制提供指导。因此，通过关注东北老工业基地发展的复杂性和特殊性，溯源东北老工业基地问题出现的本质原因，从整体上分析东北老工业基地振兴面临的制度约束，构建一个能够反映区域特殊性的东北老工业基地全面振兴进程评价指标体系，明晰振兴的起点与根本原因，综合研判东北全面振兴进程和阶段，反映振兴政策进展与效果，明确制约东北全面振兴的主要障碍，提出下一阶段东北全面振兴进程中政府施政的重点和难点，并据此深入探究有利于东北全面振兴、全方位振兴的制度设计将具有重要的理论和现实价值。

二、东北老工业基地全面振兴
进程评价系统设计

老工业基地的改造与振兴是世界各国经济发展过程中所遇到的共同课题。美国的"锈带"地区、德国的"鲁尔"、英国的"雾都"、日本的"京、阪、九工业带"、法国的"洛林"地区等世界著名的老工业基地，都曾经历这一过程。历史地看，老工业基地的形成既有一般共性原因，也夹杂着一定的社会、经济、区域的原因。由此决定了对东北老工业基地全面振兴进程进行评价，必须要考虑其自身的特殊性。

（一）总体思想

溯本求源，对东北老工业基地全面振兴进程评价的关键在于探索其衰落的本质原因。当前，关于老工业基地衰落的本质主要有三种理论：循环累积因果理论、生命周期理论及路径依赖理论。循环累积因果理论认为，当地区经济开始衰退时，衰退本身可产生一种自我强化机制，该机制通过区域的乘数效应可迅速扩散，使区域的衰落陷入恶性循环累积过程。研究发现，这种循环累积效应在制造型企业密集的区域更为显著（马国霞等，2007），且区域的发展也可能受到区域开放度的影响。生命周期理论则是指老工业区内的主导专业化产品正处于生命周期中的成熟后期和衰退阶段，丧失了创新的特质，无法及时退出产品生命循环进程。在技术不变的前提下，由成本因素决定的价格优势不能被无限扩大，会导致老工业区主导产品市场竞争力不断下降，进而引致区域经济下滑。路径依赖理论是在前两种理论的基础上形成的，也是目前解释老工业基地衰落的主流理论，认为老工业基地的发展存在路径依赖，它们被锁定在传统的制度上，不愿意参与到未来经济规划中，具体表现就是落后的制度无法为老工业基地的革新提供动力，使其在长期发展过程中逐渐落后。由路径依赖所带来的锁定效应可以划分为：功能锁定（如大企业和小企业之间的长期联系限制了小企业的创新能力）、认知锁定（如总认为衰退是经济周期导致的，而不是结构性因素导致的）和政治锁定（如既得利益阶层反对变化）。

为了克服锁定，重新振兴老工业基地，学术界提出了"学习型区域"（Learning Region）概念，并提倡利用区域网络化所带来的经济利益，实施去工业化。然而，从实践来看，美国的匹兹堡、英国的伯明翰、法国的北部—加莱海峡和德国的鲁尔等老工业基地虽具有很多相似点，但去工业化模式也存在巨大差异。因此，分析不同的老工业基地需要结合具体情况，对振兴进程的评价亦然。东北老工业基地形成有其历史原因，振兴路径也必然不同，评价重点要反映出这种特性。2016年4月，正式发布的《中共中央国务院关于全面振兴东北地区等老工业基地的若干意见》指出，到2020年，东北地区要在重要领域和关键环节改革上取得重大成果，转变经济发展方式和结构性改革取得重大进展，经济保持中高速增长。在此基础上，争取再用10年左右的时间，东北地区实现全面振兴，走进全国现代化建设前列，成为全国重要的经济支撑带。东北老工业基地全面振兴进程评价，要以振兴目标实现为前提，以东北老工业基地当前涌现的真问题、亟待解决的重大问题为着力点，深入结合东北区域特征，牢固树立并切实贯彻创新、协调、绿色、开放、共享的发展理念，坚持以评促建、稳中求进工作为总基调，最终不断提升东北老工业基地的发展活力、内生动力和整体竞争力，促使东北努力走出一条质量更高、效益更好、结构更优、优势充分释放的发展新路。

（二）内在逻辑

东北老工业基地全面振兴的题中之意在于"激发并增强东北活力"。基于此，对东北老工业基地全面振兴进程进行评价，首先需要明晰的是评价什么？为了对这一问题予以回答，需要审视东北老工业基地振兴的内在逻辑。研究认为，东北老工业基地的核心问题是产业结构问题（黄继忠，2001；肖兴志，2013；刘凤朝、马荣康，2016），产业结构相对单一，第一、第二、第三产业比重不合理，接续产业对经济发展还不能形成有效支撑，内生发展动力仍然不足、不稳、不强是其中的关键。为此，在充分发挥比较优势的基础上实现区域产业结构优化升级，是破解当前困局的关键（李向平等，2008）。

深入分析不难发现，东北老工业基地产业结构存在"传统资源型产业丧失比较优势"和"新兴产业发展缓慢"等问题，亟待进行面向合理化与高级化的调整。就成因而言，东北老工业基地产业结构是国家及地方政府"调控"与"布局"及"非均衡发展战略"实施的结果，本质上是"行政型治理"（资源配置行政化、治理机制行政化与治理行为行政化）所致。从发展的逻辑来看，制约东北老工业基地产业结构调整的要因是支撑产业发展的政府、国有企业、民营企业、中介机构、科技人才等"利益相关者价值共创意愿"严重不足。例如，政府权力过大、市场化程度不高，国有企业活力仍然不足，民营经济发展不充分；科技与经济发展融合不够，偏资源型、传统型、重化工型的产业结构和产品结构不适应市场变化，新兴产业发展偏慢；资源枯竭、产业衰退、结构单一地区（城市）转型面临较多困难，社会保障和民生压力较大；思想观念不够解放，基层地方党委和政府对经济发展新常态的适应引领能力有待进一步加强等。上述问题更为深层次上的原因是东北地区内各利益相关者因"行政型治理"导致体制与机制僵化，解决问题的关键是以"创新驱动"为突破口。因循上述思路，东北老工业基地全面振兴的关键是：通过诸如理顺政府和市场关系，解决政府直接配置资源、管得过多过细以及职能错位、越位、缺位、不到位等问题，营造良好的营商环境，激发区域创新创业氛围，促进国企转型、民企发展，加强社会民生保障等具体措施，实现区域治理由"行政型治理"向"经济型治理"转型。根据上述逻辑，对东北老工业基地全面振兴进程进行评价的重点应该是政府、市场与社会的边界是否厘清，看其治理机制设计是否有助于实现不同利益相关者关系重构，激发利益相关者价值共创意愿。根据东北区情，此间的关键与核心就是产业结构调整，这又离不开具有效率性与合法性的体制机制，能够促进区域创新能力提升的创新创业水平，以及此过程中的社会民生保障。

（三）指标选择

1. 数据可得为评价前提

一般而言，数据收集方法包括："公开数据""访谈与现场观察数据"和"问卷调研数据"等。上述方法，每一种都有自己的长处和不足。在选择数据收集的方法时，要考虑资源、问卷和数据质量三类主要因素，此外还需考虑每类主要因素涉及的许多次要因素。就资源因素而言，必须考虑做一项研究需要多少时间、聘用调查员和编码员、购买硬件、软件和补给物品需要多少钱、是否需要使用激励机制，以及是否需要购买或构建一份准备抽取样本和进行调查的总体清单（抽样框）等。问卷因素包括为了精确地测量研究概念和达到研究的预期目标，需要设计多少问题，这些问题是什么样的。数据质量因素涉及某种数据收集方法是否更容易取得调查对象的合作，如果使用了它，是否能从调查对象那里得到更为精确或更为完整的数据，以及是否能更全面地包括希望对之进行研究的总体等。

东北老工业基地全面振兴进程不是"一次性"、单一指标可以评价的，而是"连续性"的。需要系统性审视东北老工业基地振兴的关键点、重点与难点，如此才能达到以评促建，评建结合，动态把握东北老工业基地全面振兴进程的目的。从理论角度来看，指标设计越完备越有助于真实反映东北老工业基地全面振兴的进度，越容易厘清与辨明振兴中存在的问题。然而，现实中经常是一些指标虽然具备了科学性与合理性，但却无法持续收集到相关数据。基于此，东北老工业基地全面振兴进程评价指标体系设计的原则是在强调科学性的同时，要注重数据的可获得性。因此，本书所有数据均为公开数据，且来源于具有权威性的《中国统计年鉴》等数据资料。因统计数据中不可避免会出现部分数据缺失的情况，本书对于缺失数据的处理方法依循"就近原则"进行，具体为：若缺失数据为最新年份，将采用前一年数据补充，若缺失数据为往年数据，将采用前后最近两期数据的平均值补充。

2. 以"全面振兴"为评价着眼点与核心

现在东北地区在经济总量、产业基础、社会环境、民生保障体系等方面和2003年相比都有了很大提升。当前主要面临的是，在新常态下如何完善体制机制、调整产业结构、做好供给侧结构性改革，激发市场活力，推动提升经济发展质量效益等问题。因此，新一轮振兴中的重点工作是"着力完善体制机制""着力推进结构调整""着力鼓励创新创业"和"着力保障和改善民生"。围绕"着力完善体制机制"，聚焦"深化改革"，处理好政府与市场的关系，尊重市场规律，坚持市场方向，丰富市场主体，简政放权、转变职能，除弊清障、优化环境，形成一个同市场完全对接、充满内在活力的体制机制。要紧紧围绕"着力推进结构调整"，聚焦"加减乘除"，做积极培育和壮大新增长点的"加法"，淘汰落后产能的"减法"，创新拉动发展的"乘法"，减少政府对市场不合理干预、管制的"除法"，让工业结构比较单一、传统产品占大头、"原"字号、"初"字号产品居多等制约辽宁发展的"结构之问"尽快得解。要紧紧围绕"着力鼓励创新创业"，聚焦"创新驱动"，将其作为内生发展动力的主要生成点，激发全社会的创新热情，加快形成以创新为主要引领和支撑的经济体系、发展模式，早日完成从"汗水型经济"向"智慧型经济"的质变。要紧紧围绕"着力保障和改善民生"，聚焦"惠民富民"，在让百姓的日子越来越好中创造更多的有效需要，使民生改善和经济发展有效对接、相得益彰。综上，东北老工业基地全面振兴进程进行评价指标设计要反映出当前东北的突出问题，必须要重点考究"四个着力"，以此来诠释"全面振兴"。

3. 东北老工业基地全面振兴进程评价指标体系

根据前述研究，本书认为，东北老工业基地全面振兴进程评价的各评价指标选择主要是以"完善体制机制、推进结构调整、鼓励创新创业、保障和改善民生"四个着力为着眼点，以《中共中央国务院关于全面振兴东北地区等老工业基地的若干意见》等政策为依据，以综合反映东北地区的经济、资源、社会、环境状况为基准，既突出正确的价值导向，又体现合理的科学要求，强调指导性、针对性与实效性，通过科学论证而确定。最终，针对构建东北老工业基地全面振兴进程评价这一总目标，设置出"政府治理、企态优化、区域开放、产业发展、创新创业及社会民生"6个二级指标，30个三级指标以及60项四级测度指标。与此同时，为了反映东北三省各市的振兴进程，也依托该指标进行了评价，但由于各市级指标缺失比较严重，仅运用可获得数据的指标进行了评价，具体指标体系如表1-1所示。

表1-1 东北老工业基地全面振兴进程评价指标体系

一级指标	二级指标	三级指标	定义
东北老工业基地全面振兴进程	政府治理	市场干预	政府对社会资源进行配置和对国家经济及社会事务进行管理的一系列活动
		政府规模	
		简政放权	
		监管水平	
		营商环境	
	企态优化	国企效率	企业生态的改进与完善
		国企保增值	
		企业实力	
		民企规模	
		民企融资	
	区域开放	贸易开放	区域经济的对外开放水平
		投资开放	
		生产开放	
		市场开放	
		区位支撑	
	产业发展	产业均衡	单个产业的进化过程，或者产业总体，即整个国民经济的进化过程
		服务业发展	
		重化工调整	
		金融深化	
		现代农业	
	创新创业	研发基础	基于技术创新、管理创新或创办新企业等方面的某一点或某几点所进行的活动
		人才基础	
		技术转化	
		技术产出	
		创业成效	
	社会民生	居民收入	一系列社会问题的解决与生态保护
		居民消费	
		社会保障	
		社会公平	
		生态环境	

（四）指标标准化处理方法

构建指数对被评价对象进行综合评价，在数据处理时需要对已有的指标值进行标准化处理，以达到统一指标极性（如将指标统一转化为正指标，即越大越好）、消除量纲并确定取值范围的目的。本书采用一种新的指标标准化处理方法——分层极值处理法，主要原因如下：分层极值处理法能够对指标值中的"野值"进行妥善处理，避免了因某几个"野值"造成的其他数据被挤压聚堆的情况，确保了指标的区分功能，提升评价质量；振兴指数的发布具有连续性、稳定性的内在要求，从技术角度看，要求单个指标在标准化处理后应具备取值区间稳定值总和大致稳定等特征，而分层极值处理法能很好地满足这些需求。

三、东北老工业基地全面振兴的进展与挑战

为了能精确地反映东北老工业基地全面振兴进展如何？在全面振兴中有哪些短板？如何才能打破多重困局的态势？本书依据东北振兴指数对此进行了深入挖掘①。分析发现，尽管东北三省振兴稳步前行，但其速度明显低于国内其他地区，处于相对落后状态。具体表现就是："政府治理"水平最低，除"产业发展"高于全国平均②水平外，其他方面均低于全国平均水平。整体来看，东北全面振兴，持续改进压力较大，亟待通过体制机制创新，规避可能由相对能力下降而引发绝对能力衰退现象的发生。

（一）东北振兴呈稳中有进与相对落后态势

2014～2018年东北地区振兴指数得分从48.22分上升至53.48分，5年间上升了5.26分，说明振兴取得了一定效果，但与全国平均振兴指数的差距也在2017年出现扩大现象。分省来看，辽宁省高于全国平均水平和东北平均水平，但优势在逐渐缩小；黑龙江省在经历2014年、2015两年的下滑后于2016年开始缓慢回升，并在2017年达到新高，但2018年又在东北三省处于末端；吉林省整体呈波动上升趋势，2014～2016年持续上升发展，2017年出现了一定程度的下滑，但2018年又有所回升，且与东北地区平均水平的差距呈

---

① 运用东北振兴指数对全国各省市区进行测度"似有不妥"，但该分析取向是在反复摸索充分考虑后的选择，现将主要理由陈述如下：第一，逻辑上：一是东北振兴指数构建的基础是全面振兴进程评价指标体系，而该体系的结构源自对"七号文件"的解读，"七号文件"虽着眼于东北，却不失于全局，是融合了战略规划与具体事项实施的智慧成果，其整体视野与逻辑框架亦可指引全局；二是指标体系中的各项指标设置不能立足于具体事项，一方面依据具体事项而设置的指标时效性有限（达成后即失效），并且不便于横向比较，因而对于全面评价的意义十分有限；另一方面依据具体事项而设置的指标数据采集难度大、可靠性不高，没有稳定的来源，因而综合评价的质量、权威性无法保证，这就使得本书最终采用的指标体系具有较高的通用性，但是通用性的指标体系并不妨碍对于东北振兴问题特殊性及导向特殊性的刻画，更不影响对东北振兴进程所取得成果的测度。第二，客观需求方面：一是只有将东北地区置于全国的大背景下进行测度，才易于得到丰富的对比数据，定位东北振兴进程中各时期的状态水平，从而在全局视野上把握轻重缓急、归纳成败得失；二是对于具有连续观测需求的东北振兴指数而言，数据的充分性尤其重要，只有纳入全国31个省市区多年的数据，才能保证评价过程中数据处理的细腻性及结论的稳定性得以持续提升，从而确保评价的最终质量。

② 本书中指标及指数的"全国平均"与"各省平均"概念等同，均采用全国各省市区指标、指数的平均值刻画，依语境灵活选用。

现缩小趋势。同时，尽管东北地区全面振兴进程呈现稳中向好态势，但与全国平均水平相比，仍然处于"相对落后"状态，且就 2018 年的指数得分来看，与全国平均水平的差距正在拉大。具体如图 1 - 1 所示。

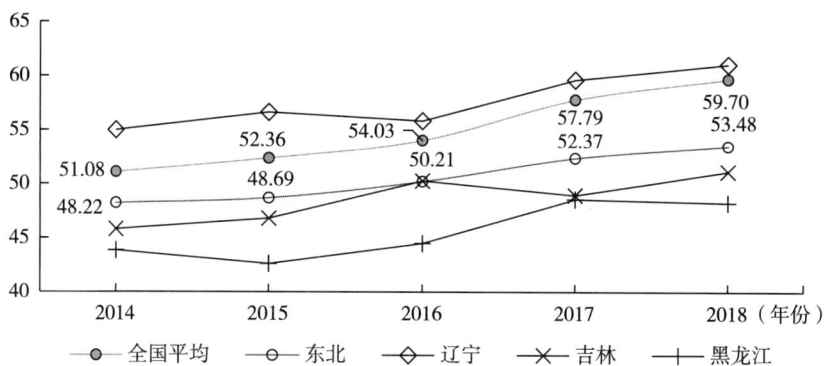

图 1 - 1　2014 ~ 2018 年振兴指数基本走势

注：①全国平均指 31 个省市区的平均水平；②全国范围内（可采集到的数据），振兴指数的最大值为 2018 年上海的 89.650 分，最小值为 2015 年西藏的 26.475 分。

（二）政府治理是当前东北振兴的严重短板

在衡量东北振兴进程的各维度中，企态优化自 2017 年以来有了明显提升。与此同时，2014 ~ 2018 年，尽管区域开放、创新创业和社会民生与全国也有一定差距，呈现稳中有进态势，区域开放与政府治理很长一段时间不分伯仲，但从 2018 年看，政府治理俨然成为当前东北振兴的严重短板，亟待改进，具体如图 1 - 2 所示。

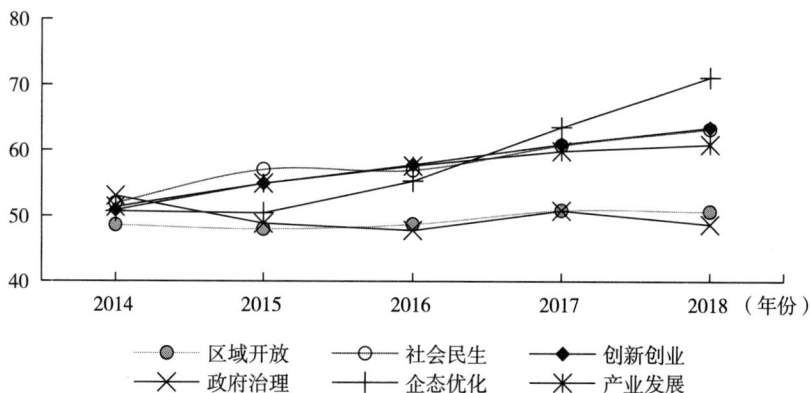

图 1 - 2　2014 ~ 2018 年振兴分项指数基本走势

（三）营商环境制约东北政府治理质量提高

2014～2018 年，全国和东北地区的政府治理指数均呈波动下降趋势，但后者明显低于全国平均水平。相对而言，辽宁省较好，吉林省次之，黑龙江省较弱，如图 1－3 所示。

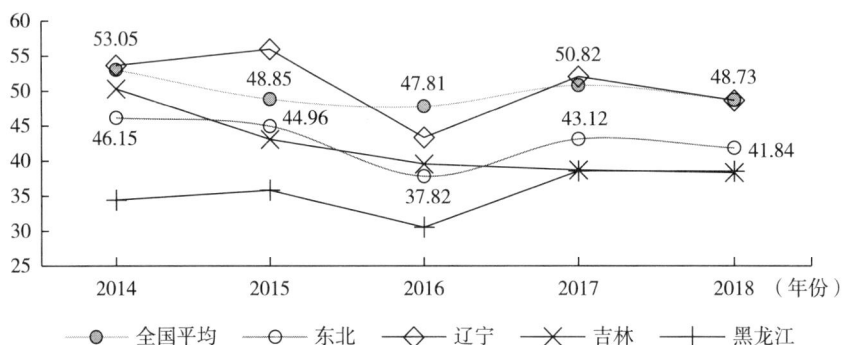

图 1－3　2014～2018 年政府治理指数基本走势

注：①全国平均指 31 个省市区的平均水平；②全国范围内（可采集到的数据），政府治理指数最大值为 2017 年江苏的 78.99，最小值为 2015 年西藏的 15.06。

东北三省 2014～2018 年政府治理，吉林省相对均衡，监管水平相对较强，营商环境最弱；辽宁省在市场干预、政府规模和简政放权上相对较强，但监管水平较弱，且营商环境尚未能达到全国平均水平；黑龙江省政府规模较强，市场干预和营商环境均较弱。总体来看，东北三省在政府规模上具有一定优势，在简政放权和营商环境上与东南三省的差距较大。尤其是营商环境指数远远低于全国平均水平，无论是分省看，还是从东北三省整体看，2014～2018 年平均值均未达到 40 分。东北地区营商环境成为政府治理亟待改善的一环，具体如表 1－2 所示。

表 1－2　2014～2018 年 6 省政府治理方面分项指数平均得分

	市场干预	政府规模	简政放权	监管水平	营商环境
辽宁	75.85	57.37	56.71	29.21	34.54
吉林	45	48.24	40.37	49.32	27.08
黑龙江	38.22	59.35	11.71	37.27	31.43
江苏	92.19	87.46	75.91	53.56	69.52
浙江	87.45	61.52	76.41	41.64	67.35
广东	81.34	75.76	58.15	51.2	52.98

续表

	市场干预	政府规模	简政放权	监管水平	营商环境
东北三省平均	53.02	54.99	36.26	38.6	31.01
东南三省平均	86.99	74.91	70.16	48.8	63.28
全国平均	51.34	50.87	51.69	45.56	49.8
各省最高	95.43	93.25	98.4	81.26	70.92
各省最低	0.76	2.1	0.08	18.79	21.84

（四）国企保值增值是企态优化的重中之重

东北地区企态优化指数明显低于全国平均水平，但这种差异呈逐渐缩小的趋势；就东北三省而言，吉林省在 2014~2016 年保持上升趋势，在 2017 年大幅下降，2018 年又有所回升，总体呈波动上升趋势，辽宁省呈上升趋势，黑龙江省呈波动上升趋势，且波动幅度较大，具体如图 1-4 所示。

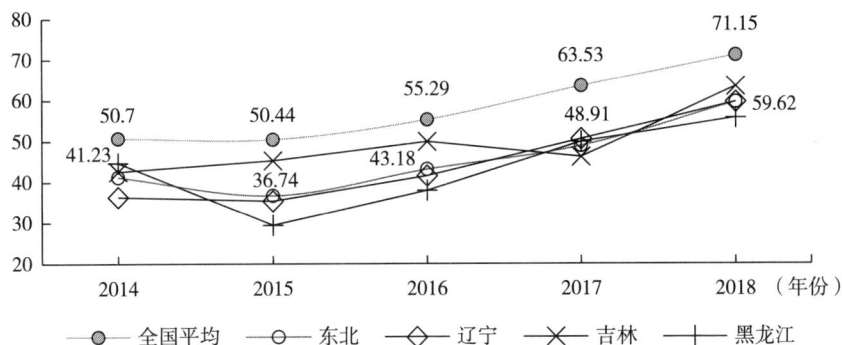

图 1-4 2014~2018 年企态优化指数得分基本走势

注：①全国平均指 31 个省市区的平均水平；②全国范围内（可采集到的数据），企态优化指数最大值为 2018 年上海的 126.0058，最小值为 2014 年河南的 24.5417。

东北三省 2014~2018 年企态优化的 5 个分项指数发展非常不平衡。其中，辽宁省最为突出，民企规模得分达到 72.44，国企保增值的得分仅为 22.93，吉林省国企效率相对较强，民企融资相对较弱。黑龙江省民企融资相对较强，国企效率、民企规模和企业实力均较为薄弱。总体而言，东北三省分项指数上全面落后于东南三省。分数最低的则为国企保增值，在此方面需要引起重视，具体如表 1-3 所示。

表 1 - 3   2014～2018 年 6 省企态优化方面分项指数平均得分

	国企效率	国企保增值	企业实力	民企规模	民企融资
辽宁	54.20	22.93	29.35	72.44	45.67
吉林	57.45	48.75	49.62	56.75	34.96
黑龙江	44.79	35.12	36.3	41.1	60.57
江苏	114.82	62.95	74.89	100.28	56.96
浙江	100.06	65.57	74.55	113.11	79.94
广东	86.10	67.55	69.45	62.39	78.77
东北三省平均	52.15	35.60	38.09	56.76	47.07
东南三省平均	100.32	65.35	72.96	91.92	71.89
全国平均	72.62	47.26	52.92	67.61	50.71
各省最高	149.79	80.35	104.3	113.11	86.45
各省最低	11.62	16.30	12.93	28.15	1.90

（五）市场开放是助推区域开放的施策重点

虽然自 2014 年以来，东北区域开放呈现上升趋势。大连、沈阳、长春等城市利用外资都达到了一个新水平，但东北三省区域开放水平低的局面仍然没有改变，一直是东北的短板。就东北三省内部来说，辽宁省区域开放较好，高于全国平均水平，黑龙江省则最弱。不过，2017 年以来区域开放水平有了较大突破，具体如图 1 - 5 所示。

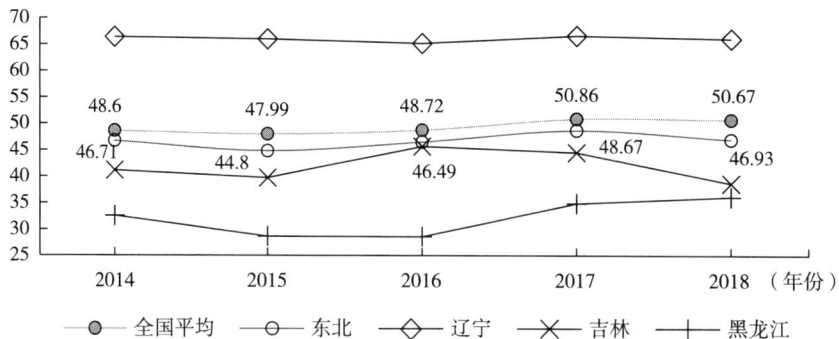

图 1 - 5   2014～2018 年区域开放指数基本走势

注：①全国平均指 31 个省市区的平均水平；②全国范围内（可采集到的数据），区域开放指数最大值为 2018 年上海的 93.682，最小值为 2015 年西藏的 9.1568。

2014～2018 年，东北三省 5 个分项指标均低于东南三省平均水平，辽宁省 5 个分项指数均高于全国平均水平，表现相对较好，吉林省仅投资开放高于全国平均水平，黑龙江省均低于全国平均水平，表现较弱。东南三省的平均得分显著高于全国平均和东北三省，优势明显。就东北三省而言，辽宁省的生产开放相对较强，投资开放相对较弱，吉林省投资开放相对较好，市场开放较为薄弱，黑龙江省区位支撑相对较好，市场开放最为薄弱。总体来看，东北地区市场开放水平偏低，有较大的提升空间，具体如表 1－4 所示。

表 1－4　2014～2018 年 6 省区域开放方面分项指数平均得分

	贸易开放	投资开放	生产开放	市场开放	区位支撑
辽宁	70.75	54.17	77.32	67.82	60.19
吉林	40.28	53	43.1	29.63	43.68
黑龙江	36.7	35.08	30.56	20.93	37.56
江苏	80.67	78.13	86.74	75.9	69.53
浙江	81.4	57.16	78.29	75.03	70.79
广东	84.71	68.96	86.62	78.64	81.27
东北三省平均	49.25	47.41	50.33	39.46	47.15
东南三省平均	82.26	68.09	83.88	76.53	73.86
全国平均	51.81	48.53	48.49	45.55	52.47
各省最高	84.73	88.64	93.78	103.46	95.18
各省最低	15.62	1.84	2.32	6.08	13.24

（六）服务业发展是产业政策创新核心要务

东北地区产业发展水平基本上与全国同步，但自 2016 年以来，呈现下行趋势，2018 年出现了低于全国平均现象。2017 年，除却吉林省以外，黑龙江省和辽宁省产业发展水平均高于全国平均水平，但在 2018 年即便是一直高于全国平均水平的辽宁省也出现了低于全国平均的现象，具体如图 1－6 所示。

2014～2018 年，东北三省现代农业的平均水平超过了全国平均水平和东南三省平均水平，表现出较强的竞争力；产业均衡、重化工调整的平均水平超过了全国平均水平，但低于东南三省的平均水平；服务业发展、金融深化的平均水平低于东南三省和全国平均水平，表现较弱。东北三省在 5 个分项指数的发展上非常不平衡，辽宁省的现代农业相对较好，且超过全国平均水平；黑龙江省的产业均衡和现代农业相对较好，也超越全国平均水平；吉林省重化工调整相对较好，超越东南三省和全国平均水平，其他指数均较弱。总体来看，东北三省在现代农业上具有一定优势，在产业均衡、服务业发展和金融深化上和东南三省的差距较大，特别是服务业发展应引起重视，具体如表1-5所示。

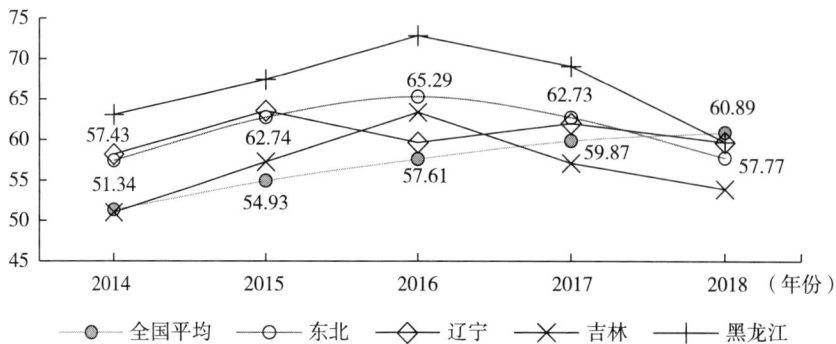

图1-6　2014~2018年产业发展指数基本走势

注：①全国平均指31个省市区的平均水平；②全国范围内（可采集到的数据），产业发展指数最大值为2018年上海的87.615，最小值为2014年贵州的28.253。

表1-5　2014~2018年6省产业发展方面分项指数平均得分

	产业均衡	服务业发展	重化工调整	金融深化	现代农业
辽宁	66.32	47.64	41.76	66.72	80.62
吉林	46.85	30.88	94.14	36.29	74.54
黑龙江	82.56	43.67	75.75	34.86	95.26
江苏	87.00	62.03	84.62	81.22	91.94
浙江	91.59	60.9	89.13	88.02	62.17
广东	75.54	64.91	100.56	99.5	53.88
东北三省平均	65.25	40.73	70.55	45.96	83.47
东南三省平均	84.71	62.61	91.44	89.58	69.33
全国平均	57.49	56.59	53.64	59.67	57.26
各省最高	98.94	78.66	100.56	99.5	95.26
各省最低	17.78	30.88	5.07	33.93	17.16

（七）激发活力是东北创新创业的当务之急

2014~2018年，东北三省与全国创新创业平均水平均呈平稳上升趋势，且创新创业一直低于全国平均水平，差距呈进一步扩大的趋势。就东北三省而言，辽宁省优于全国平均水平，发展较好，吉林省和黑龙江省均低于全国平均水平，相对较差，具体如图1-7所示。

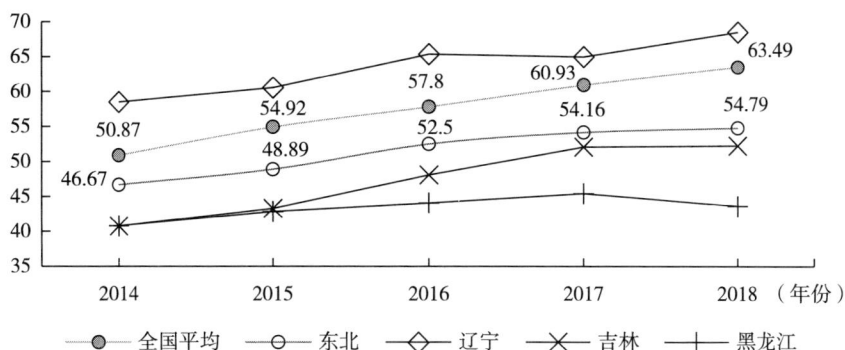

图1-7 2014～2018年创新创业指数基本走势

注：①全国平均指31个省市区的平均水平；②全国范围内（可采集到的数据），创新创业指数占比最大值为2018年北京的97.78，最小值为2015年西藏的15.41。

进一步对各省研发基础、人才基础、科技转化、技术产出、创业成效等进行分析可知，辽宁省仅技术产出低于全国平均水平。与辽宁省相比，吉林省的人才基础指数低于辽宁省和高于黑龙江省，黑龙江省则在科技转化方面较为突出。值得注意的是，具有较好人才基础的东北三省缘何在研发基础、技术转化、技术产出与创业成效等方面却"差强人意"，深层次原因可能在于创新创业活力不足，具体如表1-6所示。

表1-6 2014～2018年6省创新创业方面分项指数平均得分

	研发基础	人才基础	科技转化	技术产出	创业成效
辽宁	59.81	68.95	65.37	52.14	71.64
吉林	38.03	68.53	45.23	41.26	43.40
黑龙江	31.69	57.59	73.44	27.65	26.33
江苏	82.56	82.25	80.59	82.63	91.17
浙江	82.04	84.18	76.19	81.72	98.70
广东	85.91	80.40	80.86	94.47	82.56
东北三省平均	43.18	65.02	61.35	40.35	47.12
东南三省平均	83.50	82.27	79.21	86.27	90.81
全国平均	52.74	54.68	64.87	54.45	61.26
各省最高	97.17	102.58	85.81	94.47	104.07
各省最低	1.78	10.81	22.93	5.58	26.33

（八）社会保障依然是东北社会民生的瓶颈

东北地区社会民生水平与全国一致，总体均呈上升趋势，但持续低于全国平均水平，差距相对较大，且在 2017 年差距进一步扩大。就东北三省而言，辽宁省持续高于东北地区平均水平，发展相对较好，吉林省和黑龙江省较弱，低于东北地区的平均水平，具体如图 1-8 所示。

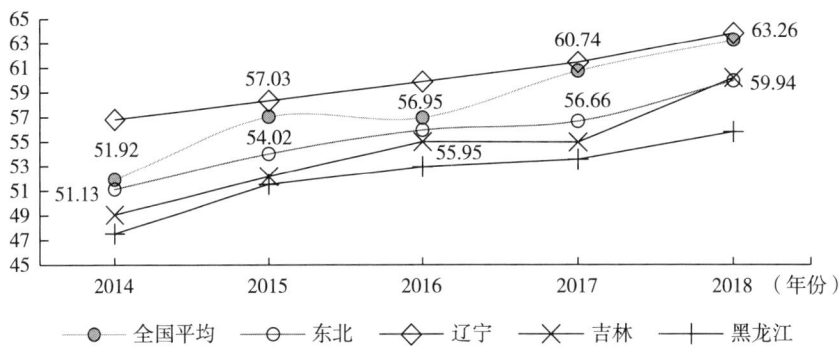

图 1-8　2014～2018 年社会民生指数基本走势

注：①全国平均指 31 个省市区的平均水平；②全国范围内（可采集到的数据），社会民生指数最大值为 2018 年北京的 90.998，最小值为 2014 年河南的 38.17。

2014～2018 年，东北三省 5 个分项指标中有 4 项（居民收入、居民消费、社会保障和生态环境）低于东南三省平均水平。其中"居民消费"超过全国平均水平，表现相对较好，"社会保障"低于全国平均水平，表现较差。辽宁省"居民收入"和"居民消费"高于全国平均水平，吉林省"居民消费"和"社会公平"高于全国平均水平，黑龙江省"居民消费""社会公平"和"生态环境"均高于全国平均水平。就东北三省而言，辽宁省"居民收入"和"居民消费"水平相对较强，吉林省"社会公平"水平相对较强，黑龙江省全面不理想，三省的社会保障都极为薄弱。总体来看，东北三省在居民消费上具有一定优势，但在社会保障上依然任重道远，具体如表 1-7 所示。

表 1-7　2014～2018 年 6 省区社会民生方面分项指数平均得分

	居民收入	居民消费	社会保障	社会公平	生态环境
辽宁	78.84	80.81	48.23	36.86	55.55
吉林	53.47	66.3	40.92	51.65	59.05

续表

	居民收入	居民消费	社会保障	社会公平	生态环境
黑龙江	52.3	68.14	40.89	33.14	66.95
江苏	82.16	87.86	74.34	30.86	58.9
浙江	87.55	88.29	74.61	35.5	68.88
广东	80.87	83.29	79.33	37.69	90.96
东北三省平均	61.54	71.75	43.35	40.55	60.52
东南三省平均	83.53	86.48	76.09	34.69	72.91
全国平均	60.28	65.14	57.29	46.67	60.52
各省最高	111.25	103.99	85.62	76.66	90.96
各省最低	24.38	30.9	35.05	28.09	23.08

四、东北老工业基地全面振兴的思路与对策

从评价结果来看，东北振兴取得了阶段性成果，虽然阶段性有所反复，但经济恢复性态势已经形成。与此同时，也要注意部分指标的差异较大及降低也揭示出东北振兴存在不稳固、不平衡、不全面、不协调，意味着制约东北全面振兴、全方位振兴发展的深层次体制性、机制性、结构性矛盾仍未根本消除，尚需发力。以新时代经济高质量发展的要求看，要实现东北全面振兴、全方位振兴尚需在如下几方面有切实推进：

（一）着重于营商环境改善，强化政府治理能力

营商环境对区域经济发展有着重要影响，是区域发展的生产力、竞争力，也是新一轮东北全面振兴、全方位振兴必须补齐的一大短板。尤其是在政策趋同、规划统筹的情况下，营商环境建设是提高区域发展的重要手段之一。东北地区营商环境问题由来已久，近年来虽然有所改观，但依然任重道远。在2018年深入推进东北振兴座谈会上，习近平总书记特别强调，东北地区以优化营商环境为基础，全面深化改革，进一步明确了营商环境建设的基础性地位，突出强调了优化营商环境的关键性作用。面向未来，东北地区营商环境建设要切实落地，把营商环境这个东北的劣势扭转、短板补齐，使之成为振兴发展的新优势。

一是加强法治政府和诚信政府建设。要充分发挥政府服务能力，以打造服务型政府为工作重点，着重于减少行政性，强力推动"放管服"改革，弱化政府的行政干预，充分发挥市场在治理改革中的基础作用。建立规范的审查机制，加强营商环境部门的监管权力，将营商环境考核纳入政府对各部门的考核指标中。政务服务大厅建设是营商环境改善的关键，应该进一步加快建设步伐，实现政府各职能部门全部入驻。政府各职能部门将权力下放，避免形式上进驻，规范办事流程，严格要求审批时间。进一步推进"互联网＋政务服务"改革，特别是在疫情期间，亟待提升网上申请、网上审批、网上办理等能力，优化审批流程，实现各部门间数据共享。

二是激发优化营商环境的改革动能。积极推进供给侧结构性改革，在"巩固、增强、提升、畅通"上下功夫。东北地区应充分借鉴改革开放40多年来积累的成功经验，以与

东南三省的省市对口合作为契机，加快对先进地区经验的复制、消化和理解，提升东北地区政府治理水平。由以"官僚体系"为主的制度向"市场本位"的制度软环境转变，为经济运行营造国际化、法治化、公平高效的市场环境，为企业和创业者提供稳定的宏观经济环境和良好的法治环境。

三是坚持对标一流营商环境标准。要打造国际化营商环境，需要国际社会了解东北和认同东北，这样才会吸引更多的资本、人才和游客来东北。要始终瞄准主要发达国家先进经验，学习排名提升快、优化幅度大的发展中国家经验。围绕国家营商环境试评价城市标准体系，进一步对标对表，侧重反映本地区的营商环境特色，便于投资者横向对比、精准决策项目落地。积极整治评价中发现的突出问题，真正做到以评促建、评建结合、精准吸引、精细服务，努力形成"人人、事事、处处、时时"都是营商环境的浓厚氛围，加快打造营商环境最优区域。

（二）着重于产业结构调整，搭建现代产业体系

加快建设现代产业体系，是以习近平同志为核心的党中央把握全球产业变革趋势，针对中国经济发展实际做出的重大决策部署，是东北全面振兴、全方位振兴的重要一环。东北地区建设现代产业体系，必须做到两个坚持：坚持以习近平新时代中国特色社会主义思想为指导，着力提升东北产业发展的层次和水平，推动东北地区产业发展迈向全球产业链价值链中高端；坚持将现代产业体系植根于实体经济，特别是强大的工业基础之上。

一是利用国内国际双循环的机遇，加大力度调整产业结构。产业结构调整问题是东北振兴的难点，宜采取循序渐进的方式推进。具体在操作过程中，可在传统产业的智能化和绿色化改造及发展数字经济、智能制造、高端装备等新兴产业方面实现突破，逐步实现产业结构调整优化。

二是顺应高质量发展趋势，将服务业发展作为经济结构调整的重要方向。未来10～20年，服务业在国民经济中的占比会迅速提高，这是一个非常大的机遇。东北在文化体育、医疗、教育、健康养老以及生产性服务业等方面都有一定优势。如能突破服务业对外开放这一关键点，则可实现服务业较快发展。抓住服务业发展这一历史机遇，东北经济就会形成大规模产业的坚实依托。

三是加快新旧动能转换，推动产业链无缝对接。由政府引导，以产业技术创新关键问题为导向，引导行业骨干企业牵头，广泛吸纳科技型中小企业参与，按市场机制积极构建产业技术创新战略联盟，提高资金投入的产出效率和成果的转化。研究出台促进产业发展壮大的组合政策体系，加快实现重点企业倍增，加快形成产业链、创新链、资金链、服务链、人才链融合发展的良好产业生态。通过移植或创设，一方面推进数字经济与实体经济深入融合，形成东北大数据产业新高地；另一方面培育壮大机器人、民用航空、IC装备、

健康医疗和生物医药等战略性新兴产业，促进创新产品研发、规模化应用，早日实现产业化。

（三）着重于治理机制重塑，促进企态高质发展

东北三省企态优化水平偏低的深层次原因是典型的"行政型治理"。行政型治理制约了国企改革的深化，弱化了民营企业创新创业的活力。当前东北三省企态优化水平需要通过治理能力的提升，实现"行政型治理"向"经济型治理"转型。

一是激发国企内生活力，实现治理管理双管齐下。在治理层面，应该以"混改"为突破口，持续推进董事会"规范化"与"实权化"建设，加快推行经理人员市场化选聘、契约化管理、差异化薪酬和市场化退出进程。扩大国有资本授权经营范围，增强国资平台行权能力，提高国有资本运营效率。在管理层面，要紧抓"三项制度改革"这个国企活力提升的牛鼻子。注重三项制度改革方案的"顶层设计"，考虑委托第三方实施"三项制度改革进程动态评价"。通过设计出能够反映符合国企改革阶段性特征的评价指标体系，对每一个国企三项制度改革进展实施评价，进而激发国企内生活力，实现保值增值。

二是积极推进民营企业现代企业制度建设。以"现代企业制度建设"为抓手，加强在法律、资本市场、监管等方面的制度供给，培育若干大型民营企业，带动配套中小企业实现产业集群化发展，改变民营经济"小、弱、散"的无序自发的产业业态，重塑民营企业内生增长动力。积极推动民营企业公司治理评价，在各层次民营企业支持政策设计中，明确对于纳入政策支持的民营企业的选择不应仅考虑业绩与创新能力，还要重点考察现代企业制度建设状况，引入评价指标，每年对民营企业进行现代企业制度示范企业评选，并给予一定的物质或政策奖励，以推进企业积极转制，实现更高层次的发展。

三是积极推进国有企业与民营企业数字化转型升级。所有的外部环境和现实条件已无法变更，需要自己去面对。无论是国有企业还是民营企业都要利用自身优势，将人工智能、互联网等融入组织变革与管理中去。创新工作流程、业务模式及用工方式，转变生产与合作机制，构建面向未来趋势的、面向业务和战略需要的、具有更强的抗风险能力和灵活性的新产业、新组织与新模式。在"危"中挖掘潜在的机遇，调整和改变企业自身用以适应环境的变化，不断地增强企业"免疫力"，更好地适应未来快速多变的市场环境。

（四）着重于双创机制创新，激发双创主体活力

东北全面振兴、全方位振兴的一个重要前提就是实现创新驱动发展，如此一来离不开

一个多要素、多层面联动的创新创业生态系统。东北地区创新创业水平较低，可能有国有企业比重高、民营企业缺乏生存空间、产业结构不合理等诸多原因，但创新创业中"创新创业生态系统内主体活力不足"无疑是重中之重。有必要通过体制创新创业，使双创主体活力得以激发。

一是打造高质量的创新创业生态系统。高质量的创新创业生态系统的一个重要表征就是能够激发创新创业主体"价值共创意愿"，此间的核心与关键就是，在创新创业生态系统内双创主体的合作剩余的分配。为此，要通过相应的机制设计，让参与创新创业的主体都有收获，能够提升其对创新创业生态系统的满意度和认同感。与此同时，一定要意识到构建创新创业生态系统是一项系统创新工程，涉及各个利益相关者，需要各利益相关者共同努力，例如，政府通过顶层规划和设计，围绕创新创业企业的核心需求，改善制度供给，创造和丰富创业机会，企业家应承担起自己的社会责任，搭建创新与创业平台、分享创业经验甚至分担政府职能等。

二是打造高质量的创新创业平台。科技平台与产业项目是集聚科技人才的重要抓手，国家应该将国家重点实验室、创新中心、研发中心等重大科研创新平台向东北布局。探索建立跨区域行业平台，鼓励高校与企业、科研院所共建产学研深度融合、全链条网络化开放式的协同创新平台。借鉴北京、浙江等省市的经验，为打造优良的创新创业生态系统，完善"科技型中小企业—高新技术企业—科技小巨人企业—瞪羚企业"梯度培育体系，加速培育创新主体，提高自主创新能力。保证各项创新创业扶植政策的落实；弘扬"鼓励创新，宽容失败"的创新文化，立足资源保障，激发创新创业新动能。

三是牢固树立创新创业人才工作的全链条理念。过去几年，囿于人才工作考核标准等诸多局限性，科技人才政策多以"引进数量"论优劣，人才竞争多以"比价拼高"论成败，致使科技人才政策呈现"重引轻留、重引轻育、以奖代育"的现象，人才政策均向人才引进、人才帽子奖励倾斜，对培育人才、留住人才关注不够。例如，对引进的顶尖人才可以拿出千万元补助亿元项目、对新入选院士可给予500万元奖励，但针对本地人才、青年人才仅有最高30万元的项目资助。从战略视角来看，人才战略的最终目标是促进经济社会高质量发展，此目标的实现取决于人才是否能有效地转化为生产力，进一步来讲，是人才队伍整体"质量"的作用，而非仅仅取决于单个人才质量，这就意味着政策顶层设计不仅要注重"引才"，还要注重"育才""用才"和"留才"。源于此，关于创新创业人才工作，在主要任务举措中贯通人才"引、育、留、用"各个环节。从过去几年东北人才流动特征来看，未来5年人才政策应该遵循的基本原则是："育"为根本，"留"为重点，"引"为关键，"用"为基础。

（五）着重于赋能开放通路，形成对外开放前沿

从国家战略和全局高度，推动东北地区全面深度开放，可有效配置周边市场资源，充分吸纳相邻优质要素集聚，这是国家整体开发战略的重要组成部分，也将对东北全面、全方位振兴产生长远影响和不可估量的推动作用。然而，东北总体开放水平落后，需要通过开放为自己"赋能"，进而形成对外开放的新格局。

一是打造东北地区对外开放新前沿的战略思路。东北打造对外开放新前沿，要聚焦若干对外开放的重要方向和重点领域，聚焦若干对外开放的重点区域和城市，形成新的区域开放格局和新的开放领域，同时探索新的开放模式。要在几个重要方向上打造对外开放新高地，以此引领东北全境对外开放达到新的高度，形成更大范围、更宽领域、更深层次的开放新局面。聚焦重点开放方向、聚焦重点开放城市、聚焦重点开放领域、聚焦重点开放模式，以点带面地突破，实现新前沿的建设。要将对外开放新前沿建设与产业结构调整、市场主体培育、城市面貌改变等长期和根本性问题结合起来，与中心城市战略、创新发展新动能战略、东北经济一体化战略、区域协调战略等东北振兴的基本战略结合起来。要将国家"向北开放"新前沿与东北地区内"东、南、西、北"四个开放前沿结合起来，立足区位优势、资源优势和产业基础，通过与日本、韩国、俄罗斯、朝鲜、蒙古国五国深层次对外开放合作，与京津冀蒙四个地区对内交流协作，努力建设面向东北亚的国际产业转移的承接区、向北扩大对外开放的先导区。

二是打造东北地区对外开放新前沿的战略布局。向南开放：将大连作为东北对外开放的高地，以服务贸易为重点，深化同日本、韩国的经济贸易合作，打造"东北版上海"；带动辽宁沿海经济带（含沈阳）形成对日韩贸易投资尤其是服务业贸易投资开放的新前沿。向北开放：将哈尔滨打造成向俄开放新高地，打造与俄罗斯交通基础设施的新通道，推进与俄罗斯合作的新领域发展。向东开放：以丹东和珲春为深化开放重点，将丹东建设成东北新型开放城市（开放特区）；利用珲春打造图们江区域国际经济合作示范区；沿鸭绿江、图们江将对朝俄口岸打造成贸易往来"珍珠链"；将沿乌苏里江流域口岸打造成对俄罗斯往来的"黄金水道"。向西开放（合作）：以山海关为窗口，沿东北三省西部，加快与京津冀区域及内蒙古东四盟的衔接、协同发展；依托中蒙俄经济走廊（华北通道）深化同蒙古国、俄罗斯合作。

三是打造东北地区对外开放新前沿的战略举措。首先，鼓励东北地区立足于自身地缘特点，加强与东北亚周边国家的次区域合作，探索对外开放的新形式。在中蒙、中朝、中俄重点边境区域及其口岸进行次区域合作，组建中外合作产业园区。鼓励有条件的城市（如大连、丹东等），按照自由贸易港的方向，探索东北开放的新领域。鼓励高端服务业、生产型服务业的开放试验。其次，优化和升级东北地区同蒙古国、朝鲜、俄罗斯边境口岸

的铁路、公路等交通基础设施。对中俄输油、输气管道等能源基础设施进行现代化升级。完善电力与输电、光缆、卫星信息等领域设施。支持图们江区域朝鲜一侧的基础设施优化升级和互联互通。最后，在沈阳、大连、长春和哈尔滨等产业基础较好、交通物流便利的节点城市，以新产业、新领域、新业态为重点领域，集成日本和韩国优势资源，共建中外合作产业园区。对标国际一流的营商环境，产业园区按照国外先进标准建设，重视制度型开放转型，引进国际规范化的政府管理方式。

（六）着重于社会民生保障，打造幸福宜居家园

新一轮东北地区的振兴发展是东北地区共享民生发展的新需求。人民生活水平不断提高是判断东北全面振兴、全方位振兴成功与否的重要判断标准。要坚持把保障和改善民生作为推动东北振兴的出发点和落脚点，使发展成果更多更公平惠及全体人民，让人民群众有更多的获得感。东北社会民生问题解决，在做好扩大社保基金的渠道来源，大力推进社保基金使用的法制化、制度化和规范化的同时，还要注重收入增加和环境优化。

一是提升社会保障水平。政府在加大教育、医疗、养老等基本公共服务领域支出的同时，积极吸引社会资本加入，按照市场化运作思路，解决落后地区和基本公共服务滞后问题，解决区域发展不平衡和不充分的矛盾，提升城镇职工基本养老保险抚养比，提高人民生活幸福感和获得感。与此同时，要充分发挥政府的主导作用，扩大社保基金的渠道来源，同时大力推进社保基金使用的法制化、制度化和规范化，保证社保基金的专款专用。创新养老服务举措，进一步加快居家养老服务体系建设，做强养老服务产业。

二是着力于实现城乡之间公共服务均等化。东北区域各级政府要积极推进城市之间、城乡之间基本公共服务的均等化，一方面实现覆盖城乡、功能完善、布局合理、制度畅通的基本公共服务体系；另一方面实现城乡、区域和不同社会群体间基本公共服务制度统一、标准一致和水平均衡，解决城乡基本公共教育服务存在差异、城乡基本医疗卫生服务发展不平衡、城乡社会保险服务不均衡、城乡基本就业服务不同等区域民生发展水平不平衡问题。

三是加强生态环境保护。东北地区资源型城市众多，加之，严重的工业污染也让区域生态功能出现衰退。在发展过程中在一定程度上对生态环境造成了破坏。经济发展不能以环境恶化为代价，需要把握"金山银山与绿水青山"深度融合，切实保护好生态环境，大力发展绿色经济，实现区域经济社会的高质量绿色发展。由于东北各城市地缘相近，在加强环境保护和建设生态型宜居城市方面具有较强的关联性、协同性和一致性。因此，可以考虑建立区域生态环境保护合作机制，将东北三省打造成幸福宜居的家园。

中篇　评价报告

一、东北老工业基地全面振兴
进程综合评价报告

（一）东北振兴指数总体分析

东北地区老工业基地[①]振兴进程评价涵盖了政府治理、企态优化、区域开放、产业发展、创新创业、社会民生6个方面（二级指标），下设30个三级指标及60项测度指标。汇集中国31个省市区2011~2018年综合评价信息[②]，并通过科学的评价流程，得到连续5年的振兴指数[③]，在此基础上，形成多年连续排名和单年排名。其中，多年连续排名用于反映各省市区绝对发展水平随时间动态变化的情况（31个省市区5年共155个排位，最高排名为1，最低排名为155），单年排名用于反映各省市区在全国范围内某个单年的相对发展水平（31个省市区每年31个排位，最高排名为1，最低排名为31）。具体而言，31个省市区在振兴指数得分上的总体情况见表2-1。

表2-1　2014~2018年31个省市区振兴指数得分、连续及单年排名

省市区	2014 年			2015 年			2016 年			2017 年			2018 年		
	值	总	年	值	总	年	值	总	年	值	总	年	值	总	年
上海	78.4	12	1	78.1	14	2	81.4	6	1	84.4	3	1	89.6	1	1
江苏	73.3	24	3	74.3	21	3	77.4	17	3	79.5	8	3	85.5	2	2
北京	77.6	16	2	78.2	13	1	77.9	15	2	80.2	7	2	82.2	4	3
浙江	73.1	26	4	73.4	23	4	75.6	19	5	79.3	9	4	81.9	5	4

---

① 本评价报告中，"东北地区"仅特指东北三省，两个概念等同使用。

② 本书为确保评价的统一连续性，以2011~2015年的评价数据为基础，融入2016~2018年的数据展开滚动评价，不同于直接对2011~2018年数据进行评价，滚动式的评价有助于指数信息的连续稳定观测，以吻合系列报告持续跟踪研究的内在需求。囿于篇幅，除特别强调之处，本书仅呈现并分析2014~2018年的信息。

③ 为了找出全面振兴进程的缺口，本书引入东三省之外其他省份的评价结果将作为"参照系"，所用指标依然是东北老工业基地全面振兴进程评价指标体系，为避免概念过多引致理解不变，在此一并称为"振兴指数"。

续表

省市区	2014 年			2015 年			2016 年			2017 年			2018 年		
	值	总	年	值	总	年	值	总	年	值	总	年	值	总	年
广东	71.4	31	5	73.1	27	5	76.5	18	4	78.9	11	5	79.2	10	5
重庆	61.2	49	9	63.4	44	8	65.1	41	8	67.2	36	8	73.9	22	6
福建	64.6	42	7	67.1	37	7	69.2	34	7	72.3	29	7	73.1	25	7
天津	70.4	33	6	70.8	32	6	72.8	28	6	75.5	20	6	71.7	30	8
山东	61.8	48	8	62.9	47	9	64.3	43	9	66.2	39	9	67.4	35	9
安徽	53.5	71	11	57.2	56	10	60.5	51	10	62.9	46	11	66.8	38	10
湖北	53.2	72	12	53.9	70	12	58.7	54	11	63.0	45	10	66.1	40	11
辽宁	55.0	66	10	56.6	58	11	55.8	60	12	59.6	52	12	61.1	50	12
江西	45.5	113	17	47.7	98	16	51.1	80	14	54.7	68	16	59.1	53	13
四川	47.2	101	15	50.2	84	14	51.5	77	13	55.7	62	13	58.0	55	14
湖南	44.2	120	20	46.4	108	21	49.5	88	18	54.5	69	17	57.1	57	15
河北	45.3	114	18	47.2	100	17	50.1	85	16	55.1	65	15	55.9	59	16
陕西	47.9	97	14	49.8	86	15	49.7	87	17	55.1	64	14	55.8	61	17
河南	44.1	121	21	46.6	107	20	46.9	103	20	52.9	74	18	55.6	63	18
海南	51.2	78	13	51.6	76	13	47.5	99	19	52.0	75	19	54.7	67	19
广西	41.2	130	24	44.6	116	22	46.0	110	22	51.0	81	20	53.0	73	20
吉林	45.8	112	16	46.8	105	19	50.3	82	15	48.9	89	21	51.1	79	21
山西	45.1	115	19	47.0	102	18	46.7	106	21	48.6	93	23	50.2	83	22
宁夏	41.7	129	23	43.2	125	23	44.3	118	24	48.8	91	22	48.8	90	23
贵州	35.4	147	28	38.3	139	27	40.7	132	26	46.4	109	26	48.7	92	24
黑龙江	43.9	123	22	42.6	127	24	44.5	117	23	48.6	94	24	48.3	95	25
内蒙古	37.9	140	26	38.5	138	26	41.1	131	25	46.8	104	25	48.2	96	26
云南	36.5	143	27	37.3	142	28	37.5	141	28	44.1	122	27	45.9	111	27
新疆	39.3	135	25	39.8	134	25	40.0	133	27	43.8	124	28	44.3	119	28
青海	33.8	151	29	35.1	148	29	35.9	144	29	41.9	128	29	43.1	126	29
甘肃	33.5	152	30	34.9	149	30	35.5	146	30	39.1	136	30	38.7	137	30
西藏	30.5	154	31	26.5	155	31	30.8	153	31	34.6	150	31	35.6	145	31
平均	51.1	92	16	52.4	86	16	54.0	81	16	57.8	68	16	59.7	62	16

注：①对于表中的字段名称，"值"表示各省市区对应年份的指数得分，"总"表示各省市区 2014～2018 年连续总排名，"年"表示各省市区 5 个单年的排名；②表中 31 个省市区按照 2018 年的指数得分由高到低（降序）排列。

进一步考虑东南三省（江苏、浙江、广东）为国务院确定的东北三省对接合作省份①，作为学习的标杆，与其进行了对标。2014～2018 年，6 省振兴指数由高到低依次为：江苏、浙江、广东、辽宁、吉林、黑龙江；东南三省总体呈现上升的发展态势，其中

---

① 在本书被重点引入与东北三省进行对比分析。

江苏省的发展水平优于浙江省和广东省；东北三省总体呈上升发展趋势，但是只有辽宁省在 5 年内的发展水平均突破 50 分（临界线），吉林省 2016 年和 2018 年的发展水平突破 50 分，相比东南三省中发展水平稍低的广东省，差距依然很大（见表 2-2）；辽宁省和吉林省振兴指数的整体增长幅度高于广东省，但低于江苏省和浙江省，其中吉林省的增幅为 2.90%，辽宁省的增幅为 2.76%；黑龙江省振兴指数的整体增长幅度为 6 省份中最低，为 2.51%。

表 2-2 2014~2018 年 6 省振兴指数值及单年排名

年份	辽宁	吉林	黑龙江	江苏	浙江	广东	全国平均
	值/序	值/序	值/序	值/序	值/序	值/序	值
2014	54.99/10	45.81/16	43.86/22	73.25/3	73.10/4	71.44/5	51.08
2015	56.63/11	46.81/19	42.63/24	74.31/3	73.41/4	73.09/5	52.36
2016	55.84/12	50.27/15	44.51/23	77.38/3	75.62/5	76.52/4	54.03
2017	59.62/12	48.93/21	48.57/24	79.55/3	79.28/4	78.89/5	57.79
2018	61.06/12	51.13/21	48.25/25	85.45/2	81.88/4	79.16/5	59.70
平均	57.63/11.4	48.59/18.4	45.56/23.6	77.99/2.8	76.66/4.2	75.82/4.8	54.99

2014~2018 年，全国平均水平呈平稳上升趋势，东北地区亦呈平稳上升趋势，但上升相对缓慢；东北地区的发展水平（2014~2015 年未超过 50 分）低于全国平均水平，且差距有进一步扩大的趋势；辽宁省整体优于全国及东北地区的平均水平，但优势在逐渐缩小；黑龙江省在经历 2015 年的下滑后于 2016 年开始缓慢回升，并在 2017 年达到新高，2018 年略有回落；吉林省整体呈波动上升趋势，2014~2016 年持续上升发展，2017 年出现了一定程度的下滑，2018 年有所回升；相对其他两省，辽宁省起点较高，情况稍好一些，吉林省的整体发展水平优于黑龙江省，具体如图 2-1 所示。

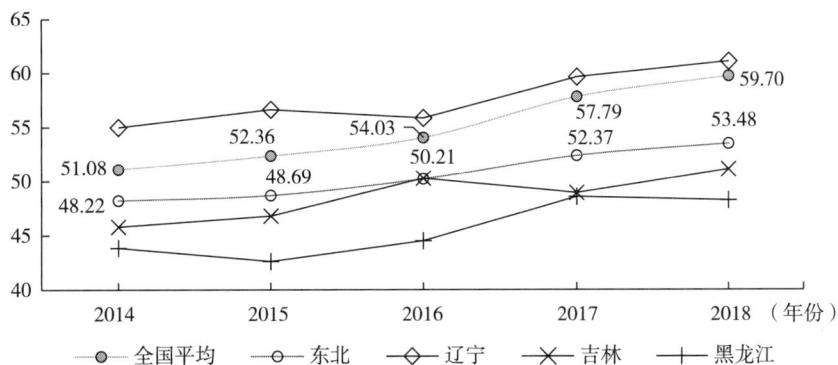

图 2-1 2014~2018 年振兴指数基本走势

注：①全国平均指 31 个省市区的平均水平；②全国范围内（可采集到的数据），振兴指数的最大值为 2018 年上海的 89.650 分，最小值为 2015 年西藏的 26.475 分。

2014～2018 年，东北三省振兴指数在全国 31 个省市区连续 5 年数据集（共 155 个指标值）中相对位置分布情况如图 2－2 所示。可见，东北三省 5 年（共 15 个数据）振兴指数的百分比排位高于 65% 的仅有 2 个，处于 50% 以下的有 10 个，排位的最大值是 2018 年的辽宁省（68.1%），最小值是 2015 年的黑龙江省（18.1%）。可见，东北三省的整体发展位次亟待提升。

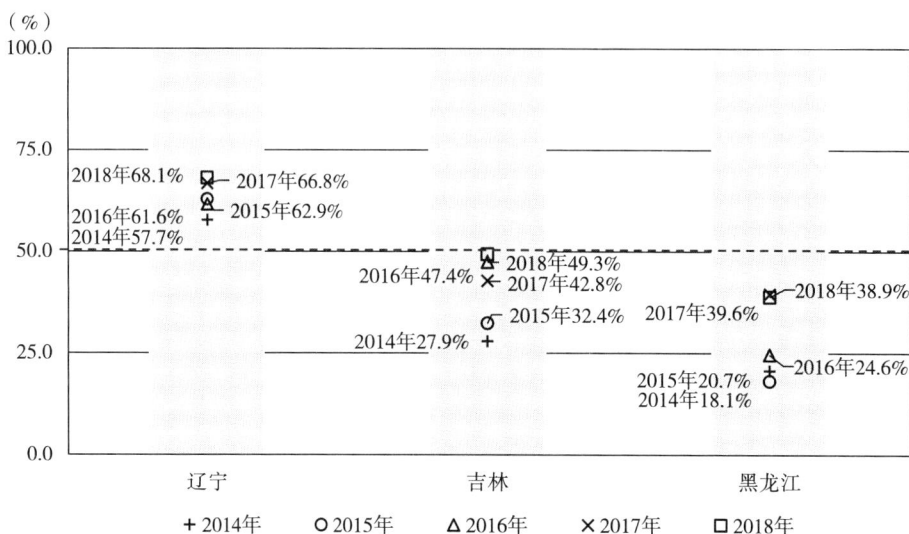

图 2－2　2014～2018 年东北三省振兴指数百分比排位图

（二）全国视角下东北地区振兴进展分析

整体来看，2014～2018 年，全国 31 个省市区发展总体水平持续提高，成效显著，东部沿海地区发展水平较内地优势明显，中部及东北部优于西部，整体呈现出由东部向中部再向东北部及西部递减的趋势。图 2－3 给出了 2014～2018 年 31 个省市区振兴指数得分高低及排名位次的对比情况。

2014～2018 年，四大区域振兴指数由高到低依次为：东部、中部、东北、西部；四个区域均呈现逐年上升的发展趋势，但整体发展水平有待进一步提升（除东部地区外，其他三个区域的平均得分均未超过 70 分）；相对而言，东部地区优势明显，中部和西部地区的发展势头较好（增幅较大，分别为 6.07% 和 5.55%），东北地区的增幅为 2.73%；东北地区的发展水平较东部地区有明显差距，具体如表 2－3 所示。

2018年

省市区	振兴指数
上海	89.6
江苏	85.5
北京	82.2
浙江	81.9
广东	79.2
重庆	73.9
福建	73.1
天津	71.7
山东	67.4
安徽	66.8
湖北	66.1
辽宁	61.1
江西	59.1
海南	58.0
陕西	57.1
四川	55.9
湖南	55.8
河北	55.6
河南	54.7
广西	53.0
吉林	51.1
山西	50.2
宁夏	48.8
贵州	48.7
黑龙江	48.3
内蒙古	48.2
云南	45.9
新疆	44.3
青海	43.1
甘肃	38.7
西藏	35.6

2014年

省市区	振兴指数
上海	78.4
北京	77.6
江苏	73.3
浙江	73.1
广东	71.4
天津	70.4
福建	64.6
山东	61.8
重庆	61.2
辽宁	55.0
安徽	53.5
湖北	53.2
海南	51.2
湖南	47.9
陕西	47.2
四川	45.8
吉林	45.5
江西	45.3
河北	45.1
山西	44.2
湖南	44.1
河南	43.9
黑龙江	41.7
宁夏	41.2
广西	39.3
新疆	37.9
内蒙古	36.5
云南	35.4
贵州	33.8
青海	33.5
甘肃	
西藏	30.5

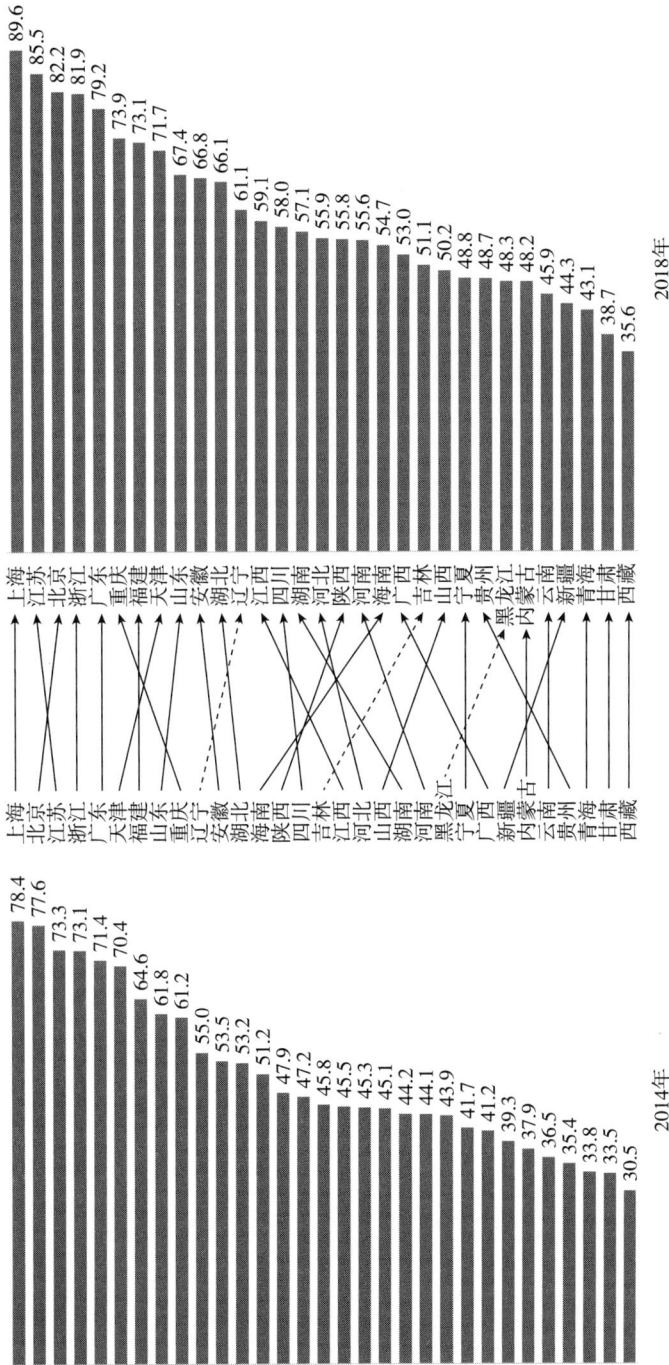

图 2 - 3 2014 年与 2018 年 31 个省市区振兴指数及排名情况对比

表2-3 2014~2018年四大经济区振兴指数平均值及排名

年份	东北		东部		西部		中部	
	平均值	年排名	平均值	年排名	平均值	年排名	平均值	年排名
2014	48.22	16.0	66.71	6.7	40.51	23.4	47.59	16.7
2015	48.69	18.0	67.68	6.7	41.8	23.2	49.79	16.2
2016	50.21	16.7	69.27	7.2	43.19	23.3	52.22	15.7
2017	52.37	19.0	72.34	7.1	47.88	22.8	56.1	15.8
2018	53.48	19.3	74.12	7.4	49.51	22.9	59.15	14.8
平均	50.59	17.8	70.02	7.0	44.58	23.1	52.97	15.8

注：为确保区分度，对于具有平均意义的排名（序），本书保留一位小数，以下各表同。

2014~2018年，七个区域振兴指数由高到低依次为：华东、华北、华南、华中、东北、西南、西北，七大区域均呈现平稳上升的发展趋势，但整体发展水平有待提升（除华东地区外，其他六个区域的振兴指数得分均未超过70分）；相对而言，华东地区优势明显，华中和西南地区的发展势头较好（增幅较大，分别为6.82%和6.10%）；在七个区域中，东北地区排名相对靠后，与最优的华东地区相比差距明显，如表2-4所示。

表2-4 2014~2018年七大地理区振兴指数平均值及排名

年份	东北	华北	华东	华南	华中	西北	西南
	值/序	值/序	值/序	值/序	值/序	值/序	值/序
2014	48.22/16.0	55.27/14.2	67.45/5.7	54.62/14.0	46.73/17.5	39.26/24.2	42.15/22.0
2015	48.69/18.0	56.33/13.6	68.84/5.8	56.43/13.3	48.65/17.3	40.56/24.4	43.14/21.6
2016	50.21/16.7	57.74/14.0	71.39/5.8	56.70/15.0	51.52/15.8	41.10/25.4	45.12/21.2
2017	52.37/19.0	61.25/14.2	74.11/5.8	60.61/14.7	56.26/15.3	45.76/24.6	49.59/21.0
2018	53.48/19.3	61.65/15.0	77.39/5.5	62.28/14.7	59.47/14.3	46.14/25.4	52.44/20.4
平均	50.59/17.8	58.45/14.2	71.83/5.7	58.13/14.3	52.53/16.0	42.57/24.8	46.49/21.2

为便于直观分析，将指数信息按空间分类、时间排列、优劣序化等方式整理后，形成多年振兴指数的可视化集成图（见图2-4~图2-6），结合表2-1的信息，以全国四大经济区为划分标准，对东北三省全面振兴进程综合评价如下：

1. 中部地区平均水平发展增速较快，2015年实现了对东北地区的超越，但均未达到全国平均水平

从反映西部、中部、东北、东部四大区域振兴指数平均得分曲线的变化情况可以看出，中部起点较低，但增速较快，2015年实现了对东北地区的反超，且从得分增长情况看仍有较大的发展空间；西部基础相对薄弱，振兴指数始终未达到2014年全国平均水平（51.08分），但整体水平稳中有增，其中重庆的发展已远超全国平均水平；东部发展较为成熟，遥遥领先于其他三个地区；东北地区的指数得分年均增幅在四个区域中排名最末，发展相对乏力。

2. 东北地区指数得分虽持续增长，但增幅相对较低

中国各区域综合发展状况总体良好，保持平稳的增长势头；2014～2018年，四大区域振兴指数均呈上升趋势，指数得分的年均增幅由高到低依次为：中部（2.9分）、西部（2.2分）、东部（1.9分）、东北（1.3分）；东北地区的指数得分略高于西部，但西部最优水平明显高于东北和中部地区；西部地区的指数得分始终未实现对50分这条临界线的突破；中部和东北地区于2016年实现对50分的跨越。

3. 相对于全国绝大部分省份的大踏步前行，东北三省均有起伏，安徽省（中部最优水平）于2015年实现对辽宁省（东北最优水平）的超越

2014～2018年，四大区域的振兴指数连续排名均呈上升趋势，年均排名改进幅度由高到低依次为：中部（11.6名）、西部（8.4名）、东北（6.4名）、东部（4.7名）；中部地区排名提升最快的是湖南省、江西省和河南省（5年间分别提升63位、60位和58位），中部最优水平（安徽省2015年的56名）已超越东北最优水平（辽宁省2015年的60名）；西部地区排名提升最快的是广西壮族自治区（从2014年的130名提升至2018年的73名），西部最优水平（重庆市2018年的22名）优于中部最优水平；东部地区上升最快的是河北省（从2014年的114名发展至2018年的59名），但与东部大部分省份差距依然明显；在东北三省中，黑龙江省从2014年的123名下跌至2015年的127名后，强力反弹，于2018年发展至95名，吉林省从2014年的112名升至2018年的79名，为东北地区排名提升最快的省份，辽宁省整体水平优于吉林、黑龙江，5年间排名整体呈现上升趋势，最终排名上升了16名。

4. 近年来，东北地区单年平均排名退步明显，持续改进压力较大，相对于全国其他地区，东北相对优势退失明显

单年排名的变化体现了此消彼长的相对竞争能力，2014～2018年，在西部地区12个省域中，单年排名维持不变的有6个（占50%），排名退后的有2个（占16.67%），排名提升的有4个（占33.33%），其中广西壮族自治区和贵州省相对排名提升4名，陕西省和新疆维吾尔自治区均下降3名，分别为西部地区上升与下降最快的三个省；在中部地区6个省域中，单年排名提升的有5个（占83.33%），排名后退的有1个（占16.67%），其中湖南省相对排名提升5名，山西省下降3名，为中部地区上升与下降最快的省份；在东部地区10个省域中，单年排名维持不变的有4个（占40%），排名退后的有4个（占40%），排名提升的有2个（占20%），其中河北省相对排名提升2名，海南省下降6名，分别为东部地区上升与下降最快的两个省份；东北地区，辽宁省单年排名倒退2名（跌出前10名），吉林省排名倒退5名，黑龙江省倒退3名。东北地区平均排名下降幅度最大

（5 年平均排名下降 3.3 名），与中部地区形成强烈反差（5 年平均排名上升 1.9 名），虽然于 2016 年略有回升，但总体来说，相对优势退失明显。

5. 2014～2018 年，在东北地区整体发展缓慢，相对优势下滑明显的共同背景下，依然需警惕由相对能力的下降而引发绝对能力衰退的可能

从反映中部、西部、东部及东北的 4 条发展曲线可以看出，2014～2018 年，四大区域的绝对能力均有不同程度的提升（见图 2－4、图 2－5），但部分区域（东部和东北部）的相对能力出现下跌（见图 2－6），考虑到东部地区大部分省份普遍处于前列，基础夯实，发展水平高，出现微弱下滑（5 年平均排名下滑 0.7 名）是正常的调整，与东北地区的大幅下跌性质迥异；中部处于持续提升、加速发力的良好状态中；西部基础偏弱，但整体处于稳定发展的过程中；因而在全国四个地区里，东北衰退特征相对明显。比较省份之间的发展，辽宁省、吉林省和黑龙江省的相对优势退失较为明显，虽指数得分出现了缓慢提升，但单年排名均呈下降态势，因而就综合发展水平而言，东北在相对能力上的改善依然不显著，仍需警惕引发实质上倒退的可能（表现为单年排名得分出现负增长）。

（三）东北振兴分项指数分析

振兴指数及 6 个二级分项指数得分的描述统计信息如表 2－5 所示。由表 2－5 可知，振兴指数与 6 个二级分项指数得分的算术平均值分布在 50 分附近；在 6 个二级分项指数中，区域开放的最小值得分最低（为 9.16），企态优化的最大值得分最高（为 126.01），企态优化的差值（极差）为 6 个指数中最大的，说明全国 31 个省市区在企态优化层面的差异最大，其次是区域开放（极差为 84.53）；相反，在社会民生发展方面差异最小（极差为 52.82），其次是产业发展（极差为 59.36）。

表 2－5　振兴指数及 6 个二级指数得分的描述统计

	政府治理	企态优化	区域开放	产业发展	创新创业	社会民生	振兴指数
平均值	49.85	58.22	49.37	56.93	57.60	57.98	54.99
中位数	50.92	57.74	48.29	56.86	57.38	56.41	51.24
标准差	15.01	17.01	21.91	15.11	19.39	10.04	14.30
峰度	－0.7425	1.6639	－0.8855	－0.8895	－0.9313	0.2766	－0.7550
偏度	－0.1844	0.8879	0.0384	0.1569	0.0326	0.5525	0.4426
最小值	15.06	24.54	9.16	28.25	15.41	38.17	26.48
最大值	78.99	126.01	93.68	87.62	97.78	91.00	89.65
极差	63.93	101.46	84.53	59.36	82.37	52.82	63.17
观测数	155	155	155	155	155	155	155

西部　年指数得分变动：2.2 ↗

中部　年指数得分变动：2.9 ↗

东北　年指数得分变动：1.3 ↗

东部　年指数得分变动：1.9 ↗

西部最优水平

中部最优水平

东北最优水平

东部最优水平

↗东部平均得分线
↗东北平均得分线
↗中部平均得分线
↗西部平均得分线

图形说明：

- 本图为2014~2018年中国31个省市区综合指数方面"多年指数得分"集成图。
- 31个省市区连续5年共155个对象参与评价，最高得分为89.6（2018年的上海），最低得分为26.5（2015年的西藏）。
- 31个省市区按照四大经济区域分类，并按照平均得分水平由低到高，对每个区域内的省市区从左至右排列。
- 每个省市区对应一条得分曲线，线上从左至右的5个点依次为2014~2018年的指数得分。
- 4条平均得分线，线上从左至右的5个点依次为2014~2018年各区域的平均指数得分。

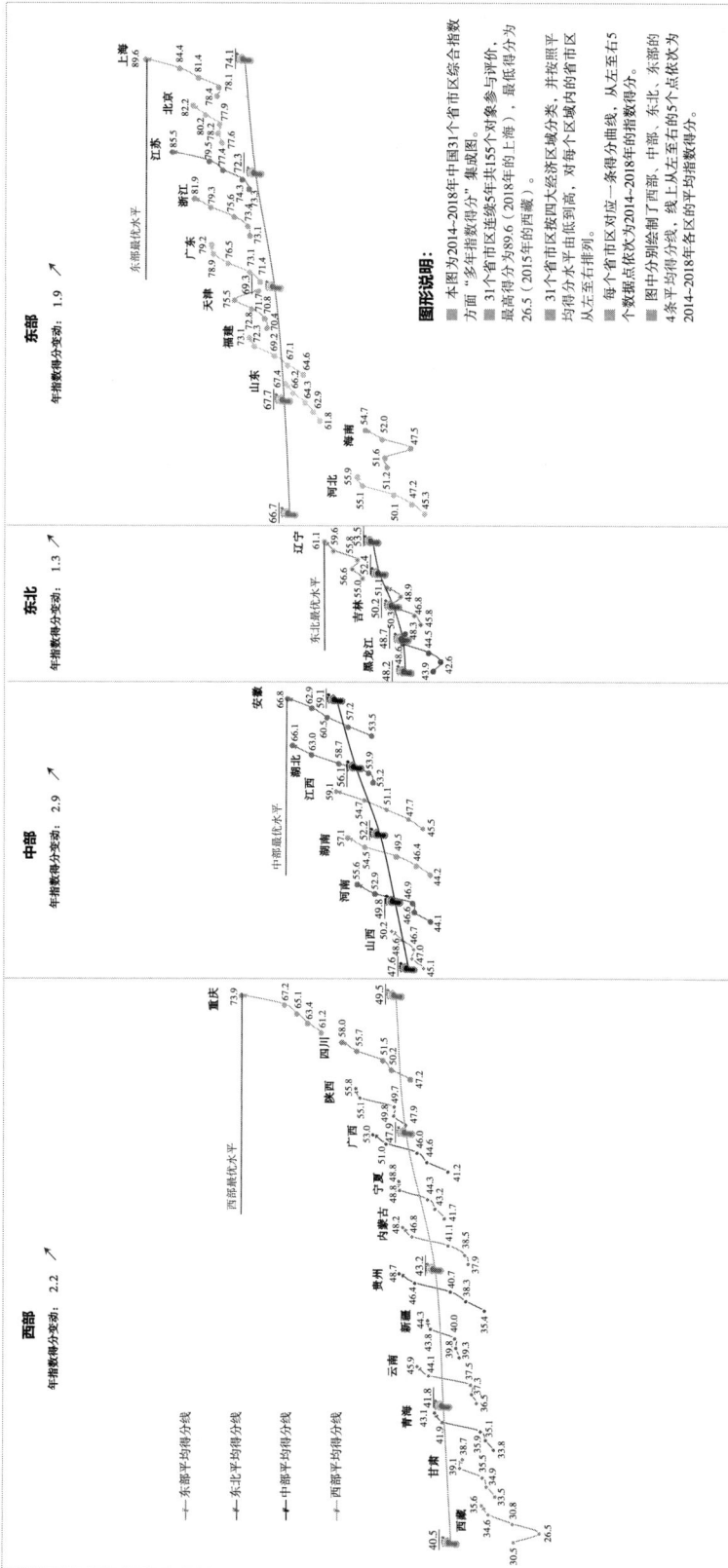

图 2－4　2014～2018 年 31 个省市区振兴指数得分变动情况

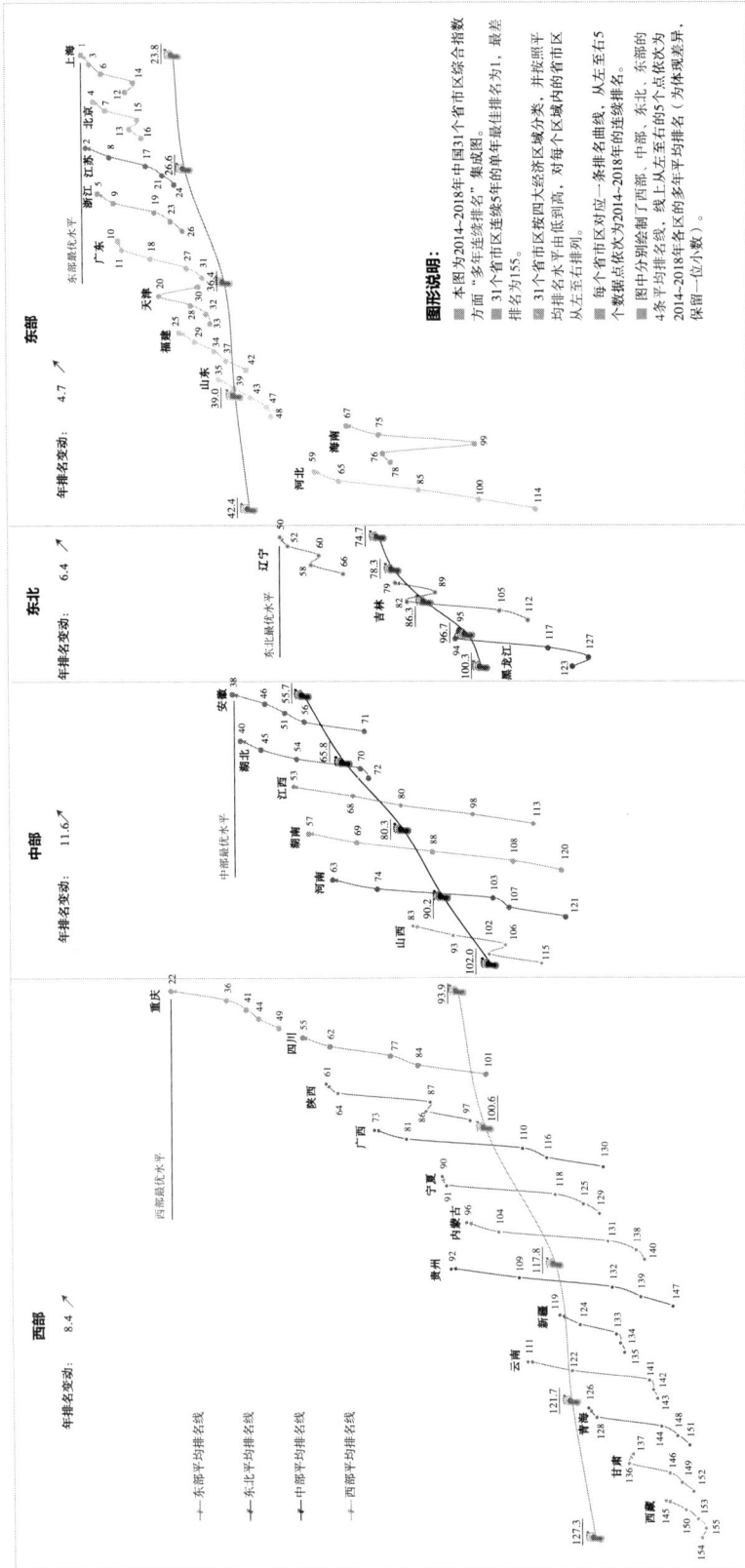

图 2 - 5　2014 ~ 2018 年 31 个省市区综合发展水平多年连续排名变动情况

图形说明：

- 本图为 2014~2018 年中国 31 个省区综合发展水平单年排名变动情况集成图。
- 指数方面，"单年排名"最佳排名为 1，最差排名为 31。
- 31 个省市区按照平均经济发展水平由低到高，对每个区域内的省市区从左至右排列。
- 每个省市区对应一条排名曲线，从左至右 5 个数据点依次为 2014—2018 年各区的单年平均排名。
- 图中分别绘制了西部、中部、东北、东部各区的 4 条平均排名线，线上五左至右的 5 个点依次为 2014—2018 年各区的单年平均排名（为体现差异，保留一位小数）。

西部　5年平均排名变动：0.5 ↗

5年平均排名变动：1.8 ↗　　　中部

东北　5年平均排名变动：-3.3 ↘

5年平均排名变动：-0.7 ↘

东部

—◆— 东部平均排名线

—◆— 东北平均排名线

—●— 中部平均排名线

—●— 西部平均排名线

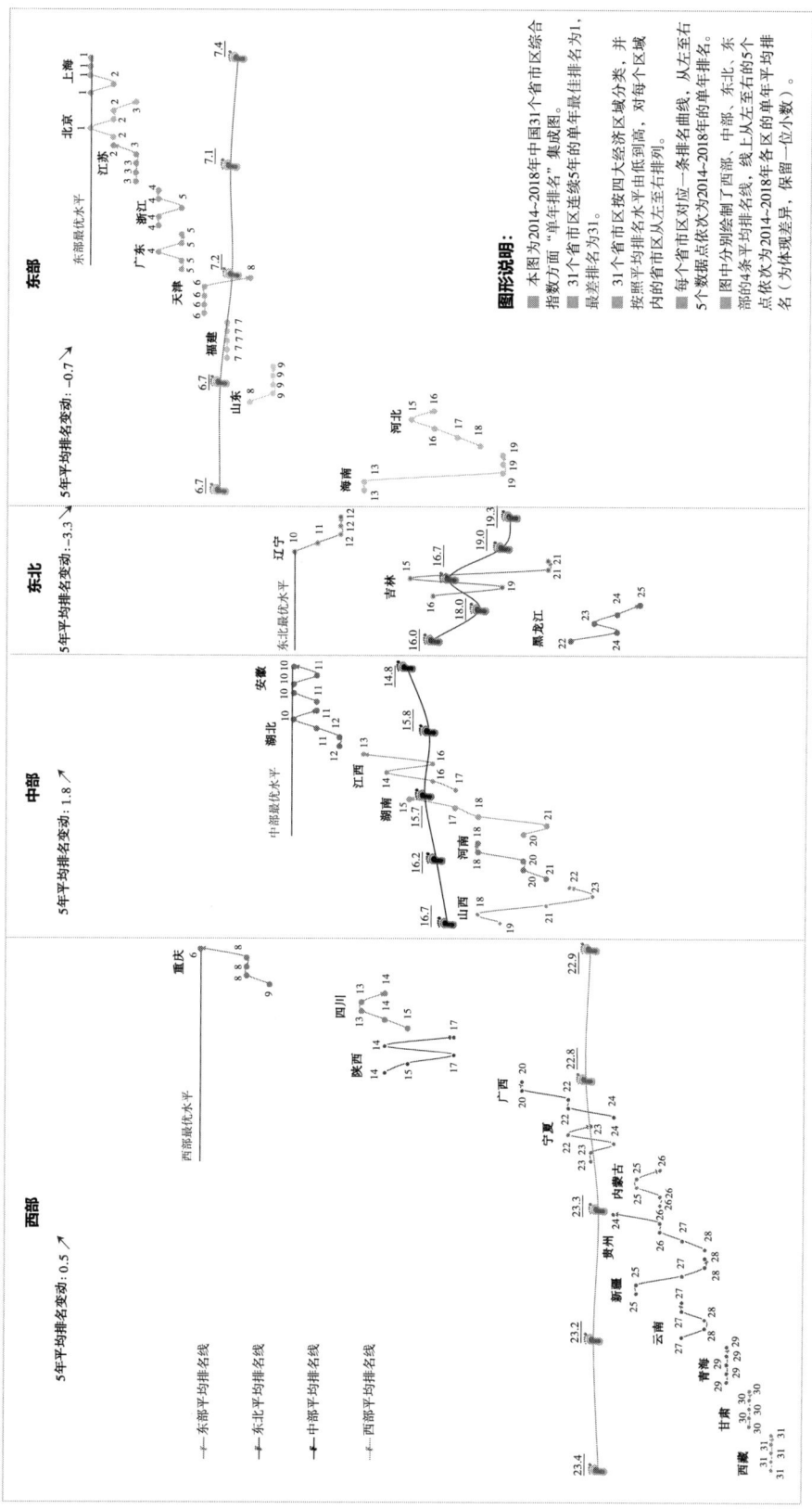

图 2-6　2014~2018 年 31 个省市区综合发展水平单年排名变动情况

依据 2014～2018 年的数据，东南三省的发展水平明显高于全国平均水平，在"创新创业"和"企态优化"方面的平均发展水平相对较好（平均得分高于 80 分），其他四个方面的发展有进一步提升的空间；东北三省的发展水平较东南三省差距较大，"政府治理"的发展水平最低，除"产业发展"高于全国平均水平外，其他方面均低于全国平均水平，可见，东北地区的全面振兴势在必行。

东南三省在六个方面发展相对较均衡，而东北地区发展的均衡性较差。具体而言，东南三省中，江苏省在"政府治理"和"产业发展"方面的发展水平位于东南三省前列，且在"政府治理"方面为全国各省份的最高水平；浙江省的"企态优化"优势最明显；广东省的"社会民生"和"区域开放"在东南三省中的发展水平最高，但距离全国各省份最高水平还有一定的距离。东北三省中，辽宁省在"政府治理""社会民生""创新创业""区域开放"方面的发展较好，尤其"区域开放"方面的优势明显；吉林省的"企态优化"和"产业发展"优势相对明显，但其他方面总体水平不高（尚未突破 50 分），有待进一步提升；黑龙江省的"产业发展"低于东南三省中较弱的浙江省，但高于辽宁省与吉林省；总体来看，辽宁省发展水平较吉林省和黑龙江省相对要高，但三个省在大部分振兴方面的得分低于 60 分，因而东北地区的发展亟须进一步提升，具体如表 2 - 6 所示。

表 2 - 6　2014～2018 年 6 省份二级指数平均得分

	政府治理	企态优化	区域开放	产业发展	创新创业	社会民生
辽宁	50.74	44.72	66.05	60.61	63.58	60.06
吉林	42.00	49.50	41.94	56.54	47.29	54.28
黑龙江	35.59	43.58	32.17	66.42	43.34	52.28
江苏	75.73	81.98	78.20	81.36	83.84	66.83
浙江	66.87	86.64	72.54	78.36	84.57	70.96
广东	63.89	72.85	80.04	78.88	84.84	74.43
东北三省平均	42.78	45.93	46.72	61.19	51.40	55.54
东南三省平均	68.83	80.49	76.92	79.54	84.41	70.74
各省平均	49.85	58.22	49.37	56.93	57.60	57.98
各省最高	75.73	94.97	93.16	85.35	94.28	82.65
各省最低	20.87	31.53	13.19	34.20	21.17	44.63
各省最低	50.74	44.72	66.05	60.61	63.58	60.06

2014～2018 年，对构成振兴指数的六个方面，全国在"创新创业"和"产业发展"方面的平均水平呈现逐年上升的发展趋势；在"社会民生""区域开放"和"企态优化"方面呈现波动上升的趋势，且进展明显，在"政府治理"方面呈现下降趋势。东南三省在六个方面的发展水平均处于全国前列（从年排名可以看出），明显高于全国的平均发展水平；"创新创业"的平均水平呈现逐年上升的发展趋势；在"产业发展"方面江苏省和浙江省呈现逐年上升的发展趋势、广东省整体呈现上升趋势，但在 2018 年略有回落；在

"社会民生"方面浙江省和广东省呈现逐年上升的发展趋势、江苏省整体呈现上升趋势，但在 2018 年略有回落；在"企态优化"方面广东省呈现逐年上升的发展趋势，江苏省和浙江省整体呈现上升趋势，但在 2018 年略有回落；在"政府治理"方面，东南三省均呈波动上升趋势；东南三省都在"区域开放"方面呈现下降趋势。东北三省在"企态优化""创新创业""社会民生"方面的发展情况相对较好，整体呈上升趋势；相对而言，辽宁省在"区域开放""创新创业"和"社会民生"三个方面的优势相对明显，高于全国平均水平；吉林省在 2015 年和 2016 年的"产业发展"优于全国平均水平；黑龙江省在"产业发展"方面的优势相对明显，除 2018 年外其他年份的发展水平高于全国平均水平，具体如表 2 - 7 所示。

表 2 - 7　2014～2018 年 6 省份二级分项指数

	年份	辽宁	吉林	黑龙江	江苏	浙江	广东	全国平均
		值/序	值/序	值/序	值/序	值/序	值/序	值
政府治理	2014	53.67/14	50.32/20	34.45/28	74.69/2	69.80/4	65.13/8	53.05
	2015	55.95/11▲	43.08/21▽	35.84/25▲	72.48/1▽	60.61/7▽	60.45/8▽	48.85▽
	2016	43.34/20▽	39.57/24▽	30.57/27▽	74.36/1▲	62.64/6▲	62.20/7▲	47.81▽
	2017	52.06/15▲	38.71/23▽	38.57/24▲	78.99/1▲	70.35/4▲	66.02/7▲	50.82▲
	2018	48.66/16▽	38.33/24▽	38.53/23▲	78.12/1▽	70.97/2▲	65.63/7▽	48.73▽
企态优化	2014	36.37/29	42.58/20	44.74/17	64.73/5	74.55/2	62.22/7	50.70
	2015	35.41/27▽	45.31/19▲	29.49/30▽	69.54/4▲	79.07/2▲	66.84/5▲	50.44▽
	2016	41.59/27▲	49.95/19▲	38.00/30▲	75.82/4▲	84.98/2▲	73.70/5▲	55.29▲
	2017	50.60/24▲	46.22/30▽	49.90/26▲	82.57/4▲	91.64/2▲	80.40/5▲	63.53▲
	2018	59.63/25▲	63.46/19▲	55.76/27▲	117.24/2▽	102.98/3▽	81.08/6▲	71.15▲
区域开放	2014	66.40/8	41.14/19	32.57/23	79.16/4	74.87/6	82.11/2	48.6
	2015	66.00/8▽	39.72/19▽	28.67/24▽	79.00/5▽	74.52/6▽	81.29/2▽	47.99▽
	2016	65.19/9▽	45.66/17▲	28.61/24▽	78.91/5▽	72.36/7▽	80.42/3▽	48.72▲
	2017	66.62/9▲	44.51/20▽	34.88/25▲	77.16/5▽	71.01/7▽	78.26/4▽	50.86▲
	2018	66.04/9▽	38.65/22▽	36.10/24▲	76.76/4▽	69.92/6▽	78.13/3▽	50.67▽
产业发展	2014	58.20/10	51.02/16	63.06/7	77.01/2	73.67/4	69.54/6	51.34
	2015	63.54/9▲	57.27/14▲	67.41/7▲	78.21/2▲	75.09/4▲	73.44/5▲	54.93▲
	2016	59.65/16▽	63.37/13▲	72.84/7▲	83.37/2▲	77.6/4▲	82.45/3▲	57.61▲
	2017	62.00/14▲	57.11/17▽	69.08/8▽	83.60/3▲	82.17/4▲	85.12/2▲	59.87▲
	2018	59.67/17▽	53.93/21▽	59.72/16▽	84.63/2▲	83.29/4▲	83.85/3▽	60.89▲
创新创业	2014	58.48/12	40.75/19	40.78/18	81.08/2	78.92/4	78.83/5	50.87
	2015	60.55/14▲	43.28/19▲	42.84/20▲	82.14/3▲	81.38/5▲	82.98/2▲	54.92▲
	2016	65.37/13▲	48.08/20▲	44.07/24▲	83.43/4▲	84.57/3▲	85.37/2▲	57.80▲
	2017	64.99/15▽	52.08/19▲	45.42/24▲	85.71/4▲	87.89/2▲	87.42/3▲	60.93▲
	2018	68.53/13▲	52.26/21▲	43.59/26▽	86.84/4▲	90.08/2▲	89.58/3▲	63.49▲

续表

	年份	辽宁	吉林	黑龙江	江苏	浙江	广东	全国平均
		值/序	值/序	值/序	值/序	值/序	值/序	值
社会民生	2014	56.82/10	49.06/15	47.53/17	62.85/6	66.76/5	70.79/2	51.92
	2015	58.33/13▲	52.18/19▲	51.54/20▲	64.50/6▲	69.82/4▲	73.52/2▲	57.03▲
	2016	59.87/11▲	55.01/13▲	52.97/17▲	68.40/6▲	71.57/5▲	74.98/2▲	56.95▽
	2017	61.44/12▲	54.96/21▽	53.57/25▲	69.26/6▲	72.61/5▲	76.13/3▲	60.74▲
	2018	63.82/12▲	60.18/18▲	55.81/27▲	69.12/6▽	74.07/5▲	76.71/3▲	63.26▲

注：表中符号"▲"表示本年的数据相对于前一年是增长的，符号"▽"表示本年的数据相对于前一年是减少的。

进一步统计升降符（▲或▽）的数量，对不同地区的持续发展态势进行分析和对比可知，2014～2018 年，全国关于六个方面的平均发展水平不同年度呈现上升（▲）的数量多于下降（▽）的数量；东北地区在"区域开放"方面的上升（▲）数量多于东南地区；在"社会民生"方面的上升（▲）数量与东南地区持平；在"创新创业""政府治理""企态优化""产业发展"方面的上升（▲）数量略小于东南地区。总体而言，东北地区发展水平提升（▲）的总数量略少于东南三省，东北地区为 44 个，占升降总数的 61.1％，东南三省为 51 个，占升降总数的 70.8％，整体呈现递增的发展态势。

在东北三省中，辽宁省在六个方面呈现上升（▲）的数量为 15 个，占升降总数的 62.5％，在"社会民生"方面整体呈逐年提升的发展态势，在"企态优化""产业发展""创新创业"方面整体呈上升的发展态势；吉林省在六个方面呈现上升（▲）的数量为 13 个，占升降总数的 54.2％，在"创新创业"方面整体呈逐年提升的发展态势，在"企态优化""产业发展""社会民生"方面整体呈上升的发展态势；黑龙江省在六个方面呈现上升（▲）的数量为 16 个，占升降总数的 66.7％，在"社会民生"方面整体呈逐年提升的发展态势，在"政府治理""企态优化""区域开放""创新创业"方面整体呈上升的发展态势。在东南三省中，江苏省呈现上升（▲）的数量为 16 个，占 66.7％，浙江省呈现上升（▲）的数量为 18 个，占 75.0％，广东省呈现上升（▲）的数量为 17 个，占 70.8％，其中江苏省的"产业发展""创新创业"，浙江省的"产业发展""创新创业""社会民生"，广东省的"企态优化""创新创业""社会民生"呈逐年提升的发展态势。综上可见，六个省份均在"创新创业""社会民生"方面的发展势头较好，但东北三省的发展水平较东南三省有着明显差距。

（四）主要结论

首先，依指数测度结果，东北地区的发展水平低于全国平均水平，整体上虽有上升，但就 2018 年的指数得分来看，东北地区与全国平均水平的差距正在拉大。

其次，在全国绝大部分省份取得长足进步而持续发力的大背景下，东北三省虽有进步，但收效微弱。2014 年中部地区的基点低于东北地区，但发展势头更加强劲，2015 年，中部地区的安徽省实现了对辽宁省（东北地区最优水平）的超越，并在之后的差距逐年增大。

再次，相对于全国其他地区，东北地区的排名下滑明显，意味着相对优势的急速退失，结合近年来在指数得分改善上的微弱绩效，可以判断，东北地区的问题不仅表现在综合水平提升的缓慢上，更表现为相对发展速度大幅落后于全国整体进程的突出特征，2018 年，辽宁省、吉林省和黑龙江省的相对发展水平均呈现不同程度的下降。因而，需要警惕"东北地区由相对能力趋弱而引发绝对能力衰退的可能"。

最后，在反映综合发展水平的六个方面，东北三省内，辽宁省在"区域开放""创新创业""社会民生"三个方面的优势相对明显，吉林省的"社会民生"方面稍好一些，但水平不高，黑龙江省在"产业发展"方面的优势相对明显。比较而言，东北三省的发展水平与东南三省差距显著，主要体现在"政府治理""企态优化""区域开放""创新创业"四个方面。着眼于全国，除"产业发展"高于全国平均水平外，其他五个方面均低于全国平均水平，其中"企态优化"方面的劣势最为突出。可见，东北地区的全面振兴任重而道远。

二、东北老工业基地全面振兴进程评价分项报告

（一）政府治理评价报告

1. 政府治理指数总体分析

对政府治理的测度包括市场干预、政府规模、简政放权、监管水平、营商环境五个方面，共8项关键指标，汇集中国31个省市区2014～2018年政府治理的指标信息，得到连续5年的政府治理指数得分。在此基础上，形成多年连续排名和单年排名。其中，多年连续排名用于反映各省市区政府治理的绝对发展水平随时间动态变化的情况（31个省市区5年共155个排位，最高排名为1，最低排名为155），单年排名用于反映各省市区在全国范围内某个单年的相对发展水平（31个省市区每年31个排位，最高排名为1，最低排名为31）。具体而言，31个省市区政府治理的总体情况如表2-8所示。

表2-8   2014～2018年31个省市区政府治理指数得分、连续及单年排名

省市区	2014 年			2015 年			2016 年			2017 年			2018 年		
	值	总	年	值	总	年	值	总	年	值	总	年	值	总	年
江苏	74.7	5	2	72.5	8	1	74.4	6	1	79.0	1	1	78.1	2	1
浙江	69.8	13	4	60.6	43	7	62.6	35	6	70.3	12	4	71.0	11	2
福建	72.7	7	3	71.5	9	2	66.9	26	4	69.5	16	5	69.5	17	3
上海	66.0	29	7	61.8	38	6	68.6	22	3	71.0	10	3	69.1	19	4
天津	75.5	3	1	69.7	15	3	65.6	31	5	74.8	4	2	67.5	24	5
山东	69.8	14	5	69.0	20	4	68.7	21	2	68.1	23	6	66.2	27	6
广东	65.1	32	8	60.5	45	8	62.2	36	7	66.0	28	7	65.6	30	7
重庆	63.2	34	10	59.6	48	9	59.5	49	8	61.6	40	8	62.0	37	8
安徽	59.9	47	12	56.9	53	10	57.2	52	10	60.3	46	10	61.2	41	9

省市区	2014 年			2015 年			2016 年			2017 年			2018 年		
	值	总	年	值	总	年	值	总	年	值	总	年	值	总	年
湖北	64.8	33	9	53.6	64	14	57.3	51	9	60.6	44	9	61.1	42	10
北京	69.2	18	6	67.3	25	5	56.1	56	11	55.9	58	12	56.2	55	11
河南	59.1	50	13	55.2	60	12	50.9	78	13	54.6	61	14	52.6	66	12
河北	61.7	39	11	54.1	62	13	52.1	68	12	56.7	54	11	51.6	74	13
湖南	50.9	77	18	47.9	87	17	49.1	84	15	52.0	71	16	51.6	75	14
陕西	52.9	65	15	47.7	90	18	45.9	94	18	55.7	59	13	49.8	82	15
辽宁	53.7	63	14	55.9	57	11	43.3	101	20	52.1	70	15	48.7	85	16
江西	46.1	93	21	41.4	109	22	47.4	91	17	49.9	81	18	47.8	89	17
广西	51.7	73	16	52.1	69	16	47.8	88	16	48.1	86	19	45.5	95	18
海南	51.4	76	17	52.3	67	15	49.7	83	14	52.0	72	17	44.9	96	19
山西	50.6	79	19	46.3	92	19	43.8	98	19	43.9	97	20	43.5	100	20
四川	40.8	110	24	37.0	122	24	39.7	115	23	43.0	105	21	41.7	107	21
贵州	43.6	99	22	43.1	103	20	42.7	106	21	41.5	108	22	40.5	112	22
黑龙江	34.5	129	28	35.8	124	25	30.6	140	27	38.6	118	24	38.5	119	23
吉林	50.3	80	20	43.1	104	21	39.6	116	24	38.7	117	23	38.3	120	24
青海	33.0	133	29	23.7	146	29	23.5	147	29	33.4	132	27	35.2	126	25
宁夏	43.2	102	23	40.5	113	23	40.1	114	22	37.1	121	25	35.0	127	26
云南	36.0	123	26	30.7	137	28	31.3	136	26	34.0	131	26	32.3	134	27
内蒙古	35.4	125	27	34.2	130	26	34.5	128	25	30.7	138	28	29.6	141	28
甘肃	40.8	111	25	32.2	135	27	28.7	143	28	29.3	142	29	21.0	151	29
新疆	30.6	139	30	23.1	148	30	20.2	152	31	24.0	145	30	18.6	153	30
西藏	27.6	144	31	15.1	155	31	22.3	150	30	22.9	149	31	16.4	154	31
平均	53.1	69.2	16	48.9	79.9	16	47.8	84.4	16	50.8	75.5	16	48.7	81	16

注：①对于表中的字段名称，"值"表示各省市区对应年份的指数得分，"总"表示各省市区 2014～2018 年连续总排名，"年"表示各省市区 5 个单年的排名；②表中 31 个省市区按照 2018 年的指数得分由高到低（降序）排列。

辽宁省的政府治理指数处于全国中等位置，吉林省和黑龙江省处于中等偏下的位置，均落后于东南三省的发展水平。2014～2018 年，6 省份政府治理指数由高到低依次为：江苏、浙江、广东、辽宁、吉林、黑龙江；就东南三省而言，江苏省和广东省整体呈波动上升趋势，浙江省在 2014～2015 年大幅下降，2015～2018 年稳步回升，整体来看呈上升趋势；东南三省水平较低的广东省持续优于东北三省最优的辽宁省；6 省中，政府治理指数增幅最大的是黑龙江省（2.96%），降幅最大的是吉林省（-5.96%），辽宁省的降幅为 2.33%。就 2018 年而言，辽宁省政府治理相对较好，在 31 个省域中的单年排名为 16，黑龙江省和吉林省相对较差，排名分别为 23 和 24，如表 2-8 和表 2-9 所示。

表 2-9 2014~2018 年 6 省政府治理指数的值及单年排名

年份	辽宁	吉林	黑龙江	江苏	浙江	广东	全国平均
	值/序	值/序	值/序	值/序	值/序	值/序	值
2014	53.67/14	50.32/20	34.45/28	74.69/2	69.80/4	65.13/8	53.05
2015	55.95/11	43.08/21	35.84/25	72.48/1	60.61/7	60.45/8	48.85
2016	43.34/20	39.57/24	30.57/27	74.36/1	62.64/6	62.20/7	47.81
2017	52.06/15	38.71/23	38.57/24	78.99/1	70.35/4	66.02/7	50.82
2018	48.66/16	38.33/24	38.53/23	78.12/1	70.97/2	65.63/7	48.73
平均	50.74/15.2	42.00/22.4	35.59/25.4	75.73/1.2	66.87/4.6	63.89/7.4	49.85

2014~2018 年，全国和东北地区的政府治理指数均呈波动下降趋势；东北地区明显低于全国平均水平；就东北三省而言，辽宁省整体呈波动下降趋势，吉林省呈平稳下降趋势，黑龙江省波动发展，整体来看略微上升；相对而言，辽宁省较好，吉林省次之，黑龙江省较弱，如图 2-7 所示。

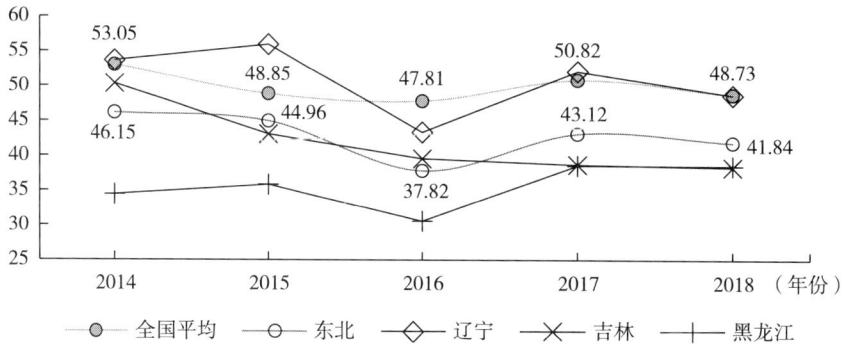

图 2-7 2014~2018 年政府治理指数基本走势

注：①全国平均指 31 个省市区的平均水平；②全国范围内（可采集到的数据），政府治理指数最大值为 2017 年江苏的 78.99，最小值为 2015 年西藏的 15.06。

2014~2018 年，东北三省政府治理指数在全国 31 个省市区连续 5 年数据集（共 155 个指标值）中相对位置的分布情况如图 2-8 所示。可见，东北三省 5 年（共 15 个数据）政府治理指数的百分比排位处于 50% 以下有 12 个，其中有 7 个位于 25% 以下；排位的最大值是 2015 年的辽宁省（63.6%），最小值是 2016 年的黑龙江省（9.7%）。

2. 全国视角下东北地区政府治理进展分析

2014~2018 年，四个区域政府治理指数由高到低依次为：东部、中部、东北、西部。四个区域整体均呈波动下降趋势，相对而言，西部地区波动幅度较大；东北地区政府治理指数与东部地区相比，差距较大，如表 2-10 所示。

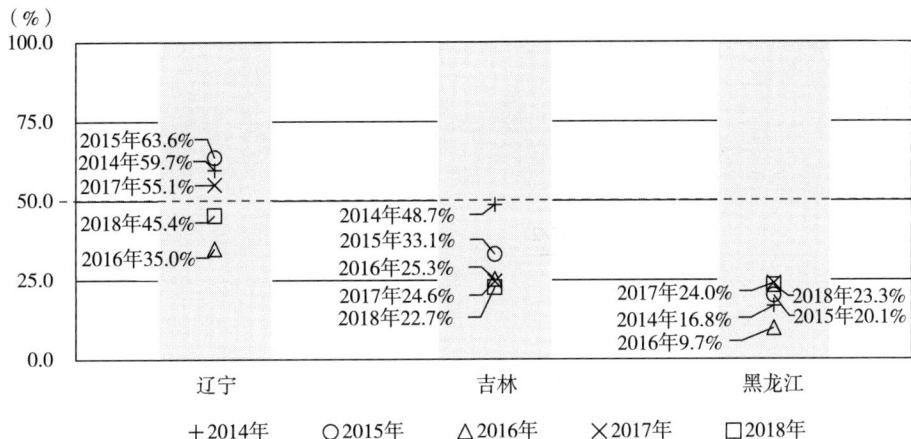

图 2-8　2014～2018 年政府治理指数百分比排位图

表 2-10　2014～2018 年四大经济区政府治理指数的平均值及排名

年份	东北		东部		西部		中部	
	平均值	年排名	平均值	年排名	平均值	年排名	平均值	年排名
2014	46.15	21.0	67.59	6.0	41.56	23.2	55.22	15.3
2015	44.96	19.0	63.93	6.4	36.59	23.4	50.20	15.7
2016	37.82	23.7	62.68	6.5	36.34	23.1	50.95	13.8
2017	43.12	20.7	66.34	6.8	38.45	23.3	53.54	14.5
2018	41.84	21.0	63.98	7.1	35.64	23.3	52.95	13.7
平均	42.78	21.0	64.91	6.6	37.71	23.3	52.57	14.6

注：为确保区分度，对于具有平均意义的排名（序），本书保留一位小数，以下各表同。

2014～2018 年，七个区域政府治理指数由高到低依次为：华东、华南、华北、华中、东北、西南、西北。华东地区整体呈波动上升趋势，其他地区均呈波动下降趋势；就七个区域而言，东北地区排名较靠后，与最优的华东地区相比，差距较大，如表 2-11 所示。

表 2-11　2014～2018 年七大地理区政府治理的平均值及排名

年份	东北	华北	华东	华南	华中	西北	西南
	值/序	值/序	值/序	值/序	值/序	值/序	值/序
2014	46.15/20.7	58.47/12.8	68.82/5.5	56.08/13.7	55.21/15.3	40.09/24.4	42.24/22.6
2015	44.96/19	54.33/13.2	65.39/5	54.96/13	49.51/16.3	33.44/25.4	37.11/22.4
2016	37.82/23.7	50.40/14.4	66.40/4.3	53.23/12.3	51.18/13.5	31.65/25.6	39.09/21.6
2017	43.12/20.7	52.39/14.6	69.72/4.8	55.36/14.3	54.28/14.3	35.91/24.8	40.60/21.6
2018	41.84/21	49.70/15.4	69.17/4.2	52.01/14.7	53.27/13.3	31.92/25	38.59/21.8
平均	42.78/21	53.06/14.1	67.90/4.8	54.33/13.6	52.69/14.5	34.60/25	39.53/22

为便于直观分析，将指数信息按空间分类、时间排列、优劣序化等方式整理后，形成多年指数得分、连续排名及单年排名的可视化集成图（见图 2-9～图 2-11），结合表 2-8

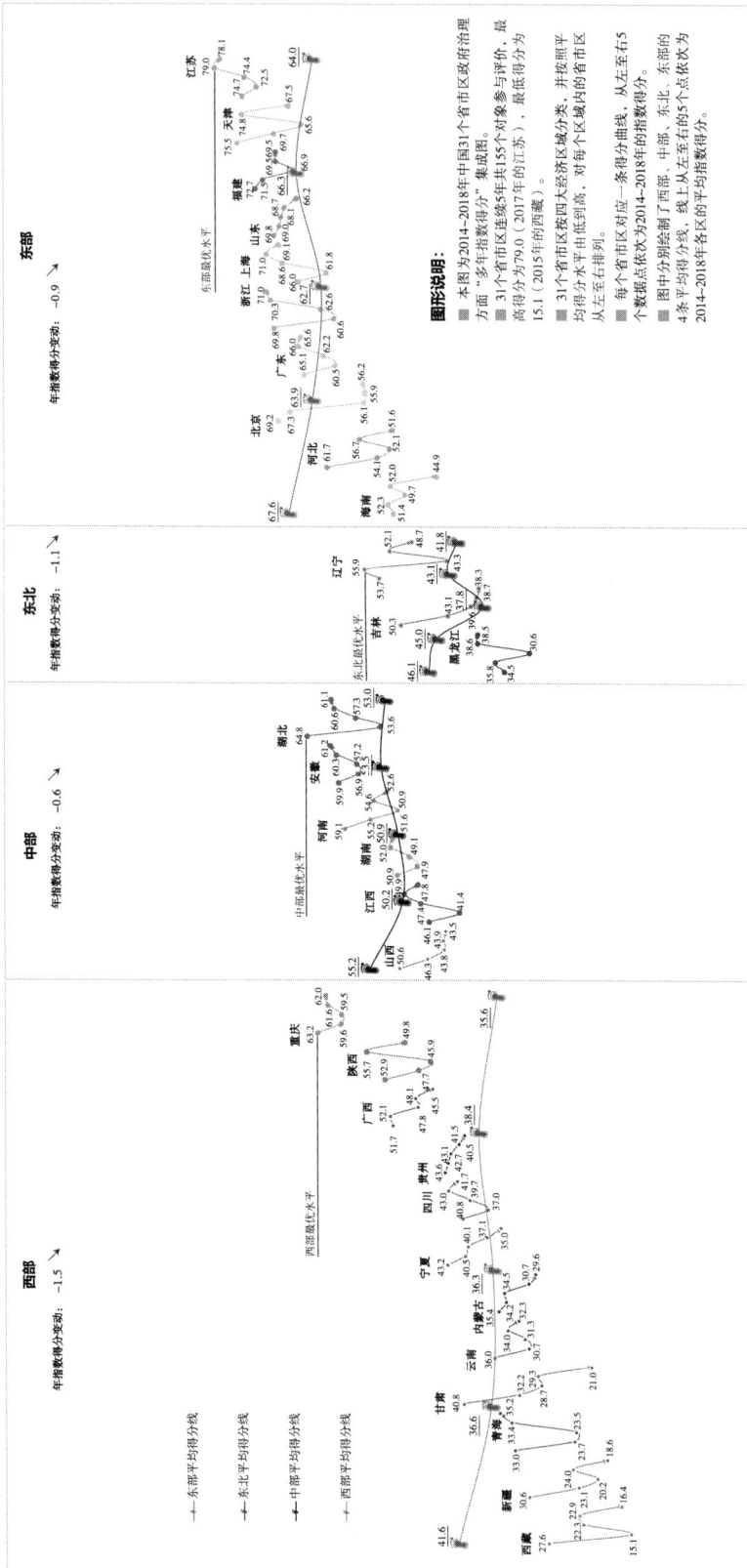

图 2-9 2014~2018 年 31 个省市区政府治理指数得分变动情况

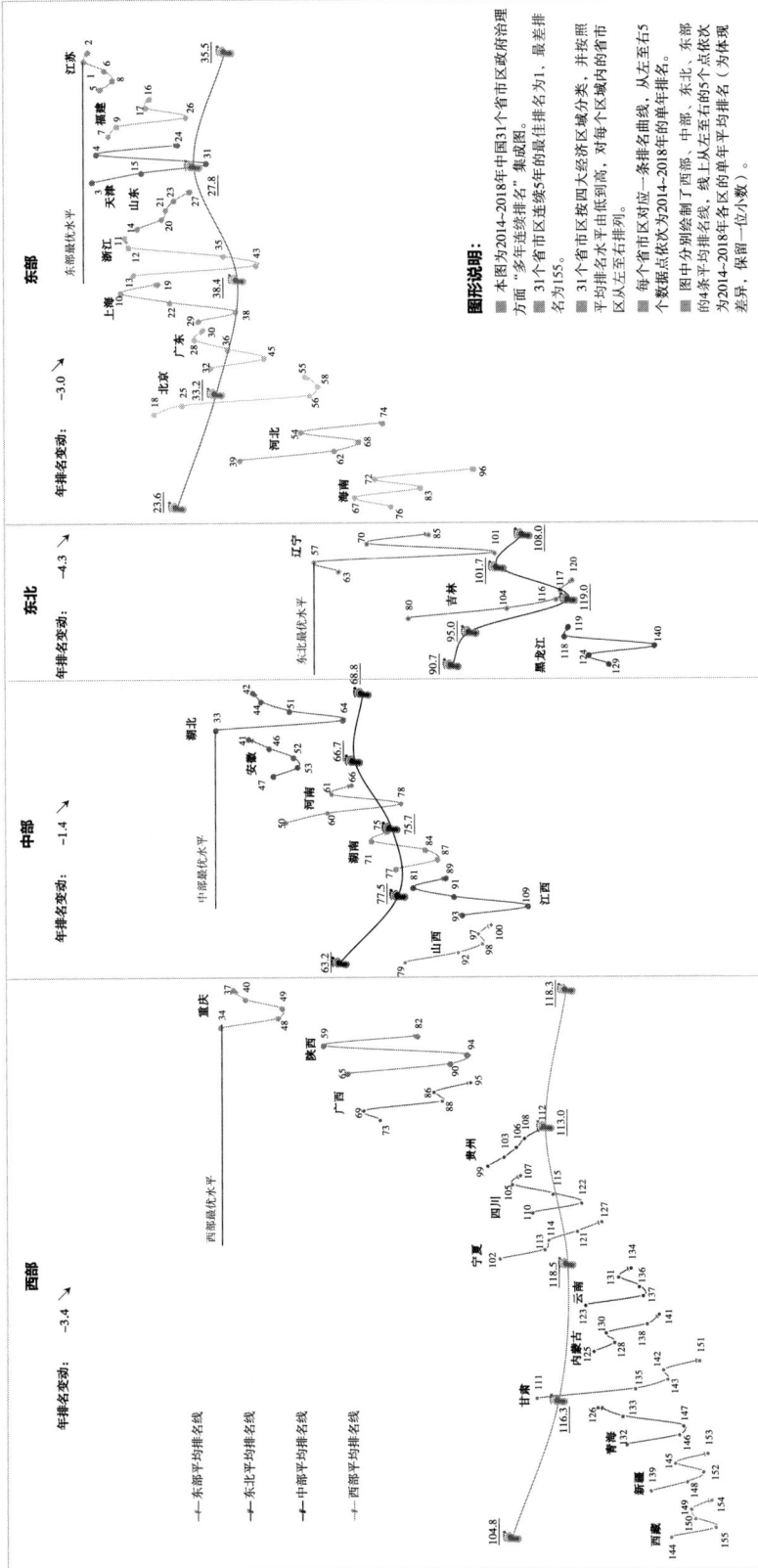

图 2－10　2014～2018 年 31 个省市区政府治理多年连续排名变动情况

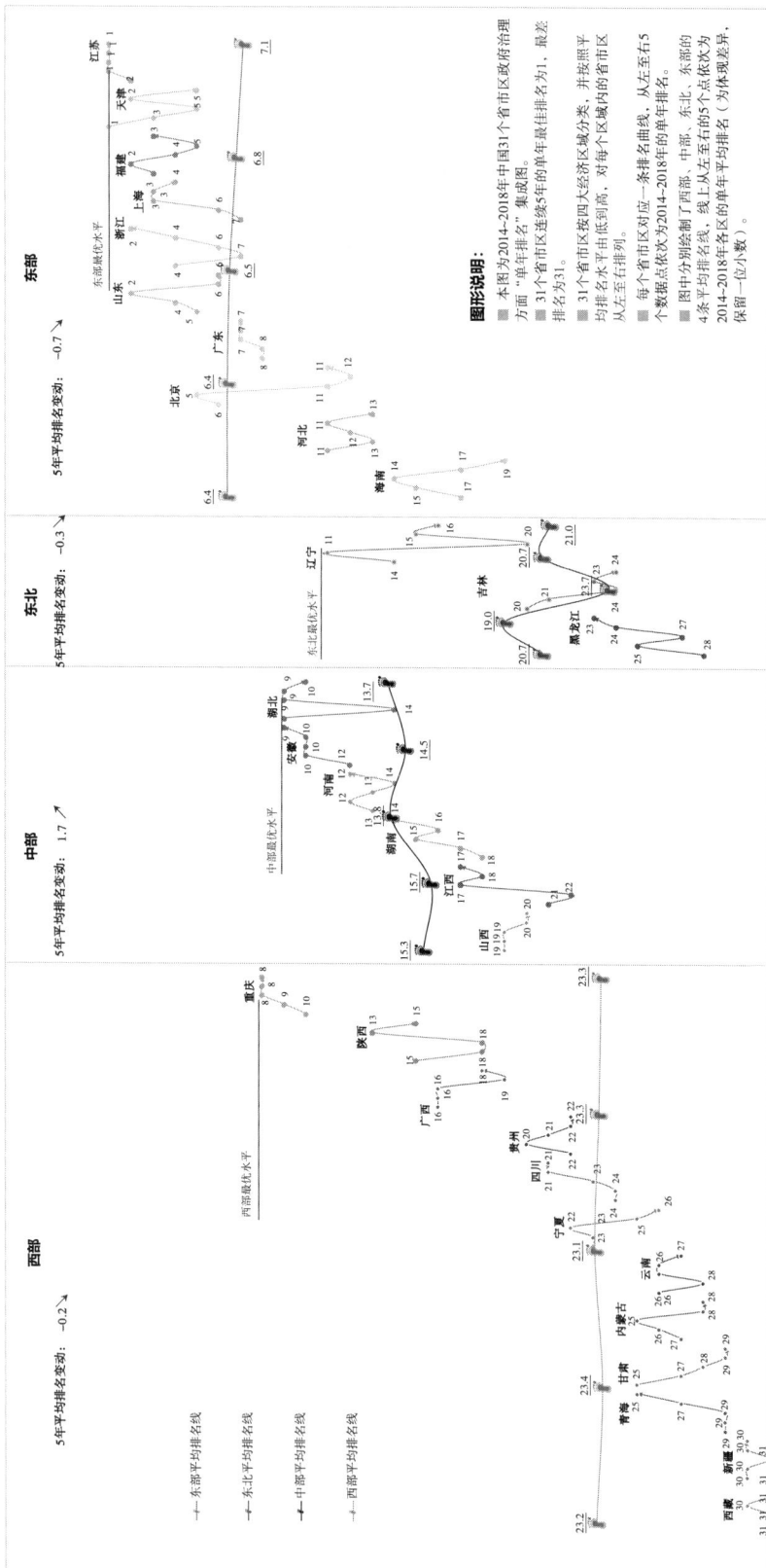

图 2-11 2014~2018 年 31 个省市区政府治理单年排名变动情况

的信息，以全国四大经济区为划分标准，对东北三省的政府治理方面的进程评价如下：

（1）东北地区政府治理指数得分呈波动下降趋势，上升速度居四大区域第三位，仍有较大的提升空间

从四大区域（西部、中部、东北、东部）平均指数得分曲线的变化情况可以看出，东部地区发展相对成熟，基础夯实（2014 年为 67.6），且优势得到持续（2018 年为 64.0），遥遥领先于其他三个地区，整体来看，四大区域均呈波动下降趋势。具体而言，西部地区在 2014～2016 年呈下降趋势，2016～2017 年有所回升，2017 年又呈下降趋势；中部地区 2014～2015 年下降幅度较大，2015～2017 年呈逐步上升趋势，2017 年以后出现下滑趋势；东部地区 2014～2016 年显著下降，2016～2018 年呈先升后降的趋势，在四大区域中居于首位；东北地区 2014～2016 年呈显著下滑趋势，2016～2017 年有较大幅度回升，2017～2018 年有所回落，总体来看，与东部地区差距很大。

（2）东北地区政府治理绝对水平呈波动下降趋势，上升速度居四大区域第四位，与东部和中部地区差距明显

从四大区域连续排名曲线的变化情况可以看出，四大区域整体呈波动下降趋势，其中，东部地区下降速度为年均 3.0 名，西部地区下降 3.4 名，中部地区下降 1.4 名，东北地区下降 4.3 名。具体来说，东北三省中，黑龙江省从 2014 年的 129 名跌至 2016 年的 140 名，先退后进，2018 年回升至 119 名，吉林省 2014～2018 年整体呈下降趋势，从 2014 年的 80 名跌至 2018 年的 120 名，辽宁省从 2014 年的 63 名升至 2015 年的排名新高（57 名），2015～2016 年出现大幅下跌，2016～2018 年先升后减，2018 年回升至 85 名，波动较大。东北地区整体发展水平介于西部与中部地区之间，与东部和中部地区的差距明显。

（3）东北地区政府治理相对水平呈波动下降趋势，但下降幅度较小

从四大区域指数得分曲线的变化情况可以看出，在相对位次的排名竞争中，东北、东部、西部地区均呈下降趋势，东北地区下降 0.3 名，东部地区下降 0.7 名，西部地区下降 0.2 名，而中部地区呈波动上升趋势，提升 1.7 名。东北地区 2016 年的单年排名与西部地区平均水平较接近。就东北三省而言，辽宁省单年排名整体呈波动下降趋势，波动幅度较大，由 14 名退到 16 名，吉林省整体呈波动下降趋势，由 20 名跌至 24 名，黑龙江省单年排名由 28 名上升到 23 名，为东北地区唯一上升的省份。

3. 政府治理指数分项分析

2014～2018 年，东北三省中除吉林省在监管水平略高于东南三省平均水平之外，其余均低于东南三省平均水平。辽宁省在市场干预、政府规模和简政放权方面高于全国平均水平，表现相对较好，吉林省仅监管水平高于全国平均水平，黑龙江省仅政府规模高于全国平均水平，其余 4 个分项指数与全国平均水平差距较大，整体表现较弱。东南三省除浙江省在监管水平略低于全国平均水平之外，其余均高于全国平均水平，且显著高于东北三省，优势明显。分省来看，江苏省、浙江省、广东省的监管水平略低，广东省的简政放权和营商环境略低，总体来看发展相对均衡；东北三省 2014～2018 年在 5 个分项指数的发展上

较不平衡，其中黑龙江省最为突出，政府规模得分达到59.35，简政放权的得分仅为11.71，黑龙江省政府规模较强，市场干预和简政放权均较弱；吉林省5个分项指数的发展相对均衡，监管水平相对较强，营商环境相对较弱；辽宁省在市场干预、政府规模和简政放权上相对较强，但营商环境和监管水平尚未能达到全国平均水平，黑龙江省和辽宁省差距较大。总体来看，东北三省5个分项指数与东南三省的差距明显，具体如表2-12和图2-12所示。

表2-12 2014~2018年6省政府治理方面分项指数平均得分

	市场干预	政府规模	简政放权	监管水平	营商环境
辽宁	75.85	57.37	56.71	29.21	34.54
吉林	45	48.24	40.37	49.32	27.08
黑龙江	38.22	59.35	11.71	37.27	31.43
江苏	92.19	87.46	75.91	53.56	69.52
浙江	87.45	61.52	76.41	41.64	67.35
广东	81.34	75.76	58.15	51.2	52.98
东北三省平均	53.02	54.99	36.26	38.6	31.01
东南三省平均	86.99	74.91	70.16	48.8	63.28
各省平均	51.34	50.87	51.69	45.56	49.8
各省最高	95.43	93.25	98.4	81.26	70.92
各省最低	0.76	2.1	0.08	18.79	21.84

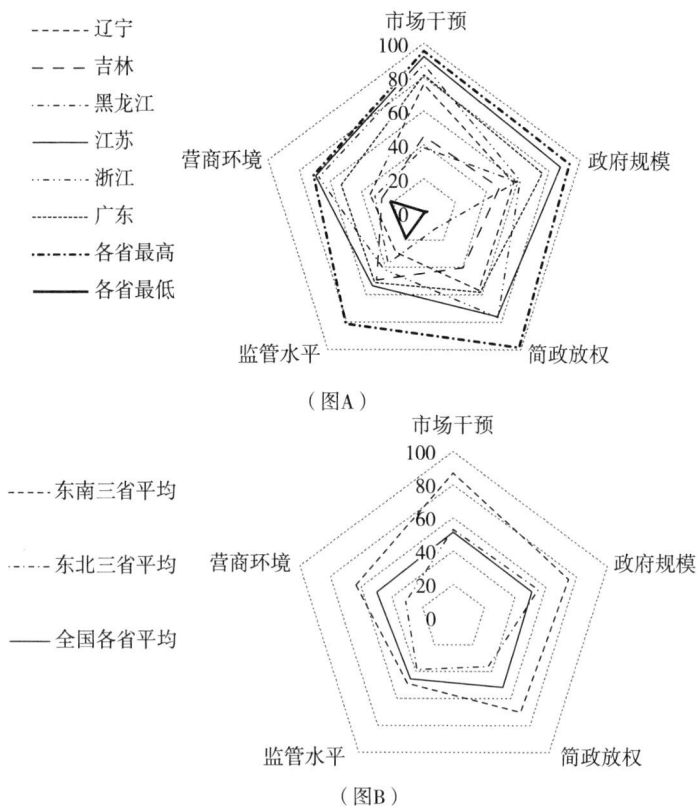

（图A）

（图B）

图2-12 2014~2018年6省政府治理方面分项指数平均得分雷达图

　　2014～2018 年，全国在反映政府治理 5 个方面的整体进展良好，其中"市场干预""政府规模""监管水平""营商环境"呈波动下降趋势，"营商环境"的降幅相对较大，"简政放权"呈平稳上升趋势。除浙江省的"监管水平"、广东省的"简政放权"和"营商环境"以外，东南三省各分项指数均处于全国前列（从年排名得出），尤其是江苏省和浙江省的"市场干预"和江苏省的"政府规模"连续 5 年均位于全国前 5 位；东南三省"政府规模"整体呈下降趋势，"简政放权"和"监管水平"整体呈上升趋势，就"市场干预"而言，江苏省呈上升趋势，浙江省和广东省呈下降趋势，就"营商环境"而言，浙江省呈下降趋势，江苏省和广东省呈上升趋势；就东北三省 5 个分项指数而言，辽宁省的"市场干预""简政放权"明显优于吉林省和黑龙江省，吉林省"监管水平"明显优于辽宁省和黑龙江省，黑龙江省"政府规模"在 2016～2018 年表现优于同期的辽宁省和吉林省；东北三省中，除辽宁省的"市场干预""简政放权"和"营商环境"、吉林省的"简政放权"、黑龙江省的"简政放权""监管水平"和"营商环境"整体呈下降趋势外，其余整体均呈上升趋势，具体如表 2－13 所示。

表 2－13　2014～2018 年 6 省政府治理方面分项指数

分项指数	年份	辽宁	吉林	黑龙江	江苏	浙江	广东	全国平均
		值/序	值/序	值/序	值/序	值/序	值/序	值
市场干预	2014	71.38/9	50.05/17	49.13/18	91.1/4	94.3/2	91.63/3	54.16
	2015	86.81/3▲	47.83/15▽	38.74/22▽	88.48/2▽	82.85/4▽	71.10/8▽	49.2▽
	2016	72.75/8▽	42.32/19▽	34.86/23▽	91.92/2▲	86.29/3▲	79.22/5▲	50.16▲
	2017	76.04/9▲	42.56/20▲	33.55/22▽	94.94/2▲	88.78/3▲	80.23/5▲	52.16▲
	2018	72.28/9▽	42.24/20▽	34.81/22▲	94.51/1▽	85.01/4▽	84.53/5▲	51.03▽
政府规模	2014	60.74/13	53.5/18	60.16/14	88.16/3	66.67/8	79.48/5	54.17
	2015	64.66/9▲	50.69/18▽	59.80/11▽	87.26/2▲	60.70/10▽	78.15/5▽	51.29▽
	2016	55.52/12▽	48.71/18▽	56.37/11▽	87.11/2▽	60.14/9▽	77.23/5▽	50.32▽
	2017	57.49/12▲	46.64/19▽	61.87/9▲	89.16/2▲	61.15/11▲	74.19/6▽	50.69▲
	2018	48.46/13▽	41.63/20▽	58.54/11▽	85.64/2▽	58.93/10▽	69.77/6▽	47.88▽
简政放权	2014	56.73/14	38.16/22	10.18/29	75.88/7	76.31/5	54.11/16	49.98
	2015	57.31/14▲	39.59/22▲	11.84/28▲	76.14/7▲	76.39/6▲	56.13/16▲	51.34▲
	2016	53.90/17▽	40.63/22▲	11.38/28▽	75.81/7▽	76.38/6▽	59.51/14▲	52.02▲
	2017	57.37/15▲	40.12/22▽	11.69/28▲	75.8/7▽	76.46/6▲	60.84/14▲	52.21▲
	2018	58.22/14▲	43.34/22▲	13.46/28▲	75.91/7▲	76.48/6▲	60.17/13▽	52.90▲
监管水平	2014	36.16/27	58.66/9	33.66/28	50.95/12	31.86/29	48.87/15	48.77
	2015	36.21/21▲	54.08/7▽	42.13/18▲	52.84/8▲	31.86/24▽	50.05/11▲	43.85▽
	2016	28.27/25▽	44.5/18▽	33.35/23▽	53.57/8▲	37.78/20▲	51.38/10▲	44.86▲
	2017	25.82/26▽	44.09/19▽	36.75/21▲	55.19/7▲	49.22/16▲	52.98/11▲	45.8▲
	2018	19.57/27▽	45.29/18▲	40.48/21▲	55.27/7▲	57.49/5▲	52.70/11▽	44.53▽

分项指数	年份	辽宁 值/序	吉林 值/序	黑龙江 值/序	江苏 值/序	浙江 值/序	广东 值/序	全国平均 值
营商环境	2014	43.34/26	51.21/23	19.13/31	67.37/13	79.84/1	51.58/21	58.16
	2015	34.73/26 ▽	23.2/30 ▽	26.71/27 ▲	57.70/10 ▽	51.25/12 ▽	46.82/20 ▽	48.58 ▽
	2016	6.24/31 ▽	21.67/28 ▽	16.89/30 ▽	63.36/2 ▲	52.60/7 ▲	43.65/16 ▽	41.68 ▽
	2017	43.6/24 ▲	20.15/31 ▽	49.01/20 ▲	79.87/4 ▲	76.14/5 ▲	61.87/7 ▲	53.24 ▲
	2018	44.77/21 ▲	19.15/28 ▽	45.39/20 ▽	79.28/2 ▽	76.95/3 ▲	60.97/5 ▽	47.32 ▽

注：表中符号"▲"表示本年的数据相对于前一年是增长的，符号"▽"表示本年的数据相对于前一年是减少的。

进一步统计升降符（▲或▽）的数量，对不同地区的发展态势进行分析和对比：

2014～2018年，全国 5 项指数▲的数量等于▽的数量；东北三省▲的总数量为 25 个，占东北三省升降符总数的 41.7%，东南三省▲的总数量为 33 个，占 55%，东南地区总体上具有较好的发展态势，东北地区略低；东北三省 5 个分项指数中只有政府规模和简政放权▲的总数多于东南三省的总数，其余 3 个分项指数▲的总数均少于东南三省的总数，东北地区总体发展态势弱于东南三省。

2014～2018 年，辽宁省▲的数量为 10 个，占 50.0%，吉林省▲的数量为 5 个，占 25.0%，黑龙江省▲的数量为 10 个，占 50.0%，江苏省▲的数量为 11 个，占 55.0%，浙江省▲的数量为 12 个，占 60.0%，广东省▲的数量为 10 个，占 50.0%，东北三省的辽宁省和黑龙江省上升势头与东南三省中的广东省相同；就东北三省而言，辽宁省和黑龙江省的发展态势较好，吉林省较弱。2014～2018 年，就东北三省而言，市场干预、政府规模发展态势较好的是辽宁省，简政放权三省发展态势均较好，监管水平发展态势较好的是黑龙江省，营商环境发展态势较好的是辽宁省和黑龙江省。

（1）市场干预

市场干预主要使用政府分配资源的比重来予以衡量。政府分配资源的比重（单位:%）反映一个地区对市场资源的支配程度，是衡量地区政府对市场干预程度的核心指标，计算公式为扣除教科文卫和社会保障后的财政支出与地区 GDP 的比值。该指标为逆向指标，比重越大意味着政府对市场资源分配的干预越多。总体而言，东北地区政府分配资源的比重明显低于全国平均水平，意味着东北地区政府对市场资源分配的干预较少，且这种优势呈进一步扩大趋势。2014～2018 年，全国政府分配资源比重呈波动上升趋势（2015 年上升幅度较为明显），东北三省亦呈波动上升趋势（2016 年上升幅度较大）；东北三省明显优于全国平均水平；辽宁省呈平稳波动趋势（2015 年降幅较大），吉林省呈平稳上升趋势，黑龙江省总体呈上升趋势（2018 年略有下降）；相对而言，辽宁省较好，吉林省次之，黑龙江省较弱，具体如图 2-13 所示。

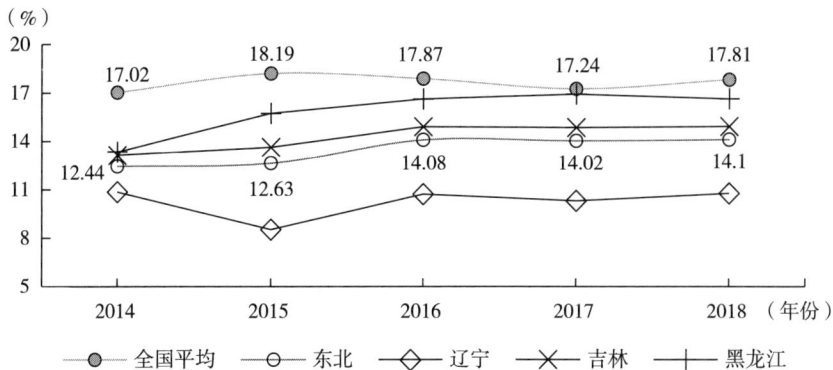

图 2 – 13 2014~2018 年政府分配资源的比重基本走势

注：①全国平均指 31 个省市区的平均水平；②全国范围内（可采集到的数据），政府分配资源的比重最大值为 2018 年西藏的 99.46%，最小值为 2014 年山东的 6.85%。

2014~2018 年，东北三省政府分配资源的比重在全国 31 个省市区连续 5 年数据集（共 155 个指标值）中相对位置分布情况如图 2 – 14 所示。可见，东北三省 5 年（共 15 个数据）政府分配资源比重的百分比排位处于 50% 以下的有 8 个；此外排位的最大值是 2015 年的辽宁省（90.3%），最小值是 2017 年的黑龙江省（27.3%），具体如图 2 – 14 所示。

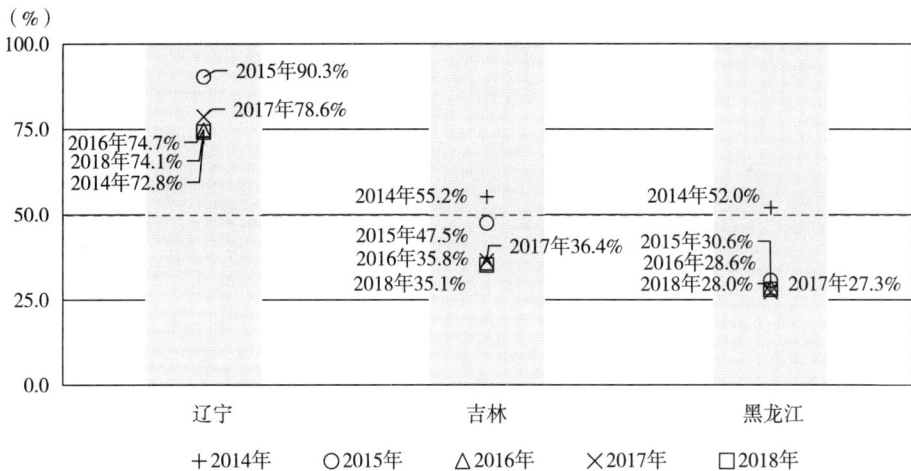

图 2 – 14 2014~2018 年东北三省政府分配资源的比重百分比排位图

2014~2018 年，6 省政府分配资源的比重由低到高排名依次为：江苏、浙江、广东、辽宁、吉林、黑龙江。东南三省中江苏省呈波动下降趋势，浙江省和广东省呈波动上升趋势。东北三省中辽宁省呈波动下降趋势，吉林省和黑龙江省呈上升趋势；东北三省相比于东南三省，仍存在较明显的差距。政府分配资源比重增幅最大的是黑龙江省（6.19%），降幅最大的是江苏省（-1.78%），吉林省的增幅为 3.42%，辽宁省的降幅为 -0.22%，具体如表 2 – 14 所示。

表 2 – 14　2014～2018 年 6 省政府分配资源的比重原始值及单年排名

年份	辽宁	吉林	黑龙江	江苏	浙江	广东	全国平均
	值/序	值/序	值/序	值/序	值/序	值/序	值
2014	10.9/9	13.1/17	13.3/18	7.8/4	7.3/2	7.7/3	17.0
2015	8.5/3	13.6/15	15.7/22	8.3/2	9.2/4	10.9/8	18.2
2016	10.7/8	14.9/19	16.6/23	7.7/2	8.6/3	9.8/5	17.9
2017	10.3/9	14.9/20	16.9/22	7.2/2	8.2/3	9.6/5	17.2
2018	10.8/9	14.9/20	16.6/22	7.3/1	8.8/4	8.9/5	17.8
平均	10.2/7.6	14.3/18.2	15.9/21.4	7.7/2.2	8.4/3.2	9.4/5.2	17.6

2014～2018 年，四个区域政府分配资源的比重由低到高排名依次为：东部、中部、东北、西部；四个区域均呈波动上升趋势；东北地区政府分配资源的比重与东部地区相比，差距较大，具体如表 2 – 15 所示。

表 2 – 15　2014～2018 年四大经济区政府分配资源的比重平均值及排名

年份	东北		东部		西部		中部	
	平均值	年排名	平均值	年排名	平均值	年排名	平均值	年排名
2014	12.4	14.7	10.2	8.3	26.4	23.8	12.0	13.8
2015	12.6	13.3	11.8	10.2	27.6	23.1	12.9	12.8
2016	14.1	16.7	11.7	10.4	26.8	22.5	12.2	12.0
2017	14.0	17.0	11.1	9.7	25.9	22.9	11.8	12.2
2018	14.1	17.0	11.4	9.9	26.9	23.0	12.1	11.7
平均	13.5	15.7	11.2	9.7	26.7	23.1	12.2	12.5

2014～2018 年，七个区域政府分配资源的比重由低到高排名依次为：华东、华中、华北、东北、华南、西北、西南。西南地区呈波动下降趋势，其他六个地区整体呈波动上升趋势。就七个区域而言，东北地区排名居中，与最优的华东地区相比，差距较大，具体如表 2 – 16 所示。

表 2 – 16　2014～2018 年七大地理区政府分配资源的比重平均值及排名

年份	东北	华北	华东	华南	华中	西北	西南
	值/序	值/序	值/序	值/序	值/序	值/序	值/序
2014	12.4/14.7	12.0/14	9.4/7.2	13.0/13.3	11.3/12	24.4/25.2	33.5/25
2015	12.6/13.3	13.4/14.8	10.7/7.8	14.6/15	12.3/11.5	26.6/25.6	33.9/23.2
2016	14.1/16.7	13.9/16.8	10.0/7	14.5/15	11.6/10.5	25.9/25	32.6/21.6
2017	14.0/17	13.2/15.2	9.8/7.3	14.1/15.3	11.2/10.8	25.5/25.2	30.6/22

年份	东北	华北	华东	华南	华中	西北	西南
	值/序	值/序	值/序	值/序	值/序	值/序	值/序
2018	14.1/17	13.7/15.6	9.9/6.8	14.9/16	11.6/10.5	25.3/25.4	32.8/21.8
平均	13.5/15.7	13.3/15.3	10.0/7.2	14.2/14.9	11.6/11.1	25.5/25.3	32.7/22.7

（2）政府规模

1）政府人员规模（单位:%）。政府人员规模反映了一个地区政府机构的精简情况，是衡量该地区政府规模的重要指标，计算公式为公共管理部门职工人数与地区人口的比值，是逆向指标。总体而言，东北地区的政府人员规模低于全国平均水平，意味着东北地区的政府人员较为精简，且这种优势呈进一步扩大趋势。2014~2018年，全国政府人员规模的平均水平整体呈上升趋势，东北地区亦呈上升趋势；东北三省水平明显优于全国平均水平；东北三省中，黑龙江省政府人员规模呈波动下降趋势，其他两省政府人员规模均呈波动上升趋势；辽宁省与全国平均水平的差异呈缩小趋势，其他两省与全国平均水平的差异呈扩大趋势；相对而言，黑龙江省较好，辽宁省与吉林省在2014~2015年水平相当，辽宁省在2015~2017年存在一定优势，之后呈上升趋势，具体如图2-15所示。

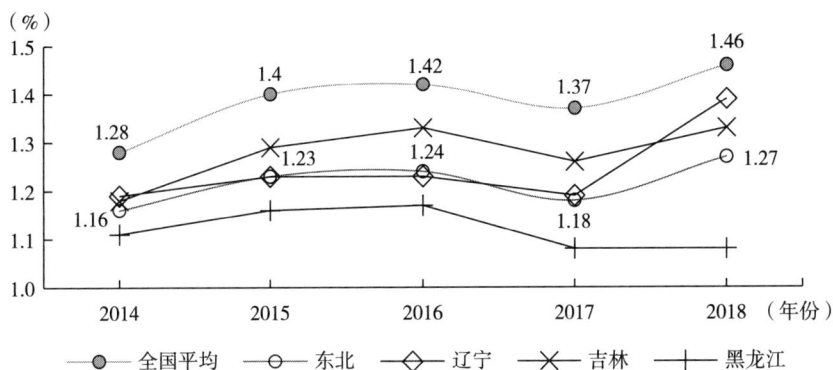

图2-15　2014~2018年政府人员规模基本走势

注：①全国平均指31个省市区的平均水平；②全国范围内（可采集到的数据），政府人员规模最大值为2018年西藏的4.71%，最小值为2014年安徽的0.72%。

2014~2018年，东北三省政府人员规模在全国31个省市区连续5年数据集（共155个指标值）中相对位置分布情况如图2-16所示。可见，东北三省5年（共15个数据）政府人员规模的百分比排位处于50%以下有12个；此外，排位的最大值是2017年的黑龙江省（72.1%），最小值是2018年的辽宁省（33.8%），具体如图2-16所示。

2014~2018年，6省的政府人员规模由低到高排名依次为：江苏、广东、黑龙江、浙江、辽宁、吉林。东南三省中广东省呈平稳上升趋势，其他两省均呈波动上升趋势；东北

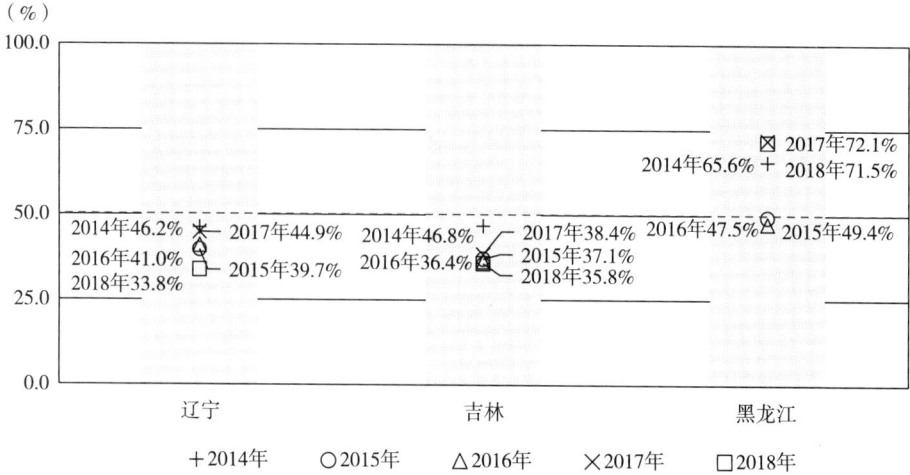

图 2 - 16　2014～2018 年政府人员规模百分比排位图

三省中黑龙江省呈波动下降趋势，其他两省均呈波动上升趋势；东北三省相比于东南三省，仍有一定差距；政府人员规模增幅最大的是辽宁省（4.20%），最小的是浙江省（1.19%），吉林省增幅为 3.20%，黑龙江省降幅为 -0.69%，具体如表 2 - 17 所示。

表 2 - 17　2014～2018 年 6 省政府人员规模的原始值及单年排名

年份	辽宁 值/序	吉林 值/序	黑龙江 值/序	江苏 值/序	浙江 值/序	广东 值/序	全国平均 值
2014	1.2/20	1.2/19	1.1/14	0.8/3	1.2/18	1.0/8	1.3
2015	1.2/18	1.3/20	1.2/16	0.9/3	1.3/19	1.0/4	1.4
2016	1.2/18	1.3/20	1.2/15	0.9/3	1.3/19	1.0/4	1.4
2017	1.2/18	1.3/20	1.1/10	0.9/3	1.3/19	1.0/4	1.4
2018	1.4/20	1.3/19	1.1/8	0.9/3	1.2/17	1.0/4	1.5
平均	1.3/18.8	1.3/19.6	1.1/12.6	0.9/3	1.2/18.4	1.0/4.8	1.4

2014～2018 年，四个区域的政府人员规模由低到高排名依次为：中部、东部、东北、西部；四个区域整体呈波动上升趋势；东北地区的政府人员规模与中部地区相比，有一定差距，具体如表 2 - 18 所示。

表 2 - 18　2014～2018 年四大经济区政府人员规模的平均值及排名

年份	东北 平均值	年排名	东部 平均值	年排名	西部 平均值	年排名	中部 平均值	年排名
2014	1.2	17.7	1.1	12.3	1.5	19.9	1.1	13.5
2015	1.2	18.0	1.2	12.1	1.7	20.3	1.2	13.0

年份	东北		东部		西部		中部	
	平均值	年排名	平均值	年排名	平均值	年排名	平均值	年排名
2016	1.2	17.7	1.2	12.0	1.7	20.5	1.2	12.8
2017	1.2	16.0	1.2	12.6	1.7	20.3	1.1	13.0
2018	1.3	15.7	1.2	12.6	1.9	20.8	1.2	12.3
平均	1.2	17.0	1.2	12.3	1.7	20.4	1.1	12.9

2014～2018 年，七个区域政府人员规模由低到高排名依次为：华东、华中、华南、东北、华北、西南、西北；七个区域中西北呈平缓上升趋势，其他六个区域均呈波动上升趋势；就七个区域而言，东北地区排名居中，与最优的华东地区相比，有一定差距，具体如表 2 - 19 所示。

表 2 - 19　2014～2018 年七大地理区政府人员规模的平均值及排名

年份	东北	华北	华东	华南	华中	西北	西南
	值/序	值/序	值/序	值/序	值/序	值/序	值/序
2014	1.2/17.7	1.5/21	0.9/7	1.1/11.7	1.1/13.5	1.6/25.6	1.6/15.8
2015	1.2/18	1.5/21	1.0/7.3	1.2/10.3	1.1/13	1.8/26	1.8/16
2016	1.2/17.7	1.6/20.8	1.0/7.2	1.2/10.3	1.2/13	1.8/26.2	1.8/16.4
2017	1.2/16	1.5/20.6	1.0/7.7	1.1/11.3	1.1/13.3	1.8/25.8	1.7/16.6
2018	1.3/15.7	1.6/20.6	1.0/7.5	1.2/12	1.1/12.5	2.0/25.8	1.9/17.2
平均	1.2/17	1.5/20.8	1.0/7.3	1.2/11.1	1.1/13.1	1.8/25.9	1.8/16.4

2）行政成本比重（单位:%）。行政成本比重反映政府地方一般财政支出中公共服务的支出强度，是衡量该地区政府规模的重要指标，计算公式为财政支出中的一般公共服务支出与地区 GDP 的比值，是逆向指标。总体而言，东北地区行政成本比重明显低于全国平均水平，且差距趋于稳定，2014～2018 年，全国行政成本比重的平均水平整体呈平稳上升趋势，东北三省呈先下降后上升趋势；东北三省明显优于全国平均水平；辽宁省2015～2017 年出现小幅度波动，先下降后上升，随后发展趋于稳定，吉林省与黑龙江省均呈稳定趋势；相对而言，辽宁省略好，黑龙江省次之，吉林省较弱；总体而言，东北三省的行政成本比重明显优于全国平均水平，优势基本保持不变，具体如图 2 - 17 所示。

2014～2018 年，东北三省行政成本比重在全国 31 个省市区连续 5 年数据集（共 155个指标值）中相对位置分布情况如图 2 - 18 所示。可见，东北三省 5 年（共 15 个数据）行政成本比重的百分比排位处于 50% 以下的有 2 个；排位的最大值是 2015 年的辽宁省（84.5%），最小值是 2018 年的吉林省（42.9%），具体如图 2 - 18 所示。

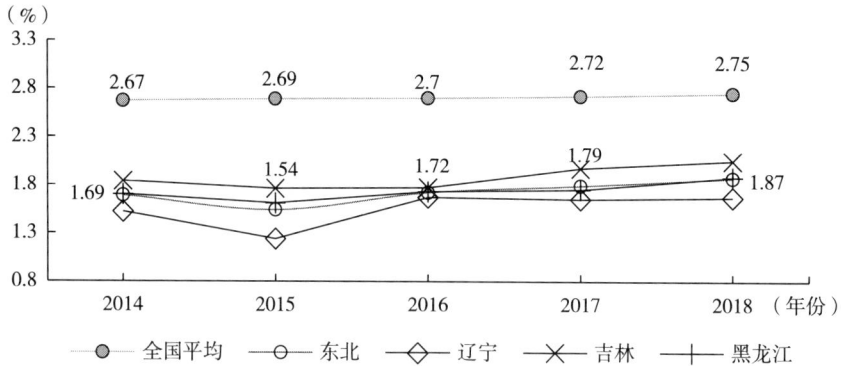

图 2 - 17　2014～2018 年行政成本比重基本走势

注：①全国平均指 31 个省市区的平均水平；②全国范围内（可采集到的数据），行政成本比重最大值为 2015 年西藏的 20.06%，最小值为 2014 年天津的 1.01%。

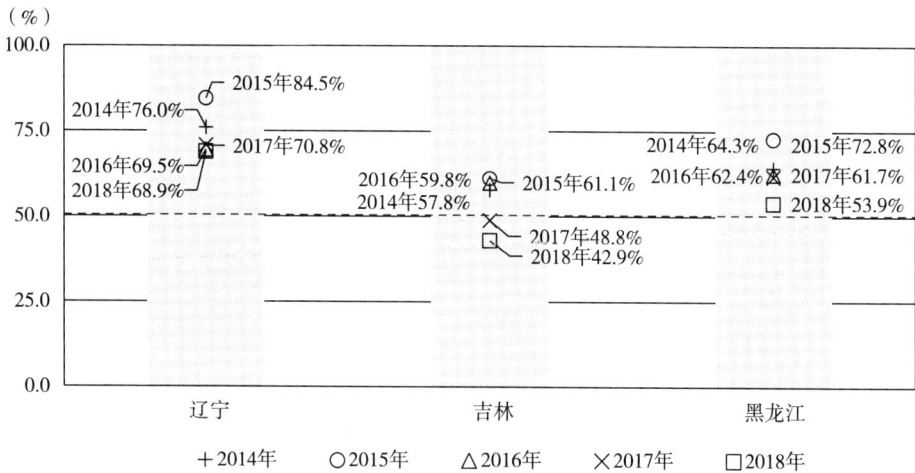

图 2 - 18　2014～2018 年行政成本比重百分比排位图

2014～2018 年，6 省行政成本比重由低到高排名依次为：江苏、浙江、广东、辽宁、黑龙江、吉林；东南三省中江苏省呈波动下降趋势，其他两省呈上升趋势；东北三省均呈波动上升趋势；东北三省相比于东南三省，仍存在较明显的差距；行政成本比重增幅最大的是浙江省（4.64%），最小的是辽宁省（2.41%），吉林省和黑龙江省的增幅分别为 2.89% 和 2.59%，具体如表 2 - 20 所示。

表 2 - 20　2014～2018 年 6 省行政成本比重的原始值及单年排名

年份	辽宁	吉林	黑龙江	江苏	浙江	广东	全国平均
	值/序	值/序	值/序	值/序	值/序	值/序	值
2014	1.5/9	1.8/13	1.7/12	1.3/7	1.3/6	1.4/8	2.7
2015	1.2/6	1.8/14	1.6/10	1.2/5	1.4/8	1.4/9	2.7

年份	辽宁	吉林	黑龙江	江苏	浙江	广东	全国平均
	值/序	值/序	值/序	值/序	值/序	值/序	值
2016	1.7/11	1.8/14	1.7/13	1.2/5	1.4/6	1.4/7	2.7
2017	1.7/9	2.0/17	1.8/11	1.2/5	1.5/6	1.5/7	2.7
2018	1.7/9	2.1/17	1.9/13	1.2/3	1.6/6	1.6/8	2.8
平均	1.6/8.8	1.9/15	1.7/11.8	1.2/5	1.4/6.4	1.5/7.8	2.7

2014～2018年，四个区域的行政成本比重由低到高排名依次为：东部、东北、中部、西部；东北、东部和西部地区呈波动上升趋势，中部地区呈波动下降趋势；东北地区行政成本比重与东部地区相比，有一定差距，具体如表2-21所示。

表2-21　2014～2018年四大经济区行政成本比重的平均值及排名

年份	东北		东部		西部		中部	
	平均值	年排名	平均值	年排名	平均值	年排名	平均值	年排名
2014	1.7	11.3	1.5	7.2	4.2	23.3	2.1	18.3
2015	1.5	10.0	1.5	7.7	4.3	23.0	2.1	18.8
2016	1.7	12.7	1.5	7.3	4.3	23.3	2.0	17.7
2017	1.8	12.3	1.5	7.8	4.3	23.1	2.1	17.2
2018	1.9	13.0	1.6	7.9	4.3	23.3	2.1	16.5
平均	1.7	11.9	1.5	7.6	4.3	23.2	2.1	17.7

2014～2018年，七个区域的行政成本比重由低到高排名依次为：华东、华北、东北、华中、华南、西北、西南；华东、华南和华中地区呈波动下降趋势，其他四个地区均呈波动上升趋势；就七个区域而言，东北地区排名靠前，但与最优的华东地区相比，有一定差距，具体如表2-22所示。

表2-22　2014～2018年七大地理区行政成本比重的平均值及排名

年份	东北	华北	华东	华南	华中	西北	西南
	值/序	值/序	值/序	值/序	值/序	值/序	值/序
2014	1.7/11.3	1.5/8.2	1.4/6.2	2.4/19.3	2.2/20.3	3.3/24.8	5.9/24.2
2015	1.5/10.0	1.5/9.8	1.3/6.0	2.3/19.3	2.2/20.3	3.4/25.0	6.2/23.4
2016	1.7/12.7	1.6/11.2	1.3/4.8	2.4/18.7	2.1/19.3	3.4/25.4	6.1/22.6
2017	1.8/12.3	1.9/13.4	1.3/4.8	2.2/19.3	2.1/18.0	3.5/25.0	5.9/22.0
2018	1.9/13.0	1.8/13.2	1.3/4.5	2.4/19.0	2.1/17.5	3.4/25.0	6.0/22.4
平均	1.7/11.9	1.7/11.2	1.3/5.3	2.3/18.9	2.1/19.1	3.4/25	6.0/22.9

（3）简政放权

简政放权主要用社会服务机构规模予以衡量。社会服务机构规模（单位：个／（万人·万平方千米））反映一个地区简政放权背景下，社会服务提供的程度是衡量简政放权的核心指标，计算公式为地区社会服务机构及设施数与地区人口和地区面积乘积的比值。2014～2018 年，全国社会服务机构规模整体呈上升趋势，东北地区整体呈平稳波动趋势；东北地区社会服务机构规模明显低于全国水平；东北三省均呈平稳波动趋势；相对而言，辽宁省较好，吉林省次之，黑龙江省较弱，总体而言，东北三省的社会服务机构规模明显低于全国平均水平，差距基本保持不变，具体如图 2–19 所示。

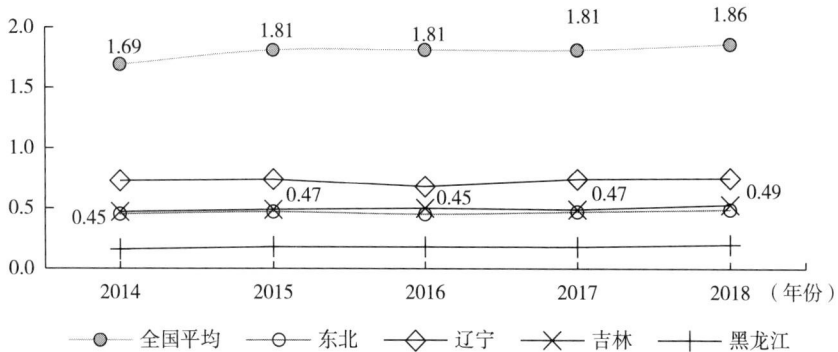

图 2–19　2014～2018 年社会服务机构规模基本走势

注：①全国平均指 31 个省市区的平均水平；②全国范围内（可采集到的数据），社会服务机构规模最大值为 2015 年上海的 17.50，最小值为 2018 年新疆的 0.06。

2014～2018 年，东北三省社会服务机构规模在全国 31 个省市区连续 5 年数据集（共 155 个指标值）中相对位置的分布情况如图 2–20 所示。可见，东北三省 5 年（共 15 个数据）社会服务机构规模百分比排位处于 50% 以下的数量有 11 个，其中有 5 个位于 25% 以下；此外，排位的最大值是 2018 年的辽宁省（57.7%），最小值是 2014 年的黑龙江省（8.4%），具体如图 2–20 所示。

2014～2018 年，6 省社会服务机构规模由高到低依次为：浙江、江苏、广东、辽宁、吉林、黑龙江；东南三省中，浙江省和广东省呈上升趋势，江苏省呈波动上升趋势，广东省的增幅较大；东北三省中，辽宁省和吉林省整体呈波动上升趋势，黑龙江省总体呈平稳上升趋势；东北三省相比于东南三省，仍存在较明显的差距；社会服务机构规模增幅最大的是黑龙江省（4.94%），增幅最小的是江苏省（0.37%），吉林省和辽宁省的增幅分别为 3.34% 和 0.87%，具体如表 2–23 所示。

2014～2018 年，四个区域社会服务机构规模由高到低依次为：东部、中部、西部、东北；四个区域中，西部和中部地区普遍呈上升趋势，东部和东北地区呈波动上升趋势，其中西部地区上升幅度最大，东部地区上升幅度最小；东北地区社会服务机构规模与东部地区相比，差距较大，具体如表 2–24 所示。

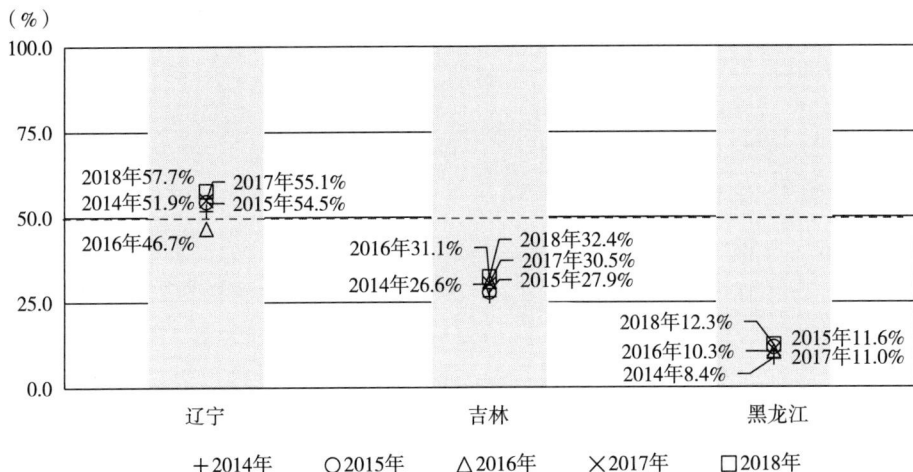

图 2-20　2014～2018 年东北三省社会服务机构规模百分比排位图

表 2-23　2014～2018 年 6 省社会服务机构规模的原始值及单年排名

年份	辽宁	吉林	黑龙江	江苏	浙江	广东	全国平均
	值/序	值/序	值/序	值/序	值/序	值/序	值
2014	0.7/14	0.5/22	0.2/29	1.6/7	1.9/5	0.7/16	1.7
2015	0.7/14	0.5/22	0.2/28	1.8/7	2.0/6	0.7/16	1.8
2016	0.7/17	0.5/22	0.2/28	1.6/7	2.0/6	0.8/14	1.8
2017	0.7/15	0.5/22	0.2/28	1.6/7	2.0/6	0.8/14	1.8
2018	0.8/14	0.5/22	0.2/28	1.6/7	2.0/6	0.8/13	1.9
平均	0.7/14.8	0.5/22	0.2/28.2	1.6/7	2.0/5.8	0.8/14.6	1.8

表 2-24　2014～2018 年四大经济区社会服务机构规模的平均值及排名

年份	东北		东部		西部		中部	
	平均值	年排名	平均值	年排名	平均值	年排名	平均值	年排名
2014	0.5	21.7	4.1	7.2	0.5	21.1	0.6	17.7
2015	0.5	21.3	4.4	7.3	0.6	21.0	0.6	17.8
2016	0.5	22.3	4.3	6.9	0.6	21.2	0.7	17.7
2017	0.5	21.7	4.3	6.9	0.6	21.3	0.7	17.7
2018	0.5	21.3	4.4	7.0	0.7	21.4	0.7	17.5
平均	0.5	21.7	4.3	7.1	0.6	21.2	0.7	17.7

　　2014～2018 年，七个区域社会服务机构规模由高到低依次为：华东、华北、华南、西北、华中、西南、东北；七个区域中，华北、华南和西北地区普遍呈上升趋势，其他四个地区均呈波动上升趋势，其中西北的增幅最大（增幅为 7.18%）；就七个区域而言，东北地区处于末位，与最优的华东地区相比，差距悬殊，具体如表 2-25 所示。

表 2 - 25　2014 ~ 2018 年七大地理区社会服务机构规模的平均值及排名

年份	东北	华北	华东	华南	华中	西北	西南
	值/序	值/序	值/序	值/序	值/序	值/序	值/序
2014	0.5/21.7	3.4/12.2	3.6/8.3	1.4/14.3	0.6/19.3	0.6/20	0.6/20
2015	0.5/21.3	3.5/12.4	4.0/8.5	1.5/14.3	0.6/19.3	0.7/19.8	0.6/20
2016	0.5/22.3	3.5/12	3.8/8.5	1.7/14	0.6/19	0.7/20	0.6/20
2017	0.5/21.7	3.6/11.8	3.7/8.7	1.8/13.7	0.6/19	0.8/20.4	0.6/20.2
2018	0.5/21.3	3.6/12.2	3.9/8.7	1.8/13.3	0.7/18.8	0.8/20.6	0.6/20.2
平均	0.5/21.7	3.5/12.1	3.8/8.5	1.7/13.9	0.6/19.1	0.7/20.2	0.6/20.1

（4）监管水平

1）银行不良资产比率（单位:%）。银行不良资产比率反映的是一个地区银行的不良资产情况，是衡量地区政府监管水平的重要指标，计算公式为银行不良资产期末余额与总资产期末余额的比值，是逆向指标。总体而言，东北地区的银行不良资产比率整体高于全国平均水平（2015 年略低于全国平均水平），说明东北地区的银行不良资产比率较大，且这种差距呈扩大趋势，如图 2 - 21 所示。

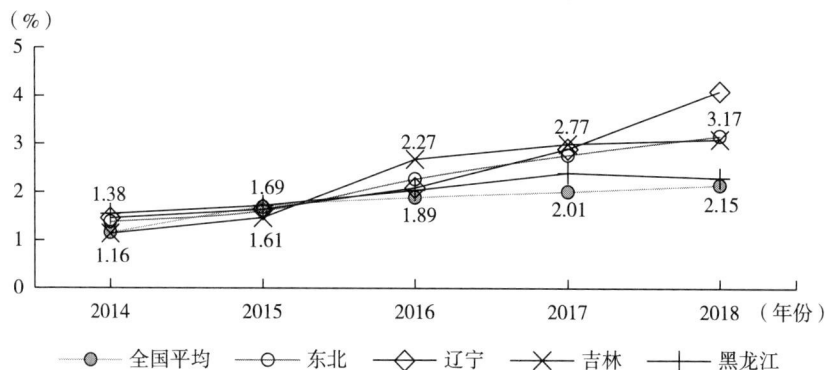

图 2 - 21　2014 ~ 2018 年银行不良资产比率基本走势

注：①全国平均指 31 个省市区的平均水平；②全国范围内（可采集到的数据），银行不良资产比率最大值为 2018 年甘肃省的 4.4%，最小值为 2014 年西藏的 0.23%。

2014 ~ 2018 年，全国银行不良资产比率呈上升趋势（2014 ~ 2015 年上升幅度较明显）；东北地区落后于全国平均水平；东北三省整体呈上升趋势，黑龙江省呈先上升后下降的趋势，吉林省和辽宁省呈逐渐上升趋势；相对而言，黑龙江省表现较好，略高于全国平均水平，2014 ~ 2015 年东北三省之间差距不大，与全国平均水平较接近，2015 ~ 2017 年辽宁省表现优于吉林省，2017 ~ 2018 年吉林省表现反超辽宁省。

2014 ~ 2018 年，东北三省银行不良资产比率在全国 31 个省市区连续 5 年数据集（共 155 个指标值）中相对位置分布情况如图 2 - 22 所示。可见，东北三省 5 年（共 15 个数据）银行不良资产比率的百分比排位处于50%以下有10个，其中有7个位于25%以下；排位的最大值是2014年的吉林省（78.0%），最小值是2018年的辽宁省（0.7%）。

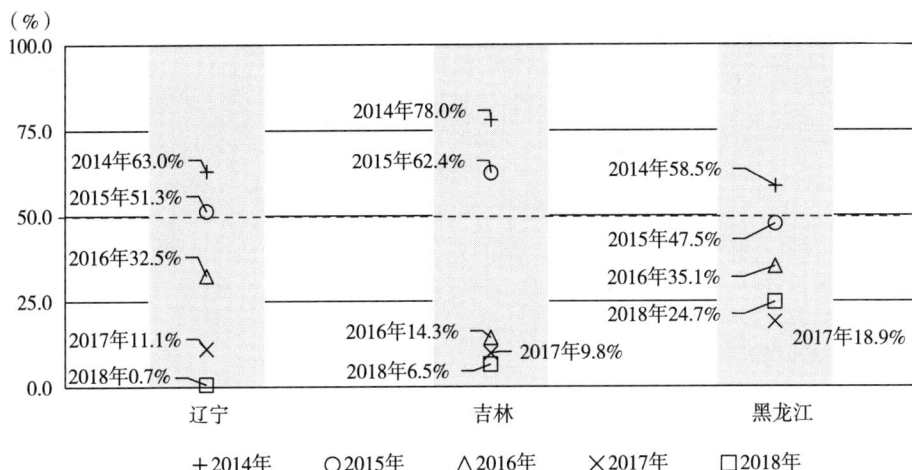

图 2-22　2014~2018 年银行不良资产比率百分比排位图

由表 2-26 可知，2014~2018 年，6 省的银行不良资产比率由低到高排名依次为：广东、江苏、浙江、黑龙江、吉林、辽宁；浙江省、江苏省整体呈波动下降趋势，广东省整体呈波动上升趋势；东北三省中，黑龙江省呈波动上升趋势，且上升趋势逐渐变缓，辽宁省和吉林省呈不断上升趋势；东南三省相比于东北三省，存在一定优势；银行不良资产比率增幅最大的是辽宁省（45.21%），吉林省和黑龙江省的增幅分别为42.98%和12.10%。

表 2-26　2014~2018 年 6 省银行不良资产比率的原始值及单年排名

年份	辽宁	吉林	黑龙江	江苏	浙江	广东	全国平均
	值/序	值/序	值/序	值/序	值/序	值/序	值
2014	1.46/25	1.14/16	1.55/26	1.31/23	2.04/30	1.15/17	1.16
2015	1.64/17	1.47/10	1.72/19	1.55/12	2.50/29	1.43/9	1.69
2016	2.09/20	2.68/27	2.04/18	1.42/8	2.26/24	1.38/6	1.89
2017	2.90/25	3.00/26	2.40/21	1.30/6	1.70/12	1.30/6	2.01
2018	4.10/30	3.10/25	2.30/19	1.30/6	1.20/5	1.30/6	2.15
平均	2.44/23.4	2.28/20.8	2.00/20.6	1.38/11	1.94/20	1.31/8.8	1.78

由表 2-27 可知，2014~2018 年，四个区域的银行不良资产比率由低到高排名依次为：东部、西部、中部、东北；四个区域均呈波动上升趋势，东北地区上升趋势最大；东北地区银行不良资产比率较其他地区略有差距。

表 2 - 27　2014～2018 年四大经济区银行不良资产比率的平均值及排名

年份	东北		东部		西部		中部	
	平均值	年排名	平均值	年排名	平均值	年排名	平均值	年排名
2014	1.38	22.3	1.23	16.8	0.98	11.6	1.31	20.2
2015	1.61	15.3	1.59	14.1	1.73	16.0	1.84	19.0
2016	2.27	21.7	1.59	13.0	2.00	17.3	1.97	15.7
2017	2.77	24.0	1.56	10.9	2.24	17.9	1.93	14.0
2018	3.17	24.7	1.73	11.6	2.22	15.9	2.18	17.3
平均	2.24	21.6	1.54	13.3	1.83	15.7	1.85	17.2

由表 2 - 28 可知，2014～2018 年，七个区域的银行不良资产比率由低到高排名依次为：华南、西南、华东、华中、西北、华北、东北；七个区域均呈波动上升趋势；就七个区域而言，东北地区排名靠后，与最优的华南地区相比，差距明显。

表 2 - 28　2014～2018 年中国七大地理区银行不良资产比率的平均值及年平均排名

年份	东北	华北	华东	华南	华中	西北	西南
	值/序	值/序	值/序	值/序	值/序	值/序	值/序
2014	1.38/22.3	1.29/16.6	1.56/24.0	0.94/12.0	1.21/18.0	0.92/10.6	0.77/8.0
2015	1.61/15.3	1.99/17.0	2.00/20.7	1.43/12.0	1.70/16.5	1.52/13.6	1.40/13.6
2016	2.27/21.7	2.10/17.8	1.86/16.5	1.34/8.7	1.87/14.3	1.91/16.4	1.79/15.6
2017	2.77/24.0	2.20/17.4	1.72/12.3	1.23/6.7	1.90/13.3	2.30/18.4	2.00/16.4
2018	3.17/24.7	2.30/17.8	1.77/11.7	1.47/9.0	2.23/17.5	2.66/19.0	1.66/12.0
平均	2.24/21.6	1.97/17.3	1.78/17.0	1.28/9.7	1.78/15.9	1.86/15.6	1.53/13.1

2）单位 GDP 事故死亡数（单位：人/亿元）。单位 GDP 事故死亡数反映一个地区政府对于生产安全的监管水平，是衡量地区政府监管的重要指标，计算公式为因公死亡人数与地区 GDP（亿元）的比值，是一个逆向指标，比率越大意味着政府的监管水平越差。总体而言，东北三省的单位 GDP 事故死亡数低于全国平均水平，且差距逐渐缩小至基本持平，如图 2 - 23 所示。

2014～2018 年，全国单位 GDP 事故死亡数整体呈逐步下降趋势，东北地区呈平稳趋势；2014～2015 年，东北地区单位 GDP 事故死亡数明显低于全国平均水平，2015～2018 年与全国平均水平基本持平；辽宁省 2014～2015 年基本保持稳定，2015～2016 年有所上升，2016～2018 年趋于稳定。吉林省 2014～2016 年呈先下降后回升的趋势，2016 年～2017 年趋于稳定，2017～2018 年呈下降趋势。黑龙江省呈下降逐渐趋于稳定的趋势；相对而言，吉林省较好，黑龙江省次之，辽宁省较差。

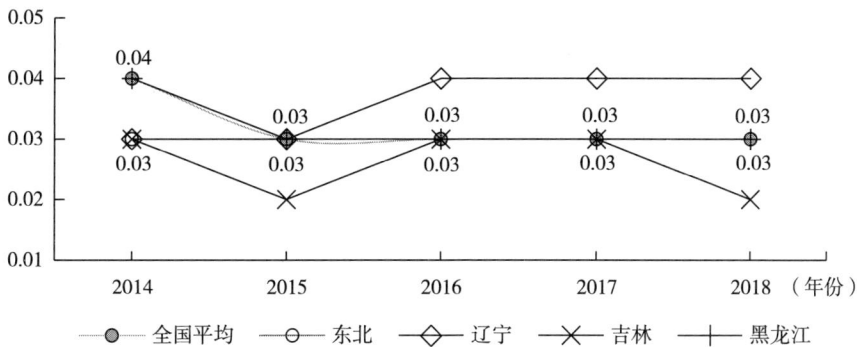

图 2 - 23 2014~2018 年单位 GDP 事故死亡数基本走势

注：①全国平均指 31 个省市区的平均水平；②全国范围内（可采集到的数据），单位 GDP 事故死亡数最大值为 2014 年宁夏的 0.06，最小值为 2015 年福建的 0.01。

2014~2018 年，东北三省单位 GDP 事故死亡数在全国 31 个省市区连续 5 年数据集（共 155 个指标值）中相对位置分布情况如图 2 - 24 所示。可见，东北三省 5 年（共 15 个数据）单位 GDP 事故死亡数百分比排位处于 50% 以下的有 10 个；排位的最大值是 2015 年的吉林省（85.1%），最小值是 2016 年的辽宁省（22.1%）。

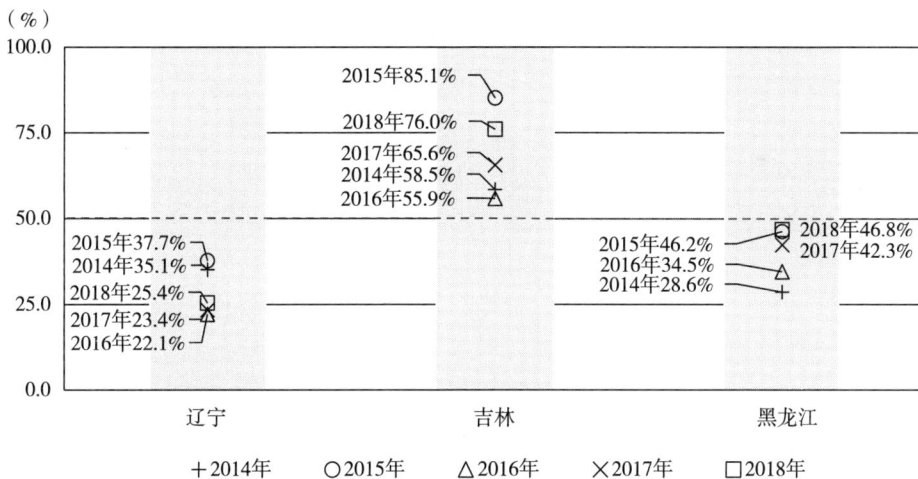

图 2 - 24 2014~2018 年东北三省单位 GDP 事故死亡数百分比排位图

由表 2 - 29 可知，2014~2018 年，6 省单位 GDP 事故死亡数由低到高依次为：江苏、吉林、广东、浙江、黑龙江、辽宁；东南三省整体呈下降趋势，广东省整体呈波动下降趋势，江苏省和浙江省下降趋势变缓；东南三省中水平最高的江苏省略优于东北地区水平最高的吉林省；东北三省中，增幅最大的是辽宁省（2.69%），降幅最大的是黑龙江省（-4.38%），吉林省的降幅为 2.86%。

表 2 - 29　2014~2018 年 6 省单位 GDP 事故死亡数的原始值及单年排名

年份	辽宁	吉林	黑龙江	江苏	浙江	广东	全国平均
	值/序	值/序	值/序	值/序	值/序	值/序	值
2014	0.03/18	0.03/5	0.04/21	0.03/6	0.04/20	0.03/12	0.04
2015	0.03/18	0.02/5	0.03/15	0.02/6	0.03/19	0.03/10	0.03
2016	0.04/25	0.03/17	0.03/22	0.02/6	0.03/19	0.03/14	0.03
2017	0.04/25	0.03/17	0.03/21	0.02/5	0.03/18	0.02/15	0.03
2018	0.04/24	0.02/10	0.03/21	0.02/6	0.02/13	0.03/14	0.03
平均	0.04/22	0.02/10.8	0.03/20	0.02/5.8	0.03/17.8	0.03/13	0.03

由表 2 - 30 可知，2014~2018 年，四个区域单位 GDP 事故死亡数由低到高依次为：东部、中部、东北、西部；东北地区基本保持稳定，东部、西部地区亦呈平稳发展趋势，中部地区呈先升后下降保持平稳的发展趋势，其中东部地区降幅最大。

表 2 - 30　2014~2018 年四大经济区单位 GDP 事故死亡数的平均值及排名

年份	东北		东部		西部		中部	
	平均值	年排名	平均值	年排名	平均值	年排名	平均值	年排名
2014	0.03	14.7	0.03	12.4	0.04	19.8	0.03	15.0
2015	0.03	12.7	0.03	11.0	0.04	20.5	0.04	17.0
2016	0.03	21.3	0.03	11.5	0.04	20.6	0.03	11.7
2017	0.03	21.0	0.03	11.5	0.04	20.6	0.03	11.8
2018	0.03	18.3	0.03	10.1	0.04	20.7	0.03	15.3
平均	0.03	17.6	0.03	11.3	0.04	20.4	0.03	14.2

由表 2 - 31 可知，2014~2018 年，七个区域单位 GDP 事故死亡数由低到高依次为：华南、华东、华中、东北、华北、西南、西北；东北地区基本保持稳定，其他区域整体呈下降趋势；就七个区域而言，东北地区表现较好，与最优的华南地区相比，差距较小。

表 2 - 31　2014~2018 年七大地理区单位 GDP 事故死亡数的平均值及排名

年份	东北	华北	华东	华南	华中	西北	西南
	值/序	值/序	值/序	值/序	值/序	值/序	值/序
2014	0.03/14.7	0.04/14.8	0.03/11.5	0.03/7.3	0.03/13.8	0.05/26.2	0.04/20.2
2015	0.03/12.7	0.04/16.0	0.03/11.5	0.02/5.3	0.03/14.8	0.05/23.4	0.04/23.4
2016	0.03/21.3	0.03/16.0	0.03/10.3	0.02/7.3	0.02/9.8	0.05/26.6	0.03/19.2
2017	0.03/21.0	0.03/17.6	0.02/10.7	0.02/8.7	0.02/9.0	0.05/26.8	0.03/17.0
2018	0.03/18.3	0.04/17.0	0.02/10.8	0.02/8.0	0.02/10.8	0.04/26.0	0.03/18.8
平均	0.03/17.6	0.04/16.3	0.03/11.0	0.02/7.3	0.03/11.6	0.05/25.8	0.04/19.7

（5）营商环境

1）万人新增企业数（单位：个/万人）。万人新增企业数反映一个地区的企业增加情况，是衡量地区营商环境的重要指标，计算公式为当年新增企业单位数与地区人口（万人）的比值。2014~2015 年，全国万人新增企业数的平均水平呈剧烈下降趋势，2015~2018 年，全国平均水平呈波动上升趋势，东北三省亦呈波动上升趋势；东北三省明显低于全国平均水平；黑龙江省呈上升趋势，吉林省发展较平稳，辽宁省呈波动上升趋势；相对而言，辽宁省和黑龙江省较好，吉林省较弱。总体而言，东北地区万人新增企业数明显低于全国平均水平，且差距呈进一步扩大趋势，如图 2-25 所示。

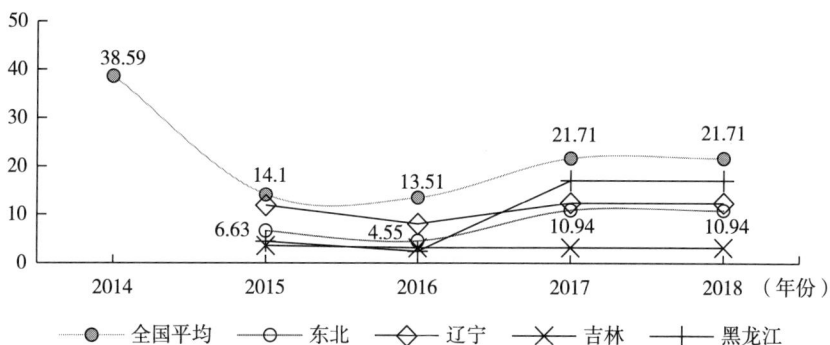

图 2-25　2014~2018 年万人新增企业数基本走势

注：①全国平均指 31 个省市区的平均水平；②全国范围内（可采集到的数据），万人新增企业数最大值为 2017 年青海的 58.46，最小值为 2017 年西藏的 -0.39。

2014~2018 年，东北三省万人新增企业数在全国 31 个省市区 5 年数据集（共 125 个指标值）中相对位置分布情况如图 2-26 所示。可见，东北三省 5 年（共 12 个数据）万人新增企业数的百分比排位处于 50% 以下有 10 个，其中有 7 个位于 25% 以下；排位的最大值是 2017 年和 2018 年的黑龙江省（60.4%），最小值是 2016 年的黑龙江省（4.8%），具体如图 2-26 所示。

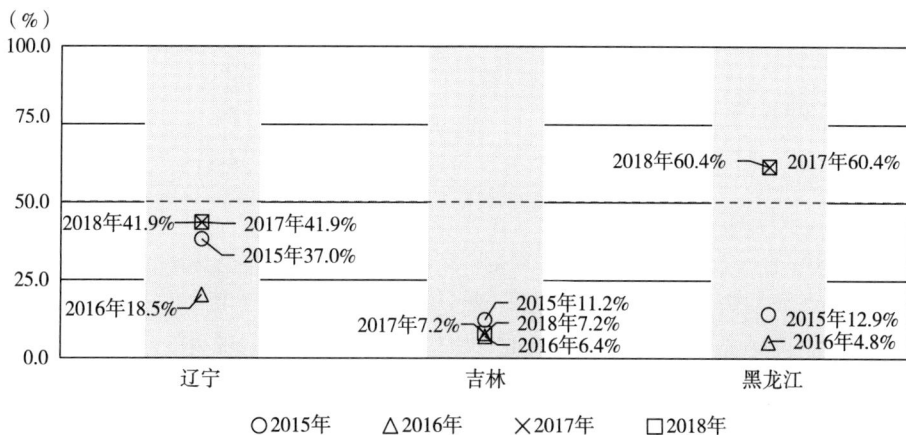

图 2-26　2015~2018 年万人新增企业数百分比排位图

2014～2018 年, 6 省万人新增企业数由高到低排名依次为：江苏、浙江、广东、辽宁、黑龙江、吉林；东南三省中, 江苏省和广东省呈明显上升趋势, 浙江省呈波动上升趋势；东北三省中, 辽宁省和黑龙江省呈波动上升趋势, 吉林省呈下降趋势；东北三省相比东南三省, 仍存在较明显的差距, 具体如表 2-32 所示。

表 2-32　2014～2018 年 6 省万人新增企业数的原始值及单年排名

年份	辽宁	吉林	黑龙江	江苏	浙江	广东	全国平均
	值/序	值/序	值/序	值/序	值/序	值/序	值
2014	—	—	—	—	38.59/1	—	38.59
2015	11.88/20	3.58/29	4.45/28	25.57/3	19.71/8	9.48/22	14.10
2016	8.08/23	3.16/28	2.42/30	41.12/2	21.15/6	10.94/15	13.51
2017	12.48/20	3.20/29	17.13/16	53.70/2	51.52/3	38.21/5	21.71
2018	12.48/20	3.20/29	17.13/16	53.70/2	51.52/3	38.21/5	21.71
平均	11.23/20.8	3.29/28.8	10.28/22.5	43.52/2.3	36.50/4.2	24.21/11.8	17.92

2014～2018 年, 四个区域的万人新增企业数由高到低排名依次为：东部、中部、西部、东北；东北、西部、中部地区均呈波动上升趋势, 东部地区呈波动下降趋势；东北地区万人新增企业数与东部地区相比, 差距明显, 具体如表 2-33 所示。

表 2-33　2014～2018 年四大经济区万人新增企业数的平均值及排名

年份	东北		东部		西部		中部	
	平均值	年排名	平均值	年排名	平均值	年排名	平均值	年排名
2014	—	0.0	38.59	1.0	—	0.0	—	0.0
2015	6.63	25.7	19.32	10.5	11.72	18.8	13.90	14.7
2016	4.55	27.0	19.99	11.6	10.42	17.8	13.36	14.2
2017	10.94	21.7	31.14	11.1	16.46	19.8	21.88	13.8
2018	10.94	21.7	31.14	11.1	16.46	19.8	21.88	13.8
平均	8.27	24.0	25.72	10.8	13.76	19.0	17.75	14.1

2014～2018 年, 七个区域的万人新增企业数由高到低排名依次为：华东、华北、华南、华中、西北、西南、东北；华东地区整体呈波动下降趋势, 其余六个区域均呈波动上升趋势；就七个区域而言, 东北地区处于末位, 与最优的华东地区相比, 差距较大, 具体如表 2-34 所示。

表 2-34 2014~2018 年七大地理区万人新增企业数的平均值及排名

年份	东北	华北	华东	华南	华中	西北	西南
	值/序	值/序	值/序	值/序	值/序	值/序	值/序
2014	—	—	38.59/1.0	—	—	—	—
2015	6.63/25.7	19.67/10.4	19.21/9.5	11.75/18.7	12.21/17.3	11.15/19.6	12.76/17.4
2016	4.55/27.0	19.55/11.8	21.51/10.0	10.73/16.3	11.10/15.8	9.58/19.4	10.74/17.4
2017	10.94/21.7	24.65/13.4	34.82/9.3	21.69/15.7	18.22/16.3	18.33/20.2	15.67/19.0
2018	10.94/21.7	24.65/13.4	34.82/9.3	21.69/15.7	18.22/16.3	18.33/20.2	15.67/19.0
平均	8.27/24.0	22.13/12.3	28.03/9.2	16.46/16.6	14.94/16.4	14.35/19.9	13.71/18.2

2) 民间固定资产投资增速（单位:%）。民间固定资产投资增速反映一个地区民间投资的发展速度，是反映该地区营商环境的重要指标，计算公式为本年和上年民间固定资产投资额的差值与上年民间固定资产投资额的比值。总体而言，东北地区民间固定资产投资增速低于全国平均水平，且差距较大，如图 2-27 所示。

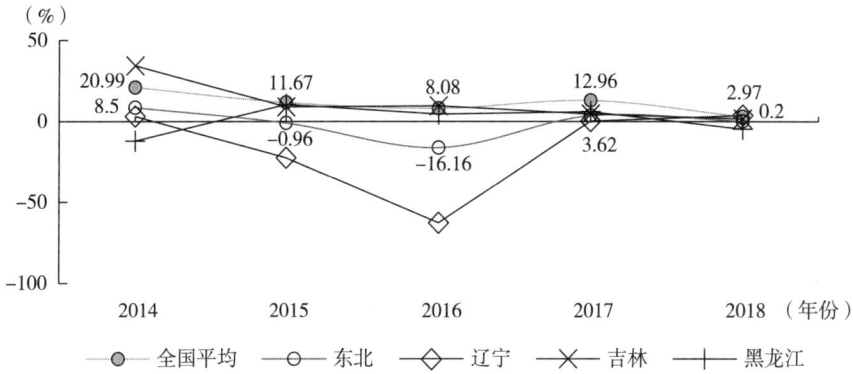

图 2-27 2014~2018 年民间固定资产投资增速基本走势

注：①全国平均指 31 个省市区的平均水平；②全国范围内（可采集到的数据），民间固定资产投资增速最大值为 2017 年陕西的 57.46%，最小值为 2016 年辽宁的 -62.65%。

2014~2018 年，全国和东北地区民间固定资产投资增速均呈波动下降趋势，东北地区在 2015 年和 2016 年出现"负增长"；东北地区民间固定资产投资增速落后于全国平均水平，并且差距较大；黑龙江省民间固定资产投资增速在 2014~2015 年呈上升趋势，2015~2018 年缓慢下降；吉林省整体呈缓慢下降趋势；辽宁省 2014~2016 年整体呈下降趋势，并在 2015 年出现"负增长"，2016 年达到了"低谷"，2016~2018 年呈上升趋势；相对而言，吉林省较好，黑龙江省次之，辽宁省较弱。

2014~2018 年，东北三省民间固定资产投资增速在全国 31 个省市区连续 5 年数据集（共 154 个指标值）中相对位置分布情况如图 2-28 所示。可见，东北三省 5 年（共 15 个数据）民间固定资产投资增速的百分比排位位于 50% 以下的有 14 个，其中有 11 个位于 25% 以下；排位的最大值是 2014 年的吉林省（96.7%），最小值是 2016 年的辽宁省（0.0%）。

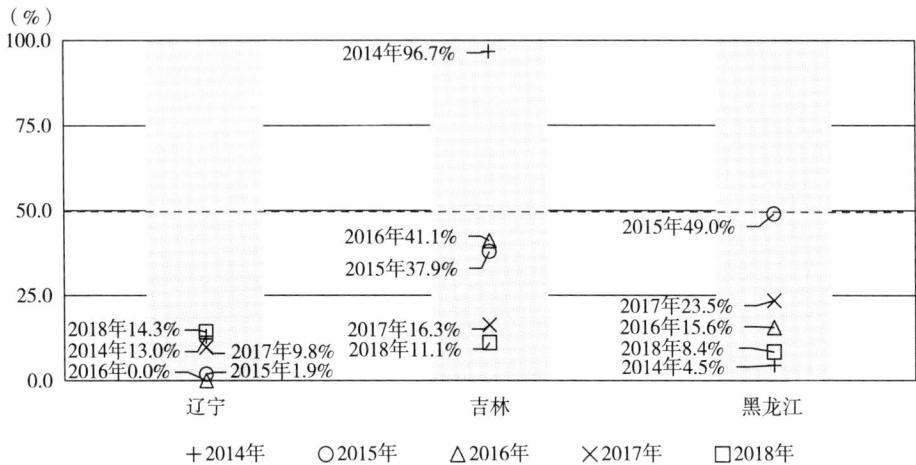

图 2-28 2014~2018 年东北三省民间固定资产投资增速百分比排位图

由表 2-35 可知，2014~2018 年，6 省民间固定资产投资增速由高到低依次为：广东、浙江、江苏、辽宁、吉林、黑龙江；东南三省中，广东省、浙江省民间固定资产投资增速呈波动下降趋势，江苏省呈平稳下降趋势；东北三省整体起伏较大，吉林省呈下降趋势，辽宁省呈先下降后上升趋势，黑龙江省呈先上升后下降趋势；民间固定资产投资增速降幅最大的是吉林省（-23.84%），黑龙江省和辽宁省的民间固定资产投资增速分别为 -15.24% 和 4.61%。

表 2-35 2014~2018 年 6 省民间固定资产投资增速的原始值及单年排名

年份	辽宁	吉林	黑龙江	江苏	浙江	广东	全国平均
	值/序	值/序	值/序	值/序	值/序	值/序	值
2014	3.12/29	34.41/4	-12.04/31	20.69/18	24.88/12	19.61/21	20.99
2015	22.42/31	9.05/20	10.49/18	15.55/12	8.92/21	17.08/11	11.67
2016	62.65/31	9.59/20	4.57/28	7.39/25	10.81/14	9.76/19	8.08
2017	0.23/30	4.59/27	6.05/23	7.28/21	4.69/26	13.39/9	12.96
2018	3.70/22	1.60/23	-4.70/25	5.50/19	7.10/15	10.70/8	2.97
平均	15.60/28.6	11.85/18.8	0.87/25	11.28/19	11.28/17.6	14.11/13.6	11.32

由表 2-36 可知，2014~2018 年，四个区域民间固定资产投资增速由高到低依次为：中部、西部、东部、东北；四个区域民间固定资产投资增速整体呈下降趋势，其中东北的降幅最大；东北地区民间固定资产投资增速与中部地区差距较大。

表2-36　2014～2018年四大经济区民间固定资产投资增速的平均值及排名

年份	东北		东部		西部		中部	
	平均值	年排名	平均值	年排名	平均值	年排名	平均值	年排名
2014	8.50	21.3	20.13	17.6	22.35	15.6	25.98	11.5
2015	-0.96	23.0	13.58	14.6	10.95	17.3	16.25	12.2
2016	-16.16	26.3	8.83	20.4	12.17	12.4	10.75	10.7
2017	3.62	26.7	10.44	17.8	18.57	11.1	10.16	14.8
2018	0.20	23.3	2.65	18.5	0.61	15.5	9.62	9.2
平均	-0.96	24.1	11.12	17.8	12.93	14.4	14.70	11.6

由表2-37可知，2014～2018年，七个区域民间固定资产投资增速由高到低依次为：西南、华中、西北、华南、华东、华北、东北；华东、华南和华中地区呈下降趋势，其他区域呈波动下降趋势，其中华北地区的降幅最大；就七个区域而言，东北地区处于末位，与最优的西南地区相比，差距较大。

表2-37　2014～2018年七大地理区民间固定资产投资增速的平均值及排名

年份	东北	华北	华东	华南	华中	西北	西南
	值/序	值/序	值/序	值/序	值/序	值/序	值/序
2014	8.50/21.3	18.41/16.0	21.42/15.2	15.33/24.7	23.43/14.3	31.55/8.2	21.45/17.8
2015	-0.96/23.0	19.67/9.8	11.97/14.3	16.43/13.3	13.71/15.3	7.20/23.2	10.87/15.0
2016	16.16/26.3	6.55/24.0	9.14/19.2	11.62/12.7	13.20/5.5	7.15/19.2	17.58/5.2
2017	3.62/26.7	12.81/18.5	7.67/20.0	11.63/12.0	10.63/13.8	25.29/10.2	15.38/9.8
2018	0.20/23.3	5.54/23.8	7.53/13.5	3.00/14.3	10.05/8.8	5.92/21.2	10.88/8.4
平均	0.96/24.1	10.28/18.4	11.55/16.4	11.60/15.4	14.20/11.5	13.05/16.4	15.23/11.2

4. 主要结论

首先，总体而言，东北地区的政府治理指数与全国平均水平存在较大差距。在反映政府治理水平的5个方面（市场干预、政府规模、简政放权、监管水平、营商环境），东北三省在5个方面均落后于东南三省，其中，市场干预、简政放权和营商环境存在的差距较大。

其次，动态来看，2014～2018年，东北地区的指数得分整体呈波动下降趋势，意味着绝对能力有所波动，并存在下降的风险。同时，东北地区的政府治理方面的相对排名靠后，说明东北地区与政府治理具有优势的地区存在明显差距。

再次，分省来看，辽宁省政府治理水平较好，吉林省次之，黑龙江省较弱。在全国各省相对排名的竞争中，辽宁省和吉林省有所退步。吉林省在政府治理各分项指数上相对均衡，监管水平相对较强，政府规模和营商环境相对较弱；辽宁省在市场干预、简政放权和营商环境上相对较强，但营商环境尚未能达到全国平均水平；黑龙江省政府规模较强，市场干预和简政放权均较弱。

最后，在单项指标方面，东北地区的"政府分配资源的比重""政府人员规模"和"行政成本比重"优于全国平均水平；东北地区的"单位 GDP 事故死亡数"的相对优势逐渐减弱，与全国平均水平基本持平；"社会服务机构规模""银行不良资产比率""万人新增企业数""民间固定资产投资增速"的发展相对较落后。

（二）企态优化评价报告

1. 企态优化指数总体分析

对企态优化的测度包括国企效率、国企保增值、企业实力、民企规模、民企融资 5 个方面，共 8 项关键指标，汇集中国 31 个省市区 2014～2018 年企态优化方面的指标信息，得到了连续 5 年的企态优化指数得分。在此基础上，形成多年连续排名和单年排名。其中，多年连续排名用于反映各省市区企态优化的绝对发展水平随时间动态变化的情况（31 个省市区 5 年共 155 个排位，最高排名为 1，最低排名为 155），单年排名用于反映各省市区在全国范围内某个单年的相对发展水平（31 个省市区每年 31 个排位，最高排名为1，最低排名为31）。具体来说，31 个省市区企态优化的总体情况如表 2-38 所示。

表 2-38　2014～2018 年 31 个省市区企态优化指数得分、连续及单年排名

省市区	2014 年			2015 年			2016 年			2017 年			2018 年		
	值	总	年	值	总	年	值	总	年	值	总	年	值	总	年
上海	82.6	12	1	83.0	11	1	86.1	9	1	97.1	5	1	126.0	1	1
江苏	64.7	45	5	69.5	33	4	75.8	22	4	82.6	13	4	117.2	2	2
浙江	74.5	23	2	79.1	17	2	85.0	10	2	91.6	6	2	103.0	3	3
重庆	62.3	54	6	64.3	47	6	67.6	38	6	73.7	25	7	100.7	4	4
北京	73.7	24	3	76.9	20	3	81.2	14	3	88.0	7	3	86.8	8	5
广东	62.2	55	7	66.8	39	5	73.7	26	5	80.4	16	5	81.1	15	6
福建	52.6	94	13	51.0	98	14	59.3	69	8	69.5	34	10	78.4	18	7
新疆	68.8	35	4	58.7	74	8	59.0	72	10	71.6	30	8	75.9	21	8
内蒙古	45.4	117	16	45.2	120	20	47.9	108	21	71.0	32	9	73.4	27	9
天津	58.6	75	10	59.2	70	7	63.2	51	7	77.4	19	6	73.1	28	10
湖北	43.8	125	19	45.3	118	18	57.7	78	12	64.3	46	12	72.4	29	11
山东	52.1	96	14	51.5	97	13	56.5	81	13	63.2	52	15	71.1	31	12

省市区	2014 年			2015 年			2016 年			2017 年			2018 年		
	值	总	年	值	总	年	值	总	年	值	总	年	值	总	年
海南	60.6	62	9	56.7	80	10	56.3	82	14	52.7	92	23	68.4	36	13
山西	57.3	79	12	55.7	86	11	59.0	73	11	63.9	49	14	68.4	37	14
安徽	44.4	123	18	47.6	109	16	55.9	84	16	61.3	60	18	66.4	40	15
贵州	41.9	131	22	44.0	124	22	54.6	90	17	62.1	56	17	66.3	41	16
广西	40.2	135	24	45.1	121	21	52.4	95	18	59.3	68	20	66.1	42	17
云南	49.2	106	15	50.1	100	15	48.0	107	20	64.2	48	13	65.4	43	18
吉林	42.6	128	20	45.3	119	19	50.0	102	19	46.2	113	30	63.5	50	19
青海	61.2	61	8	53.0	91	12	56.1	83	15	63.1	53	16	61.8	57	20
四川	38.6	138	25	46.2	114	17	46.1	115	23	54.9	88	21	61.8	58	21
江西	35.5	148	30	35.0	151	29	38.0	139	29	46.3	112	29	61.6	59	22
宁夏	57.9	77	11	58.0	76	9	59.1	71	9	64.8	44	11	60.3	63	23
河北	37.0	144	27	38.8	137	24	45.5	116	24	59.9	65	15	60.0	64	24
辽宁	36.4	146	29	35.4	149	27	41.6	133	27	50.6	99	24	59.6	66	25
湖南	37.0	143	26	38.0	141	28	43.2	127	25	54.9	89	22	59.5	67	26
黑龙江	44.7	122	17	29.5	152	30	38.0	140	30	49.9	104	26	55.8	85	27
陕西	42.5	129	21	39.3	136	23	42.3	130	26	49.9	103	25	55.4	87	28
西藏	41.8	132	23	35.1	150	28	47.1	111	22	49.6	105	27	52.6	93	29
甘肃	36.7	145	28	35.8	147	26	40.9	134	28	47.4	110	28	50.1	101	30
河南	24.5	155	31	24.6	154	31	27.0	153	31	37.9	142	31	43.5	126	31
平均	50.7	98.7	16	50.4	99.4	16	55.3	85.9	16	63.5	60.8	16	71.1	45.2	16

注：①对于表中的字段名称，"值"表示各省市区对应年份的指数得分，"总"表示各省市区 2014～2018 年连续总排名，"年"表示各省市区 5 个单年的排名；②表中 31 个省市区按照 2018 年的指数得分由高到低（降序）排列。

东北地区的企态优化指数处于全国较靠后的位置，且总体上远落后于东南三省的发展水平。2014～2018 年，6 省企态优化指数由高到低依次为：浙江、江苏、广东、吉林、辽宁、黑龙江；东南三省企态优化指数的发展普遍呈上升趋势，东北三省企态优化指数的发展也普遍呈上升趋势，其中，辽宁和吉林的上升幅度较大，东北三省整体上升幅度与东南三省基本相当；东南三省水平较低的广东省依然明显优于东北地区最优的吉林省；6 省中，企态优化指数年增幅最大的是江苏省（20.28%），增幅最小的是黑龙江省（6.16%），吉林省的增幅为 12.25%，辽宁省的增幅为 15.99%。2018 年，东北三省中，吉林省企态优化相对较好，在 31 个省域中的单年排名为 19，辽宁省和黑龙江省相对较差，排名分别为 25 和 27，具体如表 2－38 和表 2－39 所示。

表 2 - 39　2014 ~ 2018 年 6 省企态优化指数值及年排名

年份	辽宁	吉林	黑龙江	江苏	浙江	广东	全国平均
	值/序	值/序	值/序	值/序	值/序	值/序	值
2014	36.37/29	42.58/20	44.74/17	64.73/5	74.55/2	62.22/7	50.70
2015	35.41/27	45.31/19	29.49/30	69.54/4	79.07/2	66.84/5	50.44
2016	41.59/27	49.95/19	38.00/30	75.82/4	84.98/2	73.70/5	55.29
2017	50.60/24	46.22/30	49.90/26	82.57/4	91.64/2	80.40/5	63.53
2018	59.63/25	63.46/19	55.76/27	117.24/2	102.98/3	81.08/6	71.15
平均	44.72/26.4	49.50/21.4	43.58/26.0	81.98/3.8	86.64/2.2	72.85/5.6	58.22

2014 ~ 2018 年，全国企态优化指数整体呈平稳上升趋势，东北地区企态优化指数整体呈上升趋势；东北地区企态优化指数明显低于全国平均水平，差距基本保持不变；就东北三省而言，吉林省呈波动上升趋势（2017 年略有下降），辽宁省整体呈上升趋势，黑龙江省呈波动上升趋势（2015 年下降幅度较大），东北三省平均水平始终处于全国平均水平之下；就企态优化指数而言，吉林省较好，辽宁省次之，黑龙江省较弱，具体如图 2 - 29 所示。

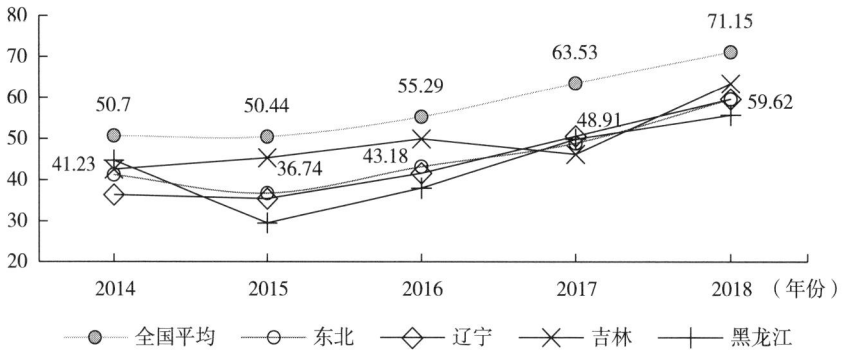

图 2 - 29　2014 ~ 2018 年企态优化指数得分基本走势

注：①全国平均指 31 个省市区的平均水平；②全国范围内（可采集到的数据），企态优化指数最大值为 2018 年上海的 126.0058，最小值为 2014 年河南的 24.5417。

2014 ~ 2018 年，东北三省企态优化指数在全国 31 个省市区连续 5 年数据集（共 155 个指标值）中相对位置的分布情况如图 2 - 30 所示。东北三省 5 年企态优化指数的百分比排位普遍处于 50% 之下；排位的最大值是 2018 年的吉林省（68.1%），最小值是 2015 年的黑龙江省（1.9%），具体如图 2 - 30 所示。

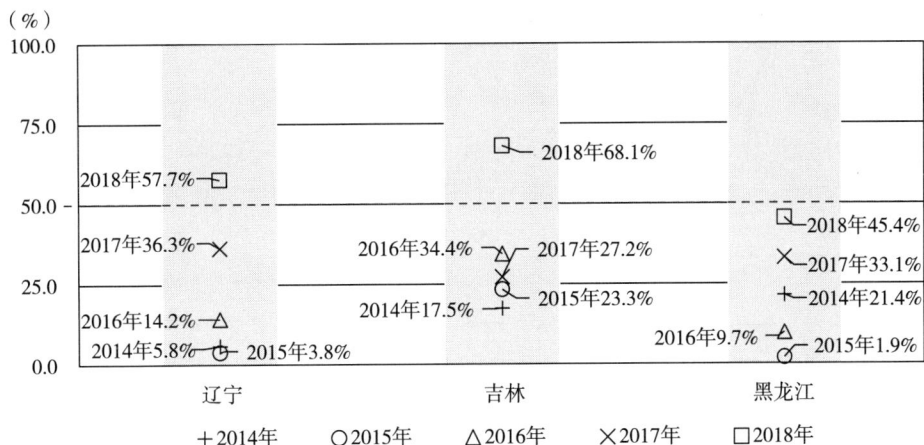

图 2 - 30　2014 ~ 2018 年东北三省企态优化指数百分比排位图

2. 全国视角下东北地区企态优化进展分析

2014 ~ 2018 年，四大区域企态优化指数由高到低依次为：东部、西部、中部、东北；四个区域的企态优化指数均呈上升趋势，其中，中部地区上升幅度最大（13.31%），东部地区上升幅度最小（9.95%），东北地区上升幅度为 11.15%；就企态优化指数而言，东北地区排名末位，与表现最优的东部地区差距较大，如表 2 - 40 所示。

表 2 - 40　2014 ~ 2018 年四大经济区企态优化指数平均值及排名

年份	东北		东部		西部		中部	
	平均值	年排名	平均值	年排名	平均值	年排名	平均值	年排名
2014	41.23	22	61.88	9.1	48.88	16.9	40.44	22.7
2015	36.74	25.3	63.25	8.3	47.9	17.3	41.02	21.7
2016	43.18	25.3	68.26	8.1	51.75	17.9	46.81	20.7
2017	48.91	26.7	76.24	8.8	60.98	16.8	54.77	21.0
2018	59.62	23.7	86.51	8.3	65.81	18.6	61.98	19.8
平均	45.93	24.6	71.23	8.5	55.06	17.5	49.00	21.2

注：为确保区分度，对于具有平均意义的排名（序），本书保留一位小数，以下各表同。

2014 ~ 2018 年，七大区域企态优化指数由高到低依次为：华东、华北、华南、西南、西北、东北、华中；除西北地区呈上升趋势外，其余六大区域均呈平稳上升趋势，其中华中地区上升幅度较大（17.05%），东北地区增幅为 11.15%；就企态优化指数而言，东北地区处于七个区域的倒数第二位，与水平最佳的华东地区相比，差距较大，如表 2 - 41 所示。

表 2 - 41 2014～2018 年七大地理区企态优化指数的平均值及排名

年份	东北	华北	华东	华南	华中	西北	西南
	值/序	值/序	值/序	值/序	值/序	值/序	值/序
2014	41.23/22	54.41/13.6	61.83/8.8	54.35/13.3	35.23/26.5	53.43/14.4	46.75/18.2
2015	36.74/25.3	55.15/13	63.60/8.3	56.20/12	35.72/25.8	48.99/15.6	47.93/17.6
2016	43.18/25.3	59.36/13.2	69.77/7.3	60.78/12.3	41.51/24.3	51.47/17.6	52.67/17.6
2017	48.91/26.7	72.04/10.2	77.55/8.3	64.16/16	50.85/23.5	59.36/17.6	60.91/17
2018	59.62/23.7	72.34/12.4	93.70/6.7	71.85/12	59.26/22.5	60.68/21.8	69.38/17.6
平均	45.93/24.6	62.66/12.5	73.29/7.9	61.47/13.1	44.52/24.5	54.79/17.4	55.53/17.6

为便于直观分析，将指数信息按空间分类、时间排列、优劣序化等方式整理后，形成多年指数得分、连续排名及单年排名的可视化集成图（见图 2 - 31～图 2 - 33），结合表 2 - 24 的信息，以全国四大经济区为划分标准，对东北三省的企态优化方面的进程评价如下：

（1）东北地区企态优化指数得分低于西部和东部地区，与中部地区接近

从四大区域的平均得分曲线的变化情况可以看出，东部地区发展相对成熟，基础夯实（2014 年为 61.9），且与其他地区的差距还在进一步拉大（2018 年为 86.5）。其余三个地区总体水平较为相近，中部和西部地区均呈平稳上升趋势，东北地区呈波动上升趋势（2015 年略有下降）。就指数得分而言，东北地区最优水平位列末位，指数得分区间为 30～60，中部地区和西部地区的基础相对较好，指数得分在 40～65 徘徊；以 2014 年为基点（得分 41.2），且 2015 年明显下降（36.7），东北地区起步条件低于其他地区，2015 年后平稳上升，但 2018 年在四个区域中仍处于最低水平（得分 59.6），平均年指数得分变动为 4.6。

（2）东北地区企态优化年连续排名上升幅度较大，但整体水平较为落后

从四大区域的连续排名曲线的变化情况可以看出，2014～2018 年，东部地区整体表现最优，基础较好（2014 年平均排名为 63.0），2018 年平均排名上升至 20.6；中部地区呈平稳上升趋势，上升幅度较大（17.3），东北地区整体呈波动上升趋势，2015 年略有下降，整体上升速度和中部地区基本持平（16.3）；东北地区整体平均水平一直低于东部地区；就最优水平而言，东部和西部地区表现突出，中部其次，东北地区最优排名水平最低。

（3）东北地区企态优化相对水平存在进一步下降风险

从四大区域的连续单年曲线的变化情况可以看出，在相对位次的排名竞争中，2014～2018 年，东北和西部地区呈下降趋势，下降幅度均为 1.7，而中部和东部呈上升趋势，中部地区提升幅度为 2.8；东北 2017 年的排名开始回升，2018 年平均排名上升至 23.7，但仍然低于其他三大区域。就区域最优排名而言，东北地区与其他三大区域差距较大，尤其与表现最优的东部地区差距巨大。

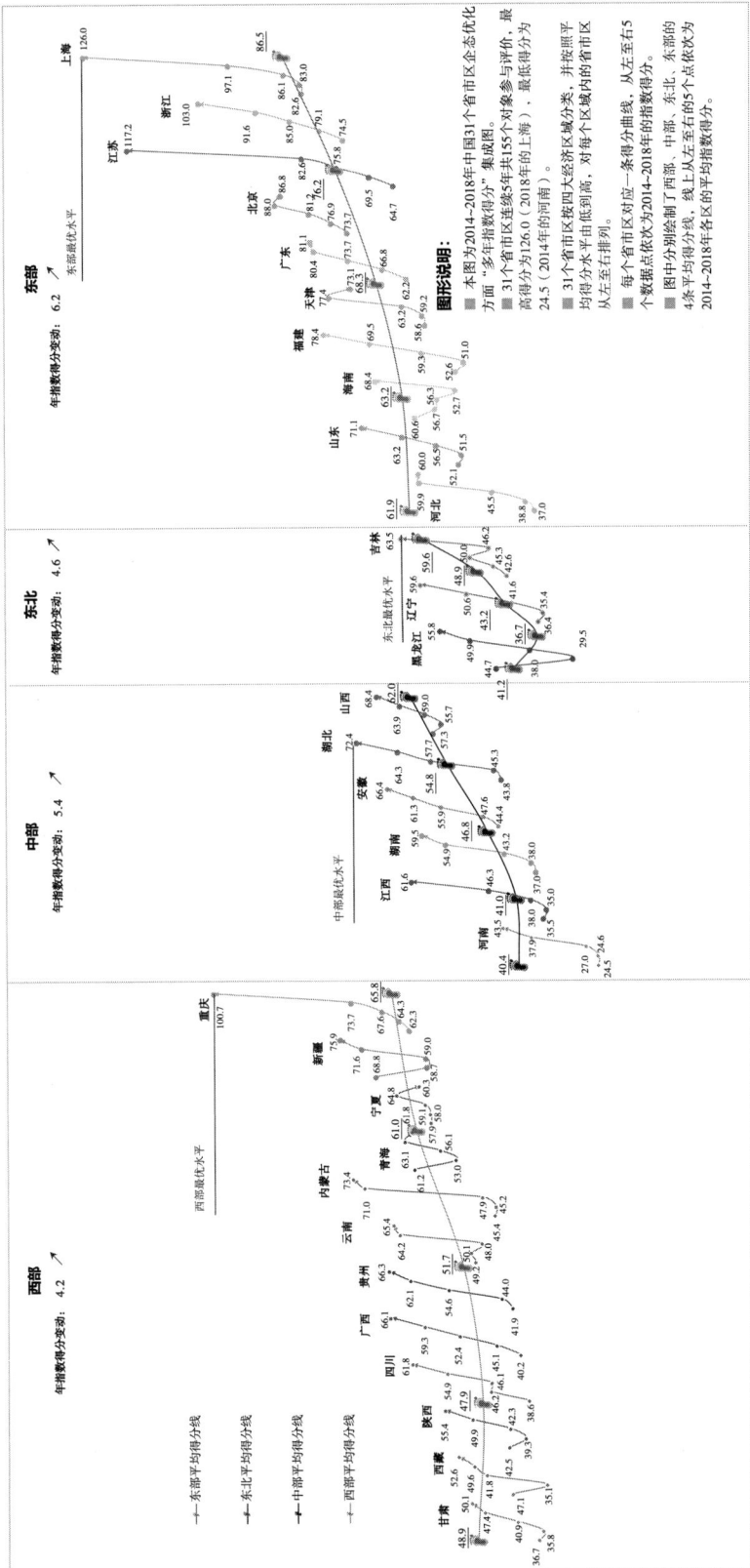

图 2-31　2014~2018 年 31 个省市区企态优化指数得分变动情况

图形说明：

- 本图为2014~2018年中国31个省市区企态优化方面"多年连续排名"集成图。31个省市区连续5年的最佳排名为1，最差排名155。
- 31个省市区按四大经济区域分类，并按照平均排名水平由低到高，对每个区域内的省市区从左至右排列。
- 每个省市区对应一条排名曲线，线上左至右的5个点为2014~2018年各省市区的单年排名。
- 图中分别绘制了西部、中部、东北、东部的4条平均排名线，线上左至右的5个点依次为2014~2018年各区域的单年平均排名（为体现差异，保留一位小数）。

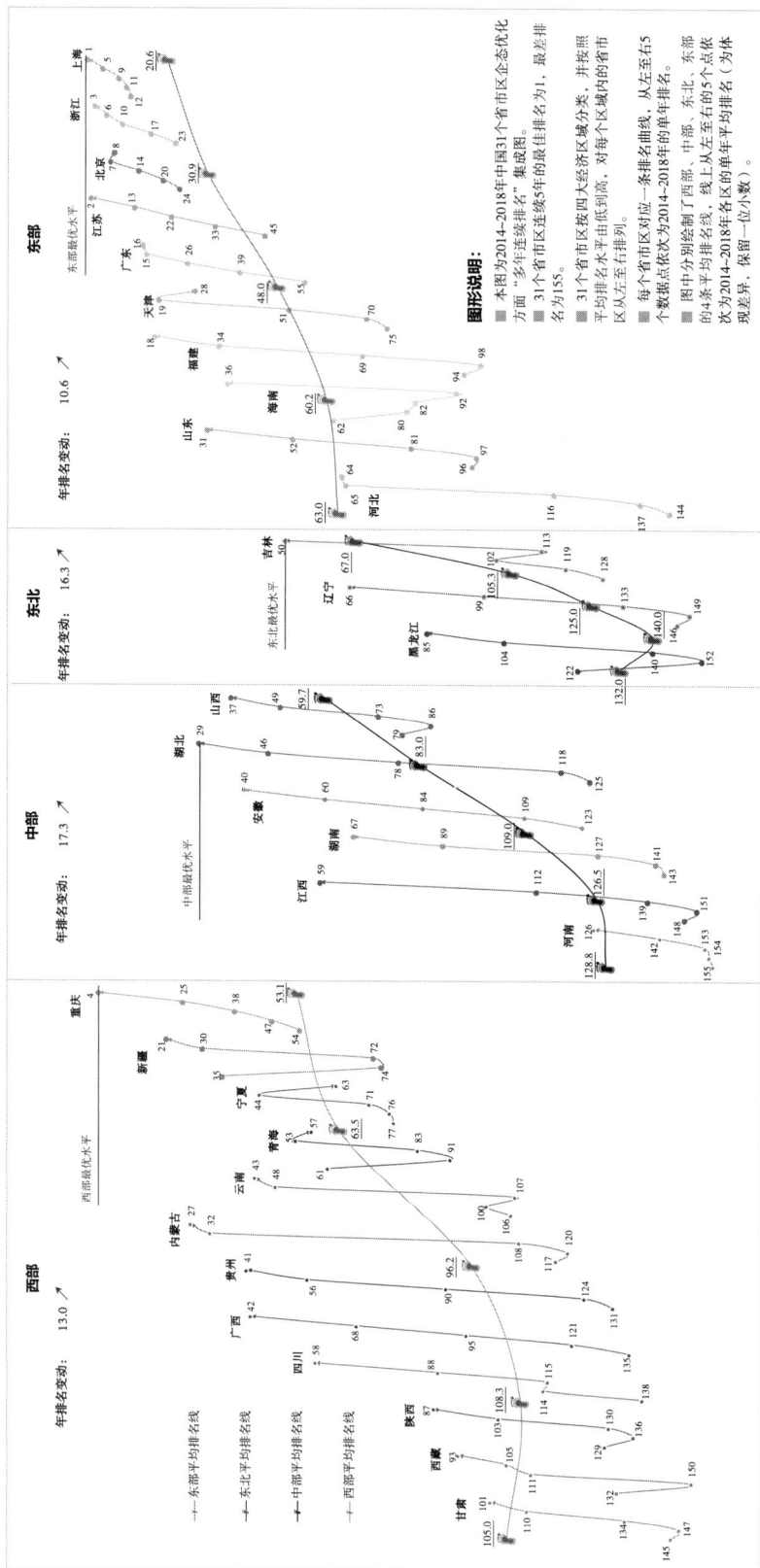

图 2－32　2014~2018 年 31 个省市区企态优化多年连续排名变动情况

西部

5年平均排名变动：-1.7 ↗

—— 东部平均排名线
—— 东北平均排名线
—— 中部平均排名线
—— 西部平均排名线

中部

5年平均排名变动：2.8 ↗

东北

5年平均排名变动：-1.7 ↗

东部

5年平均排名变动：0.8 ↗

图形说明：

■ 本图为2014~2018年中国31个省市区企态优化方面"单年排名"集成图。

■ 31个省市区连续5年的单年最佳排名为1，最差排名为31。

■ 31省市区按四大经济区域分类，并按照每个区域内的省市区5年平均水平由低到高，对每个区域的单年排名从左至右排列。

■ 每个省市区对应一条2014-2018年的单年排名曲线，线上至右的5个数据点为2014-2018年的单年排名。

■ 图中分别绘制了西部、中部、东北、东部的4条平均排名线，线上至右的5个点依次为2014~2018年各省市区的单年平均排名（为体现差异，保留一位小数）。

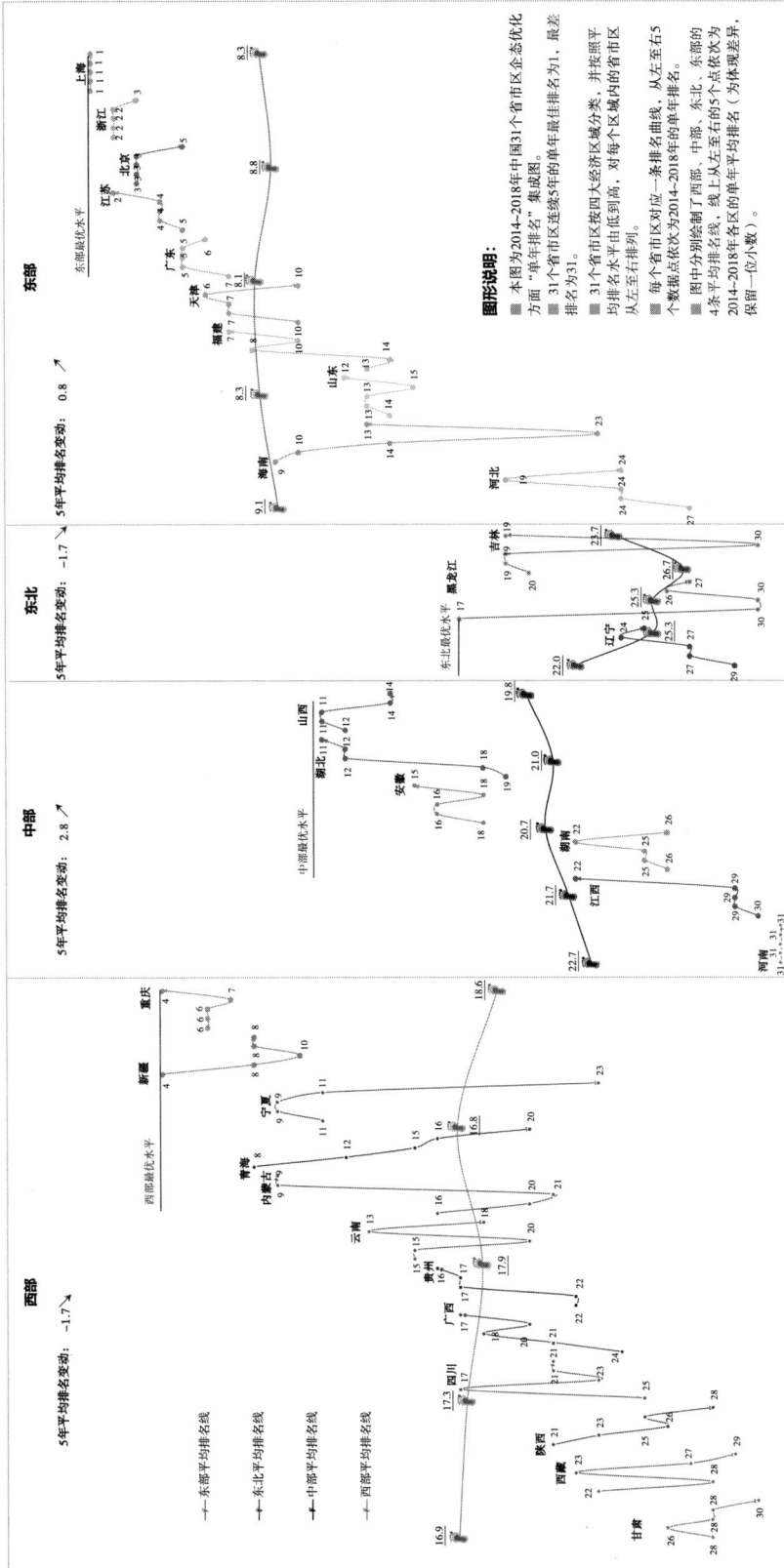

图 2-33　2014～2018 年 31 个省市区企态优化单年排名变动情况

3. 企态优化分项指数分析

2014～2018 年，东北三省 5 个分项指标均低于东南三省平均水平和全国平均水平。其中，辽宁省 2 个分项指数高于吉林省，尤其在民企规模方面表现相对较好，且高于全国平均水平；黑龙江省各项指标表现比较均衡，民企融资方面表现比较突出，高于全国平均水平；吉林省各分项指标表现均较弱。东南三省 5 个分项指数的发展相对均衡，平均得分显著高于全国平均水平和东北三省，优势明显，其中，浙江省整体表现最优，各项指标均远高于东北三省和全国平均水平。就东北三省整体而言，与东南三省和全国整体均有较大差距，如表 2－42 和图 2－34 所示。

表 2－42 2014～2018 年 6 省企态优化方面分项指数平均得分

	国企效率	国企保增值	企业实力	民企规模	民企融资
辽宁	54.20	22.93	29.35	72.44	45.67
吉林	57.45	48.75	49.62	56.75	34.96
黑龙江	44.79	35.12	36.3	41.1	60.57
江苏	114.82	62.95	74.89	100.28	56.96
浙江	100.06	65.57	74.55	113.11	79.94
广东	86.10	67.55	69.45	62.39	78.77
东北三省平均	52.15	35.60	38.09	56.76	47.07
东南三省平均	100.32	65.35	72.96	91.92	71.89
各省平均	72.62	47.26	52.92	67.61	50.71
各省最高	149.79	80.35	104.3	113.11	86.45
各省最低	11.62	16.30	12.93	28.15	1.90

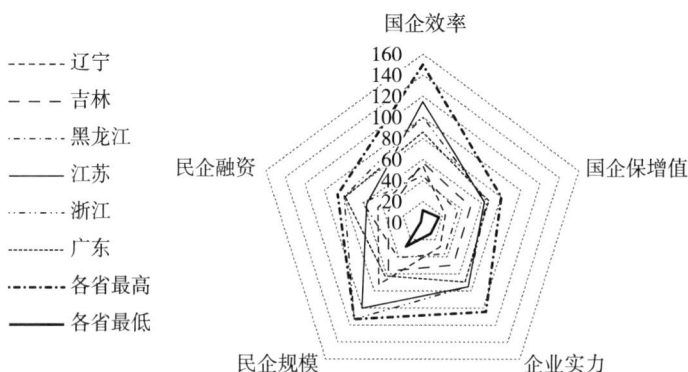

（图A）

图 2－34 2014～2018 年企态优化方面分项指数平均得分雷达图

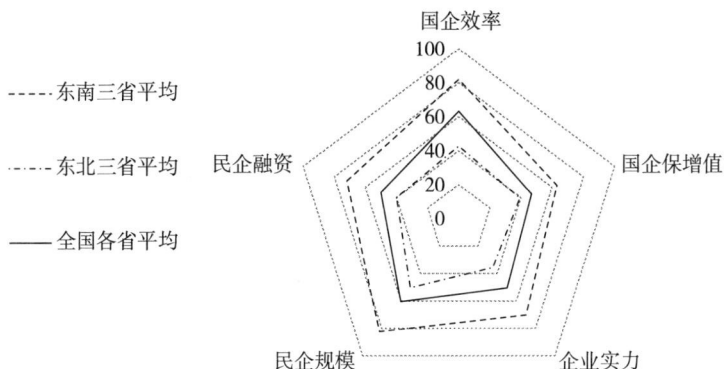

（图B）

图 2-34 2014～2018 年企态优化方面分项指数平均得分雷达图（续图）

2014～2018 年，全国在反映企态优化 5 个方面的整体进展较为良好，其中，"国企效率""国企保增值""企业实力""民企规模"整体呈平稳上升趋势，"民企规模"的增幅相对较高，"民企融资"呈先下降后上升趋势。除广东省的"民企规模"和江苏省的"国企保增值"以外，东南三省各分项指数均处于全国前列（从年排名得出），尤其是浙江省"民企规模"连续 5 年均位于全国首位。就东北三省 5 个分项指数而言，排名均较为靠后，仅黑龙江省和辽宁省的"民企融资"在 2017 年后表现较佳；辽宁省的"企业实力"呈连年下降趋势，2018 年排名位居末尾（30 名），"国企效率"和"国企保增值"均呈先下降后上升的趋势，其中，辽宁省的"国企效率"2018 年排名增长幅度较大，从 2017 年的 25 名增长为 2018 年的 12 名；吉林省的"国企效率"2018 年排名上升幅度较大，"企业实力"连续 5 年呈上升趋势，但整体上升幅度较小；黑龙江省的"国企效率"连年排名居于末尾，"民企融资"近年来表现良好，2017 年后位居全国前十，具体见表 2-43。

表 2-43 2014～2018 年 6 省企态优化方面分项指数

分项指数	年份	辽宁 值/序	吉林 值/序	黑龙江 值/序	江苏 值/序	浙江 值/序	广东 值/序	全国平均 值
国企效率	2014	45.25/25	46.16/24	51.29/21	76.92/9	79.24/6	80.6/5	59.80
	2015	37.89/26 ▽	41.07/25 ▽	35.40/27 ▽	78.90/8 ▲	86.91/3 ▲	81.63/6 ▲	61.16 ▲
	2016	39.97/26 ▲	48.55/25 ▲	36.29/28 ▲	82.37/7 ▲	84.71/4 ▽	80.97/8 ▽	64.13 ▲
	2017	58.06/25 ▲	54.59/26 ▲	43.02/29 ▲	88.78/8 ▲	90.02/6 ▲	89.33/7 ▲	74.90 ▲
	2018	89.84/12 ▲	96.85/11 ▲	57.97/29 ▲	247.12/3 ▲	159.39/4 ▲	97.96/6 ▲	103.08 ▲
国企保增值	2014	21.95/29	72.07/8	78.18/4	48.5/15	51.73/14	54.19/12	48.10
	2015	18.90/28 ▽	50.27/11 ▽	22.33/23 ▽	65.72/6 ▲	61.76/7 ▲	67.07/5 ▲	41.08 ▽
	2016	19.83/29 ▲	51.66/11 ▲	17.47/30 ▽	67.19/6 ▲	75.71/5 ▲	76.61/4 ▲	42.01 ▲
	2017	23.50/28 ▲	28.58/25 ▽	24.80/27 ▲	67.03/11 ▽	75.43/6 ▽	75.13/8 ▽	52.79 ▲
	2018	30.49/24 ▲	41.16/20 ▲	32.84/23 ▲	66.31/11 ▽	63.21/14 ▽	64.72/13 ▽	52.30 ▽

分项指数	年份	辽宁 值/序	吉林 值/序	黑龙江 值/序	江苏 值/序	浙江 值/序	广东 值/序	全国平均 值
企业实力	2014	29.15/25	42.71/17	21.55/27	67.99/6	65.83/9	65.93/8	47.24
	2015	32.23/26▲	49.36/17▲	32.50/25▲	73.58/6▲	69.48/7▲	69.38/8▲	50.63▲
	2016	29.65/27▽	51.47/17▲	38.74/24▲	76.83/4▲	78.15/3▲	65.38/11▽	53.26▲
	2017	27.23/28▽	52.26/18▲	43.48/24▲	77.88/4▲	79.54/3▲	72.55/7▲	56.15▲
	2018	23.48/30▽	52.28/18▲	45.22/24▲	78.18/4▲	79.77/3▲	73.99/8▲	57.35▲
民企规模	2014	66.99/6	30.24/25	17.09/30	73.57/5	94.99/1	33.81/24	49.65
	2015	64.16/10▽	37.38/24▲	11.75/31▽	74.54/5▲	98.17/1▲	38.02/23▲	52.09▲
	2016	77.18/12▲	71.07/16▲	50.78/26▲	105.34/2▲	107.66/1▲	66.91/18▲	71.16▲
	2017	75.05/21▽	73.16/22▲	61.77/25▲	123.83/2▲	132.34/1▲	86.02/14▲	81.79▲
	2018	78.81/20▲	71.88/22▽	64.13/25▲	124.11/2▲	132.37/1▲	87.19/13▲	83.34▲
民企融资	2014	18.49/28	21.73/25	55.59/12	56.68/11	80.95/4	76.58/8	48.71
	2015	23.86/24▲	48.45/15▲	45.48/16▽	54.96/12▽	79.04/4▽	78.13/6▲	47.24▽
	2016	41.32/18▲	27.00/22▽	46.73/15▲	47.37/14▽	78.70/5▽	78.61/6▲	45.91▽
	2017	69.15/12▲	22.51/27▽	76.40/7▲	55.31/17▲	80.88/2▲	78.99/4▲	52.03▲
	2018	75.53/10▲	55.11/20▲	78.66/9▲	70.47/12▲	80.14/7▽	81.55/6▲	59.68▲

注：表中符号"▲"表示本年的数据相对于前一年是增长的，符号"▽"表示本年的数据相对于前一年是减少的。

进一步统计升降符（▲或▽）的数量，对不同地区的发展态势及稳定性进行分析和对比可知，2014～2018 年，全国 5 项指数▲的数量远远大于▽的数量，6 省的 5 项指数中▲的数量为 88，▽的数量为 32，▲的数量约为▽的三倍。东北三省 5 个分项指数中的 2 项▲的总数高于东南三省的总数，东北三省和东南三省的国企保增值分别为 7 个和 6 个▲，东北三省和东南三省的民企融资分别为 9 个和 7 个▲，3 项低于东南三省，东北三省和东南三省的国企效率分别为 9 个和 10 个▲，企业实力分别为 9 个和 11 个▲，民企规模分别为 8 个和 12 个▲），东北地区总体发展稳定性低于东南三省。

2014～2018 年，辽宁省▲的数量为 13 个，占 65%，吉林省▲的数量为 14 个，占 70%，黑龙江省▲的数量为 15 个，占 75%，江苏省▲的数量为 16 个，占 80%，浙江省▲的数量为 14 个，占 70%，广东省▲的数量为 16 个，占 80%，东北三省最优的黑龙江省上升势头超过了东南三省中上升较慢的浙江省；就东北三省而言，黑龙江省的发展稳定性较好，吉林省次之，辽宁省较弱。

（1）国企效率

国企效率主要用国企劳均主营业务收入来予以衡量。国企劳均主营业务收入（单位：万元/人）反映一个地区国有控股工业企业单位劳动力的平均主营业务收入状况，是衡量该地区国企效率的核心指标，计算公式为国有控股工业企业主营业务收入与国有单位采矿业、制造业和电力业就业人数总和的比值。2014～2018 年，全国平均国企劳均主营业务收入呈上升趋势，东北地区国企劳均主营业务收入在 2014~2015 年下降，2015~2018 年上升，整体呈波动上升的趋势；总体而言，东北地区国企劳均主营业务收入明显落后于全国平均水平，并且差距在 2014~2017 年逐渐扩大，在 2017~2018 年差距减少；东北三省国企劳均主营业务收入的发展趋势基本持平，均呈波动上升趋势；相对而言，吉林省发展较好，辽宁省次之，黑龙江省较弱；东北三省国企劳均主营业务收入与全国平均水平相差较大，且差距在逐渐扩大，具体如图 2-35 所示。

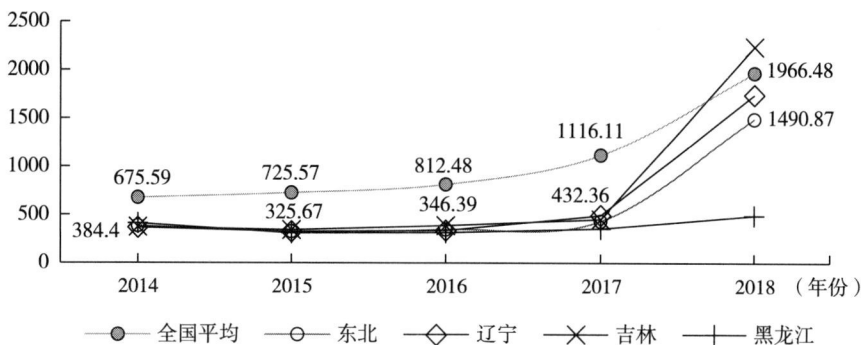

图 2-35 2014~2018 年国企劳均主营业务收入对比

注：①全国平均指 31 个省市区的平均水平；②全国范围内，国企劳均主营业务收入最大值为 2017 年上海的 7132.25，最小值为 2014 年西藏的 60.45。

2014~2018 年，东北三省国企劳均主营业务收入在全国 31 个省市区 5 年数据集（共 155 个指标值）中相对位置分布情况如图 2-36 所示。可见，东北三省 5 年（共 15 个数据）国企劳均主营业务收入的百分比排位位于 50% 以下的有 13 个，位于 25% 以下的有 10 个；此外，排位的最大值是 2018 年的吉林省（89.6%），最小值是 2015 年的黑龙江省（9.0%），具体如图 2-36 所示。

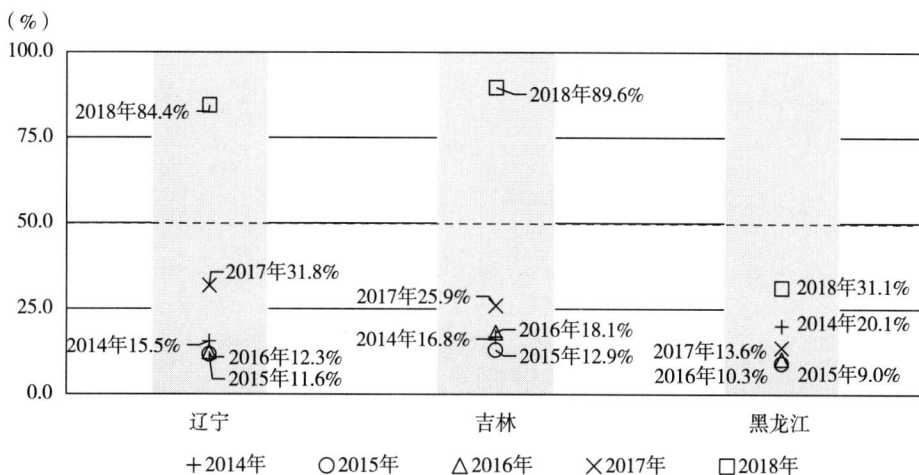

图 2-36 2014~2018 年东北三省国企劳均主营业务收入百分比排位图

2014～2018 年，6 省国企劳均主营业务收入由高到低依次为：江苏、浙江、广东、吉林、辽宁、黑龙江；6 省中除江苏省持续增长外其余省份普遍呈现波动上升趋势；东南三省国企劳均主营业务收入的整体发展水平明显高于东北地区，东南三省相对较低的江苏省依然优于东北地区最高的吉林省；国企劳均主营业务收入增幅最大的是江苏省（157.14%），增幅最小的是黑龙江省（4.80%），吉林省和辽宁省的增幅分别为 124.88% 和 93.38%，具体如表 2-44 所示。

表 2-44　2014～2018 年 6 省国企劳均主营业务收入原始值及单年排名

年份	辽宁	吉林	黑龙江	江苏	浙江	广东	全国平均
	值/序	值/序	值/序	值/序	值/序	值/序	值
2014	368.1/25	373.5/24	411.6/21	828.1/9	992.6/6	1088.3/5	675.6
2015	324.3/26	343.2/25	309.5/27	968.4/8	1535.3/3	1161.8/6	725.6
2016	336.7/26	387.7/25	314.8/28	1213.8/7	1379.4/4	1114.7/6	812.5
2017	491.7/25	450.6/26	354.8/29	1667.8/8	1756.0/6	1706.6/7	1116.1
2018	1742.7/12	2239.3/11	490.6/29	6033.2/3	3904.0/4	2317.9/4	1966.5
平均	652.7/22.8	758.9/22.2	376.3/26.8	2142.2/7	1913.5/4.6	1477.9/6.8	1059.3

2014～2018 年，四大区域国企劳均主营业务收入由高到低依次为：东部、西部、中部、东北；东部、西部、中部国企劳均主营业务收入整体呈稳步上升趋势，东北地区在 2014～2015 年呈现下降趋势，2015 年之后呈现上升趋势，其涨幅在四个地区中最大；东北地区国企劳均主营业务收入与东部地区差距较大，具体如表 2-45 所示。

表 2-45　2014～2018 年四大经济区国企劳均主营业务收入平均值及排名

年份	东北		东部		西部		中部	
	平均值	年排名	平均值	年排名	平均值	年排名	平均值	年排名
2014	384.4	23.3	1063.3	9.0	524.1	18.3	478.0	19.3
2015	325.7	26.0	1167.0	8.9	556.2	18.2	528.6	18.5
2016	346.4	26.3	1374.3	8.6	575.5	18.4	583.2	18.3
2017	432.4	26.7	1881.5	9.1	832.8	17.8	749.0	18.5
2018	1490.9	17.3	3114.1	9.8	1433.7	19.7	1357.1	18.3
平均	595.9	23.9	1720.0	9.1	784.5	18.5	739.2	18.6

2014～2018 年，七大区域国企劳均主营业务收入由高到低依次为：华东、华北、华南、西南、西北、华中、东北；东北地区在 2015 年明显下降后在 2016～2018 年又恢复上升趋势，西北地区在 2014～2016 年持续下降后在 2017 年明显上升，华南、华东、华北、华中和西南地区普遍呈上升趋势，其中西南地区的增幅最大；就七个区域而言，东北地区处于中下水平，与最优的华东地区相比，差距较大，具体如表 2-46 所示。

表 2-46 2014~2018 年七大地理区国企劳均主营业务收入平均值及排名

年份	东北	华北	华东	华南	华中	西北	西南
	值/序	值/序	值/序	值/序	值/序	值/序	值/序
2014	384.4/23.3	929.3/9.6	1094.1/7.8	589.8/17.3	390.5/22.8	606.2/15.6	443.4/22.0
2015	325.7/26.0	970.2/11.0	1246.2/6.5	656.0/17.0	412.1/22.0	595.9/16.6	518.3/20.4
2016	346.4/26.3	1230.0/10.8	1411.3/6.2	667.4/17.0	457.0/21.5	570.3/17.2	569.8/20.6
2017	432.4/26.7	1645.8/10.2	1952.4/7.0	1135.0/15.3	596.5/20.8	734.9/18.6	778.8/20.2
2018	1490.9/17.3	1793.5/14.4	3929.8/6.8	1747.8/13.7	1343.2/19.3	883.5/22.2	1781.8/20.4
平均	595.9/23.9	1313.8/11.2	1926.7/6.9	959.2/16.1	639.8/21.3	678.1/18.0	818.4/20.7

（2）国企保增值

由于缺乏区域内国家对国企的增资和减资的数据，直接准确计算国企保值增值率存在一定困难。因此，国企保值增值率主要用国企利润率来予以衡量。国企利润率（单位：%）反映一个地区的国有企业盈利能力，是衡量该地区国有企业保值增值率的核心指标，计算公式为该地区国有及国有控股工业企业利润总额与国有及国有控股工业企业主营业务收入的比值。2014~2018 年，全国平均国企利润率呈波动上升趋势，东北地区呈波动下降趋势；东北地区国企利润率落后于全国平均水平；就东北三省而言，黑龙江省国企利润率呈波动下降趋势，到 2015 年下降幅度增大，从高于全国平均下降到低于全国平均水平并在 2016 年出现负值，而 2016~2018 年呈上升趋势；吉林省呈波动下降趋势，辽宁省整体呈波动上升趋势；就东北三省而言，吉林省较好，黑龙江省次之，辽宁省较弱，具体如图 2-37 所示。

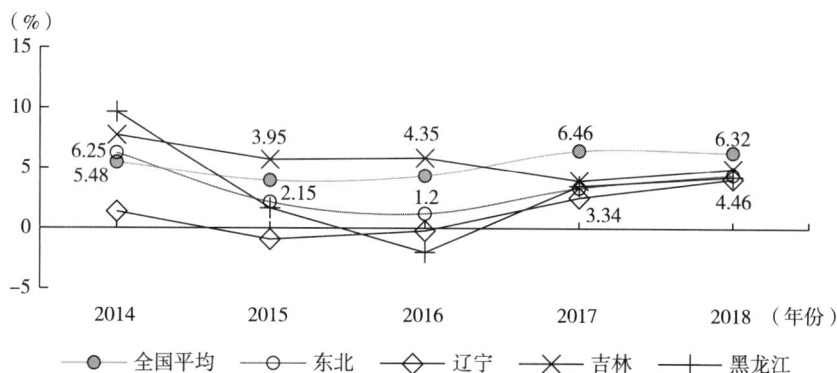

图 2-37 2014~2018 年国企利润率基本走势

注：①全国平均指 31 个省市区的平均水平；②全国范围内（可采集到的数据），国企利润率最大值为 2017 年天津的 19.83%，最小值为 2015 年西藏的 -15.16%。

2014~2018 年，东北三省国企利润率在全国 31 个省市区连续 5 年数据集（共 155 个指标值）中相对位置分布情况如图 2-38 所示。东北三省 5 年（共 15 个数据）国企利润率的百分比排位位于 50% 以下的有 11 个，位于 25% 以下的有 6 个；排位的最大值是 2014 年的黑龙江省（89.5%），最小值是 2016 年的黑龙江省（2.6%），具体如图 2-38 所示。

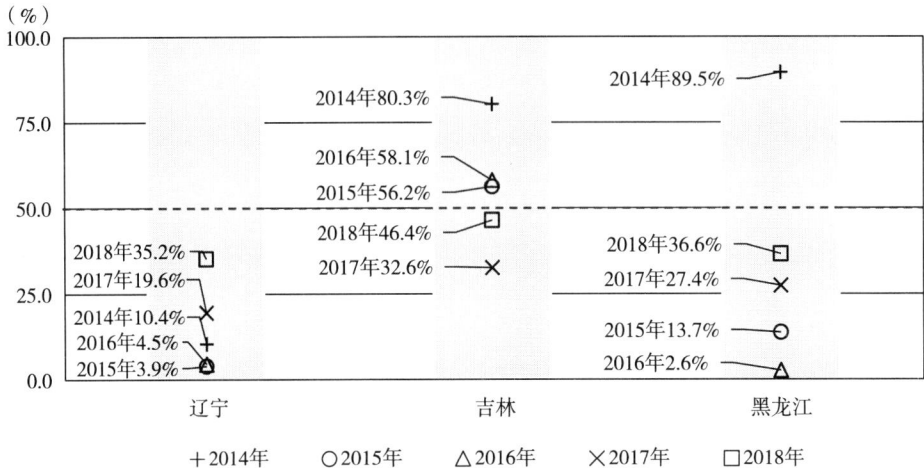

图 2-38 2014~2018 年东北三省国企利润率百分比排位图

2014~2018 年，6 省国企利润率由高到低依次为：广东、浙江、江苏、吉林、黑龙江、辽宁；东南三省国企利润率发展普遍呈先上升后下降趋势，吉林省和黑龙江省国企利润率发展均呈波动下降趋势，辽宁省呈波动上升趋势；东南三省国企利润率的整体发展水平明显高于东北地区，东南三省相对较低的江苏省依然优于东北地区最高的吉林省；就东北三省而言，国企利润率增幅最大的是辽宁省（49.85%），降幅最大的是黑龙江省（-13.86%），吉林省的降幅为 -8.94%，具体如表 2-47 所示。

表 2-47 2014~2018 年 6 省国企利润率原始值及单年排名

年份	辽宁	吉林	黑龙江	江苏	浙江	广东	全国平均
	值/序	值/序	值/序	值/序	值/序	值/序	值
2014	1.37/29	7.74/8	9.65/4	5.56/15	5.84/14	6.07/12	5.48
2015	-0.93/28	5.71/11	1.66/23	7.15/6	6.78/7	7.27/5	3.95
2016	-0.22/29	5.84/11	-2.00/30	7.28/6	8.38/5	8.84/4	4.35
2017	2.54/28	3.96/25	3.52/27	7.27/11	8.23/6	8.08/8	6.46
2018	4.11/24	4.97/20	4.30/23	7.20/11	6.91/14	7.05/13	6.32
平均	1.38/27.6	5.64/15	3.42/21.4	6.89/9.8	7.23/9.2	7.46/8.4	5.31

2014~2018 年，四大区域国企利润率由高到低依次为：东部、西部、中部、东北；西部、中部和东北地区国企利润率均呈现先下降后上升趋势，其中东北地区降幅为 -7.17%，西部地区的增幅最大（11.76%），东部呈波动下降趋势；东北地区国企利润

率与东部地区差距较大，具体如表 2 - 48 所示。

表 2 - 48　2014 ~ 2018 年四大经济区国企利润率平均值及排名

年份	东北		东部		西部		中部	
	平均值	年排名	平均值	年排名	平均值	年排名	平均值	年排名
2014	6.25	13.7	7.50	12.3	4.58	16.4	3.51	22.5
2015	2.15	20.7	7.21	9.3	2.52	17.5	2.29	21.8
2016	1.20	23.3	7.00	9.1	3.52	18.1	3.19	19.7
2017	3.34	26.7	8.67	10.3	6.38	15.2	4.47	21.8
2018	4.46	22.3	7.15	12.6	6.73	14.4	5.09	19.0
平均	3.48	21.3	7.51	10.7	4.71	16.3	3.71	21.0

2014 ~ 2018 年，七大区域国企利润率由高到低依次为：华南、华东、华北、西南、西北、华中、东北；华东、华北、华中和西南地区呈波动上升趋势，东北、华南和西北地区呈现先下降后上升趋势；就七大区域而言，东北地区处于中下水平，与最优的华南地区相比，差距较大，具体如表 2 - 49 所示。

表 2 - 49　2014 ~ 2018 年七大地理区国企利润率平均值及排名

年份	东北	华北	华东	华南	华中	西北	西南
	值/序	值/序	值/序	值/序	值/序	值/序	值/序
2014	6.25/13.7	4.53/19.2	5.80/15.3	9.75/11.7	4.17/20.0	6.39/13.6	3.13/16.8
2015	2.15/20.7	3.50/18.8	5.96/11.7	8.39/7.7	3.11/20.0	2.65/20.0	2.41/13.4
2016	1.20/23.3	4.40/17.2	6.79/10.0	6.70/9.0	3.54/18.3	2.95/20.2	3.91/15.8
2017	3.34/26.7	9.69/10.2	7.10/12.7	6.24/14.7	4.41/21.5	4.85/20.2	7.69/11.6
2018	4.46/22.3	7.09/12.8	7.01/13.3	6.72/13.0	4.77/19.8	5.33/18.4	8.19/11.0
平均	3.48/21.3	5.84/15.6	6.53/12.6	7.56/11.2	4.00/19.9	4.43/18.5	4.94/13.8

（3）企业实力

1）百万人上市公司数（单位：个/百万人）。百万人上市公司数反映一个地区单位人口所占有的上市公司数量，是衡量地区企业实力的重要指标，计算公式为地区当年所有上市公司数量与地区总人口（百万人）的比值。2014 ~ 2018 年，全国百万人上市公司数的平均水平呈平稳上升趋势，东北地区在 2014 ~ 2015 年呈缓慢上升趋势、在 2015 ~ 2016 年下降幅度较为明显、整体呈波动下降趋势；东北三省明显低于全国平均水平，且差距在进一步拉大；就东北三省而言，吉林省和黑龙江省均呈平稳上升趋势，辽宁省在 2015 ~ 2016 年急剧下降，导致东北地区整体水平在 2015 ~ 2016 年有所下降；相对而言，吉林省优势较明显，辽宁省次之，黑龙江省较弱。总体而言，东北三省的百万人上市公司数与全国平均水平差距较大，且这种差距呈进一步扩大的趋势，具体如图 2 - 39 所示。

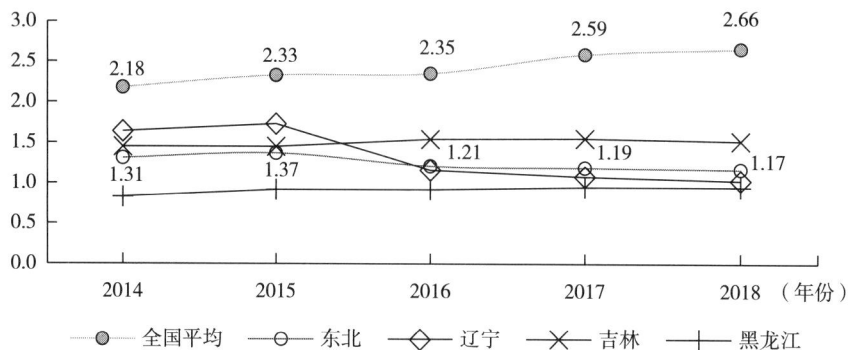

图 2 - 39 2014 ~ 2018 年百万人上市公司数基本走势

注：①全国平均指 31 个省市区的平均水平；②全国范围内（可采集到的数据），百万人上市公司数最大值为 2018 年北京的 14. 67，最小值为 2015 年贵州的 0. 59。

2014 ~ 2018 年，东北三省百万人上市公司数在全国 31 个省市区连续 5 年数据集（共 155 个指标值）中相对位置分布情况如图 2 - 40 所示。东北三省 5 年（共 15 个数据）百万人上市公司数的百分比排位处于 50% 以下的数量为 10 个，其中有 5 个位于 25% 以下；排位的最大值是 2015 年的辽宁省（62. 3%），最小值是 2014 年的黑龙江省（18. 1%），具体如图 2 - 40 所示。

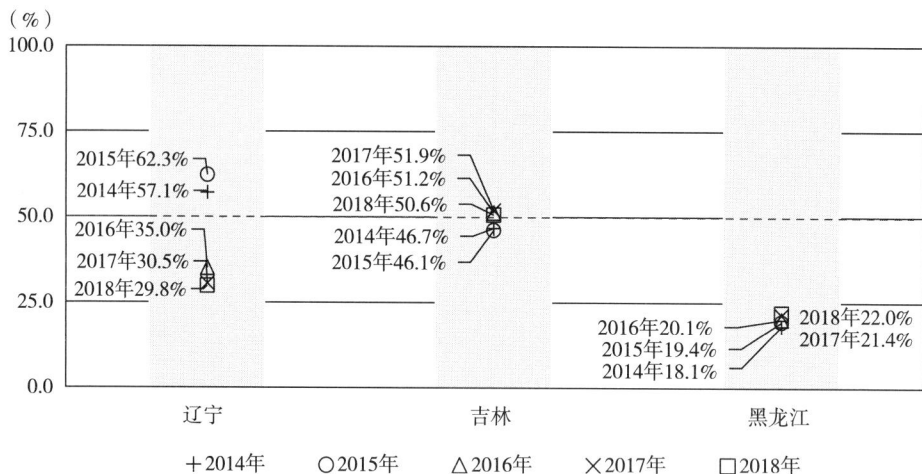

图 2 - 40 2014 ~ 2018 年东北三省百万人上市公司数百分比排位图

2014 ~ 2018 年，6 省百万人上市公司数由高到低依次为：浙江、江苏、广东、吉林、辽宁、黑龙江；辽宁省和广东省呈波动下降趋势，吉林和浙江省呈波动上升趋势，黑龙江和江苏省呈上升趋势；东南三省较低的广东省依然高于东北地区较高的吉林省；百万人上市公司数增幅最大的是江苏省（13. 87%），降幅最大的是辽宁省（- 9. 26%），黑龙江省和吉林省的增幅分别为3.57%和1.08%，具体如表2-50所示。

表2-50 2014~2018年6省百万人上市公司数原始值及单年排名

年份	辽宁	吉林	黑龙江	江苏	浙江	广东	全国平均
	值/序	值/序	值/序	值/序	值/序	值/序	值
2014	1.64/13	1.45/16	0.83/25	3.20/5	4.83/3	3.64/4	2.2
2015	1.73/12	1.45/16	0.92/25	3.47/5	5.40/3	3.92/4	2.3
2016	1.16/21	1.54/15	0.92/25	3.96/5	5.01/3	2.19/8	2.4
2017	1.08/22	1.55/17	0.95/25	4.76/4	6.05/3	2.67/8	2.6
2018	1.03/22	1.52/17	0.95/25	4.98/4	6.22/3	2.66/8	2.7
平均	1.33/18	1.50/16.2	0.92/25	4.08/4.6	5.50/3	3.02/6.4	2.4

2014~2018年，四个区域百万人上市公司数由高到低依次为：东部、西部、东北、中部；东北区域呈波动下降趋势，东部、西部以及中部地区普遍呈整体上升趋势，其中西部地区增幅最大，中部地区增幅最小；东北地区百万人上市公司数与东部地区差距明显，具体如表2-51所示。

表2-51 2014~2018年四大经济区百万人上市公司数平均值及排名

年份	东北		东部		西部		中部	
	平均值	年排名	平均值	年排名	平均值	年排名	平均值	年排名
2014	1.31	18.0	4.15	8.1	1.32	19.3	1.05	21.7
2015	1.37	17.7	4.48	8.2	1.38	19.4	1.11	21.3
2016	1.21	20.3	4.41	8.6	1.50	18.7	1.16	20.8
2017	1.19	21.3	5.01	8.2	1.60	18.8	1.24	20.7
2018	1.17	21.3	5.15	8.5	1.66	18.7	1.27	20.5
平均	1.25	19.7	4.64	8.3	1.49	19.0	1.17	21.0

2014~2018年，七个区域百万人上市公司数由高到低依次为：华东、华北、华南、西南、西北、东北、华中；华东、华南地区在2016年有所下降，之后逐渐上升，东北地区在2015年开始呈下降趋势，其他四个区域普遍呈平稳上升趋势，其中华东地区的增幅最大；就七个区域而言，东北地区排名靠后，与最优的华东地区相比，差距较大，具体如表2-52所示。

表 2 - 52　2014~2018 年七大地理区百万人上市公司数平均值及排名

年份	东北	华北	华东	华南	华中	西北	西南
	值/序	值/序	值/序	值/序	值/序	值/序	值/序
2014	1.31/18.0	3.26/16.8	3.64/8.5	2.43/13.3	1.00/22.0	1.48/15.2	1.36/20.6
2015	1.37/17.7	3.51/17.0	3.97/8.3	2.54/13.0	1.05/22.0	1.50/15.4	1.46/20.8
2016	1.21/20.3	3.72/16.8	3.95/8.5	2.03/14.0	1.11/21.3	1.58/14.6	1.67/20.0
2017	1.19/21.3	4.01/16.8	4.64/7.7	2.21/14.7	1.19/21.3	1.70/14.8	1.78/19.8
2018	1.17/21.3	4.15/17.0	4.75/8.0	2.24/14.3	1.24/21.0	1.72/14.6	1.90/19.8
平均	1.25/19.7	3.73/16.9	4.19/8.2	2.29/13.9	1.12/21.5	1.60/14.9	1.63/20.2

2）上市公司资产比重（单位:%）。上市公司资产比重反映一个地区上市公司资产情况，是衡量该地区企业实力的重要指标，计算公式为地区当年所有上市公司总资产与地区生产总值的比值。2014~2018 年，全国上市公司资产比重的平均水平呈波动上升趋势，东北地区上市公司资产比重的平均水平呈上升趋势；东北地区全面落后于全国平均水平，差距基本保持不变；就东北三省而言，辽宁省、吉林省和黑龙江省整体呈微弱的波动上升趋势，且三省水平基本相当，黑龙江省较好，吉林省次之，辽宁省较弱。总体而言，东北地区的上市公司资产比重显著低于全国平均水平，具体如图 2 - 41 所示。

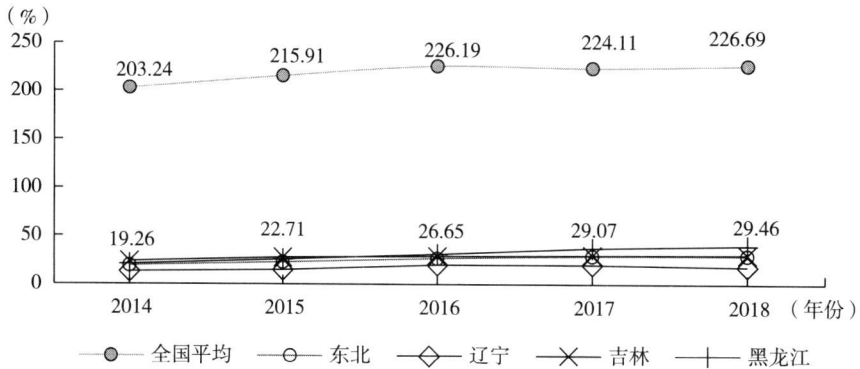

图 2 - 41　2014~2018 年上市公司资产比重基本走势

注：①全国平均指 31 个省市区的平均水平；②全国范围内（可采集到的数据），上市公司资产比重最大值为 2016 年北京市的 4743.94%，最小值为 2014 年辽宁省的 13.10%。

2014~2018 年，东北三省上市公司资产比重在全国 31 个省市区连续 5 年数据集（共 155 个指标值）中相对位置分布情况如图 2 - 42 所示。东北三省 5 年（共 15 个数据）上市公司资产比重百分比排位处于 50% 以下的有 14 个，其中有 8 个位于 25% 以下；排位的最大值是 2018 年的黑龙江省（54.5%），最小值是 2014 年的辽宁省（0.0%），具体如图 2 - 42 所示。

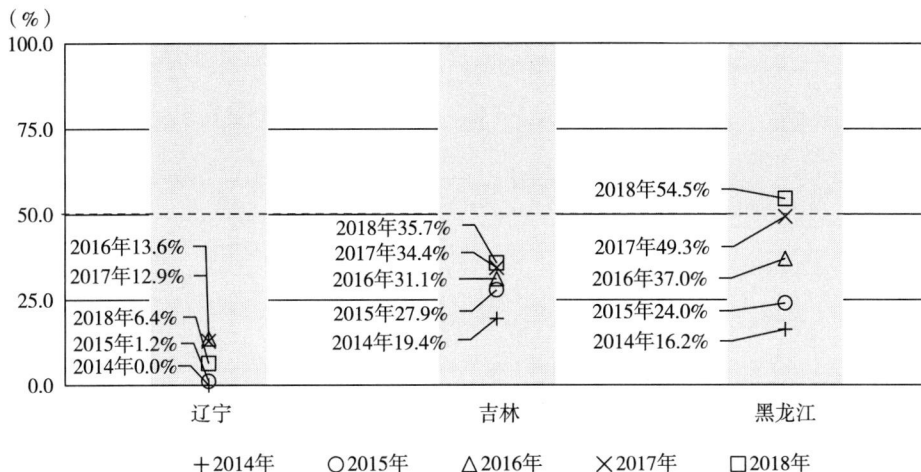

图2-42　2014～2018年东北三省上市公司资产比重百分比排位图

2014～2018年，6省上市公司资产比重由高到低依次为：江苏、浙江、广东、黑龙江、吉林、辽宁；2014～2018年，东南三省和东北三省上市公司资产比重普遍呈上升趋势；东南三省上市公司资产比重较低的广东省依然高于东北地区最高的黑龙江省；上市公司资产比重增幅最大的是江苏省（32.38%），增幅最小的是吉林省（6.92%），辽宁省和黑龙江省的增幅分别为9.36%和22.94%，具体如表2-53所示。

表2-53　2014～2018年6省上市公司资产比重原始值及单年排名

年份	辽宁	吉林	黑龙江	江苏	浙江	广东	全国平均
	值/序	值/序	值/序	值/序	值/序	值/序	值
2014	13.10/31	23.85/21	20.82/25	35.89/10	29.00/15	31.67/14	203.24
2015	14.67/31	27.75/20	25.71/22	44.27/10	33.64/16	36.60/11	215.91
2016	20.07/27	28.82/23	31.05/21	76.38/6	54.92/10	40.26/14	226.19
2017	19.97/28	29.93/23	37.31/22	78.33/6	62.78/9	44.47/14	224.11
2018	18.01/30	30.45/24	39.93/20	82.36/6	64.57/8	46.83/13	226.69
平均	17.16/29.4	28.16/22.2	30.96/22	63.45/7.6	48.98/11.6	39.97/13.2	219.23

2014～2018年，四个区域上市公司资产比重由高到低依次为：东部、西部、中部、东北；东部地区呈先上升后下降趋势，东北、西部和中部呈上升趋势，其中西部地区上升幅度最大，东部地区上升幅度最小；东北地区上市公司资产比重与东部地区差距悬殊，具体如表2-54所示。

表 2 - 54　2014～2018 年四大经济区上市公司资产比重平均值及排名

年份	东北		东部		西部		中部	
	平均值	年排名	平均值	年排名	平均值	年排名	平均值	年排名
2014	19.26	25.7	566.31	10.0	34.03	17.0	28.51	19.2
2015	22.71	24.3	596.15	10.8	39.46	16.5	31.69	19.5
2016	26.65	23.7	620.89	9.2	43.35	17.5	33.81	20.5
2017	29.07	24.3	610.19	8.7	46.00	17.3	34.38	21.3
2018	29.46	24.7	608.32	9.0	52.25	17.7	38.15	20.0
平均	25.43	24.5	600.37	9.5	43.02	17.2	33.31	20.1

2014～2018 年，七个区域上市公司资产比重由高到低依次为：华北、华东、西北、华南、西南、华中、东北；其中，华北地区呈波动上升趋势，华东和华南地区呈先上升后下降趋势，其余地区均呈上升趋势；就七个区域而言，东北地区排名处于中下水平，与最优的华北地区相比，差距悬殊，具体如表 2 - 55 所示。

表 2 - 55　2014～2018 年七大地理区上市公司资产比重平均值及排名

年份	东北	华北	华东	华南	华中	西北	西南
	值/序	值/序	值/序	值/序	值/序	值/序	值/序
2014	19.26/25.7	942.27/11.0	160.90/10.8	37.41/16.0	21.23/24.0	42.03/14.6	31.71/16.4
2015	22.71/24.3	971.87/10.6	188.75/11.7	39.73/15.3	23.40/24.3	50.80/14.0	33.32/17.4
2016	26.65/23.7	985.63/10.8	215.90/8.7	50.58/16.7	24.50/25.5	51.18/17.2	40.55/16.2
2017	29.07/24.3	962.38/10.2	216.27/8.8	53.54/16.7	26.23/25.8	53.21/17.0	43.82/16.2
2018	29.46/24.7	963.48/11.0	211.49/10.3	51.90/15.7	32.59/23.3	64.83/18.4	48.51/14.6
平均	25.43/24.5	965.12/10.7	198.66/10.1	46.63/16.1	25.59/24.6	52.41/16.2	39.58/16.2

（4）民企规模

1）民企资产占比（单位:%）。民企资产占比反映一个地区社会总资产中的民企资产情况，是衡量地区民企规模的重要指标，计算公式为地区民企资本与社会总资本的比值。全国民企资产占比的平均水平呈平稳上升趋势，2014～2016 年，东北地区民企资产占比的平均水平呈上升趋势，2016～2018 年，东北地区民企资产占比的平均水平呈下降趋势；东北地区仅在 2016 年高于全国平均水平，其余年份均落后于全国平均水平，且差距有进一步扩大的趋势；就东北三省而言，各省民企资产占比的平均水平与东北地区趋势相似，均呈现先上升后下降的态势；相对而言，辽宁省较好，吉林省次之，黑龙江省较弱；总体而言，东北地区的民企资产占比低于全国平均水平，且差距在扩大，具体如图 2 - 43 所示。

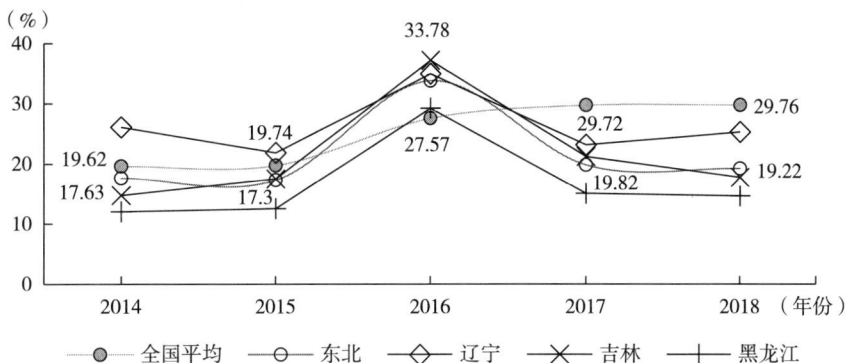

图 2-43 2014～2018 年民企资产占比基本走势

注：①全国平均指 31 个省市区的平均水平；②全国范围内（可采集到的数据），民企资产占比最大值为 2017 年浙江的 66.58%，最小值为 2015 年海南的 3.03%。

2014～2018 年，东北三省民企资产占比在全国 31 个省市区连续 5 年数据集（共 155 个指标值）中相对位置分布情况如图 2-44 所示。东北三省 5 年（共 15 个数据）民企资产占比的百分比排位处于 50% 以下的数量有 9 个，其中有 5 个位于 25% 以下；排位的最大值是 2016 年的吉林省（80.5%），最小值是 2014 年的黑龙江省（15.5%）。

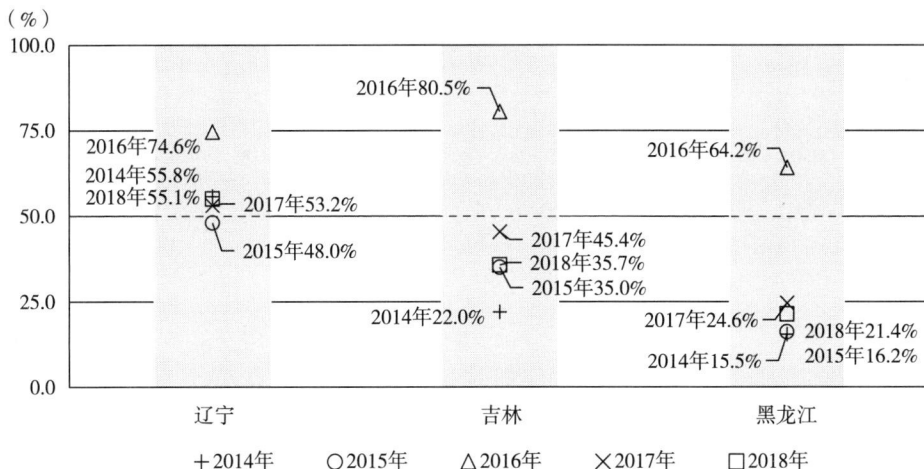

图 2-44 2014～2018 年东北三省民企资产占比百分比排位图

2014～2018 年，6 省民企资产占比的取值由高到低依次为：浙江、江苏、广东、辽宁、吉林、黑龙江；东南三省整体呈平稳上升趋势；东北三省中，吉林和黑龙江呈先上升后下降趋势，辽宁呈波动态势，整体增幅明显低于东南三省；民企资产占比增幅最大的是广东省（47.77%），降幅最大的是辽宁省（-0.79%），黑龙江省和吉林省的增幅分别为 5.42% 和 5.05%，具体如表 2-56 所示。

表 2-56　2014~2018 年 6 省民企资产占比原始值及单年排名

年份	辽宁	吉林	黑龙江	江苏	浙江	广东	全国平均
	值/序	值/序	值/序	值/序	值/序	值/序	值
2014	26.11/11	14.76/22	12.04/24	30.53/4	36.88/1	15.61/19	19.62
2015	21.84/12	17.52/18	12.54/25	30.45/6	35.58/2	16.38/19	19.74
2016	34.94/11	37.17/6	29.24/15	46.95/1	42.44/2	22.92/20	27.57
2017	23.16/16	21.21/18	15.08/25	62.00/2	66.58/1	45.55/10	29.72
2018	25.28/16	17.74/21	14.64/26	60.99/2	66.24/1	45.43/7	29.76
平均	26.27/13.2	21.68/17	16.71/23	46.19/3	49.54/1.4	29.18/15	25.28

2014~2018 年，四个区域民企资产占比由高到低依次为：中部、东部、东北、西部；东北地区 2014~2016 年呈上升趋势，2016~2018 年呈下降趋势，其余地区均呈平稳上升趋势，其中，东部地区上升幅度最大（19.83%），东北地区上升幅度最小（2.25%）；东北地区民企资产占比与表现最优的中部地区差距较大，具体如表 2-57 所示。

表 2-57　2014~2018 年四大经济区民企资产占比平均值及排名

年份	东北		东部		西部		中部	
	平均值	年排名	平均值	年排名	平均值	年排名	平均值	年排名
2014	17.63	19.0	20.04	15.6	16.33	18.8	26.50	9.5
2015	17.30	18.3	19.86	15.8	16.48	19.0	27.31	9.2
2016	33.78	10.7	28.55	15.1	21.86	21.0	34.29	10.2
2017	19.82	19.7	36.42	13.4	21.86	20.4	39.22	9.7
2018	19.22	21.0	35.94	13.3	22.81	19.8	38.62	10.5
平均	21.55	17.7	28.16	14.6	19.87	19.8	33.19	9.8

2014~2018 年，七个区域民企资产占比由高到低依次为：华东、华中、华南、东北、华北、西南、西北；华东、华中、华南、西南、西北普遍呈上升趋势，东北与华北呈先升后降的态势，其中，华南地区的增幅最大（28.37%），东北地区增幅最小（2.25%）；就七个区域而言，东北地区处于中下水平，与最优的华东地区相比，差距明显，具体如表 2-58 所示。

表 2-58　2014~2018 年七大地理区民企资产占比平均值及排名

年份	东北	华北	华东	华南	华中	西北	西南
	值/序	值/序	值/序	值/序	值/序	值/序	值/序
2014	17.63/19.0	17.44/17.8	26.55/9.8	13.82/20.7	27.46/8.3	15.06/20.4	16.46/18.8
2015	17.30/18.3	16.45/18.6	26.44/10.2	14.32/20.3	29.17/7.5	15.38/20.2	16.54/19.0

续表

年份	东北 值/序	华北 值/序	华东 值/序	华南 值/序	华中 值/序	西北 值/序	西南 值/序
2016	33.78/10.7	26.54/16.0	35.61/9.5	23.38/20.3	32.23/12.3	22.28/20.6	19.32/22.8
2017	19.82/19.7	20.77/20.6	47.11/7.7	29.46/17.3	43.88/7.0	20.20/21.6	22.09/20.0
2018	19.22/21.0	21.35/20.2	46.23/8.2	29.49/16.3	42.69/8.3	21.47/20.8	22.81/19.4
平均	21.55/17.7	20.51/18.6	36.39/9.1	22.09/19.0	35.09/8.7	18.88/20.7	19.44/20.0

2）民企数量占比（单位:%）。民企数量占比反映一个地区的民企数量情况，是衡量地区民企规模的重要指标，计算公式为地区当年私营企业法人单位数与企业法人单位数的比值。2014~2018年，全国民企数量占比的平均水平整体呈上升趋势，在2017年上升幅度显著，东北地区呈平稳上升趋势；东北地区略微落后于全国平均水平，且差距在逐渐缩小；就东北三省而言，2014~2016年，辽宁省民企数量占比最高，且高于全国平均水平，吉林省次之，大致与全国平均水平相一致，黑龙江省民企数量占比最低；2017~2018年，黑龙江省上升幅度较大，且超过全国平均水平，辽宁省次之，上升趋势平稳，黑龙江省较弱，整体水平均低于全国水平。总体而言，东北地区的民企数量占比以较小差距低于全国平均水平，且差距水平趋于稳定，具体如图2-45所示。

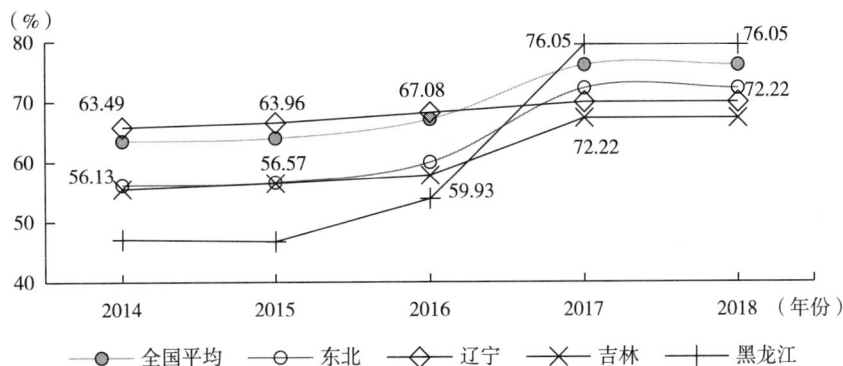

图 2-45 2014~2018年民企数量占比基本走势

注：①全国平均指31个省市区的平均水平；②全国范围内，民企数量占比最大值为2017年浙江的92.33%，最小值为2015年海南的42.17%。

2014~2018年，东北三省民企数量占比在全国31个省市区连续5年数据集（共155个指标值）中相对位置分布情况如图2-46所示。东北三省5年（共15个数据）民企数量占比的百分比排位处于50%以下的数量有11个，其中有6个位于25%以下；排位的最大值是2018年的黑龙江省（75.3%），最小值是2015年的黑龙江省（2.5%）。

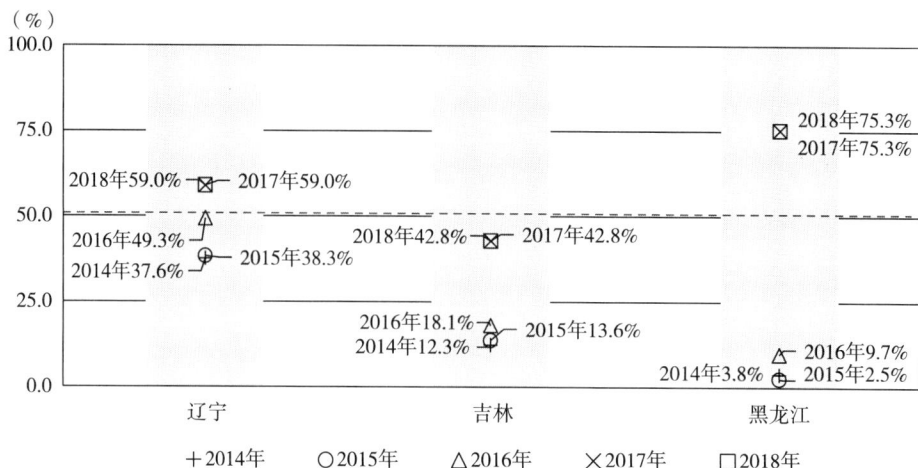

图 2-46　2014～2018 年东北三省民企数量占比百分比排位图

2014～2018 年，6 省民企数量占比由高到低依次为：浙江、江苏、辽宁、广东、黑龙江、吉林；东南三省整体呈上升趋势，广东省 2016 年后略有下降；东北三省整体呈上升趋势；民企数量占比增幅最大的是黑龙江省（17.18%），增幅最小的是广东省（0.22%），辽宁省和吉林省的增幅分别为 1.56% 和 5.31%，具体如表 2-59 所示。

表 2-59　2014～2018 年 6 省民企数量占比原始值及单年排名

年份	辽宁	吉林	黑龙江	江苏	浙江	广东	全国平均
	值/序	值/序	值/序	值/序	值/序	值/序	值
2014	65.79/13	55.50/25	47.10/30	82.42/2	86.78/1	63.07/16	63.49
2015	66.52/13	56.43/24	46.75/30	82.86/2	87.53/1	63.95/17	63.96
2016	68.20/16	57.73/25	53.84/28	84.64/2	90.98/1	63.94/21	67.08
2017	69.91/19	67.28/25	79.47/14	89.31/6	92.33/1	63.62/28	76.05
2018	69.91/19	67.28/25	79.47/14	89.31/6	92.33/1	63.62/28	76.05
平均	68.07/16	60.84/24.8	61.33/23.2	85.71/3.6	89.99/1	63.64/22	69.33

2014～2018 年，四个区域民企数量占比由高到低依次为：东部、中部、西部、东北；四个区域均普遍呈上升趋势，其中，东北地区上升幅度最大，东部地区上升幅度最小；东北地区民企数量占比与东部地区存在一定差距，具体如表 2-60 所示。

表 2-60　2014～2018 年四大经济区民企数量占比平均值及排名

年份	东北		东部		西部		中部	
	平均值	年排名	平均值	年排名	平均值	年排名	平均值	年排名
2014	56.13	22.7	68.67	11.8	61.35	17.8	62.79	16.2
2015	56.57	22.3	68.96	11.7	62.63	17.3	61.99	17.5

年份	东北		东部		西部		中部	
	平均值	年排名	平均值	年排名	平均值	年排名	平均值	年排名
2016	59.93	23.0	71.00	13.1	65.85	17.2	66.60	15.0
2017	72.22	19.3	75.42	16.1	76.95	15.6	77.24	15.0
2018	72.22	19.3	75.42	16.1	76.95	15.6	77.24	15.0
平均	63.41	21.3	71.89	13.8	68.75	16.7	69.17	15.7

2014～2018年，七个区域民企数量占比由高到低依次为：华东、华北、西南、西北、华中、华南、东北；七个区域普遍呈现上升趋势；就七个区域而言，东北地区民企数量占比排名处于末位，与最优的华东地区相比，差距明显，具体如表2-61所示。

表2-61　2014～2018年七大地理区民企数量占比平均值及排名

年份	东北	华北	华东	华南	华中	西北	西南
	值/序	值/序	值/序	值/序	值/序	值/序	值/序
2014	56.13/22.7	63.94/15.2	75.31/6.2	61.24/17.3	59.15/20.3	59.17/18.8	62.38/17.6
2015	56.57/22.3	65.48/14.6	75.75/6.5	60.98/17.7	57.12/22.0	59.90/18.4	64.06/16.8
2016	59.93/23	69.36/14.6	78.25/7.3	62.20/19.3	61.05/19.0	62.62/19.2	67.91/16.0
2017	72.22/19.3	77.73/14.8	82.99/10.5	66.93/20.7	73.72/18.3	75.21/17.2	76.53/16.0
2018	72.22/19.3	77.73/14.8	82.99/10.5	66.93/20.7	73.72/18.3	75.21/17.2	76.53/16.0
平均	63.41/21.3	70.85/14.8	79.06/8.2	63.66/19.1	64.95/19.6	66.42/18.2	69.48/16.5

3）民企就业占比。民企就业占比反映一个地区民营企业创造就业机会的情况，是衡量地区民企规模的重要指标，计算公式为地区民企就业人数与总就业人数的比值。2014～2018年，全国民企就业占比的平均水平整体呈上升趋势，但上升态势逐渐放缓，东北地区整体呈平稳上升趋势（2015年略有下降）；东北地区落后于全国平均水平；就东北三省而言，辽宁省呈上升趋势，吉林省呈平稳上升趋势，黑龙江省呈波动上升趋势；相对而言，近些年吉林省最优，辽宁省次之，黑龙江省较弱。总体而言，东北地区的民企就业占比略低于全国平均水平，但差距逐年减小，具体如图2-47所示。

2014～2018年，东北三省民企就业占比在全国31个省市区连续5年数据集（共155个指标值）中相对位置的分布情况如图2-48所示。可见，东北三省5年（共15个数据）民企就业占比的百分比排位处于50%以下的数量有10个，其中有6个位于25%以下；排位的最大值是2018年的吉林省（95.4%），最小值是2015年的黑龙江省（0.0%）。

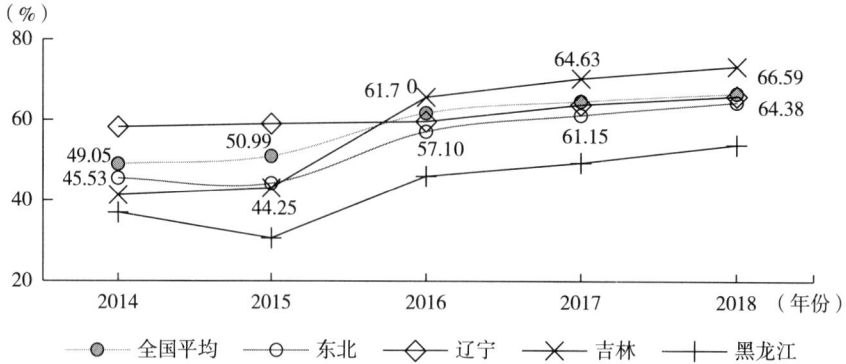

图 2-47　2014～2018 年民企就业占比基本走势

注：①全国平均指 31 个省市区的平均水平；②全国范围内（可采集到的数据），民企就业占比最大值为 2018 年重庆的 76.62%，最小值为 2015 年黑龙江的 30.63%。

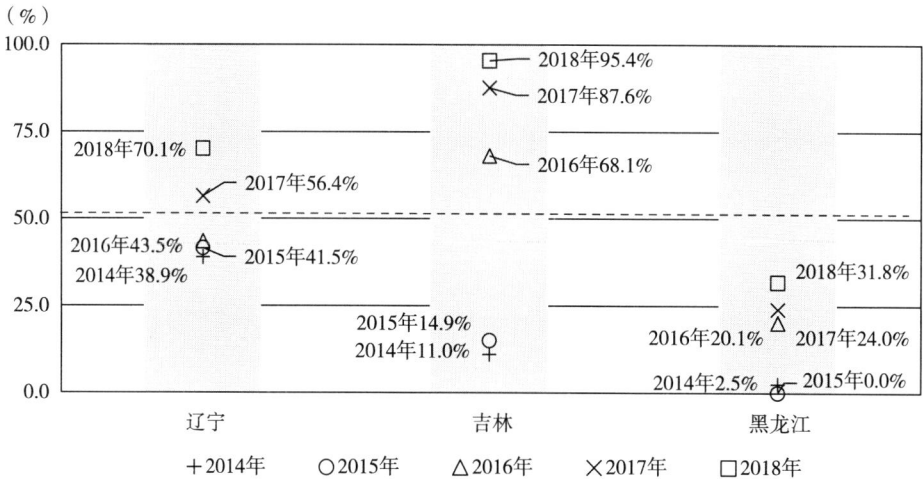

图 2-48　2014～2018 年东北三省民企就业占比百分比排位图

2014～2018 年，6 省民企就业占比由高到低依次为：浙江、辽宁、江苏、吉林、广东、黑龙江；东南三省和东北三省虽整体呈上升趋势，但东北三省的增幅明显低于东南三省中的广东省；民企就业占比增幅最大的是广东省（20.55%），增幅最小的是浙江省（3.18%），黑龙江省和吉林省的增幅分别为 11.42% 和 19.32%，具体如表 2-62 所示。

表 2-62　2014～2018 年 6 省民企就业占比原始值及单年排名

年份	辽宁	吉林	黑龙江	江苏	浙江	广东	全国平均
	值/序	值/序	值/序	值/序	值/序	值/序	值
2014	58.23/9	41.36/20	37.00/29	43.63/18	64.12/3	38.25/28	49.05
2015	59.01/11	43.10/21	30.63/31	44.16/19	69.05/2	40.17/28	50.99

年份	辽宁	吉林	黑龙江	江苏	浙江	广东	全国平均
	值/序	值/序	值/序	值/序	值/序	值/序	值
2016	59.62/22	65.64/9	46.04/30	67.53/6	70.75/3	65.01/13	61.70
2017	63.78/22	70.30/7	49.39/30	69.57/8	71.88/3	68.04/10	64.63
2018	65.91/19	73.33/5	53.90/30	70.99/8	72.28/7	69.69/13	66.59
平均	61.31/16.6	58.75/12.4	43.39/30	59.18/11.8	69.62/3.6	56.23/18.4	58.59

2014~2018 年，四个区域民企就业占比由高到低依次为：西部、东部、中部、东北；四个区域普遍呈上升趋势，其中，东部地区增幅最大（11.89%），西部地区增幅最小（5.70%）；东北地区民企就业占比与西部地区差距较大，具体如表 2-63 所示。

表 2-63　2014~2018 年四大经济区民企就业占比平均值及排名

年份	东北		东部		西部		中部	
	平均值	年排名	平均值	年排名	平均值	年排名	平均值	年排名
2014	45.53	19.3	45.49	19.9	54.23	10.8	46.39	18.3
2015	44.25	21.0	48.27	19.3	56.66	10.8	47.57	18.3
2016	57.10	20.3	62.17	15.2	62.94	15.3	60.75	16.7
2017	61.15	19.7	65.13	14.8	65.69	15.5	63.41	17.2
2018	64.38	18.0	67.13	14.1	66.59	16.9	66.80	16.3
平均	54.48	19.7	57.64	16.7	61.22	13.9	56.98	17.4

2014~2018 年，七个区域民企就业占比由高到低依次为：西南、华东、西北、华中、华南、东北、华北；七个区域普遍呈上升趋势，其中华南地区增幅最大（18.02%）；就七个区域而言，东北地区排名偏后，与最优的西南地区相比，有一定差距，具体如表 2-64 所示。

表 2-64　2014~2018 年七大地理区民企就业占比平均值及排名

年份	东北	华北	华东	华南	华中	西北	西南
	值/序	值/序	值/序	值/序	值/序	值/序	值/序
2014	45.53/19.3	45.68/19.6	50.65/14.7	40.47/23.7	46.58/18.8	49.93/14.2	58.86/7.0
2015	44.25/21.0	47.55/19.2	53.53/14.3	42.38/23.3	47.59/18.8	51.75/14.0	62.56/7.2
2016	57.10/20.3	56.04/23.0	66.72/9.0	64.14/16.0	60.28/16.8	57.52/21.0	67.96/9.2
2017	61.15/19.7	59.72/21.8	69.22/9.2	66.66/15.3	62.99/17.8	63.32/18.6	67.50/12.6
2018	64.38/18.0	60.36/23.2	71.66/8.2	69.65/12.7	67.56/15.5	62.69/23.4	69.36/12.0
平均	54.48/19.7	53.87/21.4	62.36/11.1	56.66/18.2	57.00/17.5	57.04/18.2	65.25/9.6

4. 主要结论

首先，总体而言，东北三省的企态优化指数明显低于全国平均水平。在反映企态优化水平的 5 个方面（国企效率、国企保增值、企业实力、民企规模、民企融资），东北三省全面落后于东南三省，其中，国企效率、企业实力、民企规模和国企保增值东北三省和东南三省之间存在的差距最大。尤其值得关注的是，东北三省的企业实力和民企规模与东南三省的差距在进一步拉大，这成为东北地区企态优化方面最显著的问题。

其次，从动态来看，2014～2018 年，东北地区的指数得分的增长速度相较于中部地区和东部地区较慢，意味着相对能力不断下降。然而，东北地区的企态优化方面的连续排名变动情况在全国四大区域来看高于西部，与中部地区水平相近，且和表现最优的东部地区差距也在逐渐减小，说明东北地区企态优化状况发展还算理想。

再次，从分省来看，吉林省企态优化水平较为均衡，黑龙江省次之，辽宁省较弱，但在民企规模方面表现较为突出。在全国各省相对排名的竞争中，黑龙江省排名下降较大，辽宁省和吉林省排名波动较小。吉林省 5 项指标发展较为均衡，民企融资相对较弱，辽宁省民企规模相对较强，国企保增值、企业实力和民企融资相对薄弱，黑龙江省民企融资相对较强，国企效率、民企规模和企业实力均较为薄弱。

最后，在单项指标方面，东北地区仅有"民企数量占比""民企就业占比"和"民企融资"接近全国平均水平；其他各项指标，特别是"国企劳均主营业务收入""上市公司资产比重"等指标的发展均比较落后。

（三）区域开放评价报告

1. 区域开放指数总体分析

对区域开放的测度涵括了贸易开放、投资开放、生产开放、市场开放、区位支撑 5 个方面，共 11 项关键指标。汇集中国 31 个省市区 2014～2018 年区域开放的指标信息，得到连续 5 年的指数得分。在此基础上，形成多年连续排名和单年排名。其中，多年连续排名用于反映各省市区区域开放的绝对发展水平随时间动态变化的情况（31 个省市区 5 年共 155 个排位，最高排名为 1，最低排名为 155），单年排名用于反映各省市区在全国范围内某单年的相对发展水平（31 个省市区每年 31 个排位，最高排名为 1，最低排名为 31）。31 个省市区区域开放的总体情况见表 2－65。

表2-65　2014~2018年31个省市区区域开放指数得分、连续及单年排名

省市区	2014 年			2015 年			2016 年			2017 年			2018 年		
	值	总	年	值	总	年	值	总	年	值	总	年	值	总	年
上海	93.4	3	1	92.9	4	1	92.4	5	1	93.5	2	1	93.7	1	1
北京	80.5	11	3	79.5	15	4	79.7	14	4	80.9	9	2	80.8	10	2
广东	82.1	7	2	81.3	8	2	80.4	12	3	78.3	21	4	78.1	22	3
江苏	79.2	16	4	79.0	18	5	78.9	19	5	77.2	23	5	76.8	24	4
天津	78.4	20	5	79.9	13	3	85.1	6	2	79.1	17	3	75.5	25	5
浙江	74.9	26	6	74.5	27	6	72.4	30	7	71.0	33	7	69.9	34	6
重庆	64.2	44	9	63.8	45	9	66.7	37	8	67.1	36	8	68.1	35	7
福建	72.2	32	7	72.6	29	7	72.8	28	6	72.2	31	6	66.6	39	8
辽宁	66.4	40	8	66.0	42	8	65.2	43	9	66.6	38	9	66.0	41	9
山东	62.1	46	10	61.7	49	10	62.0	47	10	61.8	48	10	60.9	50	10
安徽	55.8	59	12	56.1	57	12	56.1	56	11	56.8	55	11	57.7	53	11
海南	60.6	51	11	58.2	52	11	51.4	73	14	54.0	66	14	57.0	54	12
湖北	51.5	72	14	51.6	71	14	53.5	68	13	56.1	58	12	55.7	60	13
河南	48.5	77	15	49.8	76	15	50.4	75	15	55.3	62	13	55.1	63	14
陕西	44.6	91	18	46.6	81	16	46.6	79	16	50.9	74	16	53.2	69	15
江西	55.6	61	13	54.9	64	13	54.8	65	12	53.5	67	15	52.3	70	16
四川	45.6	87	17	43.1	98	18	44.0	96	19	46.6	80	17	48.3	78	17
河北	46.0	84	16	44.6	92	17	44.0	90	18	46.1	83	18	46.2	82	18
湖南	37.6	109	21	37.6	108	22	39.9	101	21	44.0	95	21	45.7	85	19
广西	36.9	110	22	38.9	103	20	38.0	107	22	45.1	89	19	45.6	88	20
山西	38.2	106	20	38.6	105	21	41.1	100	20	43.4	97	22	44.4	94	21
吉林	41.1	99	19	39.7	102	19	45.7	86	17	44.5	93	20	38.7	104	22
内蒙古	31.8	119	24	30.5	120	23	34.2	117	23	35.1	113	23	36.5	111	23
黑龙江	32.6	118	23	28.7	122	24	28.6	124	24	34.4	115	25	36.1	112	24
宁夏	27.6	126	25	26.1	129	25	26.4	128	25	34.9	114	24	34.3	116	25
贵州	18.1	139	27	18.2	138	27	20.2	134	27	29.0	121	26	28.7	123	26
云南	25.6	130	26	24.4	131	26	22.1	132	26	27.3	127	27	28.5	125	27
新疆	14.6	147	30	14.0	148	28	18.4	137	28	20.3	133	28	19.5	135	28
甘肃	15.1	144	28	13.6	150	29	13.6	151	30	18.0	141	30	18.8	136	29
青海	10.8	154	31	12.1	152	30	14.0	149	29	18.1	140	29	17.2	142	30
西藏	15.1	145	29	9.2	155	31	11.2	153	31	15.5	143	31	15.0	146	31
平均	48.6	79.8	16	48.0	80.8	16	48.7	79.4	16	50.9	75.0	16	50.7	75.1	16

　　注：①对于表中的字段名称，"值"表示各省市区对应年份的指数得分，"总"表示各省市区2014~2018年连续总排名，"年"表示各省市区5个单年的排名；②表中31个省市区按照2018年单年的指数得分由高到低（降序）排列。

辽宁省的区域开放发展指数处于全国中等偏上位置,吉林省和黑龙江省处于中等偏下位置,均落后于东南三省。2014～2018 年,6 省份区域开放指数由高到低依次为:广东、江苏、浙江、辽宁、吉林、黑龙江;东南三省整体均呈下降趋势;东南三省水平较低的浙江省持续优于东北三省最优的辽宁省;区域开放指数年均增幅最大的是黑龙江省(2.71%),降幅最大的是浙江省(-1.65%),辽宁省的降幅为 -0.14%,吉林省的降幅为 -1.51%。就东北地区 2018 年而言,辽宁省的区域开放发展相对较好,在 31 个省域中的单年排名为 9;吉林省次之,排名为 22,黑龙江省相对较差,排名为 24,具体如表 2-65 和表 2-66 所示。

表 2-66　2014～2018 年 6 省区域开放指数的值及单年排名

| 年份 | 辽宁 | 吉林 | 黑龙江 | 江苏 | 浙江 | 广东 | 全国平均 |
	值/序	值/序	值/序	值/序	值/序	值/序	值
2014	66.40/8	41.14/19	32.57/23	79.16/4	74.87/6	82.11/2	48.60
2015	66.00/8	39.72/19	28.67/24	79.00/5	74.52/6	81.29/2	47.99
2016	65.19/9	45.66/17	28.61/24	78.91/5	72.36/7	80.42/3	48.72
2017	66.62/9	44.51/20	34.88/25	77.16/5	71.01/7	78.26/4	50.86
2018	66.04/9	38.65/22	36.10/24	76.76/4	69.92/6	78.13/3	50.67
平均	66.05/8.6	41.94/19.4	32.17/24	78.20/4.6	72.54/6.4	80.04/2.8	49.37

2014～2018 年,全国区域开放整体呈缓慢波动上升趋势,东北地区亦呈缓慢波动上升态势,且低于全国平均水平;辽宁省的区域开放明显高于全国平均水平,整体呈缓慢波动上升态势,黑龙江省呈波动上升趋势,2014～2015 年明显下降,2016～2017 年又明显回升,吉林省整体呈波动上升态势,2018 年出现明显回落。就东北三省而言,辽宁省区域开放较好,吉林省次之,黑龙江省较弱,如图 2-49 所示。

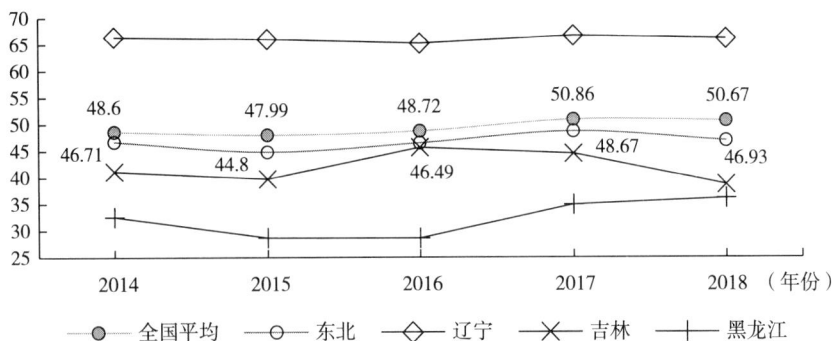

图 2-49　2014～2018 年区域开放指数基本走势

注:①全国平均指 31 个省市区的平均水平;②全国范围内(可采集到的数据),区域开放指数最大值为 2018 年上海的 93.682,最小值为 2015 年西藏的 9.1568。

2014~2018 年，东北三省区域开放指数在全国 31 个省市区连续 5 年数据集（共 155 个指标值）中相对位置分布情况如图 2 - 50 所示。可见，东北三省 5 年（共 15 个数据）区域开放指数的百分比排位处于 50% 以下的有 10 个；此外，排位的最大值是 2017 年的辽宁省（75.9%），最小值是 2016 年的黑龙江省（20.1%）。

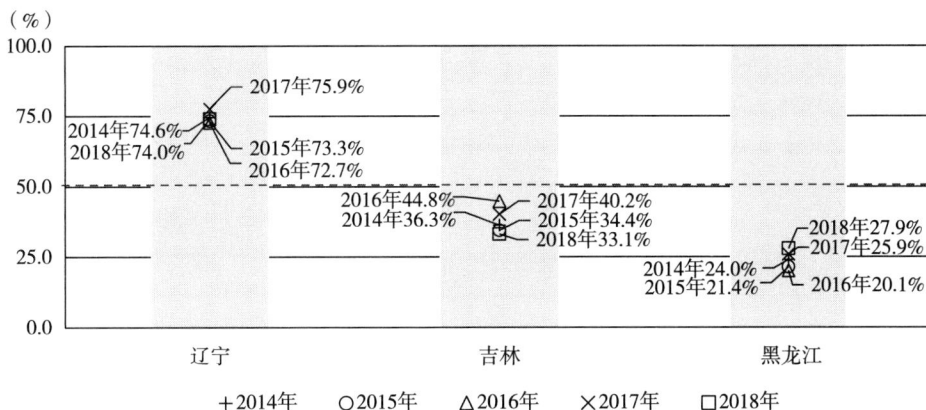

图 2 - 50　2014~2018 年区域开放指数百分比排位图

2. 全国视角下东北地区区域开放进展分析

2014~2018 年，四大区域区域开放指数由高到低依次为：东部、中部、东北、西部；东部地区整体呈下降趋势，其他地区整体呈上升态势，西部地区增幅最大（4.54%），东北地区增幅为 0.12%；东北地区持续低于东部地区，且与东部地区的差距较大，如表 2 - 67 所示。

表 2 - 67　2014~2018 年四大经济区区域开放指数的平均值及排名

年份	东北		东部		西部		中部	
	平均值	年排名	平均值	年排名	平均值	年排名	平均值	年排名
2014	46.71	17.0	72.93	7.0	29.17	23.8	47.88	15.8
2015	44.8	17.0	72.42	6.6	28.37	23.5	48.09	16.2
2016	46.49	16.7	71.99	7.0	29.60	23.7	49.31	15.3
2017	48.67	18.0	71.40	7.0	33.98	23.2	51.5	15.7
2018	46.93	18.3	70.55	6.9	34.48	23.2	51.82	15.7
平均	46.72	17.3	71.86	6.8	31.12	23.5	49.72	15.7

注：为确保区分度，对于具有平均意义的排名（序），本书保留一位小数，以下各表同。

2014~2018 年，七大区域区域开放指数由高到低依次为：华东、华南、华北、华中、东北、西南、西北；华东地区呈下降趋势，华南地区呈先下降后上升的态势，其他区域整体均呈上升趋势，其中西北地区的增幅最大（6.75%）；就七个区域而言，东北地区处于中下水平，与华东地区相比，差距明显，如表 2-68 所示。

表 2-68　2014～2018 年七大地理区区域开放的平均值及排名

年份	东北	华北	华东	华南	华中	西北	西南
	值/序	值/序	值/序	值/序	值/序	值/序	值/序
2014	46.71/16.7	54.98/13.6	72.91/6.7	59.89/11.7	48.32/15.8	22.53/26.4	33.74/21.6
2015	44.80/17.0	54.62/13.6	72.79/6.8	59.47/11.0	48.48/16.0	22.47/25.6	31.74/22.2
2016	46.49/16.7	56.99/13.4	72.43/6.7	56.62/13.0	49.65/15.3	23.79/25.6	32.82/22.2
2017	48.67/18.0	56.92/13.6	72.08/6.7	59.09/12.3	52.20/15.3	28.43/25.4	37.09/21.8
2018	46.93/18.3	56.68/13.8	70.93/6.7	60.22/11.7	52.21/15.5	28.61/25.4	37.72/21.6
平均	46.72/17.3	56.04/13.6	72.23/6.7	59.06/11.9	50.17/15.6	25.17/25.7	34.62/21.9

为便于直观分析，将指数信息按空间分类、时间排列、优劣序化等方式整理后，形成多年连续排名及单年排名的可视化集成图（见图 2-51～图 2-53），结合表 2-65 的信息，以全国四大经济区为划分标准，对东北三省的区域开放的进程评价如下：

（1）东北地区区域开放指数得分呈波动上升趋势，上升速度居四大区域第三位

从四大区域平均得分曲线的变化情况可以看出，中国在区域开放上成效显著，仅东部地区整体水平有所下降，西部、中部和东北的得分均在上升。具体而言，中部呈持续上升态势，2017 年的增幅最大；西部先降后升，在 2016 年开始回升，并在 2018 年升至新高；东部连续出现倒退现象，以每年一个跨度（年均下降 0.6 分，为四个区域之首）的速度下滑，有进一步下滑的趋势；东北 2015 年显著下降，2016 年和 2017 年有较大幅度的回升，东北地区在 2014～2018 年持续低于中部地区，并且总体与东部地区的差距巨大。

（2）东北地区区域开放绝对水平呈持平态势，上升速度为 0，居四大区域第三位

从四大区域连续排名曲线的变化情况可以看出，仅东部地区整体呈下降趋势，下降速度为年均下降 1.1 名，中部与西部地区均呈上升趋势，东北地区呈现波动态势，上升速度最快的是西部地区，连续排名年均上升 2.8 名，中部地区上升 2.5 名，东北地区持平，上升幅度为 0。东北地区的连续排名持续低于中部地区，具体来说，东北三省中，黑龙江省从 2014 年的 118 名降至 2016 年的 124 名后，2018 年回升至 112 名，吉林省从 2014 年的 99 名跌至 2015 年的 102 名后，奋力追赶，2016 年排名升至新高（86 名），之后跌至 2018 年的 104 名，辽宁省从 2014 年的 40 名降至 2016 年的 43 名后开始回升，在 2017 年回升至 38 名，但在 2018 年跌至 41 名。

（3）东北地区区域开放相对水平呈波动下降趋势，但下降幅度较小

从四大区域单年排名曲线的变化情况可以看出，在相对位次的排名竞争中，东北和东部地区呈下降趋势，东北地区 2018 年较 2014 年下降 1.6 名，东部地区的下降幅度较大，下降 0.4 名，而中部和西部的提升幅度分别为 0.2 名和 0.7 名。东北的单年排名持续低于

西部
年指数得分变动：1.3 ↗

中部
年指数得分变动：1.0 ↗

东北
年指数得分变动：0.1 ↗

东部
年指数得分变动：-0.6 ↘

↑— 东部平均得分线
↑— 东北平均得分线
↑— 中部平均得分线
↑— 西部平均得分线

图形说明：

- 本图为2014~2018年中国31个省市区区域开放方面"多年指数得分"集成图。
- 31个省市区连续5年共155个对象与评价，最高得分为93.7（2018年的上海），最低得分为9.2（2015年的西藏）。
- 31个省市区按四大经济区域分类，并按照平均得分水平，对每个区域内的省市区从左至右排列。
- 每个省市区对应一条得分曲线，从左至右5个数据点依次为2014~2018年的指数得分。线上从左至右的5个点依次为2014~2018年各区的平均指数得分。

西部最优水平

上海 93.4 93.5 93.7 70.5
92.9 92.4

广东 北京 80.5 80.9 80.8
82.1 81.3 79.1 79.5 79.7
85.1 78.3 78.1
江苏 79.9 78.4 71.4
79.2 78.9 77.2 76.8 75.5
浙江 74.9
72.6 72.8 74.5 72.0 69.9
福建 72.4 72.2 71.0 66.6
72.4 72.2
山东 62.0 61.8
61.7 60.9
海南 58.2 57.0
60.6 54.0 51.4
72.9 河北 46.0 46.1 46.2
44.6 44.9

东北最优水平 辽宁 66.6 66.0
66.4 65.2
吉林 48.7 46.9
46.5 45.7 44.5
44.8 38.7
黑龙江 41.1 39.7 36.1
46.7 34.9
32.6 28.6
28.7

中部最优水平 安徽 57.7
56.1 56.8
河南 55.6 55.8 56.1 51.6
55.3 55.7 54.9 53.5 51.5
55.1 53.5 52.3
湖南 50.3 53.1
48.1 49.9 江西 45.7 44.4
47.9 45.7 44.0 41.1
39.9 44.0 38.6 38.2
34.5 37.6 37.6

重庆 68.1 67.1 63.8
66.7
64.2
陕西 53.2 50.9
46.9 48.3 46.6
四川 46.0 44.6
45.6 45.4
45.1 43.1
广西 38.9 38.0
36.9 34.0
内蒙古 36.5 35.1
34.3 31.8 30.5
宁夏 34.9 26.4
29.6 27.6 26.1
27.3
云南 28.7 28.6 24.4
29.0 25.6 22.1
贵州 20.3
18.8 19.5 20.2
新疆 18.0 18.4 18.1
18.9 14.6 14.0
甘肃 17.2 13.6
18.1 15.7 13.6
青海 15.0 20.2
14.0
18.1
西藏 15.1 15.5
14.0 12.1 10.8
29.2 11.2 9.2

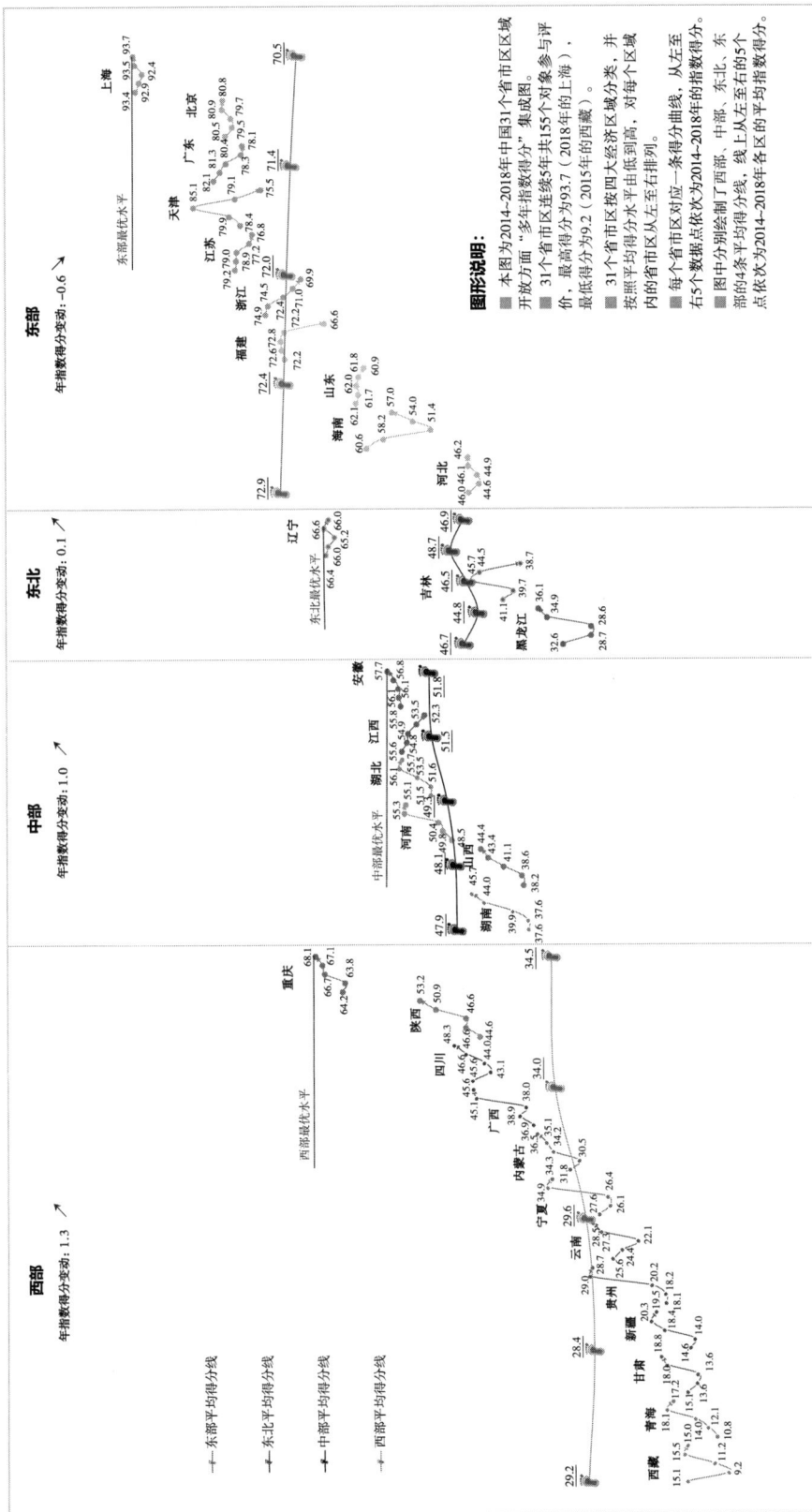

图2-51　2014~2018年31个省市区区域开放指数得分变动情况

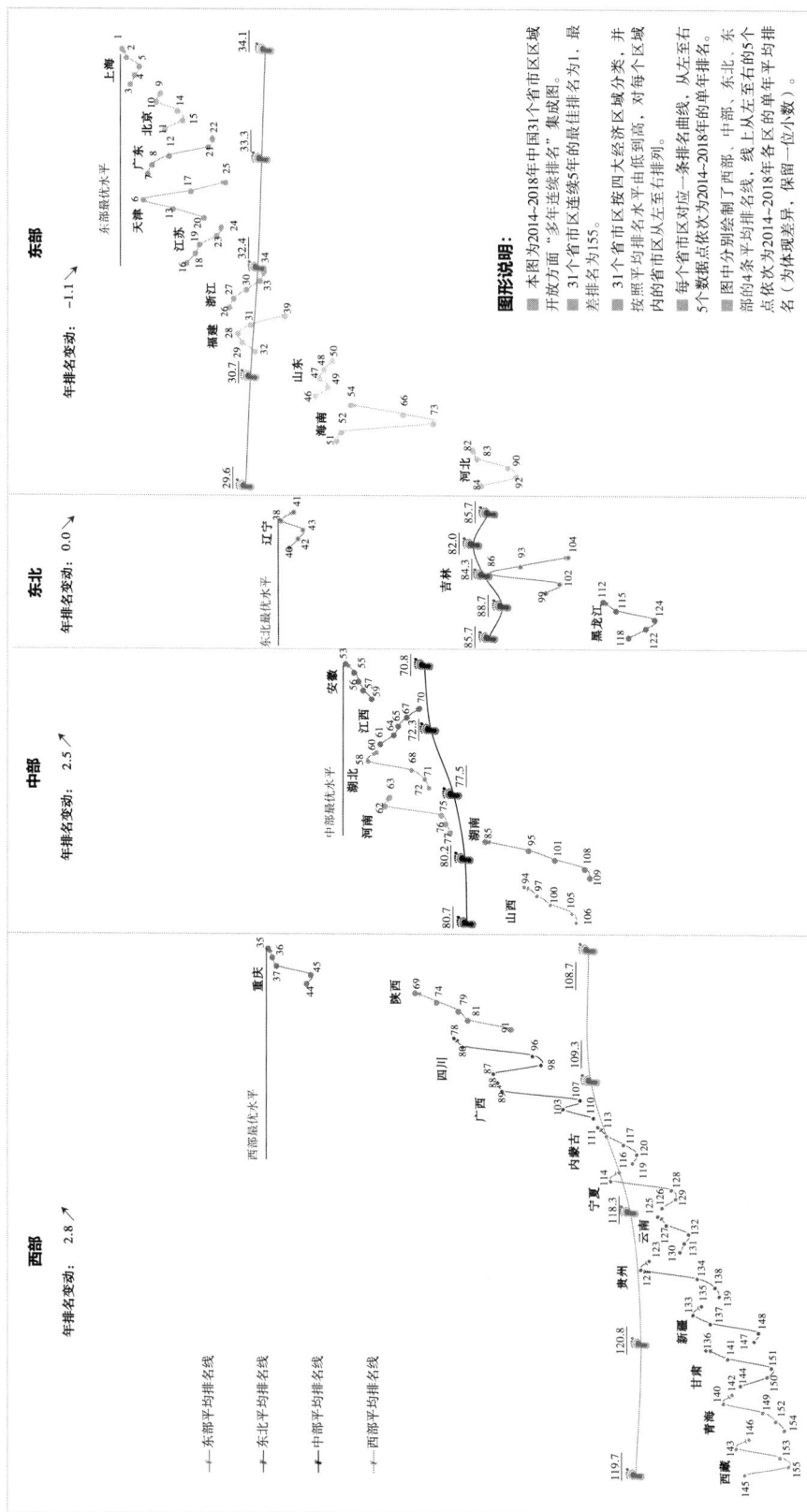

图 2-52 2014~2018 年 31 个省市区区域开放多年连续排名变动情况

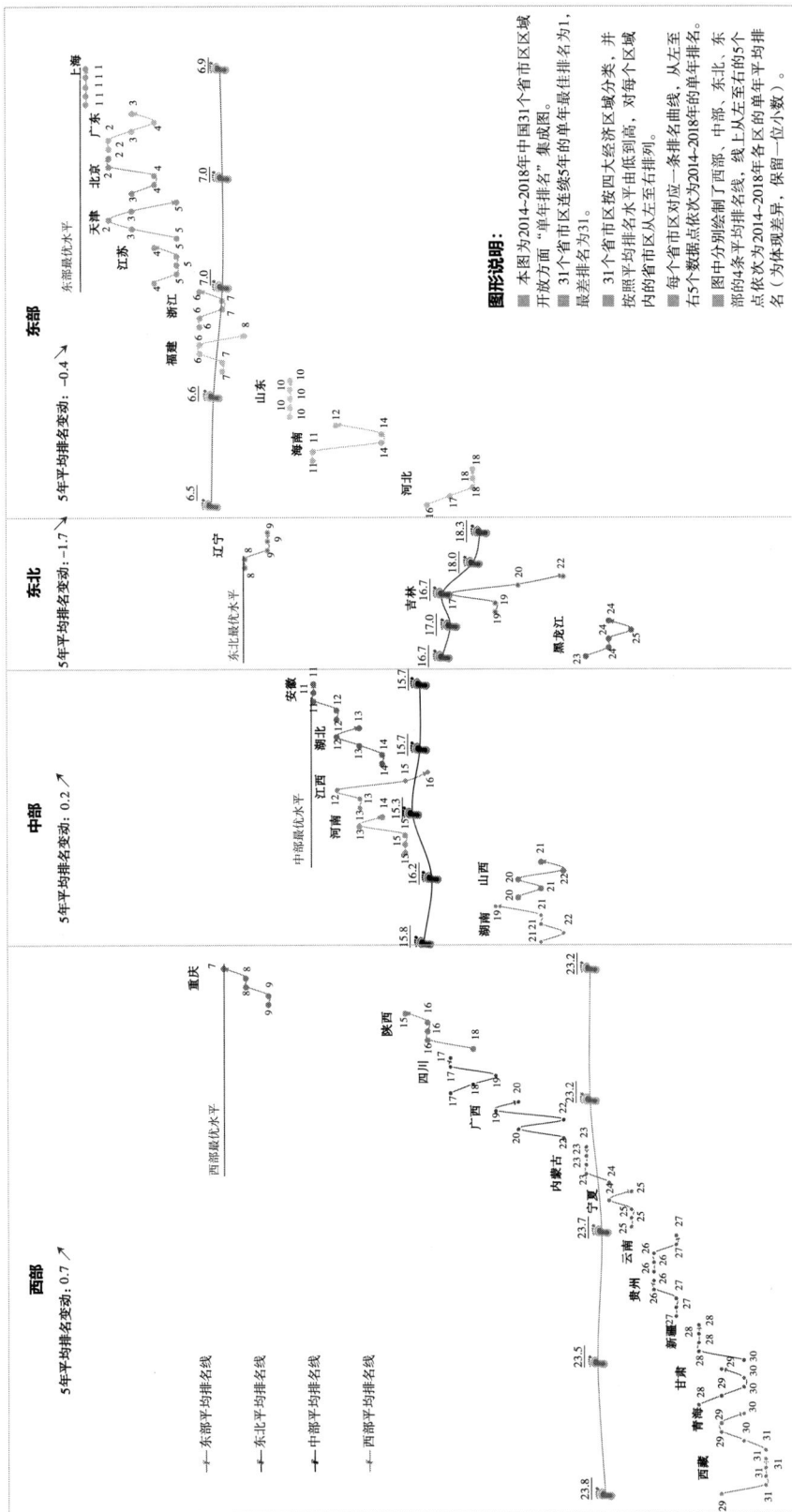

图 2-53 2014～2018 年 31 个省市区区域开放单年排名变动情况

中部地区，就东北三省而言，辽宁省单年排名由第 8 名降至第 9 名，黑龙江省由第 23 名降至第 24 名，吉林省由第 19 名退到第 22 名，三个省份均呈现下降趋势。

3. 区域开放分项指数分析

2014～2018 年，东北三省 5 个分项指标均低于东南三省平均水平，辽宁省 5 个分项指数均高于全国平均水平，表现相对较好，吉林省仅投资开放高于全国平均水平，黑龙江省均低于全国平均水平，表现较弱。东南三省的平均得分显著高于全国平均得分和东北三省平均得分，优势明显。分省来看，东南三省 5 个分项指数的发展相对均衡，江苏省的市场开放、浙江省和广东省的投资开放和市场开放略低，广东省的贸易开放为全国最优水平；东北三省中，辽宁省 5 个分项指数的发展相对均衡，其中投资开放较弱，吉林省和黑龙江省发展均衡性较弱，且差距较大。就东北三省而言，辽宁省的生产开放相对较强，投资开放相对较弱，吉林省的投资开放和生产开放相对较强，市场开放和贸易开放较为薄弱，黑龙江省区位支撑相对较强，市场开放最为薄弱。总体来看，东北三省 5 个分项指数与东南三省的差距明显，具体如表 2-69 和图 2-54 所示。

表 2-69 2014～2018 年 6 省区域开放方面分项指数平均得分

	贸易开放	投资开放	生产开放	市场开放	区位支撑
辽宁	70.75	54.17	77.32	67.82	60.19
吉林	40.28	53	43.1	29.63	43.68
黑龙江	36.7	35.08	30.56	20.93	37.56
江苏	80.67	78.13	86.74	75.9	69.53
浙江	81.4	57.16	78.29	75.03	70.79
广东	84.71	68.96	86.62	78.64	81.27
东北三省平均	49.25	47.41	50.33	39.46	47.15
东南三省平均	82.26	68.09	83.88	76.53	73.86
各省平均	51.81	48.53	48.49	45.55	52.47
各省最高	84.73	88.64	93.78	103.46	95.18
各省最低	15.62	1.84	2.32	6.08	13.24

2014～2018 年，全国在反映区域开放 5 个方面的整体进展良好，其中"贸易开放"呈现为先降后升的态势，"投资开放"呈现为先升后降的态势，"生产开放"呈现为下降趋势，"市场开放"呈现为波动上升态势，"区位支撑"呈现为上升趋势。除浙江省的"投资开放"以外，东南三省各分项指数均处于全国前列（从年排名得出），尤其是广东省"贸易开放"连续 4 年均处于全国前三位；东南三省的"贸易开放""投资开放""生产开放"整体呈下降趋势，广东省的"市场开放"和"区位支撑"整体均呈上升趋势，江苏省的"市场开放"呈下降趋势，"区位支撑"呈现为上升趋势，浙江省的"市场开放"

（图A）

（图B）

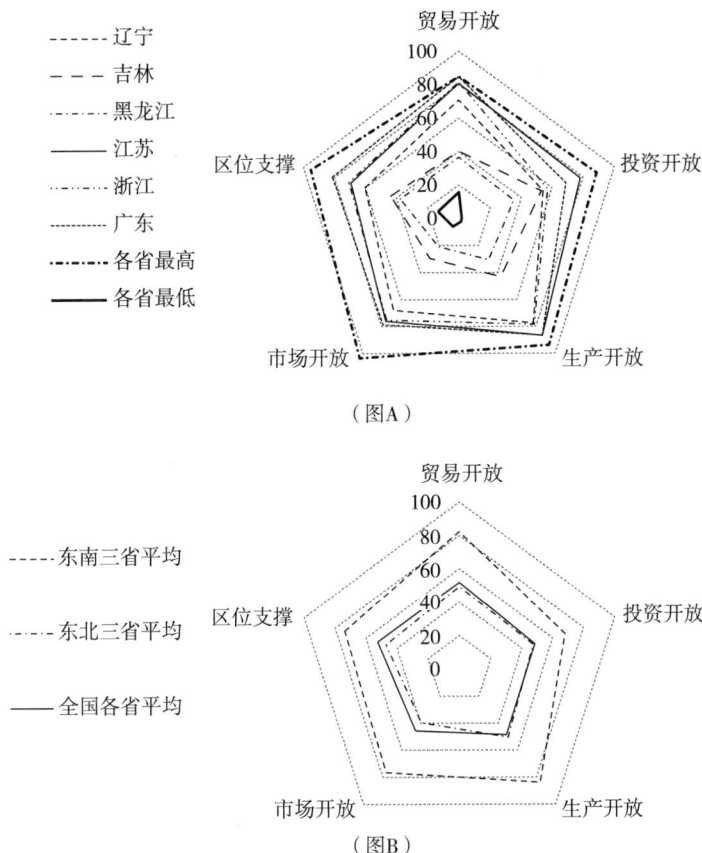

图 2-54　2014~2018 年 6 省区域开放方面分项指数平均得分雷达图

和"区位支撑"呈波动下降趋势；就东北三省 5 个分项指数而言，仅辽宁省 5 个分项指数的排名相对靠前（2015~2018 年的投资开放相对靠后），吉林省和黑龙江省的排名相对靠后，其中吉林省"投资开放"在 2016 年处于前列，增长迅速，但其他年份下落至靠后排位；东北三省中，除辽宁省的"投资开放"、吉林省的 2018 年的"投资开放""生产开放"和"市场开放"、黑龙江省的"生产开放"和"市场开放"整体呈下降趋势外，其余整体均呈上升趋势，具体如表 2-70 所示。

表 2-70　2014~2018 年 6 省区域开放方面分项指数（sheet：二级指标分析）

分项指数	年份	辽宁	吉林	黑龙江	江苏	浙江	广东	全国平均
		值/序	值/序	值/序	值/序	值/序	值/序	值/序
贸易开放	2014	63.66/10	38.25/20	39.14/18	84.13/4	85.26/3	89.83/1	63.66/10
	2015	78.43/6▲	27.5/22▽	23.78/24▽	83.54/4▽	84.58/3▽	88.38/1▲	78.43/6▲
	2016	66.08/10▽	37.86/18▲	20.44/25▽	82.78/4▽	83.6/3▽	86.77/1▽	66.08/10▽
	2017	72.44/8▲	48.17/23▲	47.1/24▲	76.42/5▽	76.72/4▽	79.4/3▽	72.44/8▲
	2018	73.17/8▲	49.63/22▲	53.04/19▲	76.49/5▲	76.85/4▲	79.16/3▽	73.17/8▲

续表

分项指数	年份	辽宁 值/序	吉林 值/序	黑龙江 值/序	江苏 值/序	浙江 值/序	广东 值/序	全国平均 值/序
投资开放	2014	69.97/8	47.37/19	30.74/23	78.04/4	58.73/15	71.15/7	69.97/8
	2015	51.31/16▽	48.92/19▲	35.47/22▲	77.83/4▽	57.73/14▽	70.62/7▽	51.31/16▽
	2016	48.74/19▽	72.91/7▲	33.84/23▽	78.84/4▲	56.98/15▽	68.9/9▽	48.74/19▽
	2017	51.49/18▲	59.19/13▽	40.51/20▲	78.55/4▽	56.51/16▽	67.08/10▽	51.49/18▲
	2018	49.32/17▽	36.6/21▽	34.85/22▽	77.41/6▽	55.83/14▽	67.06/9▽	49.32/17▽
生产开放	2014	74.67/8	48.87/17	30.05/23	89.57/3	80.95/6	89.85/2	74.67/8
	2015	75.59/8▲	29.7/24▽	87.92/3▲	87.92/3▲	79.3/6▽	88.28/2▽	75.59/8▲
	2016	79.86/6▲	43.73/21▽	31.9/23▲	86.91/2▽	78.13/8▽	86.75/3▽	79.86/6▲
	2017	78.21/5▽	41.06/21▽	29.6/23▽	85.06/2▽	76.85/7▽	84.59/3▽	78.21/5▽
	2018	78.27/4▲	33.95/22▽	31.57/23▲	84.24/2▽	76.24/8▽	83.63/3▽	78.27/4▲
市场开放	2014	66.69/7	32.43/21	25.33/24	76.87/5	75.36/6	79.02/4	66.69/7
	2015	66.35/7▽	31.66/22▽	18.91/27▽	76.7/5▽	75.4/6▲	77.98/3▽	66.35/7▽
	2016	69.36/7▲	28.07/22▽	19.54/28▽	76.05/5▽	74.79/6▽	78.09/3▲	69.36/7▲
	2017	68.9/7▽	28.03/22▽	19.33/27▽	75.35/5▽	74.86/6▲	78.54/3▲	68.9/7▽
	2018	67.82/7▽	27.94/22▽	21.55/25▲	74.54/6▽	74.76/5▽	79.55/3▲	67.82/7▽
区位支撑	2014	57/10	38.79/20	37.61/22	67.16/8	74.06/5	80.67/4	57/10
	2015	58.34/12▲	42.65/17▲	35.47/24▽	69.02/8▲	75.57/5▲	81.2/4▲	58.34/12▲
	2016	61.91/12▲	45.73/17▲	37.36/25▲	69.94/7▲	68.29/8▽	81.56/4▲	61.91/12▲
	2017	62.09/14▲	46.1/20▲	37.87/25▲	70.4/7▲	70.13/8▲	81.69/4▲	62.09/14▲
	2018	61.6/14▽	45.14/22▽	39.51/25▲	71.11/6▲	65.91/11▽	81.24/3▽	61.6/14▽

注：表中符号"▲"表示本年的数据相对于前一年是增长的，符号"▽"表示本年的数据相对于前一年是减少的。

进一步统计升降符（▲或▽）的数量，对不同地区的发展态势进行分析和对比可知，2014～2018 年，全国 5 项指数▲的数量小于▽的数量，从分项指数来看，全国"贸易开放"和"市场开放"的▲的数量等于▽的数量，"投资开放"仅有 1 个▲，"生产开放"1 个▽，"区位支撑"有 3 个▲；除"区位支撑"和"市场开放"外，东北地区▲的数量均多于东南三省，其中"贸易开放"的差距最大（为 6 个），发展势头优于东南三省，"区位支撑"▲的数量与东南三省相等（9 个），"市场开放"▲的数量比东南三省仅少了两个；总体而言，东北三省▲的总数量明显多于东南三省，东北地区为 30 个，占东北三省升降符总数的 50.0%，东南三省为 17 个，占 28.3%。

2014～2018 年，辽宁省▲的数量为 11 个，占辽宁省升降符总数的 55.0%，吉林省▲的数量为 8 个，占 40.0%，黑龙江省▲的数量为 11 个，占 55.0%，江苏省▲的数量为 6 个，占 30.0%，浙江省▲的数量为 5 个，占 25.0%，广东省▲的数量为 6 个，占 30.0%；

就东北三省而言，辽宁省的发展态势相对较好，吉林省次之，黑龙江省较弱。

（1）贸易开放

1）对外贸易依存度。对外贸易依存度反映一个地区对国际市场的依赖程度，是衡量地区对外开放程度的重要指标，计算公式是进出口总额与地区 GDP 之比。2014～2016 年，全国对外贸易依存度平均水平呈下行态势，东北地区亦呈下行态势，其中 2015 年之后略有回升，但仍低于全国平均水平；2014～2015 年，东北三省对外贸易依存度平稳下降，黑龙江省尤为明显，2015 年之后辽宁省对外贸易依存度明显上升，吉林省和黑龙江省基本不变；就东北三省而言，辽宁省发展较好，黑龙江省次之，吉林省较弱。总体而言，东北地区对外贸易依存度与全国平均水平差距较大，具体如图 2-55 所示。

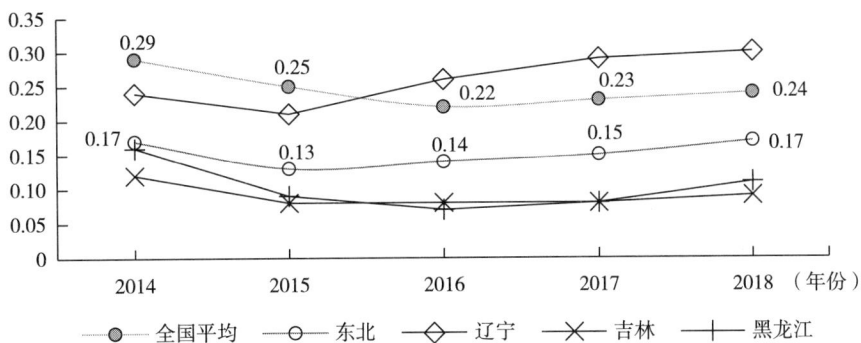

图 2-55　2014～2018 年对外贸易依存度基本走势

注：①全国平均指 31 个省市区的平均水平；②全国范围内（可采集到的数据），对外贸易依存度最大值为 2014 年上海的 1.22，最小值为 2018 年青海省的 0.0168。

2014～2018 年，东北三省对外贸易依存度在全国 31 个省市区连续 5 年数据集（共 155 个指标值）中相对位置分布情况如图 2-56 所示。可见，东北三省 5 年（共 15 个数据）对外贸易依存度的百分比排位位于 50% 以下的有 9 个，其中位于 25% 以下的有 3 个；此外，排位的最大值是 2018 年的辽宁省（76.6%），最小值是 2016 年的黑龙江省（16.2%），具体如图 2-56 所示。

2014～2018 年，6 省对外贸易依存度由高到低依次为：广东、浙江、江苏、辽宁、黑龙江、吉林；东南三省对外贸易依存度虽呈下降趋势，但明显高于东北三省和全国平均水平；东北三省中对外贸易依存度较高的辽宁省持续低于东南三省中较低的江苏省；对外贸易依存度降幅最大的是黑龙江省（-8.18%），增幅最大的是辽宁省（5.51%），吉林省的降幅为 -5.74%，具体如表 2-71 所示。

2014～2018 年，四个区域对外贸易依存度由高到低依次为：东部、东北、西部、中部；东部和西部地区呈下降趋势且降幅最大，东北地区 2014～2015 年呈下降趋势，2015～2018 年呈上升趋势；中部地区整体趋于平稳，但在 2016 年出现小幅度下降；东北地区的对外贸易依存度与东部地区差距明显，如表 2-72 所示。

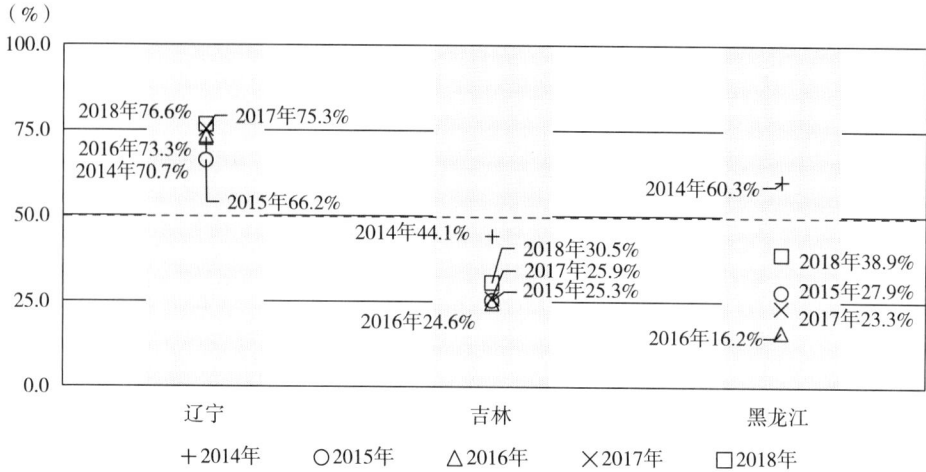

图 2－56　2014～2018 年东北三省对外贸易依存度百分比排位图

表 2－71　2014～2018 年 6 省对外贸易依存度的原始值及单年排名

年份	辽宁	吉林	黑龙江	江苏	浙江	广东	全国平均
	值/序	值/序	值/序	值/序	值/序	值/序	值
2014	0.24/11	0.12/22	0.16/15	0.53/5	0.54/4	0.98/3	0.29
2015	0.21/11	0.08/23	0.09/22	0.48/5	0.50/4	0.87/2	0.25
2016	0.26/8	0.08/22	0.07/24	0.43/5	0.47/4	0.78/2	0.22
2017	0.29/8	0.08/23	0.08/24	0.47/5	0.49/4	0.76/3	0.23
2018	0.30/8	0.09/22	0.11/20	0.47/5	0.51/4	0.74/3	0.24
平均	0.26/9.2	0.09/22.4	0.10/21	0.48/5	0.50/4	0.83/2.6	0.24

表 2－72　2014～2018 年四大经济区对外贸易依存度的平均值及排名

年份	东北		东部		西部		中部	
	平均值	年排名	平均值	年排名	平均值	年排名	平均值	年排名
2014	0.17	16.0	0.61	6.7	0.14	20.7	0.11	22.2
2015	0.13	18.7	0.53	6.5	0.11	21.3	0.11	19.8
2016	0.14	18.0	0.47	6.8	0.09	21.6	0.10	19.2
2017	0.15	18.3	0.48	6.8	0.10	21.3	0.11	19.7
2018	0.17	16.7	0.50	7.1	0.10	21.3	0.11	19.8
平均	0.15	17.5	0.52	6.8	0.11	21.2	0.11	20.1

2014～2018 年，七个区域对外贸易依存度由高到低依次为：华东、华南、华北、东北、西南、华中、西北；西北地区整体呈下降趋势，华中地区整体趋于平稳，但在 2016 年出现小幅度下降，东北地区在 2014～2015 年出现小幅度下降，2015 年之后呈小幅度上

升趋势,其他地区整体呈波动下降趋势,其中西南地区降幅最大;就七个区域而言,东北地区排名居中,与最优的华东地区相比,差距较大,如表 2－73 所示。

表 2－73 2014～2018 年七大地理区对外贸易依存度的平均值及排名

年份	东北	华北	华东	华南	华中	西北	西南
	值/序	值/序	值/序	值/序	值/序	值/序	值/序
2014	0.17/16.0	0.39/16.8	0.53/7.3	0.47/9.0	0.11/22.3	0.10/23.2	0.19/17.6
2015	0.13/18.7	0.30/17.0	0.48/6.7	0.43/8.0	0.11/19.5	0.09/22.8	0.13/19.8
2016	0.14/18.0	0.27/15.6	0.44/7.0	0.38/8.3	0.10/19.8	0.08/22.4	0.10/21.2
2017	0.15/18.3	0.29/15.6	0.46/6.7	0.38/8.7	0.11/19.8	0.08/22.4	0.11/21.0
2018	0.17/16.7	0.31/16.2	0.46/7.2	0.37/8.7	0.11/19.5	0.08/23.8	0.12/19.8
平均	0.15/17.5	0.31/16.3	0.47/7.0	0.41/8.5	0.11/20.2	0.09/22.9	0.13/19.9

2）净出口贡献率（单位:%）。净出口贡献率反映的是商品和服务在国际市场的竞争能力,是衡量地区贸易开放的重要指标,计算公式为净出口（地区 GDP 与资本形式总额及最终消费支出的差值）与地区 GDP 的比值。2014～2016 年,全国净出口贡献率平均水平呈缓慢下降趋势且持续为负值,2016～2018 年,全国净出口贡献率平均水平呈上升趋势但仍为负值;东北地区净出口贡献率高于全国平均水平,且 2014～2015 年平稳上升,2016～2017 年上升趋势明显;2014～2016 年辽宁省和吉林省呈波动上升态势,且波动幅度较大,黑龙江省整体呈波动下降趋势;就东北三省而言,辽宁省发展较好,吉林省次之,黑龙江省较弱。总体而言,东北地区的净出口贡献率略高于全国平均水平,但优势在未来呈减弱的趋势,具体如图 2－57 所示。

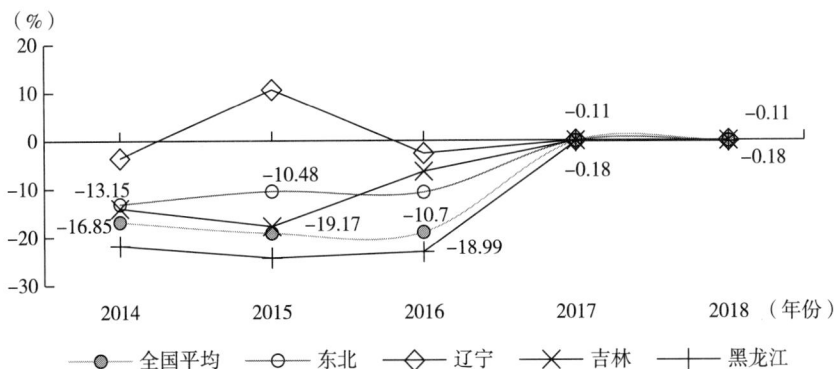

图 2－57 2014～2018 年净出口贡献率基本走势

注:①全国平均指 31 个省市区的平均水平;②全国范围内（可采集到的数据）,净出口贡献率最大值为 2015 年辽宁的 10.62%,最小值为 2016 年青海的 −103.8%。

2014~2018 年，东北三省净出口贡献率在全国 31 个省市区连续 5 年数据集（共 155 个指标值）中相对位置分布情况如图 2-58 所示。可见，东北三省 5 年（共 15 个数据）净出口贡献率的百分比排位位于 50% 以下的有 8 个；此外，排位的最大值是 2015 年的辽宁省（100%），最小值是 2015 年的黑龙江省（16.2%），具体如图 2-58 所示。

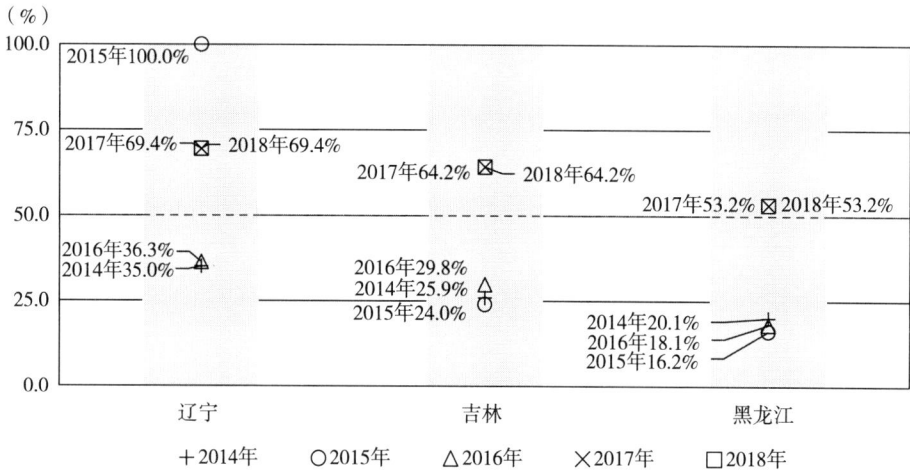

图 2-58 2014~2018 年东北三省净出口贡献率百分比排位图

2014~2018 年，6 省份净出口贡献率由高到低依次为：广东、浙江、江苏、辽宁、吉林、黑龙江；东南三省普遍呈下降趋势，但均在全国平均水平之上；2014 年东北三省明显低于东南三省，2015 年辽宁省有较大涨幅，且跃居全国第一，2016~2018 年呈明显下降趋势；净出口贡献率东南三省和东北三省降幅均较大，降幅最大的是吉林省（-24.90%），其次为辽宁省（-24.85%），黑龙江省的降幅为 -24.71%，具体如表 2-74 所示。

表 2-74 2014~2018 年 6 省净出口贡献率的原始值及单年排名

年份	辽宁	吉林	黑龙江	江苏	浙江	广东	全国平均
	值/序	值/序	值/序	值/序	值/序	值/序	值
2014	-3.62/13	-14.02/17	-21.81/22	6.49/4	7.42/3	7.56/2	-16.85
2015	10.62/1	-17.74/18	-24.32/22	6.38/4	7.16/3	7.18/2	-19.17
2016	-2.63/12	-6.38/17	-23.10/21	6.16/3	6.57/2	6.58/1	-18.99
2017	-0.02/13	-0.06/17	-0.25/25	0.06/2	0.07/1	0.05/3	-0.18
2018	-0.02/13	-0.06/17	-0.25/25	0.06/2	0.07/1	0.05/3	-0.18
平均	0.87/10.4	-7.65/17.2	-13.94/23	3.83/3	4.26/2	4.29/2.2	-11.07

2014~2018 年，四个区域净出口贡献率由高到低依次为：东部、中部、东北、西部；东部和东北均呈上升趋势，中部和西部呈先下降后上升的态势；东北地区相比于东部地区

差距明显，但在 2017 年差距有所减小，具体如表 2-75 所示。

表 2-75 2014~2018 年四大经济区净出口贡献率的平均值及排名

年份	东北		东部		西部		中部	
	平均值	年排名	平均值	年排名	平均值	年排名	平均值	年排名
2014	-13.15	17.3	-1.24	9.0	-35.09	22.3	-8.25	14.5
2015	-10.48	13.7	-0.78	8.5	-40.64	22.8	-11.22	16.2
2016	-10.70	16.7	-0.62	7.8	-40.53	22.8	-10.69	15.8
2017	-0.11	18.3	-0.01	8.1	-0.40	22.6	-0.06	14.8
2018	-0.11	18.3	-0.01	8.1	-0.40	22.6	-0.06	14.8
平均	-6.91	16.9	-0.53	8.3	-23.41	22.6	-6.06	15.2

2014~2018 年，七个区域净出口贡献率由高到低依次为：华东、华中、华北、东北、华南、西南、西北；其中，华东呈下降趋势，其他 6 个区域均呈波动上升趋势；就七个区域而言，东北地区排名居中，与最优的华东地区相比，差距较大，具体如表 2-76 所示。

表 2-76 2014~2018 年七大地理区净出口贡献率的平均值及排名

年份	东北	华北	华东	华南	华中	西北	西南
	值/序	值/序	值/序	值/序	值/序	值/序	值/序
2014	-13.15/17.3	-11.87/16.0	3.64/5.5	-12.33/16.0	-6.55/14.0	-44.37/24.6	-32.08/20.8
2015	-10.48/13.7	-12.24/16.2	3.19/5.8	-12.32/14.3	-9.39/15.5	-56.12/26.2	-33.12/20.6
2016	-10.70/16.7	-10.04/15.6	3.01/4.7	-13.20/14.7	-8.41/15.5	-56.69/26.4	-33.57/20.4
2017	-0.11/18.3	-0.05/13.8	0.03/4.3	-0.09/16.0	-0.09/16.8	-0.57/26.0	-0.34/20.2
2018	-0.11/18.3	-0.05/13.8	0.03/4.3	-0.09/16.0	-0.09/16.8	-0.57/26.0	-0.34/20.2
平均	-6.91/16.9	-6.85/15.1	1.98/4.9	-7.61/15.4	-4.91/15.7	-31.66/25.8	-19.89/20.4

（2）投资开放

1）人均实际利用外资额（单位：美元/人）。人均实际利用外资额是指国外商业公司在一个地区的投资项目中，已经到账并投入商业运作应用的资金在该地区的人均分配情况，它反映了地区人口吸收并有效利用外资的平均水平，是衡量区域开放的重要指标，计算公式为实际利用外资额与地区常住人口的比值。2014~2016 年，全国人均实际利用外资额的平均水平呈小幅上升，2016 年后全国人均实际利用外资额的平均水平呈下降趋势。2014~2018 年，东北地区呈波动下降趋势且基本低于全国平均水平；2014~2016 年吉林省整体呈上升趋势，黑龙江省整体平稳，辽宁省呈明显下降趋势；2016~2018 年吉林省下降幅度明显，辽宁省和黑龙江省呈小幅下降趋势；就东北三省而言，辽宁省发展较好，黑龙江省次之，吉林省较弱。总体而言，东北地区的人均实际利用外资额与全国平均水平相比已失去优势，具体如图 2-59 所示。

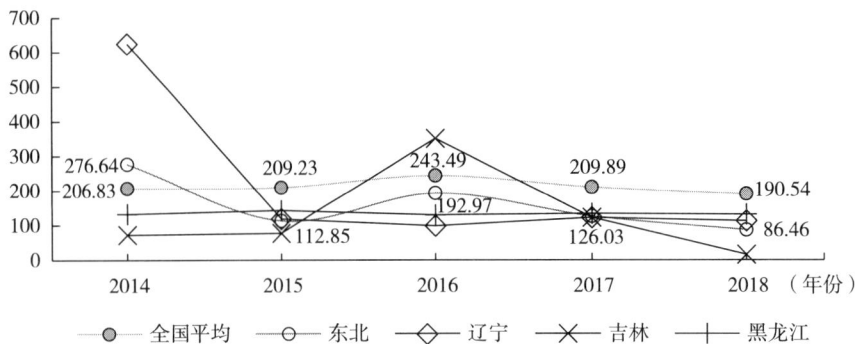

图2-59 2014~2018年人均实际利用外资额基本走势

注：①全国平均指31个省市区的平均水平；②全国范围内（可采集到的数据），人均实际利用外资额最大值为2016年天津的1973.5，最小值为2018年新疆的0.05。

2014~2018年，东北三省人均实际利用外资额在全国31个省市区连续5年数据集（共151个指标值）中相对位置分布情况如图2-60所示。可见，东北三省5年（共15个数据）人均实际利用外资额的百分比排位位于50%以下的数量有12个，其中有3个位于30%以下；此外，排位的最大值是2014年的辽宁省（92.6%），辽宁省其他年份的人均实际利用外资额的百分比排位均低于50%，最小值是2018年的吉林省（11.3%），除2016年吉林省人均实际利用外资额的百分比排位在50%以上，其他年份均在50%以下，黑龙江省5年人均实际利用外资额的百分比排位均在50%及以下，具体如图2-60所示。

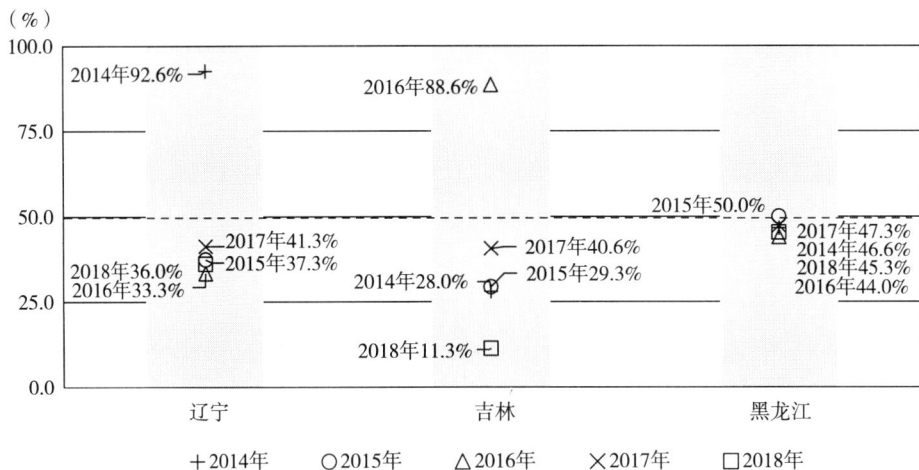

图2-60 2014~2018年东北三省人均实际利用外资额百分比排位图

2014~2018年，6省人均实际利用外资额由高到低依次为：江苏、浙江、广东、辽宁、黑龙江、吉林；东南三省中浙江省呈逐年上升趋势，江苏省总体呈下滑趋势，广东省呈波动上升趋势；除2014年外，东北地区相对较弱的吉林省持续低于东南三省中较弱的广东省；人均实际利用外资额增幅最大的是浙江省（3.32%），人均实际利用外资额降幅最大的是辽宁省（-20.50%），吉林省降幅为-19.64%，黑龙江省的降幅是-0.26%，具体如表2-77所示。

表2-77　2014～2018年6省人均实际利用外资额的原始值及单年排名

| 年份 | 辽宁 | 吉林 | 黑龙江 | 江苏 | 浙江 | 广东 | 全国平均 |
	值/序	值/序	值/序	值/序	值/序	值/序	值
2014	624.54/3	72.65/23	132.74/18	353.95/5	286.81/6	250.57/7	206.83
2015	118.33/20	77.28/23	142.94/15	304.35/5	306.20/4	247.72/6	209.23
2016	98.27/20	350.91/5	129.73/17	325.74/6	315.43/7	212.30/10	243.49
2017	122.11/18	122.04/19	133.94/16	317.01/5	316.46/6	205.09/12	209.89
2018	112.44/19	15.57/28	131.37/16	318.50/5	324.89/4	256.63/9	190.54
平均	215.14/16	127.69/19.6	134.14/16.4	323.91/5.2	309.96/5.4	234.46/8.8	211.96

2014～2018年，四大区域人均实际利用外资额由高到低依次为：东部、中部、东北、西部；中部呈稳定增长趋势，西部呈波动上升趋势，东部和东北呈波动下降趋势；东北地区人均实际利用外资额持续低于最优的东部地区，且差距较大，具体如表2-78所示。

表2-78　2014～2018年四大经济区人均实际利用外资额的平均值及排名

| 年份 | 东北 | | 东部 | | 西部 | | 中部 | |
	平均值	年排名	平均值	年排名	平均值	年排名	平均值	年排名
2014	276.64	14.7	394.15	7.8	60.29	23.9	152.79	14.5
2015	112.85	19.3	426.98	7.2	60.73	23.6	166.75	12.7
2016	192.97	14.0	470.49	9.9	84.36	22.2	182.14	13.3
2017	126.03	17.7	386.69	10.0	81.04	21.7	193.37	12.2
2018	86.46	21.0	318.08	10.2	87.03	21.0	219.79	11.5
平均	158.99	17.3	399.28	9.0	74.43	22.5	182.97	12.8

2014～2018年，七个区域人均实际利用外资额由高到低依次为：华北、华东、华中、东北、华南、西南、西北；华中地区呈平缓上升趋势，西北和西南地区呈波动上升趋势，其他地区均呈波动下降趋势；就七个区域而言，东北地区处于中下水平，与最优的华北地区相比，差距较大，如表2-79所示。

表2-79　2014～2018年七大地理区人均实际利用外资额的平均值及排名

| 年份 | 东北 | 华北 | 华东 | 华南 | 华中 | 西北 | 西南 |
	值/序	值/序	值/序	值/序	值/序	值/序	值/序
2014	276.64/14.7	397.96/12.0	322.43/7.7	160.26/13.7	158.24/14.0	31.04/27.2	77.69/22.6
2015	112.85/19.3	452.08/12.6	329.26/6.7	167.93/13.0	175.12/11.8	38.65/26.3	68.69/22.6

年份	东北	华北	华东	华南	华中	西北	西南
	值/序	值/序	值/序	值/序	值/序	值/序	值/序
2016	192.97/14.0	588.51/11.6	337.13/8.3	85.76/20.0	197.56/12.5	34.95/26.4	134.52/18.3
2017	126.03/17.7	416.57/13.6	331.11/7.2	81.81/21.3	215.03/10.5	37.53/25.2	138.95/17.3
2018	86.46/21.0	287.21/12.6	317.84/8.8	108.58/18.7	246.80/10.0	45.46/24.8	143.39/16.5
平均	158.99/17.3	428.46/12.5	327.55/7.7	120.87/17.3	198.55/11.8	37.48/26.0	109.06/19.7

2）外商投资企业货物进出口占比（单位:%）。外商投资货物进出口占比反映的是地区企业的对外贸易吸引外商投资的能力，是衡量地区投资开放程度的重要指标，计算公式为外商投资货物进出口总额与货物进出口总额（按境内目的地和货源地分）的比值。2014～2018年，全国外商投资货物进出口占比的平均水平整体呈缓慢下降趋势；东北地区整体低于全国平均水平，在2014～2018年呈缓慢波动上升趋势，2017年赶超全国平均水平，吉林省和辽宁省高于全国平均水平，黑龙江省与全国平均水平差距较大；就东北三省而言，吉林省发展较好，辽宁省次之，黑龙江省较弱。总体而言，东北地区外商投资货物进出口占比低于全国平均水平，但两者之间的差距呈现缩小趋势，具体如图2-61所示。

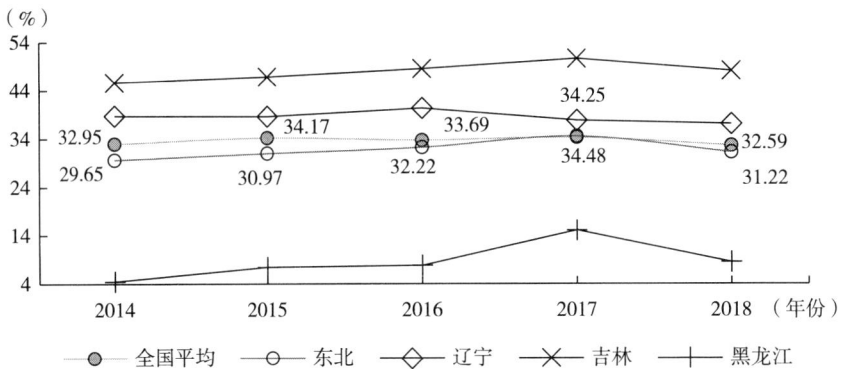

图2-61 2014～2018年外商投资企业货物进出口占比基本走势

注：①全国平均指31个省市区的平均水平；②全国范围内（可采集到的数据），外商投资企业货物进出口占比最大值为2014年海南的74.93%，最小值为2014年西藏的0.0075%。

2014～2018年，东北三省外商投资企业货物进出口占比在全国31个省市区连续5年数据集（共155个指标值）中相对位置分布情况如图2-62所示。可见，东北三省5年（共15个数据）外商投资企业货物进出口占比的百分比排位位于50%以下的有5个，位于25%以下有4个；此外，排位的最大值是2017年的吉林省（73.2%），最小值是2014年的黑龙江省（16.9%），具体如图2-62所示。

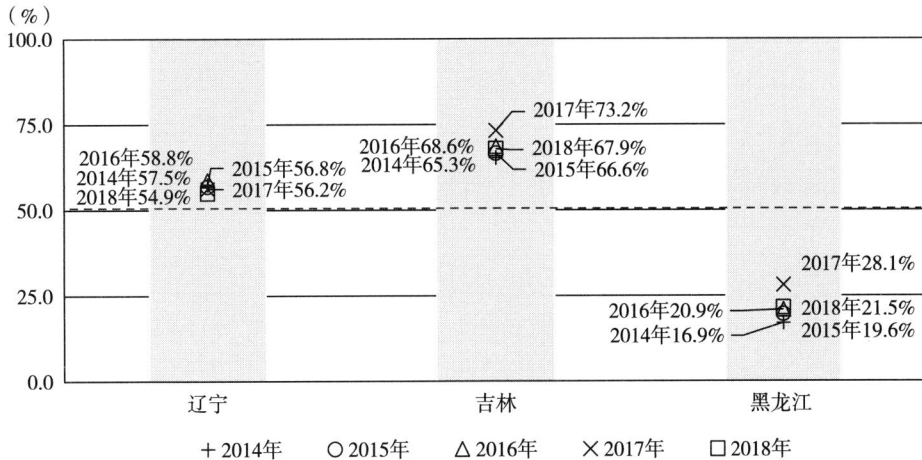

图 2-62　2014～2018 年东北三省外商投资企业货物进出口占比百分比排位图

2014～2018 年,6 省外商投资企业货物进出口占比由高到低依次为:江苏、吉林、广东、辽宁、浙江、黑龙江;东南三省中,江苏省呈波动下降趋势,广东省和浙江省整体呈下降趋势;东北三省中,吉林省和黑龙江省呈波动上升趋势,辽宁省 2014～2016 年呈上升趋势,2016～2018 年呈缓慢下降趋势;东北三省中表现较好的吉林省与东南三省中最优的江苏省差距明显;外商投资企业货物进出口占比增幅最大的是黑龙江省（22.06%）,降幅最大的是浙江省（-5.76%）,辽宁省的降幅较小为 -1.09%,吉林省的增幅为1.32%,具体如表 2-80 所示。

表 2-80　2014～2018 年 6 省外商投资企业货物进出口占比的原始值及单年排名

年份	辽宁	吉林	黑龙江	江苏	浙江	广东	全国平均
	值/序	值/序	值/序	值/序	值/序	值/序	值
2014	38.74/13	45.67/11	4.52/25	57.43/5	25.58/19	47.41/10	32.95
2015	38.60/14	46.86/10	7.44/25	58.06/6	23.43/19	46.58/11	34.17
2016	40.31/14	48.53/11	7.81/24	59.58/6	21.92/21	44.36/12	33.69
2017	37.77/14	50.60/8	15.06/23	59.20/6	21.06/22	42.32/12	34.25
2018	37.06/14	48.08/10	8.51/25	56.94/7	19.69/22	40.51/12	32.59
平均	38.50/13.8	47.95/10	8.67/24.4	58.24/6	22.34/20.6	44.24/11.4	33.53

2014～2018 年,四个区域外商投资企业货物进出口占比从高到低依次为:东部、中部、东北、西部;东部呈下降趋势,东北、西部、中部均呈波动上升态势;东北地区外商投资企业货物进出口占比与东部地区差距较大,具体如表 2-81 所示。

表2-81　2014~2018年四大经济区外商投资企业货物进出口占比的平均值及排名

年份	东北		东部		西部		中部	
	平均值	年排名	平均值	年排名	平均值	年排名	平均值	年排名
2014	29.65	16.3	47.83	10.3	18.96	21.4	37.77	14.5
2015	30.97	16.3	46.92	10.6	21.95	20.1	36.93	14.8
2016	32.22	16.3	44.96	11.9	21.46	20.8	40.11	13.2
2017	34.48	15.0	42.85	12.5	24.43	20.0	39.44	14.3
2018	31.22	16.3	40.77	12.7	23.23	19.9	38.35	13.5
平均	31.71	16.1	44.66	11.6	22.01	20.4	38.52	14.1

2014~2018年，七个区域外商投资企业货物进出口占比由高到低依次为：华南、华东、华中、华北、东北、西南、西北；华东、华南呈下降趋势，华北、华中呈波动下降趋势，其他三个地区总体呈现波动上升趋势；东北2014~2017年呈上升态势，2018年显著下降；就七个区域而言，东北地区处于中下水平，与最优的华南地区差距明显，具体如表2-82所示。

表2-82　2014~2018年七大地理区外商投资企业货物进出口占比的平均值及排名

年份	东北	华北	华东	华南	华中	西北	西南
	值/序	值/序	值/序	值/序	值/序	值/序	值/序
2014	29.65/16.3	34.90/14.8	43.62/12.2	48.65/10.7	39.26/13.8	15.61/22.8	23.04/19.8
2015	30.97/16.3	35.37/15.2	43.50/11.7	45.64/11.3	36.99/14.8	17.01/22.4	31.12/16.3
2016	32.22/16.3	36.46/14.8	42.94/12.5	41.96/13.0	38.53/13.8	17.97/22.2	27.58/18.6
2017	34.48/15.0	34.38/15.8	42.21/13.0	39.68/13.3	38.60/14.8	17.50/22.8	34.44/16.2
2018	31.22/16.3	33.09/15.0	40.11/13.5	38.60/13.0	36.93/14.3	17.92/22.2	31.46/16.8
平均	31.71/16.1	34.84/15.1	42.48/12.6	42.91/12.3	38.06/14.3	17.20/22.5	29.46/17.6

（3）生产开放

生产开放主要用外资工业企业资产比重来予以衡量。外资工业企业资产比重（单位:%）反映一个地区生产开放的水平，是衡量地区生产开放程度的核心指标，计算公式为地区外商投资工业企业资产（包括外商及中国港澳台商投资工业企业资产）与地区工业总产值的比值。2014~2018年，全国外资工业企业资产比重平均水平呈缓慢下降趋势，东北地区则呈现出先缓慢上升后缓慢下降趋势；东北地区在2016~2018年与全国平均水平基本保持一致；就东北三省，辽宁省在2014~2016年呈上升趋势，2016~2018年基本保持平衡，吉林省呈现下降趋势，黑龙江省略有提升；相对而言，辽宁省发展较好，吉林省和黑龙江省发展较弱。东北三省外资工业企业资产占比与全国平均水平的差距在逐渐缩小，如图2-63所示。

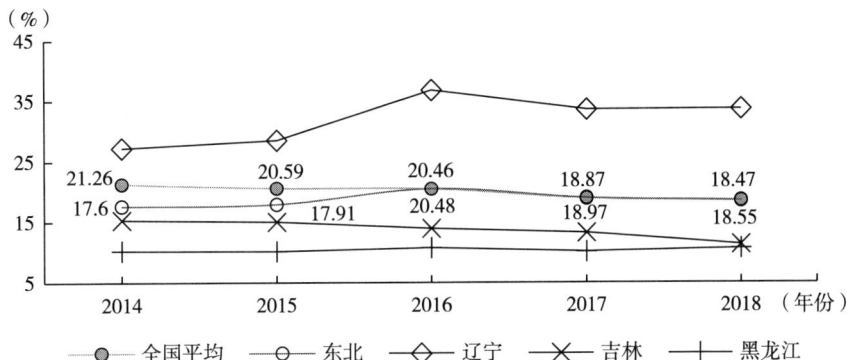

图 2 – 63　2014 ~ 2018 年外资工业企业资产比重基本走势

注：①全国平均指 31 个省市区的平均水平；②全国范围内（可采集到的数据），外资工业企业资产比重最大值为 2014 年上海的 69.51%，最小值为 2014 年西藏的 1.26%。

　　2014 ~ 2018 年，东北三省外资工业企业资产比重在全国 31 个省市区连续 5 年数据集（共 155 个指标值）中相对位置分布情况如图 2 – 64 所示。可见，东北三省 5 年（共 15 个数据）外资工业企业资产比重的百分比排位位于 50% 以下的有 10 个；此外，排位的最大值是 2016 年的辽宁省（85.7%），最小值是 2017 年的黑龙江省（25.3%）。

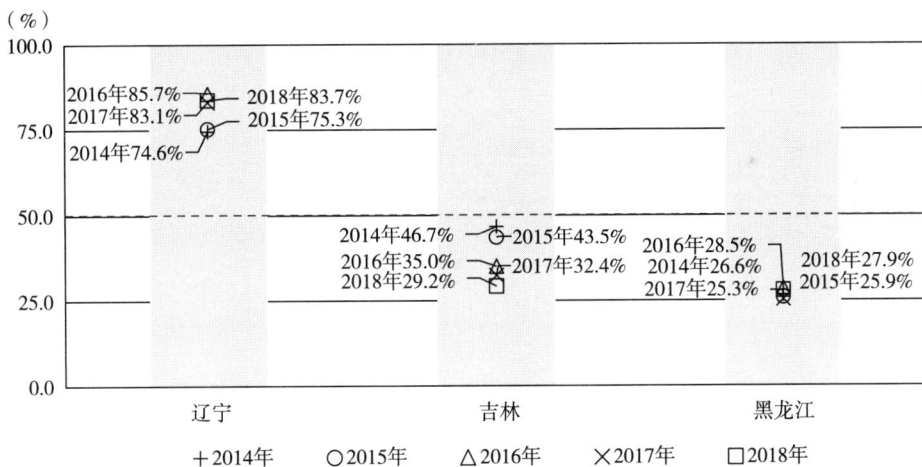

图 2 – 64　2014 ~ 2018 年东北三省外资工业企业资产比重百分比排位图

　　2014 ~ 2018 年，6 省外资工业企业资产比重由高到低依次为：江苏、广东、浙江、辽宁、吉林、黑龙江；广东省、江苏省、浙江省、吉林省均呈下降趋势，辽宁省总体呈上升趋势、黑龙江省有一定的波动；东南三省的整体发展水平明显高于东北地区，东南三省中最优的江苏省是黑龙江省发展水平的近 5 倍；外资工业企业资产比重降幅最大的是吉林省（– 6.55%），增幅最大的是辽宁省（5.92%），黑龙江省的增幅为 1.00%，如表 2 – 83 所示。

表 2-83　2014~2018 年 6 省外资工业企业资产比重的原始值及单年排名

年份	辽宁	吉林	黑龙江	江苏	浙江	广东	全国平均
	值/序	值/序	值/序	值/序	值/序	值/序	值
2014	27.24/8	15.31/17	10.25/23	55.48/3	38.85/6	56.02/2	21.26
2015	28.53/8	15.04/19	10.16/24	52.29/3	35.68/6	52.99/2	20.59
2016	36.76/6	13.93/21	10.75/23	50.35/2	33.42/8	50.05/3	20.46
2017	33.58/5	13.21/21	10.13/23	46.79/2	30.95/7	45.87/3	18.87
2018	33.69/4	11.30/22	10.66/23	45.19/2	29.79/8	44.02/3	18.47
平均	31.96/6.2	13.76/20	10.39/23.2	50.02/2.4	33.74/7	49.79/2.6	19.93

2014~2018 年，四个区域外资工业企业资产比重由高到低依次为：东部、东北、中部、西部；东部总体呈下降趋势，中部呈先上升后下降趋势，整体趋势较为平缓，西部则呈波动下降态势，东北地区在 2014~2016 年呈现上升趋势，之后在 2016~2018 年呈下降趋势，整体上升趋势较为平缓，增幅为 1.35%；东北地区外资工业企业资产比重与东部地区差距较大，如表 2-84 所示。

表 2-84　2014~2018 年四大经济区外资工业企业资产比重的平均值及排名

年份	东北		东部		西部		中部	
	平均值	年排名	平均值	年排名	平均值	年排名	平均值	年排名
2014	17.60	16.0	40.44	6.0	9.72	23.0	14.19	18.7
2015	17.91	17.0	37.85	6.4	9.83	22.8	14.65	18.0
2016	20.48	16.7	36.37	6.9	9.84	23.2	15.16	16.5
2017	18.97	16.3	33.25	6.6	9.25	22.9	14.07	17.7
2018	18.55	16.3	32.28	6.9	9.40	22.3	13.57	18.3
平均	18.70	16.5	36.04	6.6	9.61	22.8	14.33	17.8

2014~2018 年，七个区域外资工业企业资产比重由高到低依次为：华东、华南、华北、东北、华中、西南、西北；只有东北地区总体呈上升趋势，其他区域总体普遍呈下降趋势；就七个区域而言，东北地区排名居中，与最优的华东地区差距明显，如表 2-85 所示。

表 2-85　2014~2018 年七大地理区外资工业企业资产比重的平均值及排名

年份	东北	华北	华东	华南	华中	西北	西南
	值/序	值/序	值/序	值/序	值/序	值/序	值/序
2014	17.60/16.0	25.38/12.2	40.79/7.5	31.21/8.7	13.91/18.3	8.13/24.6	8.93/24.0
2015	17.91/17.0	24.65/12.8	38.08/7.7	29.70/9.0	14.52/16.8	8.61/24.6	8.49/23.6

年份	东北	华北	华东	华南	华中	西北	西南
	值/序	值/序	值/序	值/序	值/序	值/序	值/序
2016	20.48/16.7	23.98/12.6	37.00/7.5	27.98/10.3	14.99/16.0	8.36/25.0	9.03/23.6
2017	18.97/16.3	21.58/12.6	34.04/7.3	26.06/10.3	13.94/17.3	8.16/24.0	8.21/24.0
2018	18.55/16.3	21.93/12.0	32.60/7.7	25.96/9.0	13.06/18.8	7.91/24.2	8.42/23.6
平均	18.70/16.5	23.50/12.4	36.50/7.5	28.18/9.5	14.08/17.4	8.23/24.5	8.62/23.8

（4）市场开放

1）单位 GDP 外商投资企业数（单位：户/亿元）。单位 GDP 外商投资企业数反映地区吸引外商投资的能力，是衡量地区市场开放程度的重要指标，计算公式为地区外商投资企业数与地区 GDP 的比值。2014～2018 年，全国单位 GDP 外商投资企业数平均水平呈缓慢下降趋势，东北地区亦呈缓慢波动下降趋势，持续低于全国平均水平；辽宁省在2014～2016 年呈上升趋势，而在 2016～2018 年呈下降趋势，吉林省总体呈下降态势，黑龙江省在 2014～2016 年呈现下降态势，在 2016 年之后呈现上升趋势；就东北三省而言，辽宁省发展较好，吉林省和黑龙江省次之。总体而言，东北地区单位 GDP 外商投资企业数与全国平均水平相比存在一定的差距，如图 2 - 65 所示。

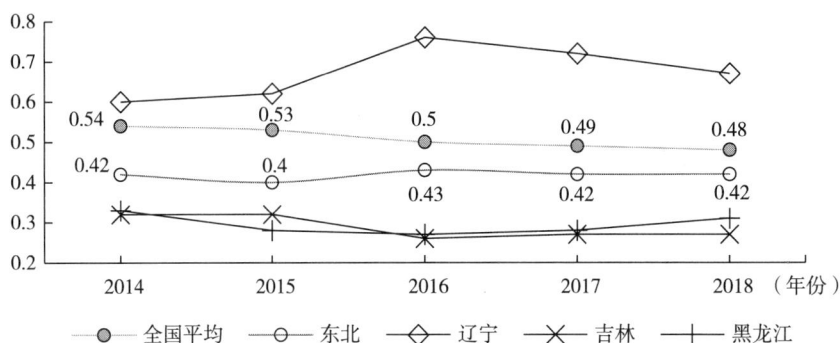

图 2 - 65　2014～2018 年单位 GDP 外商投资企业数基本走势

注：①全国平均指 31 个省市区的平均水平；②全国范围内（可采集到的数据），单位 GDP 外商投资企业数最大值为 2015 年上海的 2.98，最小值为 2017 年贵州的 0.12。

2014～2018 年，东北三省单位 GDP 外商投资企业数在全国 31 个省市区连续 5 年数据集（共 155 个指标值）中相对位置分布情况如图 2 - 66 所示。可见，东北三省 5 年中（共 15 个数据）单位 GDP 外商投资企业数的百分比排位位于 50% 以下的有 6 个；此外，排位的最大值是 2016 年的辽宁省（82.4%），最小值是 2016 年的吉林省（36.3%）。

2014～2018 年，6 省份单位 GDP 外商投资企业数由高到低依次为：广东、浙江、江苏、辽宁、黑龙江、吉林；东南三省中江苏、浙江两省呈下降趋势，但仍优于全国平均水

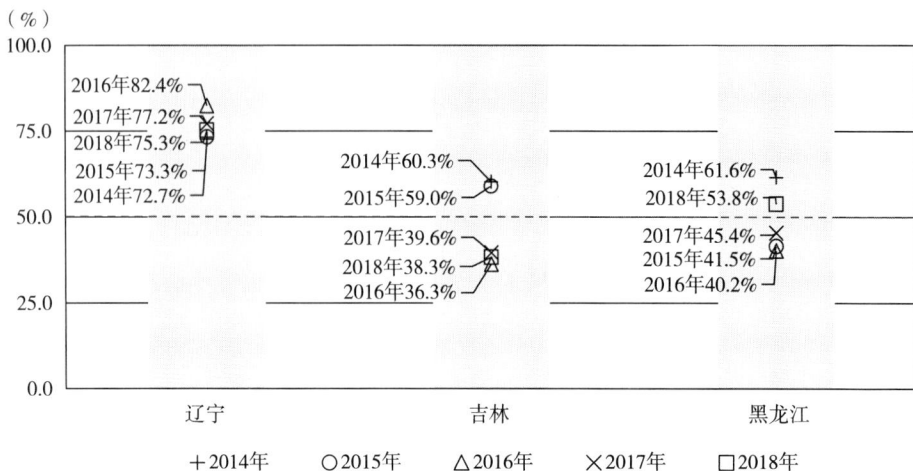

图 2-66　2014～2018 年东北三省单位 GDP 外商投资企业数百分比排位图

平；东北三省中，水平较高的辽宁省低于东南三省中较低的江苏省；单位 GDP 外商投资企业数降幅最大的是江苏省（-4.81%），增幅最大的是广东省（3.50%），东北三省中除辽宁省增长外（增幅为 3.17%），其余两省均呈波动下降趋势，吉林省和黑龙江省的降幅分别为 -3.95% 和 -1.97%，如表 2-86 所示。

表 2-86　2014～2018 年 6 省单位 GDP 外商投资企业数的原始值及单年排名

年份	辽宁	吉林	黑龙江	江苏	浙江	广东	全国平均
	值/序	值/序	值/序	值/序	值/序	值/序	值
2014	0.60/9	0.32/17	0.33/16	0.79/6	0.77/7	1.54/2	0.54
2015	0.62/9	0.32/15	0.28/20	0.76/7	0.76/6	1.53/2	0.53
2016	0.76/5	0.26/20	0.27/19	0.72/8	0.73/7	1.48/2	0.50
2017	0.72/7	0.27/17	0.28/15	0.68/8	0.72/6	1.51/2	0.49
2018	0.67/7	0.27/17	0.31/13	0.64/8	0.72/6	1.76/2	0.48
平均	0.67/7.4	0.29/17.2	0.29/16.6	0.72/7.4	0.74/6.4	1.56/2	0.51

2014～2018 年，四个区域单位 GDP 外商投资企业数由高到低依次为：东部、东北、中部、西部；四个区域普遍呈下降趋势，中部降幅最大（-4.64%），东北降幅最小（-0.01%）；东北地区单位 GDP 外商投资企业数与东部地区差距较大，如表 2-87 所示。

表 2-87　2014～2018 年四大经济区单位 GDP 外商投资企业数平均值及排名

年份	东北		东部		西部		中部	
	平均值	年排名	平均值	年排名	平均值	年排名	平均值	年排名
2014	0.42	14.0	1.06	7.1	0.26	21.8	0.29	20.3
2015	0.40	14.7	1.06	6.8	0.24	22.0	0.28	20.0

年份	东北		东部		西部		中部	
	平均值	年排名	平均值	年排名	平均值	年排名	平均值	年排名
2016	0.43	14.7	1.00	7.3	0.23	21.8	0.26	19.7
2017	0.42	13.0	0.96	6.9	0.23	22.1	0.24	20.5
2018	0.42	12.3	0.97	7.0	0.22	21.8	0.24	21.3
平均	0.42	13.7	1.01	7.0	0.24	21.9	0.26	20.4

2014~2018 年，七个区域单位 GDP 外商投资企业数由高到低依次为：华东、华南、华北、东北、华中、西南、西北；七大区域普遍呈下降趋势，其中，降幅最大的是西南地区（-5.23%），最小的是东北地区（-0.01%）；就七个区域而言，东北地区排名居中，与最优的华东地区相比，差距明显，如表 2-88 所示。

表 2-88　2014~2018 年七大地理区单位 GDP 外商投资企业数的平均值及排名

年份	东北	华北	华东	华南	华中	西北	西南
	值/序	值/序	值/序	值/序	值/序	值/序	值/序
2014	0.42/14.0	0.55/17.0	1.03/9.0	0.89/10.0	0.31/18.8	0.24/23.0	0.30/19.0
2015	0.40/14.7	0.54/16.2	1.03/8.5	0.87/9.3	0.29/19.5	0.23/23.0	0.27/19.8
2016	0.43/14.7	0.53/15.2	0.98/8.7	0.79/10.7	0.26/20.0	0.22/22.6	0.25/19.8
2017	0.42/13.0	0.51/15.6	0.94/8.7	0.77/10.0	0.25/19.8	0.22/24.0	0.24/20.2
2018	0.42/12.3	0.50/16.2	0.92/8.7	0.86/9.7	0.25/19.8	0.21/23.4	0.23/20.2
平均	0.42/13.7	0.52/16.0	0.98/8.7	0.84/9.9	0.27/19.4	0.23/23.2	0.26/19.8

2）货运活跃度（单位：亿吨公里/万平方公里）。货运活跃度反映一个地区的市场开放水平，是衡量区域开放的必要指标，计算公式为货物周转量与地区面积的比值，其中货物周转量是实际运送货物吨数与货物平均运距的乘积。2014~2018 年，全国货运活跃度的平均水平总体上呈上升的趋势，东北地区总体较为平稳，但明显低于全国平均水平；就东北三省而言，辽宁省发展较好，吉林省次之，黑龙江省较差。总体而言，东北地区的货运活跃度明显低于全国平均水平，且差距呈现进一步扩大的趋势，具体如图 2-67 所示。

2014~2018 年，东北三省货运活跃度在全国 31 个省市区连续 5 年数据集（共 155 个指标值）中相对位置分布情况如图 2-68 所示。可见，东北三省 5 年（共 15 个数据）货运活跃度的百分比排位处于 50% 以下的有 10 个，其中位于 25% 以下的有 6 个；此外，排位的最大值是 2017 年的辽宁省（85.7%），最小值是 2015 年的黑龙江省（7.7%），如图 2-68 所示。

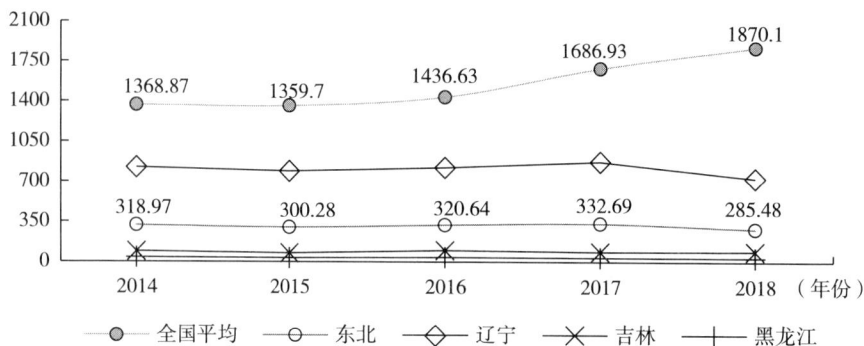

图 2 - 67　2014 ~ 2018 年货运活跃度基本走势

注：①全国平均指 31 个省市区的平均水平；②全国范围内（可采集到的数据），货运活跃度最大值为 2018 年上海的 44920.39，最小值为 2014 年西藏的 0.90。

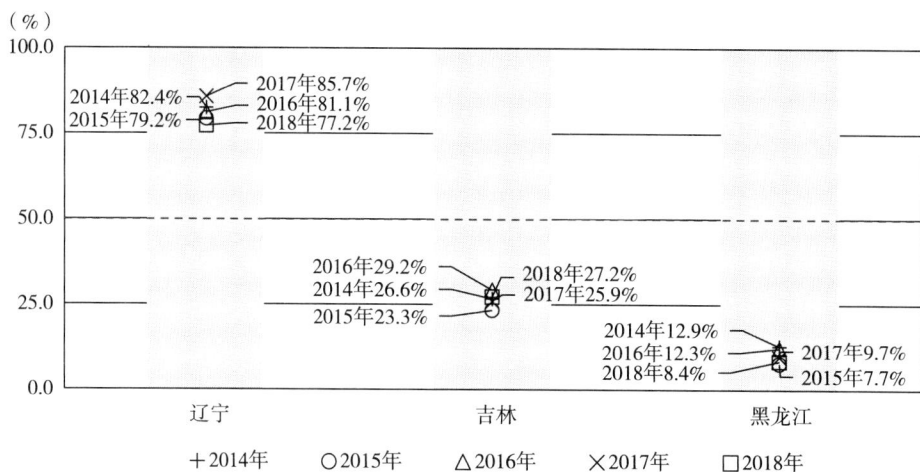

图 2 - 68　2014 ~ 2018 年东北三省货运活跃度百分比排位图

2014 ~ 2018 年，6 省货运活跃度由高到低依次为：广东、浙江、江苏、辽宁、吉林、黑龙江；东南三省明显优于吉林省和黑龙江省，辽宁省和黑龙江省呈波动下降态势，吉林省表现基本持平；东南三省水平较低的江苏省总体上优于东北地区较低的黑龙江省；货运活跃度增幅最大的是广东省（22.79%），降幅最大的是江苏省（- 3.64%）；就东北三省来看，只有吉林省总体呈缓慢上升趋势，增幅为 0.01%，而辽宁省的和黑龙江省的降幅均为 - 2.90%，具体如表 2 - 89 所示。

表 2 - 89　2014 ~ 2018 年 6 省货运活跃度的原始值及单年排名

年份	辽宁	吉林	黑龙江	江苏	浙江	广东	全国平均
	值/序	值/序	值/序	值/序	值/序	值/序	值
2014	826.18/6	90.92/22	39.82/26	1023.37/3	904.24/5	823.65/7	1368.9
2015	790.81/6	76.06/23	33.98/28	812.40/5	935.52/3	828.17/4	1359.7

年份	辽宁	吉林	黑龙江	江苏	浙江	广东	全国平均
	值/序	值/序	值/序	值/序	值/序	值/序	值
2016	822.61/7	100.04/26	39.26/31	722.91/9	937.14/5	1212.89/4	1436.6
2017	874.38/6	87.23/23	36.45/28	882.81/5	990.81/4	1551.10/3	1686.9
2018	730.26/7	90.97/23	35.21/28	874.20/5	1131.19/4	1574.35/3	1870.1
平均	808.85/6.4	89.04/23.4	36.94/28.2	863.14/5.4	979.78/4.2	1198.03/4.2	1544.4

2014~2018 年，四个区域货运活跃度由高到低依次为：东部、中部、东北、西部；东部呈上升趋势，西部总体呈波动上升的态势，东北总体呈波动下降态势，中部地区则呈现先下降后上升的趋势，东部的上升幅度最大（10.03%），东北的降幅最大（-2.63%）；东北地区货运活跃度与东部地区差距显著，具体如表 2-90 所示。

表 2-90 2014~2018 年四大经济区货运活跃度的平均值及排名

年份	东北		东部		西部		中部	
	平均值	年排名	平均值	年排名	平均值	年排名	平均值	年排名
2014	318.97	18.0	3804.61	7.0	88.91	24.3	394.19	13.5
2015	300.28	19.0	3810.70	6.6	87.52	24.0	348.76	14.2
2016	320.64	21.3	3887.15	7.0	201.85	22.4	379.95	15.5
2017	332.69	19.0	4768.55	6.9	102.97	23.9	395.93	13.8
2018	285.48	19.3	5330.85	7.0	108.39	23.8	417.90	13.8
平均	311.61	19.3	4320.37	6.9	117.93	23.7	387.34	14.2

2014~2018 年，七个区域货运活跃度由高到低依次为：华东、华北、华南、华中、东北、西南、西北；华东呈上升趋势，华北在 2014~2016 年呈下降趋势，在 2016~2018 年呈上升趋势，华南、西北、华中、西南呈波动上升态势，东北呈波动下降态势；就七个区域而言，东北地区排名居中，与表现最优的华东地区相比，差距显著，具体如表 2-91 所示。

表 2-91 2014~2018 年七大地理区货运活跃度的平均值及排名

年份	东北	华北	华东	华南	华中	西北	西南
	值/序	值/序	值/序	值/序	值/序	值/序	值/序
2014	319.0/18.0	970.7/12.4	5531.3/6.0	472.3/12.7	291.0/15.3	74.2/24.8	97.1/24.2
2015	300.3/19.0	746.3/12.6	5701.9/6.2	444.5/12.0	282.5/15.3	69.5/25.0	99.1/23.4
2016	320.6/21.3	677.9/14.2	5658.2/7.8	927.1/9.3	318.9/16.5	283.8/19.8	151.7/24.2
2017	332.7/19.0	690.5/12.4	7259.5/6.2	666.9/13.0	322.4/15.3	77.6/24.8	121.8/23.2
2018	285.5/19.3	721.5/12.6	8174.7/5.8	681.0/13.0	343.8/15.5	77.8/24.8	130.6/23.0
平均	311.6/19.3	761.4/12.8	6465.1/6.4	638.4/12.0	311.7/15.6	116.6/23.8	120.1/23.6

3）客运活跃度（单位：亿人公里/平方公里）。客运活跃度反映一个地区的市场开放水平，是衡量区域开放的必要指标，计算公式为客运周转量与地区面积的比值，其中客运周转量是指在一定时期内运送旅客数量与平均运距的乘积。2014～2018 年，全国客运活跃度总体保持平稳态势，东北地区整体保持平稳，且明显低于全国平均水平；东北三省中吉林省和黑龙江省趋势变化不明显，辽宁省整体呈平稳态势发展；就东北三省而言，辽宁省发展较好，吉林省次之，黑龙江省较弱。总体而言，东北地区的客运活跃度明显低于全国平均水平，且差距较大，具体如图 2-69 所示。

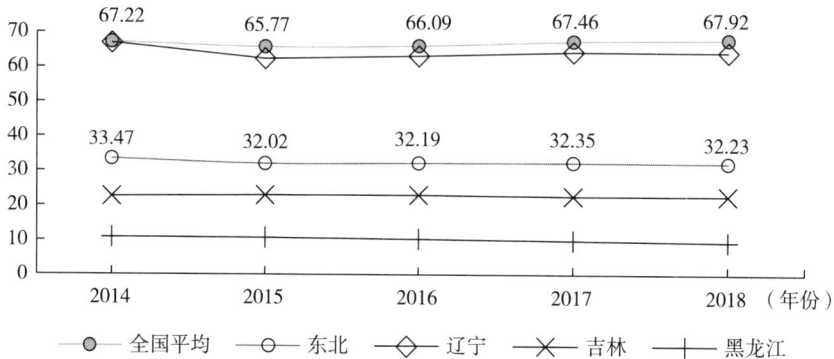

图 2-69 2014～2018 年客运活跃度基本走势

注：①全国平均指 31 个省市区的平均水平；②全国范围内（可采集到的数据），客运活跃度最大值为 2017 年上海的 356.83，最小值为 2015 年西藏的 0.31。

2014～2018 年，东北三省客运活跃度在全国 31 个省市区连续 5 年数据集（共 155 个指标值）中相对位置分布情况如图 2-70 所示。可见，东北三省 5 年（共 15 个数据）客运活跃度的百分比排位处于 50% 以下的有 10 个，其中位于 25% 以下有 5 个；此外，排位的最大值是 2014 年的辽宁省（64.9%），最小值是 2018 年的黑龙江省（12.9%）。

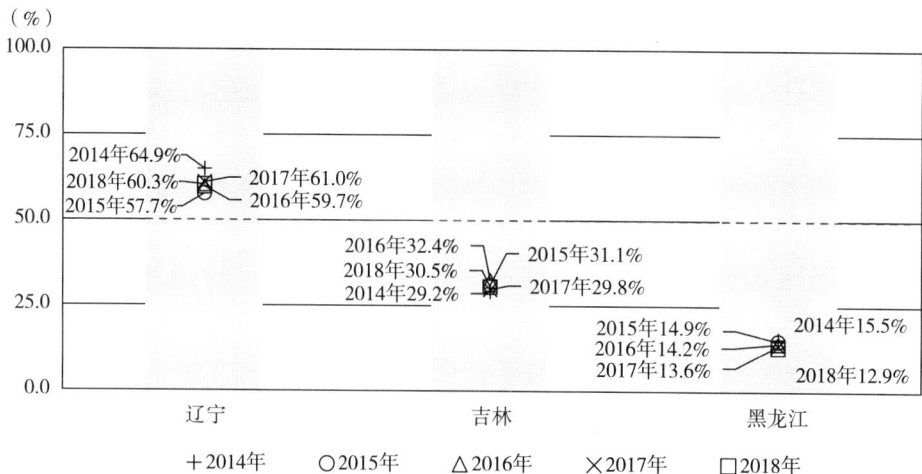

图 2-70 2014～2018 年东北三省客运活跃度百分比排位图

2014~2018 年，6 省客运活跃度由高到低依次为：江苏、广东、浙江、辽宁、吉林、黑龙江；东南三省中，江苏省、浙江省呈上升趋势，广东省则呈现先下降后上升的趋势；东南三省明显优于东北三省，且东南三省水平相对较低的浙江省优于东北地区较高的辽宁省；客运活跃度降幅最大的是黑龙江省（-3.01%），浙江省的增幅最大（1.50%），辽宁省的降幅为 -0.97%，吉林省的增幅为 0.17%，具体如表 2-92 所示。

表 2-92 2014~2018 年 6 省的客运活跃度的原始值及单年排名

| 年份 | 辽宁 | 吉林 | 黑龙江 | 江苏 | 浙江 | 广东 | 全国平均 |
	值/序	值/序	值/序	值/序	值/序	值/序	值
2014	66.93/12	22.65/22	10.84/27	142.95/4	102.06/7	128.85/5	67.22
2015	62.37/14	22.96/22	10.72/27	142.80/4	103.56/5	99.97/6	65.77
2016	63.21/13	23.01/21	10.36/27	144.25/4	101.89/6	105.03/5	66.09
2017	64.42/12	22.70/22	9.94/27	147.69/4	107.45/6	111.80/5	67.46
2018	64.34/12	22.80/22	9.54/27	150.03/4	108.20/6	115.87/5	67.92
平均	64.25/12.6	22.82/21.8	10.28/27	145.54/4	104.63/6	112.30/5.2	66.89

2014~2018 年，四个区域客运活跃度由高到低依次为：东部、中部、东北、西部；东部、西部两个区域均呈波动上升趋势；东北和中部两个区域均呈波动下降趋势；东北地区客运活跃度与东部地区差距较大，具体如表 2-93 所示。

表 2-93 2014~2018 年四大经济区客运活跃度的平均值及排名

| 年份 | 东北 | | 东部 | | 西部 | | 中部 | |
	平均值	年排名	平均值	年排名	平均值	年排名	平均值	年排名
2014	33.47	20.3	131.80	7.8	19.47	23.8	72.00	12.0
2015	32.02	21.0	129.81	7.6	20.08	23.7	67.29	12.2
2016	32.19	20.3	131.15	7.6	19.73	23.8	67.33	12.3
2017	32.35	20.3	134.12	7.8	20.11	23.8	68.58	12.0
2018	32.23	20.3	135.10	7.8	20.57	23.8	68.52	12.0
平均	32.45	20.5	132.40	7.7	19.99	23.7	68.74	12.1

2014~2018 年，七个区域客运活跃度由高到低依次为：华东、华北、华中、华南、东北、西南、西北；华中地区呈波动下降趋势，东北、华南地区呈现先下降后上升的趋势，其余地区均呈波动上升趋势；就七个区域而言，东北地区处于中下水平，与表现最优的华东地区相比，差距较大，具体如表 2-94 所示。

表 2-94   2014~2018 年七大地理区客运活跃度的平均值及排名

年份	东北	华北	华东	华南	华中	西北	西南
	值/序	值/序	值/序	值/序	值/序	值/序	值/序
2014	33.47/20.3	96.82/13.0	133.31/7.7	63.48/14.7	76.55/10.8	14.82/25	25.77/22.4
2015	32.02/21.0	97.75/13.0	131.97/7.2	54.26/15.0	73.12/11.0	14.49/25.2	26.89/22.0
2016	32.19/20.3	98.25/13.2	132.04/7.3	56.82/14.7	74.04/11.0	14.25/25.2	26.18/22.2
2017	32.35/20.3	95.25/13.4	137.45/7.3	60.94/14.7	76.25/10.8	14.72/25.2	26.35/22.2
2018	32.23/20.3	97.38/13.4	136.86/7.3	62.95/14.7	75.65/10.8	14.84/25.2	27.04/22.2
平均	32.45/20.5	97.09/13.2	134.33/7.4	59.69/14.7	75.12/10.9	14.62/25.2	26.44/22.2

（5）区位支撑

1）城市化水平（单位:%）。城市化水平反映一个地区的城市化发展程度，是衡量区域开放的重要指标，计算公式为地区城镇人口与总人口的比值。2014~2018 年，全国城市化水平的平均表现整体呈上升趋势，东北地区呈缓慢上升趋势且明显高于全国平均水平，但这种优势呈进一步缩小的趋势；就东北三省而言，辽宁省和黑龙江省发展较平稳，吉林省呈稳步上升趋势。相对而言，辽宁省发展较好，黑龙江省次之，吉林省较弱，总体而言，东北地区城市化水平明显高于全国平均水平，但优势逐步缩小，具体如图 2-71 所示。

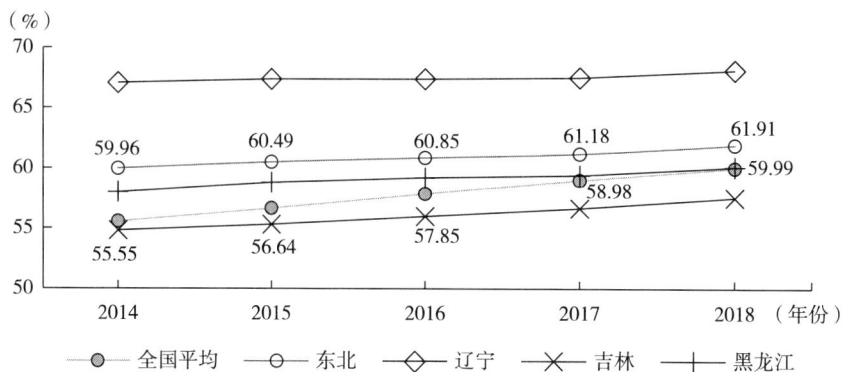

图 2-71   2014~2018 年城市化水平基本走势

注：①全国平均指 31 个省市区的平均水平；②全国范围内（可采集到的数据），城市化水平最大值为 2014 年上海的 89.60%，最小值为 2014 年西藏的 25.75%。

2014~2018 年，东北三省城市化水平在全国 31 个省市区连续 5 年数据集（共 155 个指标值）中相对位置分布情况如图 2-72 所示。可见，东北三省 2014~2018 年（共 15 个数据）城市化水平的百分比排位位于 50% 以上的有 12 个，其中，位于 75% 以上的有 5 个；此外，排位的最大值是 2018 年的辽宁省（85.7%），最小值是 2014 年的吉林省（42.8%）。

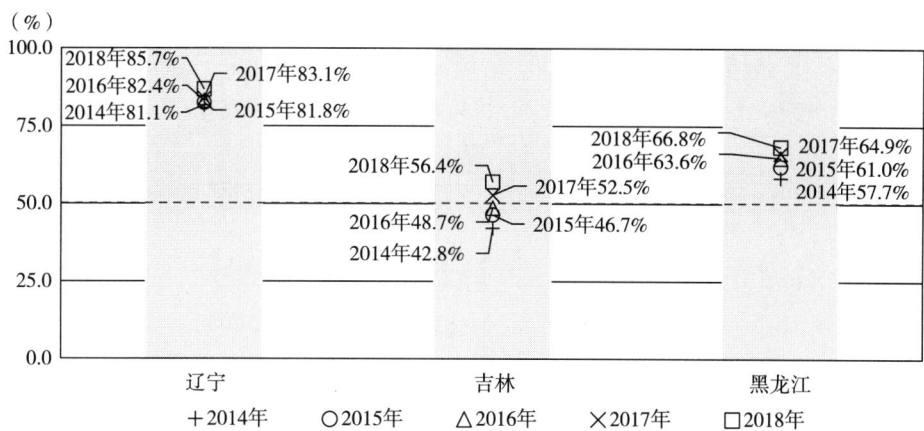

图 2-72 2014~2018 年东北三省城市化水平百分比排位图

2014~2018 年，6 省城市化水平由高到低依次为：广东、江苏、辽宁、浙江、黑龙江、吉林；东南三省呈平稳上升态势，其中江苏省增幅较大；东北三省亦呈平稳上升态势，其中吉林省和黑龙江省的城市化水平低于东南三省中较低的浙江省；城市化水平增幅最大的是江苏省（1.69%），最小的是辽宁省（0.39%），黑龙江省和吉林省的增幅分别为 0.90% 和 1.24%，具体如表 2-95 所示。

表 2-95 2014~2018 年 6 省城市化水平的原始值及单年排名

年份	辽宁	吉林	黑龙江	江苏	浙江	广东	全国平均
	值/序	值/序	值/序	值/序	值/序	值/序	值
2014	67.05/5	54.81/14	58.01/11	65.21/6	64.87/7	68.00/4	55.55
2015	67.35/5	55.31/14	58.80/11	66.52/6	65.80/7	68.71/4	56.64
2016	67.37/6	55.97/17	59.20/11	67.72/5	67.00/7	69.20/4	57.85
2017	67.49/7	56.65/18	59.40/12	68.76/5	68.00/6	69.85/4	58.98
2018	68.10/7	57.53/18	60.10/13	69.61/5	68.90/6	70.70/4	59.99
平均	67.47/6	56.05/16.2	59.10/11.6	67.56/5.4	66.91/6.6	69.29/4	57.80

2014~2018 年，四个区域城市化水平由高到低依次为：东部、东北、中部、西部；四个区域普遍呈上升趋势，其中西部上升幅度最大（2.87%），东北上升幅度最小（0.81%）；东北地区城市化水平与东部地区差距较大，具体如表 2-96 所示。

表 2-96 2014~2018 年四大经济区城市化水平的平均值及排名

年份	东北		东部		西部		中部	
	平均值	年排名	平均值	年排名	平均值	年排名	平均值	年排名
2014	59.96	10.0	67.62	8.1	46.89	22.3	50.55	19.7
2015	60.49	10.0	68.38	7.9	48.25	22.3	51.96	19.8
2016	60.85	11.3	69.40	7.5	49.68	22.5	53.44	19.5
2017	61.18	12.3	70.22	7.3	51.11	22.4	54.92	19.5

年份	东北		东部		西部		中部	
	平均值	年排名	平均值	年排名	平均值	年排名	平均值	年排名
2018	61.91	12.7	70.95	7.3	52.27	22.4	56.19	19.2
平均	60.88	11.3	69.31	7.6	49.64	22.4	53.41	19.5

2014~2018 年，七个区域城市化水平由高到低依次为：华北、华东、东北、华南、华中、西北、西南；七个区域普遍呈平稳上升态势，西南地区增幅最大；就七个区域而言，东北地区处于中上水平，与最优的华北地区相比差距较大，具体如表 2-97 所示。

表 2-97　2014~2018 年七大地理区城市化水平的平均值及排名

年份	东北	华北	华东	华南	华中	西北	西南
	值/序	值/序	值/序	值/序	值/序	值/序	值/序
2014	59.96/10.0	66.25/10.2	64.27/9.7	55.92/15.3	50.09/20.0	48.74/21.8	42.68/24.4
2015	60.49/10.0	67.16/10.4	65.01/9.3	56.96/15.3	51.55/20.0	49.97/22.0	44.34/24.4
2016	60.85/11.3	68.03/10.0	66.21/9.2	58.02/15.0	53.11/19.8	51.26/22.2	46.11/24.4
2017	61.18/12.3	68.76/10.0	67.22/8.8	59.03/15.0	54.67/19.8	52.72/22.0	47.69/24.4
2018	61.91/12.7	69.44/10.0	68.05/8.8	59.99/15.0	56.01/19.3	54.02/22.0	48.85/24.4
平均	60.88/11.3	67.93/10.1	66.15/9.2	57.99/15.1	53.09/19.8	51.34/22.0	45.94/24.4

2）运网密度（单位：公里/平方公里）。运网密度反映一个地区交通运输的发展水平，是衡量区域开放程度的重要指标，计算公式为地区交通线路总长度与地区总面积的比值。2014~2018 年，全国运网密度的平均水平呈上升趋势，东北地区亦呈缓慢上升趋势；东北地区整体水平明显低于全国平均水平；东北三省均呈平稳发展趋势；就东北三省而言，辽宁省发展较好，吉林省次之，黑龙江省较弱。总体而言，东北地区的运网密度明显低于全国平均水平，且这种差距有缓慢扩大的趋势，具体如图 2-73 所示。

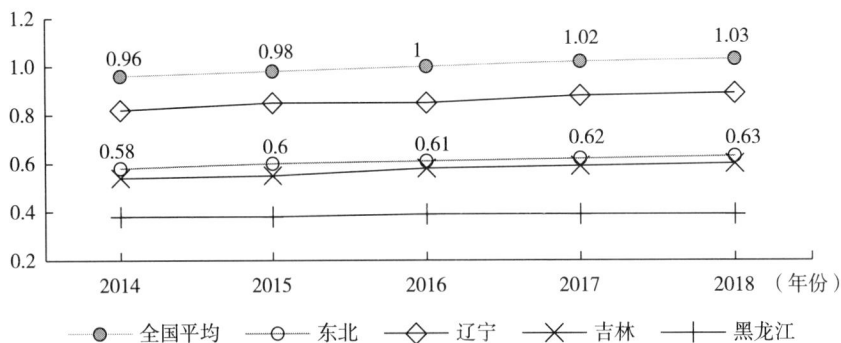

图 2-73　2014~2018 年运网密度基本走势

注：①全国平均指 31 个省市区的平均水平；②全国范围内（可采集到的数据），运网密度最大值为 2017 年上海的 2.5284，最小值为 2014 年西藏的 0.0621。

2014～2018年，东北三省运网密度在全国31个省市区连续5年数据集（共155个指标值）中相对位置分布情况如图2-74所示。可见，东北三省5年（共15个数据）运网密度的百分比排位均位于50%以下，其中有7个位于25%以下；此外，排位最大值为2018年的辽宁省（42.8%），最小值是2014年的黑龙江省（16.2%）。

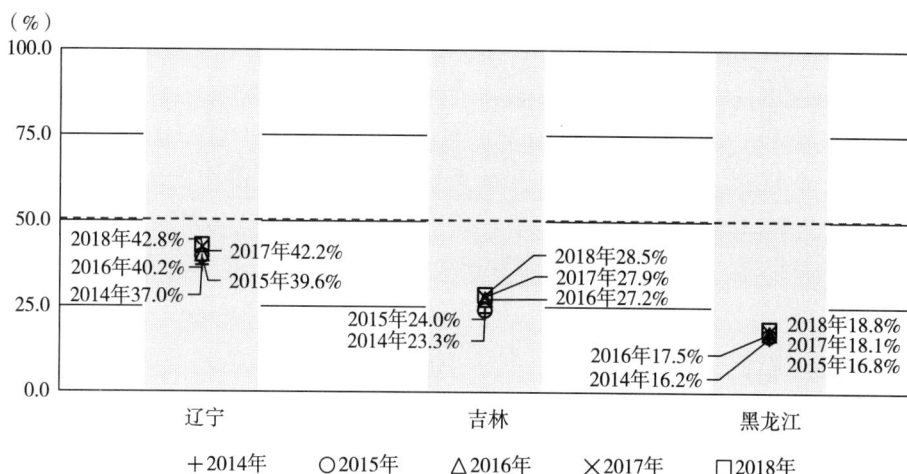

图2-74 2014～2018年东北三省运网密度百分比排位图

2014～2018年，6省运网密度由高到低依次为：江苏、广东、浙江、辽宁、吉林、黑龙江；东南三省中浙江省和广东省整体呈平稳上升趋势，江苏省在2014～2015年呈上升趋势，在2015～2018年呈下降趋势并逐渐趋于平稳；东南三省中水平较低的浙江省优于东北地区较高的辽宁省；运网密度增幅最大的是吉林省（2.42%），增幅最小的是江苏省（0.02%），黑龙江省和辽宁省的增幅分别为0.80%和2.25%，具体如表2-98所示。

表2-98 2014～2018年6省运网密度原始值及单年排名

年份	辽宁	吉林	黑龙江	江苏	浙江	广东	全国平均
	值/序	值/序	值/序	值/序	值/序	值/序	值
2014	0.82/19	0.54/23	0.38/26	1.81/2	1.22/11	1.27/10	0.96
2015	0.85/18	0.55/23	0.38/26	1.83/2	1.24/11	1.29/10	0.98
2016	0.85/19	0.58/23	0.39/26	1.81/3	1.25/11	1.30/10	1.00
2017	0.88/20	0.59/23	0.39/26	1.81/3	1.30/11	1.31/10	1.02
2018	0.89/20	0.60/23	0.39/26	1.81/4	1.31/10	1.30/11	1.03
平均	0.86/19.2	0.57/23	0.39/26	1.82/2.8	1.26/10.8	1.30/10.2	1.00

2014～2018年，四个区域运网密度由高到低依次为：东部、中部、东北、西部；四个区域均呈平稳上升的趋势，西部地区上升幅度最大，幅度为3.59%；东北地区运网密度与东部地区相比差距较大，具体如表2-99所示。

表 2-99   2014~2018 年四大经济区运网密度的平均值及排名

年份	东北		东部		西部		中部	
	平均值	年排名	平均值	年排名	平均值	年排名	平均值	年排名
2014	0.58	22.7	1.40	9.0	0.55	22.7	1.22	11.0
2015	0.60	22.3	1.43	9.3	0.57	22.7	1.25	10.7
2016	0.61	22.7	1.44	9.5	0.59	22.5	1.29	10.5
2017	0.62	23.0	1.46	9.6	0.61	22.3	1.31	10.5
2018	0.63	23.0	1.47	9.5	0.62	22.3	1.33	10.7
平均	0.61	22.7	1.44	9.4	0.59	22.5	1.28	10.7

2014~2018 年, 七个区域运网密度由高到低依次为: 华东、华中、华北、华南、西南、东北、西北; 七个区域中华北地区在 2014~2016 年呈上升趋势, 2016~2018 年呈下降趋势, 其他区域均呈平稳上升趋势, 其中西南地区增幅最大, 增幅为 3.93%; 就七大区域而言, 东北地区排名靠后, 与最优的华东地区相比, 差距较大, 具体如表 2-100 所示。

表 2-100   2014~2018 年七大地理区运网密度的平均值及排名

年份	东北	华北	华东	华南	华中	西北	西南
	值/序	值/序	值/序	值/序	值/序	值/序	值/序
2014	0.58/22.7	1.01/14.0	1.56/7.2	0.85/18.0	1.26/10.3	0.37/25.8	0.80/18.2
2015	0.60/22.3	1.02/14.4	1.59/7.2	0.88/18.0	1.29/10	0.38/26.0	0.85/18.0
2016	0.61/22.7	1.04/14.6	1.61/7.2	0.90/18.0	1.33/10	0.39/25.8	0.87/17.8
2017	0.62/23.0	1.01/15.0	1.65/7.3	0.94/17.7	1.35/9.8	0.41/25.4	0.89/17.8
2018	0.63/23.0	1.01/15.8	1.66/7.2	0.98/16.3	1.36/10	0.42/25.4	0.93/17.8
平均	0.61/22.7	1.02/14.8	1.61/7.2	0.91/17.6	1.32/10	0.40/25.7	0.87/17.9

3) 国际旅游收入占比 (单位:%)。国际旅游收入占比反映一个地区的对外开放程度, 是衡量地区区域开放程度的重要指标, 计算公式为地区向国际旅游者提供商品和各种服务所得外汇收入与 GDP 的比值。2014~2018 年, 全国国际旅游收入占比的平均水平整体呈先增后减趋势, 发展较平稳, 东北地区整体亦呈先增后减趋势, 波动较小; 东北地区明显低于全国平均水平; 2014~2016 年, 辽宁省和吉林省整体呈上升趋势, 2016~2018 年辽宁省和吉林省整体呈下降趋势, 黑龙江省整体呈平稳发展态势; 就东北三省而言, 辽宁省发展较好, 吉林省次之, 黑龙江省较弱。总体而言, 东北地区国际旅游收入占比与全国平均水平的差距明显, 具体如图 2-75 所示。

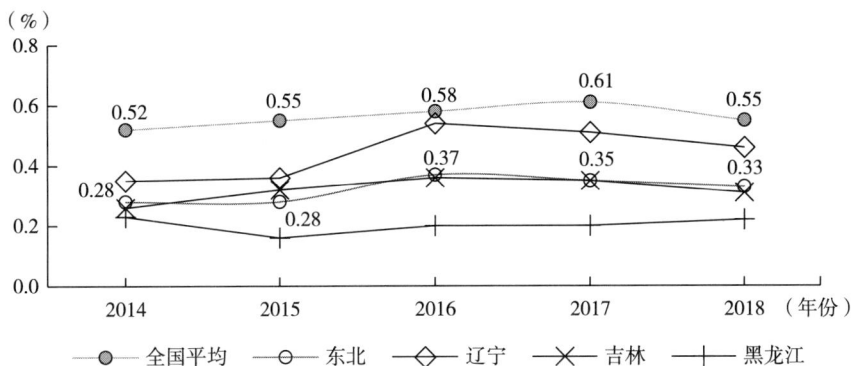

图 2 - 75　2014～2018 年国际旅游收入占比基本走势

注：①全国平均指 31 个省市区的平均水平；②全国范围内（可采集到的数据），国际旅游收入占比最大值为 2018 年云南的 1.6646%，最小值为 2014 年甘肃的 0.0091%。

2014～2018 年，东北三省国际旅游收入占比在全国 31 个省市区连续 5 年数据集（共 155 个指标值）中相对位置分布情况如图 2 - 76 所示。可见，东北三省 5 年（共 15 个数据）国际旅游收入占比的百分比排位处于 50% 以下的有 11 个，其中有 1 个位于 25% 以下；此外，排位的最大值是 2016 年的辽宁省（62.9%），最小值是 2015 年的黑龙江省（22.7%）。

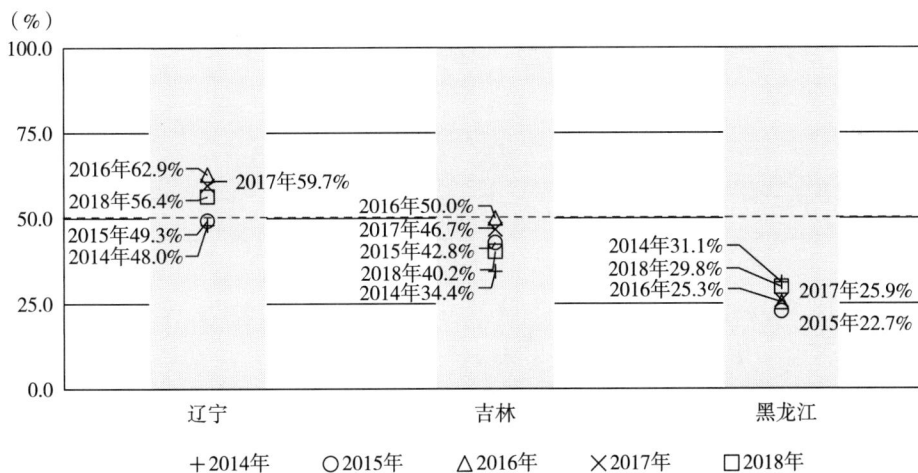

图 2 - 76　2014～2018 年东北三省国际旅游收入占比百分比排位图

2014～2018 年，6 省国际旅游收入占比由高到低依次为：广东、浙江、辽宁、江苏、吉林、黑龙江；东南三省除了江苏省外其他两省普遍呈下降趋势；东北地区水平较高的辽宁省与东南三省中较高的广东省差距较大；国际旅游收入占比增幅最大的是辽宁省（8.33%），降幅最大的是浙江省（-16.16%），吉林省的增幅为 4.49%，黑龙江省的降幅为 -0.98%；具体如表 2 - 101 所示。

表 2 – 101　2014~2018 年 6 省国际旅游收入占比的原始值及单年排名

年份	辽宁	吉林	黑龙江	江苏	浙江	广东	全国平均
	值/序	值/序	值/序	值/序	值/序	值/序	值
2014	0.35/14	0.26/19	0.23/21	0.29/17	0.88/8	1.55/1	0.52
2015	0.36/15	0.32/18	0.16/24	0.31/19	0.99/8	1.53/1	0.55
2016	0.54/13	0.36/18	0.20/24	0.33/19	0.44/14	1.53/2	0.58
2017	0.51/14	0.35/18	0.20/24	0.33/19	0.47/16	1.50/2	0.61
2018	0.46/14	0.31/19	0.22/24	0.34/17	0.31/18	1.42/3	0.55
平均	0.44/14	0.32/18.4	0.20/23.4	0.32/18.2	0.62/12.8	1.51/1.8	0.56

2014~2018 年，四个区域国际旅游收入占比由高到低依次为：东部、西部、东北、中部；其中，东北和东部总体呈先上升后下降趋势，西部、中部两个区域总体呈上升趋势；东北地区国际旅游收入占比与最优的东部地区相比，差距较大，具体如表 2 – 102 所示。

表 2 – 102　2014~2018 年四大经济区国际旅游收入占比的平均值及排名

年份	东北		东部		西部		中部	
	平均值	年排名	平均值	年排名	平均值	年排名	平均值	年排名
2014	0.28	18.0	0.87	10.0	0.42	17.8	0.24	21.5
2015	0.28	19.0	0.89	10.5	0.47	17.5	0.27	20.7
2016	0.37	18.3	0.90	11.0	0.51	17.2	0.29	20.8
2017	0.35	18.7	0.94	10.6	0.54	17.3	0.31	21.0
2018	0.33	19.0	0.72	12.4	0.58	16.0	0.31	20.5
平均	0.32	18.6	0.86	10.9	0.5	17.2	0.29	20.9

2014~2018 年，七个区域国际旅游收入占比由高到低依次为：华南、华东、西南、华北、东北、西北、华中；除华东、华北地区呈波动下降趋势外，东北、西南总体上呈现波动上升趋势，其余区域总体均呈波动上升趋势，华北地区下降幅度最大（-5.65%）；就七个区域而言，东北地区处于中下水平，与最优的华南地区相比，差距较大，具体如表 2 – 103 所示。

表 2 – 103　2014~2018 年七大地理区国际旅游收入占比的平均值及排名

年份	东北	华北	华东	华南	华中	西北	西南
	值/序	值/序	值/序	值/序	值/序	值/序	值/序
2014	0.28/18.0	0.62/15.0	0.78/10.5	0.88/7.7	0.19/23.0	0.21/23.2	0.60/14.6
2015	0.28/19.0	0.61/16.2	0.84/10.5	0.89/7.7	0.21/22.0	0.24/22.8	0.67/14.0
2016	0.37/18.3	0.67/15.6	0.80/11.3	0.96/7.7	0.23/22.5	0.27/22.8	0.72/13.6

年份	东北	华北	华东	华南	华中	西北	西南
	值/序	值/序	值/序	值/序	值/序	值/序	值/序
2017	0.35/18.7	0.68/15.2	0.81/11.7	1.14/6.0	0.24/22.5	0.31/23.0	0.71/14.2
2018	0.33/19.0	0.48/17.0	0.61/13.0	1.14/5.3	0.25/22.0	0.32/21.8	0.78/12.6
平均	0.32/18.6	0.61/15.8	0.77/11.4	1.00/6.9	0.23/22.4	0.27/22.7	0.70/13.8

4. 主要结论

首先，总体而言，东北三省的区域开放指数低于全国平均水平，但差距相对不大。在反映区域开放的 5 个方面（贸易开放、投资开放、生产开放、市场开放、区位支撑），东北三省 5 个方面整体均落后于东南三省，尤其值得关注的是，东北三省的贸易开放、市场开放、生产开放与东南三省差距明显，成为东北地区区域开放方面最显著的问题。

其次，动态来看，2014～2018 年，东北地区的指数得分呈波动上升趋势，上升幅度为 0.1 分，意味着绝对能力进步，但进步不大，从相对排名来看，东北地区的区域开放方面的年排名没有变化，与年排名上升 2.5 位次的中部地区相比，不进则意味着一定程度的倒退，其在全国范围内的相对优势缓慢退失。

再次，分省来看，辽宁省的区域开放水平较好，吉林省次之，黑龙江省较弱。在全国各省相对排名的竞争中，辽宁省在小范围内波动，黑龙江省先下降后上升，吉林省呈波动下降。辽宁省在区域开放各项指数上发展比较均衡，生产开放相对较好，投资开放相对较弱，吉林省和黑龙江省关于各分项指数呈不均衡发展，吉林省投资开放与生产开放较好，市场开放较薄弱，黑龙江省区位支撑相对较好，市场开放较弱。

最后，单项指标方面，东北三省仅"净出口贡献率""城市化水平"相对于全国平均水平有一定的优势；其他各项指标，尤其"对外贸易依存度""货运活跃度""客运活跃度""运网密度""国际旅游收入占比"的发展比较落后。

（四）产业发展评价报告

1. 产业发展指数总体分析

对产业发展的测度包括产业均衡、服务业发展、重化工调整、金融深化、现代农业 5 个方面，共 10 项关键指标，汇集中国 31 个省市区 2014～2018 年产业发展方面的指标信息，得到了连续 5 年的产业发展指数得分。在此基础上，形成多年连续排名和单年排名。其中，多年连续排名用于反映各省市区产业发展的绝对发展水平随时间动态变化的情况

（31 个省市区 5 年共 155 个排位，最高排名为 1，最低排名为 155），单年排名用于反映各省市区在全国范围内某个单年的相对发展水平（31 个省市区每年 31 个排位，最高排名为 1，最低排名为 31）。具体而言，31 个省市区产业发展的总体情况见表 2 – 104。

表 2 – 104　2014～2018 年 31 个省市区产业发展指数得分、连续及单年排名

省市区	2014 年			2015 年			2016 年			2017 年			2018 年		
	值	总	年	值	总	年	值	总	年	值	总	年	值	总	年
上海	82.5	11	1	83.5	8	1	87.5	2	1	85.6	3	1	87.6	1	1
江苏	77.0	17	2	78.2	15	2	83.4	9	2	83.6	7	3	84.6	5	2
广东	69.5	36	6	73.4	25	5	82.4	12	3	85.1	4	2	83.8	6	3
浙江	73.7	24	4	75.1	22	4	77.6	16	4	82.2	13	4	83.3	10	4
北京	75.3	21	3	75.9	18	3	75.0	23	6	72.7	29	5	80.7	14	5
安徽	52.4	92	14	59.7	68	12	67.1	45	9	69.0	38	9	75.4	20	6
重庆	61.2	60	8	61.1	61	10	66.3	47	10	67.5	42	11	73.0	27	7
福建	60.1	64	9	66.4	46	8	70.7	35	8	73.3	26	6	72.5	30	8
湖北	52.2	93	15	56.4	81	15	63.4	51	12	67.5	41	10	70.7	34	9
江西	46.3	111	19	51.3	96	19	59.8	66	15	62.0	57	15	68.5	39	10
四川	54.1	86	12	59.2	71	13	64.0	49	11	67.3	44	12	68.3	40	11
天津	71.2	32	5	72.3	31	6	75.9	19	5	70.8	33	7	64.7	48	12
河南	48.0	106	18	53.3	90	18	55.5	82	18	56.9	78	18	62.2	54	13
山东	57.9	73	11	60.2	63	11	61.6	58	14	62.2	55	13	61.3	59	14
河北	48.5	101	17	53.4	89	17	57.8	74	17	60.6	62	16	60.0	65	15
黑龙江	63.1	53	7	67.4	43	7	72.8	28	7	69.1	37	8	59.7	67	16
辽宁	58.2	72	10	63.5	50	9	59.7	70	16	62.0	56	14	59.7	69	17
湖南	44.3	120	21	47.7	108	22	53.5	88	19	55.2	83	20	57.1	76	18
海南	53.2	91	13	54.6	85	16	42.3	125	24	56.6	80	19	56.8	79	19
广西	34.3	147	27	37.8	138	26	40.8	127	25	50.2	98	22	54.6	84	20
吉林	51.0	97	16	57.3	75	14	63.4	52	13	57.1	77	17	53.9	87	21
新疆	45.2	114	20	49.4	100	20	47.8	107	21	51.5	95	21	52.2	94	22
西藏	40.7	129	22	40.7	128	23	44.8	116	22	46.5	110	24	49.1	99	23
陕西	39.9	131	24	43.6	121	23	43.6	122	23	48.3	104	23	48.3	103	24
青海	35.3	143	26	41.8	126	24	39.9	132	26	45.1	115	26	46.8	109	25
贵州	28.3	155	31	35.8	142	27	37.8	137	27	43.0	123	28	46.2	112	26
云南	31.0	153	29	32.7	151	31	34.0	149	31	38.7	135	30	44.7	117	27
内蒙古	36.1	140	25	34.8	145	25	39.8	133	27	45.1	113	25	44.4	119	28
山西	40.1	130	23	48.5	102	21	48.2	105	20	44.7	118	27	42.4	124	29
宁夏	32.4	152	28	33.8	150	30	34.8	144	29	38.9	134	29	38.4	136	30
甘肃	28.6	154	30	34.2	148	29	34.7	146	30	37.5	139	31	36.0	141	31
平均	51.3	93.8	16	54.9	83.7	16	57.6	76.4	16	59.9	69.3	16	60.9	66.7	16

注：①对于表中的字段名称，"值"表示各省市区对应年份的指数得分，"总"表示各省市区 2014～2018 年连续总排名，"年"表示各省市区 5 个单年的排名；②表中 31 个省市区按照 2018 年的指数得分由高到低（降序）排列。

东北地区的产业发展指数处于全国中等偏下的位置，总体上落后于东南三省的发展水平。2014~2018 年，6 省产业发展平均指数由高到低依次为：江苏、广东、浙江、黑龙江、辽宁、吉林；东南三省普遍呈上行态势，东南三省水平较低的浙江省平均得分优于东北三省最优的黑龙江省；产业发展指数年均增幅最大的是广东省（5.14%），降幅最大的是黑龙江省（-1.32%），辽宁省和吉林省的增幅分别为 0.63% 和 1.43%。就 2018 年而言，黑龙江省产业发展相对较好，在 31 个省域中的单年排名为 16，辽宁省和吉林省相对较差，排名分别为 17 和 21，具体如表 2-104 和表 2-105 所示。

表 2-105　2014~2018 年 6 省产业发展指数的值及单年排名

年份	辽宁	吉林	黑龙江	江苏	浙江	广东	全国平均
	值/序	值/序	值/序	值/序	值/序	值/序	值
2014	58.20/10	51.02/16	63.06/7	77.01/2	73.67/4	69.54/6	51.34
2015	63.54/9	57.27/14	67.41/7	78.21/2	75.09/4	73.44/5	54.93
2016	59.65/16	63.37/13	72.84/7	83.37/2	77.60/4	82.45/3	57.61
2017	62.00/14	57.11/17	69.08/8	83.60/3	82.17/4	85.12/2	59.87
2018	59.67/17	53.93/21	59.72/16	84.63/2	83.29/4	83.85/3	60.89
平均	60.61/13.2	56.54/16.2	66.42/9	81.36/2.2	78.36/4	78.88/3.8	56.93

2014~2018 年，全国产业发展呈稳定上升趋势，东北地区呈先上升后下降的趋势，东北地区在 2014~2016 年稳定优于全国平均水平，但 2016 年之后优势逐年缩减，并于 2018 年低于全国平均水平；辽宁省呈波动上升态势，但上升幅度微弱，吉林省与黑龙江省发展趋势相似，2014~2016 年呈稳定上升趋势，但之后呈稳定下行态势；相对而言，黑龙江省较好，辽宁省次之，吉林省较弱，具体如图 2-77 所示。

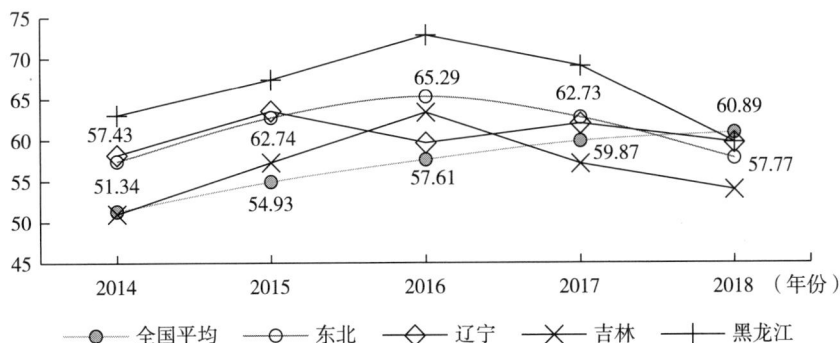

图 2-77　2014~2018 年产业发展指数基本走势

注：①全国平均指 31 个省市区的平均水平；②全国范围内（可采集到的数据），产业发展指数最大值为 2018 年上海的 87.615，最小值为 2014 年贵州的 28.253。

2014～2018 年，东北三省产业发展指数在全国 31 个省市区连续 5 年数据集（共 155 个指标值）中相对位置分布情况如图 2 - 78 所示。可见，东北三省 5 年（共 15 个数据）产业发展总指数的百分比排位处于 50% 以下的数量有 2 个；排位的最大值是 2016 年的黑龙江省（82.4%），最小值是 2014 年的吉林省（37.6%）。

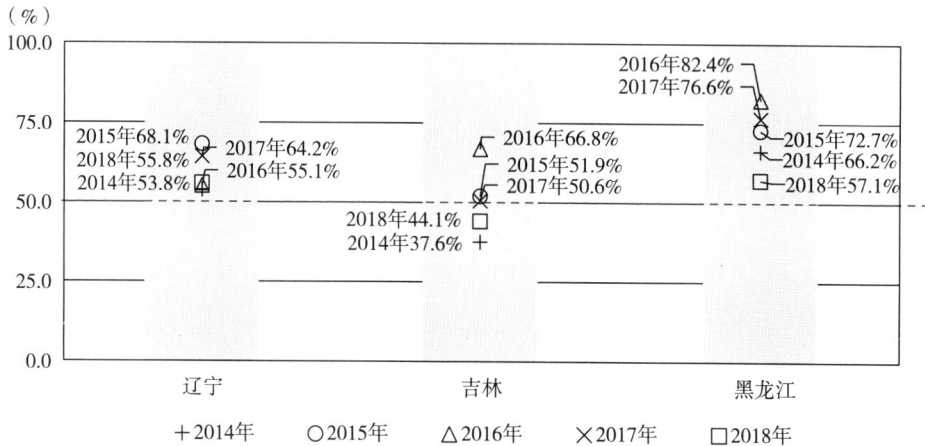

图 2 - 78　2014～2018 年产业发展指数百分比排位图

2. 全国视角下东北地区产业发展进展分析

2014～2018 年，四个区域产业发展总指数由高到低依次为：东部、东北、中部、西部；东北地区呈先上升后下降的趋势，整体增幅微弱，其他三个区域普遍呈稳定上升趋势，其中中部地区上升幅度最大（8.20%）；东北地区产业发展指数与东部地区相比，存在一定差距，具体如表 2 - 106 所示。

表 2 - 106　2014～2018 年四大经济区产业发展平均值及排名

年份	东北		东部		西部		中部	
	平均值	年排名	平均值	年排名	平均值	年排名	平均值	年排名
2014	57.43	11	66.89	7	38.92	23.5	47.23	18.3
2015	62.74	10	69.3	7.3	42.07	23.8	52.79	17.8
2016	65.29	12	71.41	8.4	44.02	23.6	57.93	15.5
2017	62.73	13	73.25	7.6	48.33	23.5	59.21	16.5
2018	57.77	18	73.54	8.3	50.22	22.8	62.72	14.2
平均	61.19	12.8	70.88	7.7	44.71	23.5	55.98	16.5

注：为确保区分度，对于具有平均意义的排名（序），本书保留一位小数，以下各表同。

2014～2018 年，七个区域产业发展由高到低依次为：华东、东北、华南、华北、华中、西南、西北；七个区域整体呈上升趋势，其中华中地区的增幅最大，东北地区增幅最小；就七个区域而言，东北地区排名靠前，但与最优的华东地区相比，存在较大差距，具体如表2-107所示。

表2-107 2014~2018年七大地理区产业发展指数的平均值及排名

年份	东北	华北	华东	华南	华中	西北	西南
	值/序	值/序	值/序	值/序	值/序	值/序	值/序
2014	57.43/11.0	54.24/14.6	67.26/6.8	52.35/15.3	47.72/18.3	36.27/25.6	43.06/20.4
2015	62.74/10.0	56.96/15.0	70.51/6.3	55.28/15.7	52.15/18.5	40.55/25.2	45.90/21.2
2016	65.29/12.0	59.35/15.0	74.63/6.3	55.18/17.3	58.06/16.0	40.14/25.8	49.39/20.4
2017	62.73/13.0	58.82/16.2	75.97/5.8	63.98/14.3	60.39/15.8	44.26/26.0	52.60/21.0
2018	57.77/18.0	58.44/17.8	77.45/5.8	65.08/14.0	64.63/12.5	44.34/26.4	56.38/18.8
平均	61.19/12.8	57.56/15.7	73.17/6.2	58.38/15.3	56.59/16.2	41.11/25.8	49.47/20.4

为便于直观分析，将指数信息按空间分类、时间排列、优劣序化等方式整理后，形成多年指数得分、连续排名及单年排名的可视化集成图（见图2-79~图2-81），结合表2-104的信息，以全国四大经济区为划分标准，对东北三省的产业发展方面的进程评价如下：

（1）东北地区产业发展水平先上升后下降，整体提升不明显

从反映四大区域的平均得分曲线的变化情况可以看出，中国的产业发展有一定成效，四大区域整体均呈上升趋势，其中上升幅度最大的是中部地区，年均提升3.9分，东北地区提升幅度最小，年均仅提升0.1分。东部地区发展相对成熟，基础夯实（2014年为66.9分），西部地区发展相对落后，基础薄弱（2014年为38.9分）。西部、中部、东北地区的产业发展水平虽有所提高，但年份指数得分均未超过66分，尤其东北地区以2014年为基点（57.4分）至2016年经过短暂的快速发展后，产业发展水平显著下降，与东部地区差距逐渐拉大，对中部、西部地区的优势逐渐缩小，2018年被中部地区超越，且有进一步下滑的趋势。

（2）东北地区产业发展绝对水平呈波动下降趋势，波动幅度明显

从四大区域连续排名曲线的变化情况可以看出，只有东北地区的连续排名出现了下降，年排名变动为-0.1，其他三个地区均呈上升趋势，其中中部地区上升最快，年排名变动为12.7。具体而言，中部地区上升最快的是安徽省和江西省，上升最慢的是山西省。西部地区上升最快的是广西壮族自治区，上升最慢的是甘肃省。东部地区上升最快的是河北省，下降最快的是天津市。东北三省中，吉林省整体表现相对较好，先从2014年的97名上升到2016年的52名，但又下降到2018年的87名，整体上升10位次，辽宁省次之，从2014年的72名波动上升至2018年的69名，整体上升3位次，黑龙江省表现较差，先从2014年的53名上升至2016年的28名，但之后表现每况愈下，2018年排名67名，整体下降了14位次，且有进一步下滑的趋势。

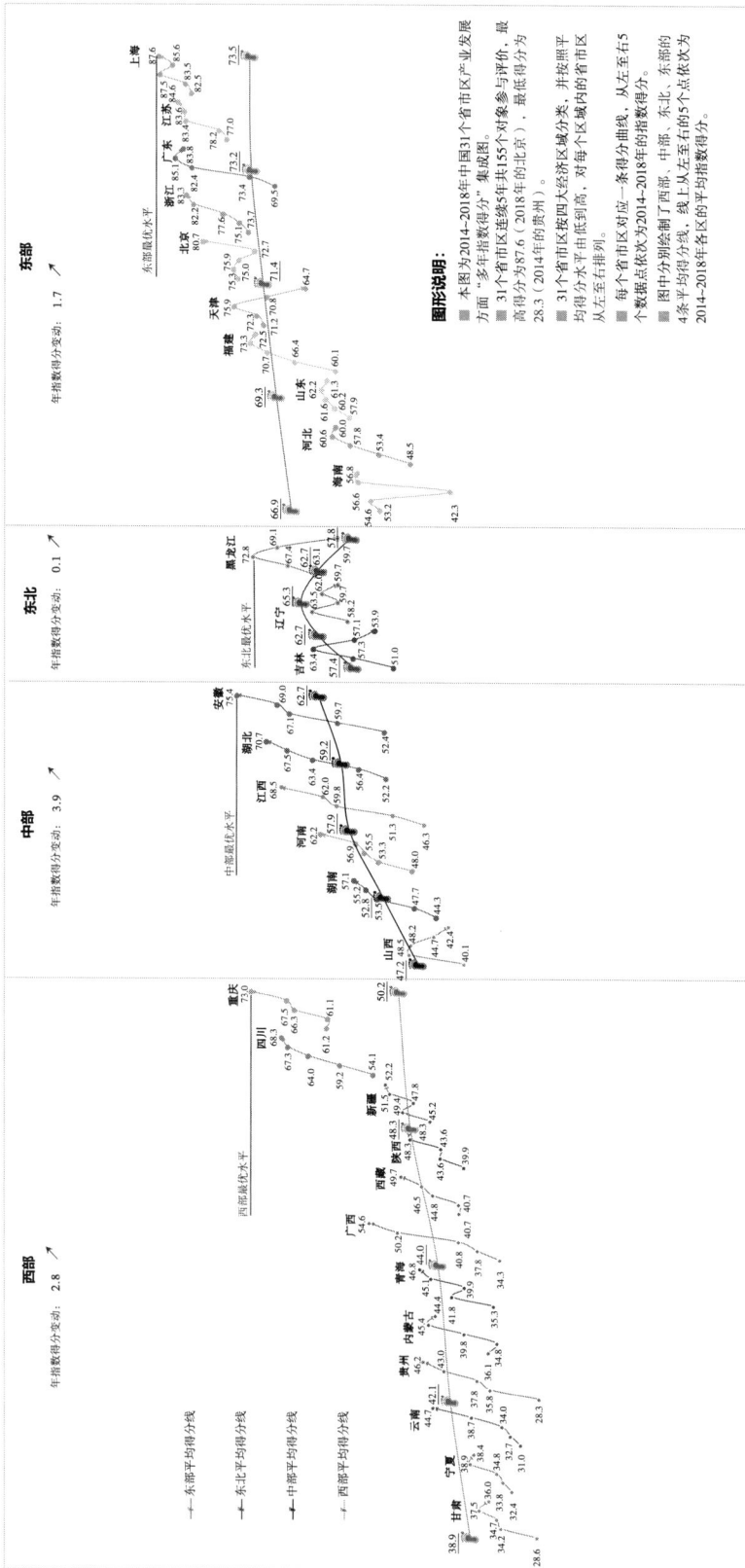

图 2-79　2014~2018 年 31 个省市区产业发展指数得分变动情况

西部　　　　　　　　　　中部　　　　东北　　　　　　　东部

年排名变动：8.0↗　　　　年排名变动：12.7↗　　年排名变动：-0.1↗　　年排名变动：3.8↗

图形说明：
- 本图为2014-2018年中国31个省市区产业发展方面"多年连续排名"集成图。
- 31个省市区连续5年的最佳排名为1，最差排名为155。
- 31个省市区按四大经济区域分类，并按照平均排名水平由低到高，对每个区域内的省市区从左至右排列。
- 每个省市区对应一条排名曲线，线上从左至右的5个点依次为2014-2018年的单年排名。
- 图中分别绘制了西部、中部、东北、东部4条平均排名线，线上从左至右的单年平均排名从左至右。
- 2014-2018年各年各区的单年排名5个点（为体现差异，保留一位小数）。

—东部平均排名线
—东北平均排名线
—中部平均排名线
—西部平均排名线

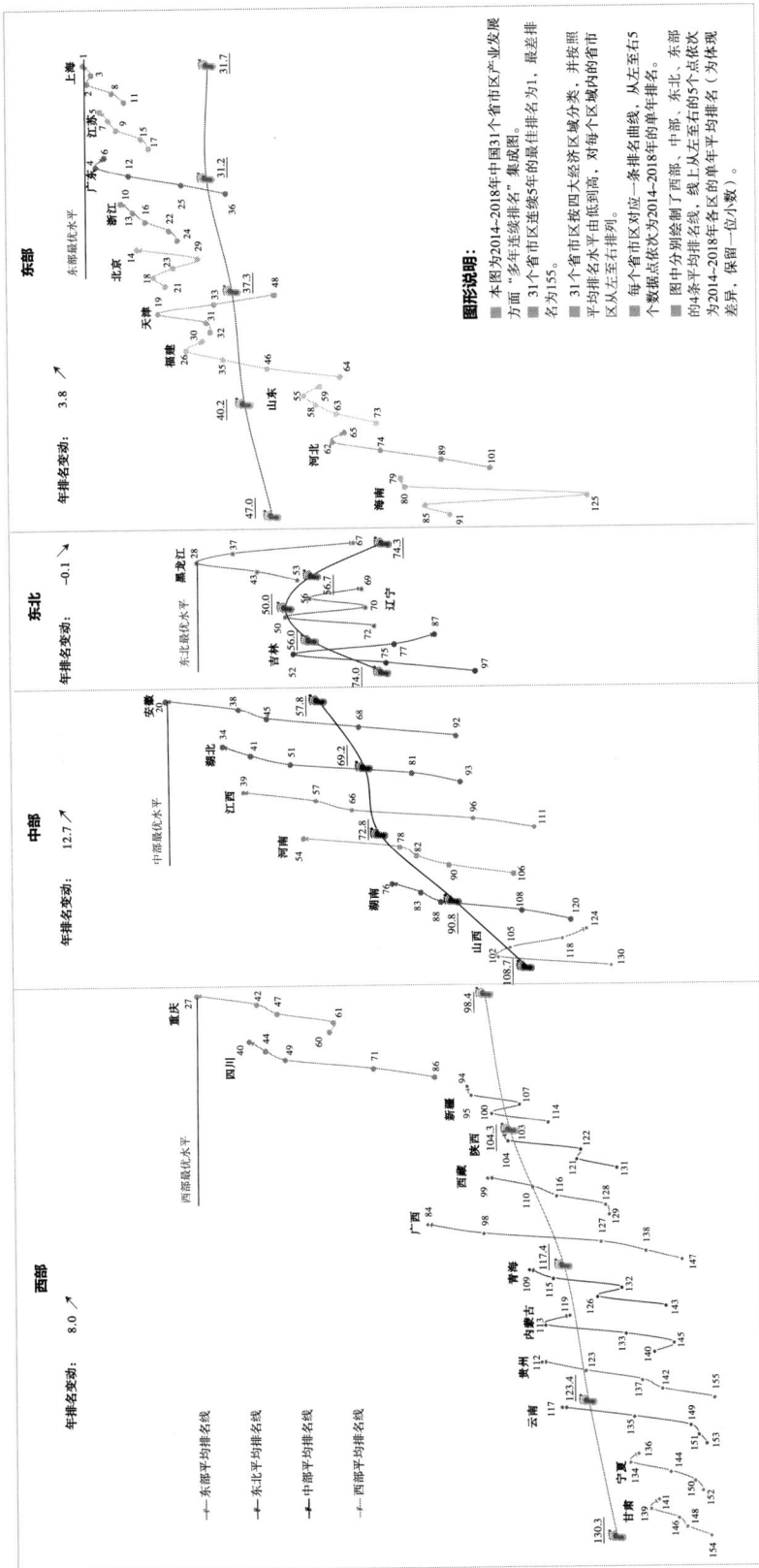

图 2-80　2014～2018 年 31 个省市区产业发展多年连续排名变动情况

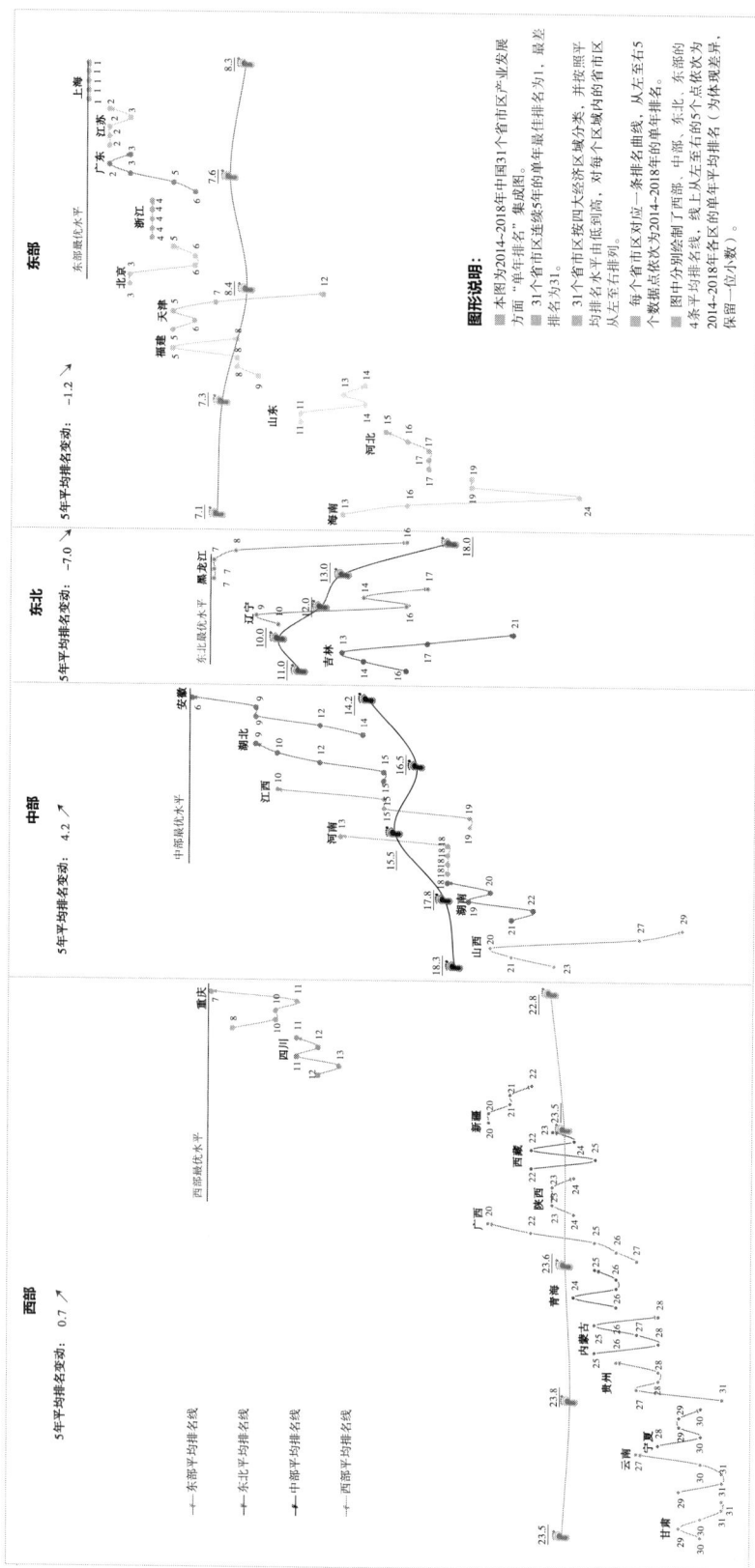

图 2－81　2014～2018 年 31 个省市区产业发展单年排名变动情况

（3）东北地区产业发展相对水平出现倒退，且倒退幅度较大

从四大区域单年排名曲线的变化情况可以看出，在相对位次的排名竞争中，西部和中部地区呈上升趋势，年平均排名变动分别为0.7和4.2，东北和东部地区呈下降趋势，年平均排名变动分别为－7.0和－1.2，东北地区下降幅度最大。2014～2018年，西部地区单年排名不变的省份有1个（占8.3%），排名上升的有6个（占50%），排名下降的有5个（占41.7%），中部地区单年排名上升的有5个（占83.3%），排名后退的有1个（占16.7%），东部地区单年排名不变的省份有3个（占30%），排名下降的有4个（占40%），排名上升的有3个（占30%）。对东北地区而言，黑龙江省的下降幅度最大（由第7名退到第16名，倒退9名），辽宁省倒退7名（由第10名退到第17名），吉林省倒退5名（由第16名退到第21名），呈现出"倒退范围广、倒退幅度大"的特征。

3. 产业发展分项指数分析

2014～2018年，东北三省5个分项指数中仅"现代农业"超过了全国平均水平和东南三省平均水平，表现出较强的竞争力；"产业均衡"和"重化工调整"超过了全国平均水平，但低于东南三省的平均水平；"服务业发展"与"金融深化"均低于东南三省和全国平均水平，表现较弱。辽宁省"服务业发展"和"重化工调整"低于全国平均水平，吉林省"重化工调整"与"现代农业"高于全国平均水平，黑龙江省"服务业发展"与"金融深化"低于全国平均水平。分省来看，东南三省5个分项指数的发展相对均衡，广东省与浙江省的"现代农业"表现较差，广东省的"重化工调整"与"金融深化"为全国最优水平。东北三省在5个分项指数的发展上非常不平衡，其中黑龙江省与吉林省最为突出。就东北三省而言，辽宁省的"现代农业"相对较好，"重化工调整"相对较差，吉林省"重化工调整"相对较好，"服务业发展"较薄弱，黑龙江省"现代农业"相对较好，为全国最优水平，"金融深化"相对较差。总体来看，东北三省在"现代农业"上具有一定优势，其他分项指数和东南三省的差距较大，具体如表2－108和图2－82所示。

表2－108　2014～2018年6省产业发展方面分项指数平均得分

	产业均衡	服务业发展	重化工调整	金融深化	现代农业
辽宁	66.32	47.64	41.76	66.72	80.62
吉林	46.85	30.88	94.14	36.29	74.54
黑龙江	82.56	43.67	75.75	34.86	95.26
江苏	87.00	62.03	84.62	81.22	91.94
浙江	91.59	60.9	89.13	88.02	62.17
广东	75.54	64.91	100.56	99.5	53.88
东北三省平均	65.25	40.73	70.55	45.96	83.47
东南三省平均	84.71	62.61	91.44	89.58	69.33
全国各省平均	57.49	56.59	53.64	59.67	57.26
各省最高	98.94	78.66	100.56	99.5	95.26
各省最低	17.78	30.88	5.07	33.93	17.16

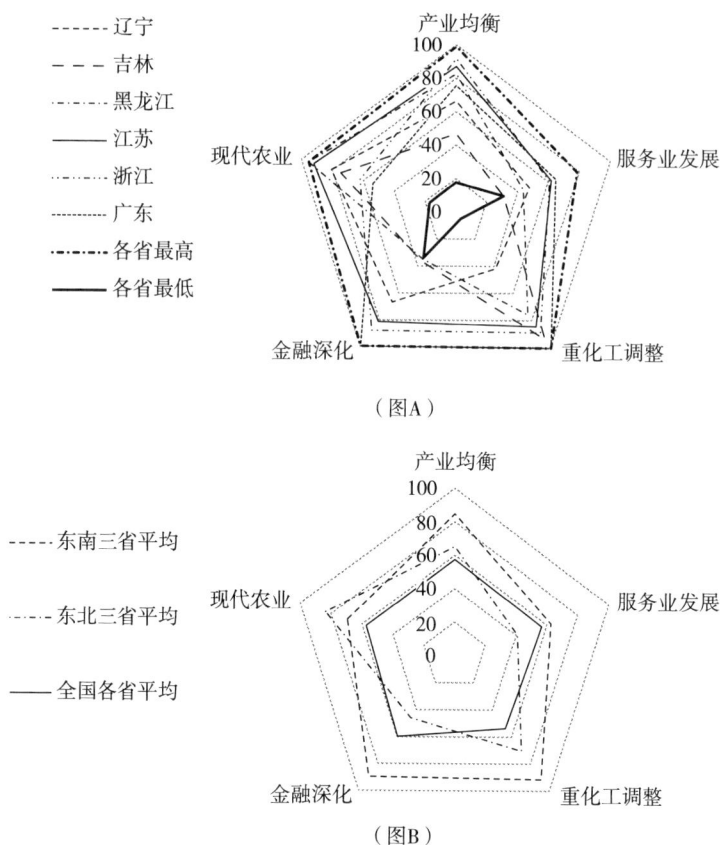

图 2-82 2014~2018 年 6 省产业发展方面分项指数平均得分雷达图

2014~2018 年，全国在反映产业发展 5 个方面的整体进展良好，均呈上升趋势，"服务业发展""金融深化""现代农业"上升幅度明显，"产业均衡"与"重化工调整"的发展相对缓慢。就东南三省而言，除江苏省的"服务业发展"外，5 个分项指数均呈上升趋势，发展前景良好，"产业均衡""重化工调整"与"金融深化"普遍处于全国前列，广东省的"重化工调整""金融深化"与江苏省的"现代农业"处于全国领先位置；就东北三省而言，"现代农业"发展相对较好，其他 4 个分项指数发展相对落后，辽宁省的"产业均衡"与"重化工调整"整体均呈下降趋势，"现代农业"排名居于前列，吉林省的"产业均衡"与"现代农业"整体呈下降态势，"重化工调整"排名全国前列，黑龙江省的"服务业发展"与"重化工调整"整体呈倒退趋势，"产业均衡"排名全国前列，"现代农业"处于全国领先位置，具体如表 2-109 所示。

进一步统计升降符（▲或▽）的数量，对不同地区的发展态势及稳定性进行分析和对比可知，2014~2018 年，5 个分项指数中"产业均衡""服务业发展""金融深化"和"现代农业"的全国平均水平▲的数量均超过（或等于）3 个，发展势头良好；东北三省的 5 个分项指数的▲总数均小于东南三省的总数，其中"重化工调整"的差距最大（东北

表 2-109 2014~2018 年 6 省产业发展方面分项指数

分项指数	年份	辽宁 值/序	吉林 值/序	黑龙江 值/序	江苏 值/序	浙江 值/序	广东 值/序	全国平均 值
产业均衡	2014	64.64/13	41.65/20	74.94/9	85.54/5	90.91/4	75.10/8	54.20
	2015	67.14/13▲	48.80/19▲	80.15/8▲	87.25/5▲	90.97/4▲	74.96/11▽	57.05▲
	2016	72.91/12▲	62.83/16▲	88.31/5▲	87.02/6▽	92.28/4▲	79.11/9▲	59.71▲
	2017	64.55/16▽	40.50/22▽	84.71/6▽	87.31/5▲	91.83/4▽	73.27/10▽	58.02▽
	2018	62.35/16▽	40.50/22▽	84.71/6▽	87.89/5▲	91.97/4▲	75.27/10▲	58.45▲
服务业发展	2014	38.42/23	16.21/31	47.57/15	63.07/3	54.77/9	55.84/7	46.33
	2015	56.03/16▲	26.48/31▲	52.91/21▲	60.38/9▽	59.13/11▲	60.11/10▲	54.53▲
	2016	34.56/30▽	48.01/24▲	52.57/19▽	67.25/7▲	63.24/8▲	69.22/5▲	55.90▲
	2017	57.74/21▲	41.53/31▽	53.04/26▲	61.62/15▽	68.40/8▲	70.24/4▲	60.93▲
	2018	51.44/25▽	22.14/30▽	12.25/31▽	57.85/23▽	58.97/20▽	69.14/16▽	65.28▲
重化工调整	2014	48.69/17	91.04/3	76.43/8	81.38/6	84.32/5	96.51/1	50.99
	2015	41.33/19▽	93.49/3▲	77.87/8▲	83.90/6▲	88.06/5▲	99.24/1▲	52.82▲
	2016	40.29/20▽	95.93/3▲	77.39/9▽	85.58/6▲	90.42/5▲	101.57/1▲	54.82▲
	2017	39.26/20▽	95.12/4▽	73.53/12▽	86.13/6▲	91.42/5▲	102.74/1▲	54.78▽
	2018	39.26/20▽	95.12/4▽	73.53/12▽	86.13/6▲	91.42/5▲	102.74/1▽	54.78▽
金融深化	2014	58.32/9	27.43/29	24.76/30	70.97/5	81.12/3	74.67/4	52.36
	2015	70.62/6▲	36.82/27▲	33.90/30▲	71.13/5▲	79.60/4▽	84.11/3▲	55.38▲
	2016	69.62/9▽	40.85/27▲	36.74/30▲	84.79/4▲	80.68/5▲	107.09/1▲	59.54▲
	2017	71.70/11▲	38.01/31▽	42.99/30▲	87.96/5▲	91.81/4▲	118.72/1▲	66.76▲
	2018	63.32/14▽	38.34/30▲	35.93/31▽	91.27/4▲	106.91/2▲	112.89/1▽	64.30▽
现代农业	2014	80.93/3	78.78/7	91.62/1	84.08/2	57.24/12	45.57/21	52.84
	2015	82.57/4▲	80.76/6▲	92.22/1▲	88.39/2▲	57.69/12▲	48.75/19▲	54.87▲
	2016	80.89/4▽	69.22/10▽	109.18/1▲	92.21/2▲	61.35/13▲	55.26/17▲	58.08▲
	2017	76.75/5▽	70.38/8▲	91.11/2▽	94.99/1▲	67.39/10▲	60.63/15▲	58.85▲
	2018	81.98/3▲	73.56/8▲	92.19/2▲	100.02/1▲	67.17/11▲	59.19/19▽	61.64▲

注：表中符号"▲"表示本年的数据相对于前一年是增长的，符号"▽"表示本年的数据相对于前一年是减少的。

三省共 3 个，东南三省共 9 个），东南地区总体发展的稳定性高于东北三省；东北三省▲的总数量为 31 个，占东北三省升降符总数（60）的 51.7%，东南三省▲的总数量为 44 个，占东南三省升降符总数（60）的 73.3%，东北三省与东南三省的差距较大。

2014~2018 年，辽宁省▲的数量 8 个，占辽宁省升降符总数的 40%，吉林省▲的数量为 12 个，占 60%，黑龙江省▲的数量为 11 个，占 55%，江苏省▲的数量均为 15 个，占 75%，浙江省▲的数量为 15 个，占 75.0%，广东省▲的数量为 14 个，总数为 20，占 70%，东北三省最优的吉林省上升态势弱于东南三省中较差的广东省；就东北三省而言，吉林省发展的稳定性相对较好，黑龙江次之，辽宁省相对较弱。2014～2018 年，就东北三省而言，"产业均衡"发展态势相对较好的是黑龙江省，"服务业发展"发展态势较好的是辽宁省，"重化工调整"与"金融深化"发展态势较好的是吉林省，"现代农业"辽宁省与黑龙江省发展态势相当，相对较好。

（1）产业均衡

产业均衡主要用产业分布泰尔指数来予以衡量。产业分布泰尔指数是衡量一个地区产业结构失衡的核心指标，是一个逆向指标，指标值越大意味着地区产业结构越不合理。2014～2018 年，全国和东北地区的产业分布泰尔指数先下降后回升；根据可采集到的数据，考虑到吉林省和黑龙江省 2017～2018 年产业分布泰尔指数的发展趋势，东北地区的产业分布泰尔指数总体上应该接近于全国平均水平；辽宁省、吉林省、黑龙江省产业分布泰尔指数均呈先下降后上升的趋势，且吉林省的回升趋势比辽宁省和黑龙江省更加明显；相对而言，黑龙江省在产业均衡方面表现较好，辽宁省次之，吉林省较弱。总体而言，东北三省的产业分布泰尔指数接近于全国平均水平，呈先下降后上升的发展趋势，如图 2 – 83 所示。

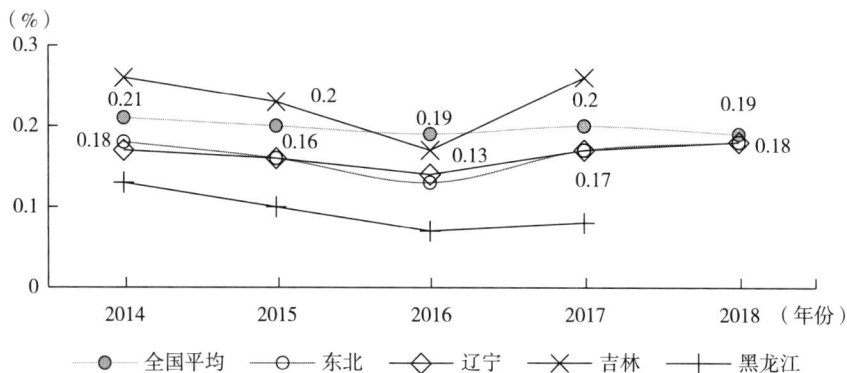

图 2 – 83 　2014～2018 年产业分布泰尔指数基本走势

注：①全国平均指 31 个省市区的平均水平；②全国范围内（可采集到的数据），产业分布泰尔指数最大值为 2014 年贵州的 0.498%，最小值为 2014 年上海的 0.019%。

2014～2018 年，东北三省产业分布泰尔指数在全国 31 个省市区连续 5 年数据集（共 146 个指标值）中相对位置分布情况如图 2 – 84 所示。可见，东北三省 5 年（共 13 个数据）产业分布泰尔指数的百分比排位处于 50% 以下的有 3 个；东北三省产业分布泰尔指数最大值是 2016 年的黑龙江省（86.9%），最小值是 2017 年的吉林省（27.6%）。

2014～2018 年，6 省产业分布泰尔指数由低到高依次为：浙江、江苏、黑龙江、广东、辽宁、吉林；黑龙江、江苏省、浙江省产业分布泰尔指数呈平稳下降趋势，东南三省明显优于东北三省；东北三省中产业分布泰尔指数相对较低的吉林省优于东南三省中较低的广东省；产业分布泰尔指数降幅最大的是黑龙江省（ – 12.82%），增幅最大的是吉林省（3.33%），辽宁省的增幅为 1.31%，具体如表 2 – 110 所示。

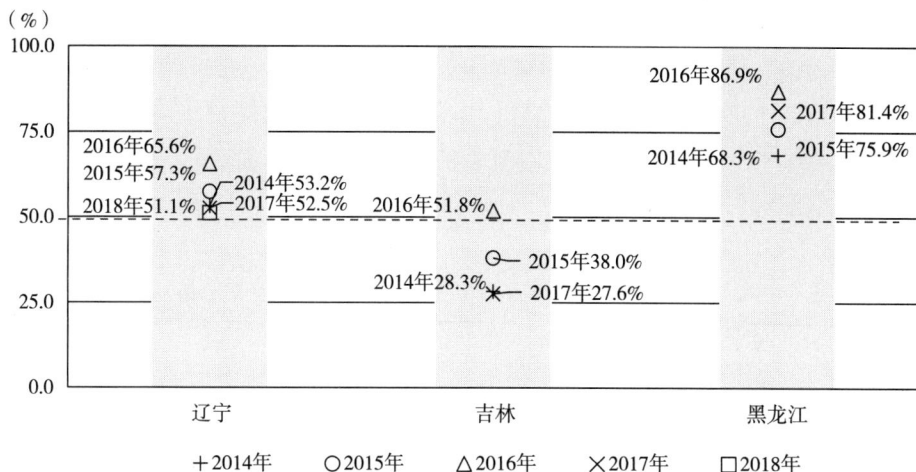

图 2 - 84　2014 ~ 2018 年东北三省产业分布泰尔指数百分比排位图

表 2 - 110　2014 ~ 2018 年 6 省产业分布泰尔指数的原始值及单年排名

年份	辽宁	吉林	黑龙江	江苏	浙江	广东	全国平均
	值/序	值/序	值/序	值/序	值/序	值/序	值
2014	0.17/13	0.26/20	0.13/9	0.08/5	0.06/4	0.13/8	0.21
2015	0.16/13	0.23/19	0.10/8	0.07/5	0.06/4	0.13/11	0.20
2016	0.14/12	0.17/16	0.07/5	0.07/6	0.05/4	0.11/9	0.19
2017	0.17/16	0.26/22	0.08/6	0.07/5	0.05/4	0.13/10	0.20
2018	0.18/13	—	—	0.07/4	0.05/3	0.13/8	0.19
平均	0.16/13.4	0.23/19.3	0.100/7	0.07/5	0.05/3.8	0.12/9.2	0.20

2014 ~ 2018 年，四个区域产业分布泰尔指数由低到高依次为：东部、东北、中部、西部；其中，东北地区产业分布泰尔指数呈先下降后回升的趋势，东部地区总体趋势保持平稳，在 2017 年出现一定的波动，西部地区呈平稳下降的趋势，中部地区呈波动下降的趋势，西部地区降幅最大（ - 4.30% ），东部地区降幅最小（ - 0.56% ）；东北地区产业分布泰尔指数与表现最佳的西部地区相比，差距较大，具体如表 2 - 111 所示。

表 2 - 111　2014 ~ 2018 年四大经济区产业分布泰尔指数的平均值及排名

年份	东北		东部		西部		中部	
	平均值	年排名	平均值	年排名	平均值	年排名	平均值	年排名
2014	0.18	14.0	0.08	5.8	0.34	24.0	0.21	16.8
2015	0.16	13.3	0.08	6.1	0.32	24.0	0.20	16.7
2016	0.13	11.0	0.08	6.4	0.31	24.7	0.19	17.0
2017	0.17	14.7	0.09	6.3	0.30	23.9	0.20	17.0
2018	0.18	13.0	0.08	4.8	0.28	18.4	0.20	13.8
平均	0.16	13.2	0.08	5.9	0.31	23.2	0.20	16.3

2014～2018 年，七个区域产业分布泰尔指数由低到高依次为：华东、东北、华北、华南、华中、西南、西北；东北、华东和西北三个区域均呈先下降后上升趋势，华北、华南、华中和西南四个区域普遍呈下降趋势，其中西南地区降幅最大（-7.47%），西北地区降幅最小（-0.83%），华东地区涨幅为 1.82%；就七个区域而言，东北地区的产业分布泰尔指数排名靠前，与表现最优的西北地区相比，差距较大，具体如表 2-112 所示。

表 2-112　2014～2018 年七大地理区产业分布泰尔指数的平均值及排名

年份	东北	华北	华东	华南	华中	西北	西南
	值/序	值/序	值/序	值/序	值/序	值/序	值/序
2014	0.18/14.0	0.17/12.6	0.10/7.0	0.19/13.3	0.21/16.3	0.36/25.3	0.32/22.4
2015	0.16/13.3	0.17/12.6	0.09/7.0	0.18/14.3	0.19/16.0	0.32/25.0	0.30/22.6
2016	0.13/11.0	0.17/13.0	0.09/7.5	0.17/14.0	0.18/16.5	0.33/27.0	0.27/21.8
2017	0.17/14.7	0.16/13.4	0.09/6.8	0.17/14.3	0.20/16.3	0.33/26.4	0.26/20.8
2018	0.18/13.0	0.16/10.8	0.10/6.4	0.17/11.1	0.19/13.3	0.35/21.0	0.23/15.5
平均	0.16/13.2	0.17/12.5	0.09/7.0	0.18/13.5	0.19/15.7	0.34/25.3	0.28/20.8

（2）服务业发展

1）服务业增加值比重（单位:%）。服务业增加值比重反映了一个地区的服务业发展程度，是衡量经济发展和现代化水平的必要指标，计算公式为地区服务业增加值与 GDP 的比值。2014～2018 年，全国服务业增加值比重呈稳步上升趋势，东北地区亦呈上升趋势；东北地区服务业增加值比重在初期明显低于全国平均水平，但差距逐步变小且开始反超；辽宁省、吉林省的服务业增加值比重均呈上升趋势，且上升趋势较为明显，黑龙江省的服务业增加值比重则呈先上升后下降趋势；相对而言，吉林省较好，辽宁省次之，黑龙江省相对较弱。总体而言，东北地区的服务业增加值比重低于全国平均水平，呈平稳上升的发展趋势，具体如图 2-85 所示。

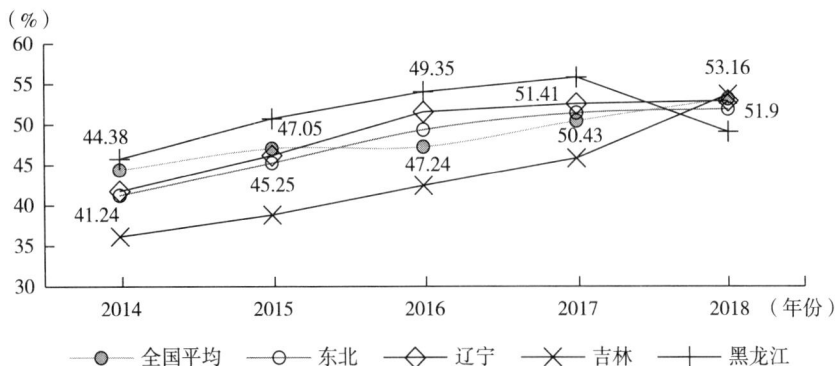

图 2-85　2014～2018 年服务业增加值比重基本走势

注：①全国平均指 31 个省市区的平均水平；②全国范围内（可采集到的数据），服务业增加值比重最大值为 2018 年北京的 83.09%，最小值为 2016 年海南的 5.43%。

2014～2018 年，东北三省服务业增加值比重在全国 31 个省市区连续 5 年数据集（共 155 个指标值）中相对位置分布情况如图 2 - 86 所示。可见，东北三省 5 年（共 15 个数据）服务业增加值比重的百分比排位处于 50% 以下的有 7 个，其中有 4 个处于 25% 以下；排位的最大值是 2017 年的黑龙江省（90.2%），最小值是 2014 年的吉林省（1.2%）。

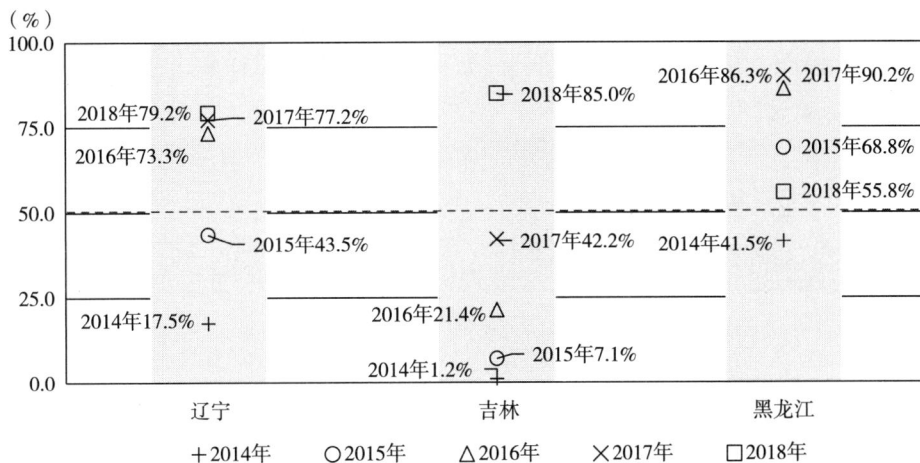

图 2 - 86　2014～2018 年东北三省服务业增加值比重百分比排位图

2014～2018 年，6 省服务业增加值比重由高到低依次为：广东、黑龙江、浙江、江苏、辽宁、吉林；东南三省服务业增加值比重整体呈上升趋势，且相对东北三省而言，水平较高；2015～2017 年，黑龙江省的服务业增加值比重要高于东南三省；服务业增加值比重增幅最大的是吉林省（12.11%），最小的是江苏省（1.78%），辽宁省和黑龙江省的增幅分别为 6.67% 和 1.83%，具体如表 2 - 113 所示。

表 2 - 113　2014～2018 年 6 省服务业增加值比重的原始值及单年排名

年份	辽宁	吉林	黑龙江	江苏	浙江	广东	全国平均
	值/序	值/序	值/序	值/序	值/序	值/序	值
2014	41.77/18	36.17/30	45.77/10	47.01/8.0	47.85/7.0	48.99/6	44.38
2015	46.19/13	38.83/30	50.73/7.0	48.61/11	49.76/9.0	50.61/8	47.05
2016	51.55/8.0	42.45/24	54.04/5.0	50.00/11	50.99/10	52.01/7	47.24
2017	52.57/9.0	45.84/23	55.82/5.0	50.27/12	53.32/8.0	53.60/7	50.43
2018	52.92/12	53.68/8.0	49.11/27	50.36/21	52.96/11	54.74/5	53.16
平均	49.00/12	43.40/23	51.10/11	49.25/13	50.97/9	51.99/7	48.45

2014～2018 年，四个区域服务业增加值比重由高到低依次为：东部、东北、西部、中部；四个区域服务业增加值比重均呈现稳步增长的趋势，中部地区增幅最大；东北地区

服务业增加值与最优的东部地区相比，存在一定差距，具体如表 2 – 114 所示。

表 2 – 114 2014～2018 年四大经济区服务业增加值比重的原始值及排名

年份	东北		东部		西部		中部	
	平均值	年排名	平均值	年排名	平均值	年排名	平均值	年排名
2014	41.24	19.3	50.84	9.30	42.20	17.6	39.57	22.3
2015	45.25	16.7	52.89	10.4	44.58	17.8	43.14	21.3
2016	49.35	12.3	49.60	13.0	45.82	17.3	45.09	20.3
2017	51.41	12.3	55.88	10.5	47.77	18.4	46.19	22.2
2018	51.90	15.7	57.95	11.6	51.10	17.4	49.90	20.7
平均	47.83	15.3	53.43	11.0	46.30	17.7	44.78	21.4

2014～2018 年，七个区域服务业增加值比重由高到低依次为：华北、华东、西南、东北、华南、西北、华中；七个区域除华南地区呈波动增长趋势外，普遍呈现稳步增长的趋势，东北地区增幅最大；就七个区域而言，东北地区排名居中，与表现最佳的华北地区相比，差距较大，具体如表 2 – 115 所示。

表 2 – 115 2014～2018 年七大地理区服务业增加值比重的原始值及排名

年份	东北	华北	华东	华南	华中	西北	西南
	值/序	值/序	值/序	值/序	值/序	值/序	值/序
2014	41.24/19.3	49.76/13.0	46.36/13.8	46.24/11.3	39.39/22.8	40.46/20.6	45.35/12.4
2015	45.25/16.7	53.13/12.8	48.68/14.5	47.56/14.3	41.64/23.5	44.10/18.4	47.04/13.2
2016	49.35/12.3	55.49/11.4	50.23/14.8	32.33/22.7	43.52/22.3	45.42/18.4	47.88/12.8
2017	51.41/12.3	56.93/10.8	51.52/15.5	51.31/12.3	45.62/23.3	47.18/19.6	48.63/16.8
2018	51.90/15.7	59.31/13.4	53.58/16.2	54.58/9.00	49.39/22.8	50.11/20.2	52.46/13.2
平均	47.83/15.3	54.92/12.3	50.07/15.0	46.40/13.9	43.91/22.9	45.45/19.4	48.27/13.7

2）服务业增长率（单位:%）。服务业增长率反映一个地区第三产业增加值的变动情况，是衡量该地区服务业发展的必要指标，计算公式为本年与上年第三产业增加值的差值与上年第三产业增加值的比值。2014～2018 年，全国平均服务业增长率总体呈波动上升趋势，东北地区均呈波动下降趋势；东北地区服务业增长率低于全国平均水平；黑龙江省服务业增长率整体呈下降趋势，降幅明显；吉林省整体呈波动下降趋势，在 2015～2016 年小幅上升；辽宁省整体呈波动下降趋势，在 2015～2016 年出现大幅下降；就东北三省而言，吉林省较好，辽宁省和黑龙江省较弱。总体而言，东北三省的服务业增长率与全国平均水平差距进一步拉大，呈波动下降的趋势，具体如图 2 – 87 所示。

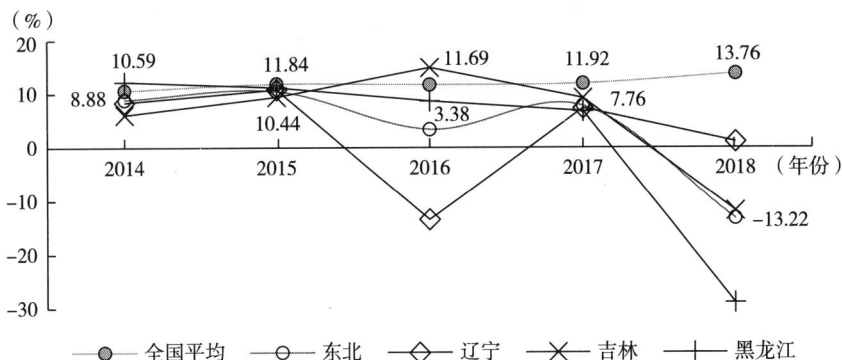

图 2 - 87 2014~2018 年服务业增长率基本走势

注：①全国平均指 31 个省市区的平均水平；②全国范围内（可采集到的数据），服务业增长率最大值为 2018 年安徽的 48.99%，最小值为 2018 年黑龙江的 -28.92%。

2014~2018 年，东北三省服务业增长率在全国 31 个省市区连续 5 年数据集（共 155 个指标值）中相对位置分布情况如图 2-88 所示。东北三省 5 年（共 15 个数据）服务业增长率的百分比排位位于 50% 以下的有 13 个，其中有 11 个位于 25% 以下；排位的最大值是 2016 年的吉林省（79.8%），最小值是 2018 年的黑龙江省（0.0%）。

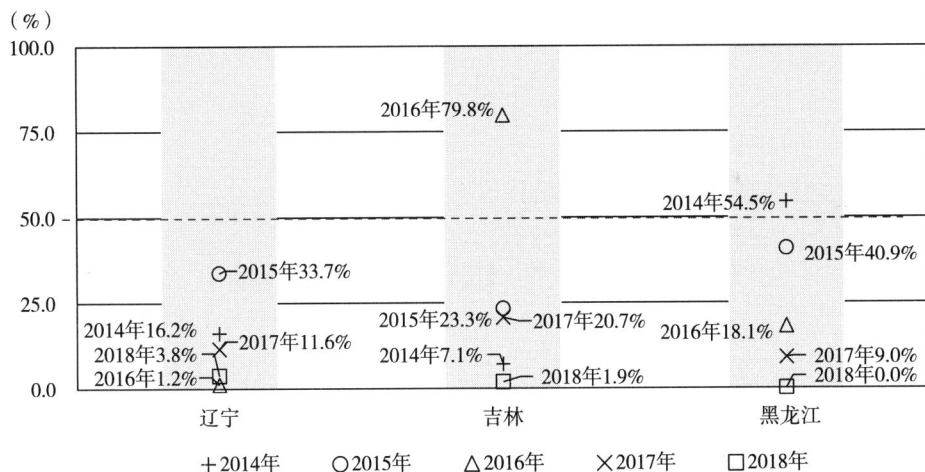

图 2 - 88 2014~2018 年东北三省服务业增长率百分比排位图

2014~2018 年，6 省份服务业增长率由高到低依次为：广东、江苏、浙江、吉林、辽宁、黑龙江；辽宁省、吉林省及江苏省服务业增长率均呈波动下降趋势，黑龙江省呈逐年下降趋势；服务业增长率降幅最大的是黑龙江省（-84.18%），增幅最大的是浙江省（14.83%），吉林省的降幅为 -73.80%，辽宁省的降幅为 -21.75%，具体如表 2-116 所示。

表 2-116　2014~2018 年 6 省服务业增长率的原始值及单年排名

年份	辽宁	吉林	黑龙江	江苏	浙江	广东	全国平均
	值/序	值/序	值/序	值/序	值/序	值/序	值
2014	8.37/24	6.05/31	12.22/11	12.51/7.0	7.09/28	8.92/23	10.59
2015	10.76/21	9.39/27	11.16/16	11.39/15	11.04/17	10.93/19	11.84
2016	-13.41/31	14.87/6	8.66/28	13.51/12	12.88/13	14.10/9	11.69
2017	7.32/28	9.20/25	6.76/30	11.57/18	14.57/7	14.35/9	11.92
2018	1.09/26	-11.81/29	-28.92/31	8.73/22	11.29/20	13.78/18	13.76
平均	2.83/26	5.54/23.6	1.98/23.2	11.54/14.8	11.37/17	12.41/15.6	11.96

2014~2018 年，四大区域服务业增长率由高到低依次为：中部、西部、东部、东北；东北地区呈波动下降趋势，东部地区呈先上升后下降趋势，西部和中部总体呈上升趋势；东北地区服务业增长率与最优的中部地区差距较大，具体如表 2-117 所示。

表 2-117　2014~2018 年四大经济区服务业增长率平均值及排名

年份	东北		东部		西部		中部	
	平均值	年排名	平均值	年排名	平均值	年排名	平均值	年排名
2014	8.88	22.0	9.76	19.4	10.98	15.3	12.05	8.7
2015	10.44	21.3	10.74	19.8	11.67	16.1	14.68	6.8
2016	3.38	21.7	13.38	12.5	11.30	20.0	13.80	11.0
2017	7.76	27.7	11.95	16.3	12.08	15.3	13.63	11.2
2018	-13.22	28.7	9.40	19.4	19.31	13.0	23.41	10.0
平均	3.450	24.3	11.05	17.5	13.07	15.9	15.52	9.5

2014~2018 年，七大区域服务业增长率由高到低依次为：西南、华中、华东、华南、西北、华北、东北；东北地区和华北地区服务业增长率呈波动下降趋势，其中东北地区的降幅最大，其他区域总体呈上升趋势；就七大区域而言，东北地区排名靠后，与最优的西南地区相比，差距较大，具体如表 2-118 所示。

表 2-118　2014~2018 年七大地理区服务业增长率平均值及排名

年份	东北	华北	华东	华南	华中	西北	西南
	值/序	值/序	值/序	值/序	值/序	值/序	值/序
2014	8.88/22.0	9.23/20.6	10.65/15.8	9.55/20.7	13.28/3.5	10.30/18.0	11.65/13.2
2015	10.44/21.3	10.49/21.2	12.37/13.3	9.81/24.7	12.98/9.0	11.80/17.6	13.70/9.6
2016	3.38/21.7	11.44/18.8	14.01/10.3	12.25/16.7	14.94/8.3	9.65/23.8	13.22/14.6
2017	7.76/27.7	8.34/24.0	12.96/13.2	13.75/11.0	13.76/10.5	12.01/16.8	14.10/11.0
2018	-13.22/28.7	1.78/23.2	17.85/16.0	16.49/15.3	22.53/8.5	15.48/16.2	26.66/7.4
平均	3.45/24.3	8.26/21.6	13.57/13.7	12.37/17.7	15.50/8.0	11.85/18.5	15.86/11.2

3) 金融业增加值比重（单位:%）。金融业增加值比重反映了金融业的相对规模，是衡量金融业在国民经济中的地位和金融业发育程度的重要指标，尤其代表了生产性服务业发展水平，计算公式为地区金融业增加值与 GDP 的比值。2014～2018 年，全国金融业增加值比重呈上升趋势，东北地区亦呈上升趋势，但低于全国平均水平；东北三省金融业增加值比重均呈上升趋势，2014～2016 年，辽宁省的上升趋势比吉林省、黑龙江省更加显著，2016～2018 年，东北三省上升趋势大致相同；相对而言，辽宁省较好，黑龙江省次之，吉林省较弱；2016 年，辽宁省的金融业增加值比重赶超全国平均水平，并在 2016～2018 年继续保持。总体而言，东北三省的金融业增加值比重明显低于全国平均水平，呈平稳上升的发展趋势，具体如图 2-89 所示。

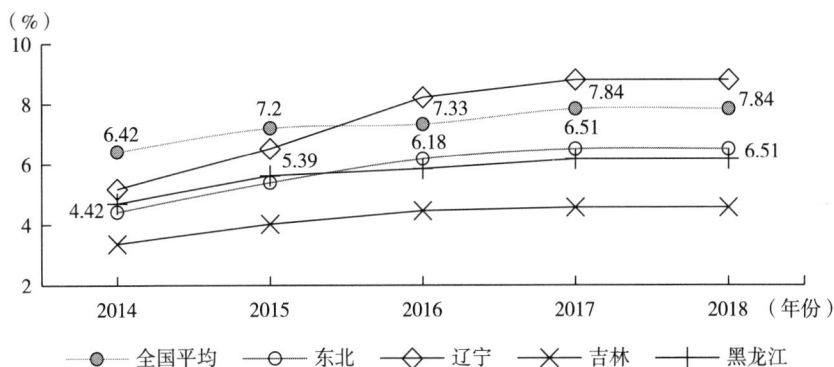

图 2-89 2014～2018 年金融业增加值比重基本走势

注：①全国平均指 31 个省市区的平均水平；②全国范围内（可采集到的数据），金融业增加值比重最大值为 2017 年上海的 17.40%，最小值为 2016 年海南的 0.69%。

2014～2018 年，东北三省金融业增加值比重在全国 31 个省市区连续 5 年数据集（共155 个指标值）中相对位置分布情况如图 2-90 所示。可见，东北三省 5 年（共 15 个数据）金融业增加值比重的百分比排位处于 50% 以下的有 11 个，其中有 8 个处于 25% 以下；东北三省金融业增加值比重的最大值是 2017/2018 年的辽宁省（78.6%），最小值是2014 年的吉林省（0.6%），吉林省也成为 5 年间金融业增加值比重最低的省。

2014～2018 年，6 省金融业增加值比重由高到低依次为：江苏、辽宁、广东、浙江、黑龙江、吉林；东北三省和江苏省、广东省的金融业增加值比重呈增长态势，浙江省呈下降趋势，相对于东北三省而言，东南三省水平较高；东北三省中水平较高的辽宁省优于东南三省中水平较低的浙江省；金融业增加值比重增幅最大的是辽宁省（17.47%），吉林省和黑龙江省次之，分别为 8.92% 和 7.78%，降幅最大的是浙江省（-3.12%），具体如表 2-119 所示。

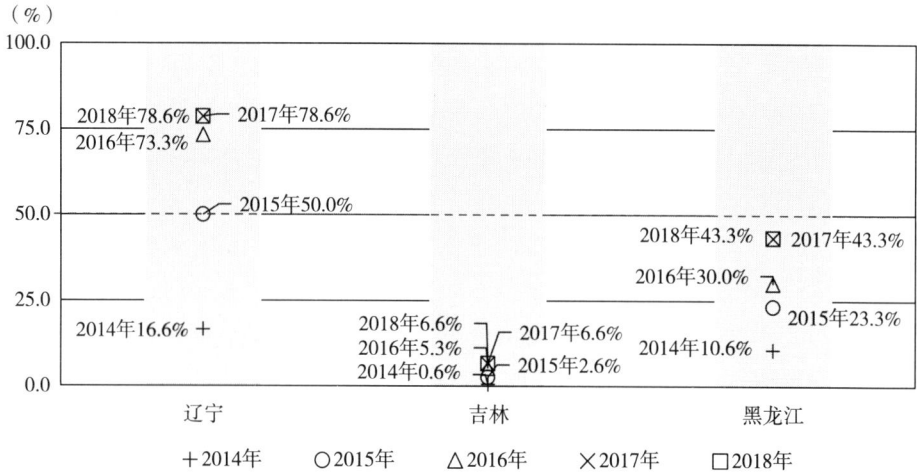

图 2 - 90　2014~2018 年东北三省金融业增加值比重百分比排位图

表 2 - 119　2014~2018 年 6 省金融业增加值比重的原始值及单年排名

年份	辽宁	吉林	黑龙江	江苏	浙江	广东	全国平均
	值/序	值/序	值/序	值/序	值/序	值/序	值
2014	5.18/21	3.37/31	4.70/25	7.26/7	6.89/9	6.56/11	6.42
2015	6.52/16	4.02/30	5.62/24	7.56/9	6.82/12	7.91/8	7.20
2016	8.22/9	4.46/29	5.85/22	7.77/11	6.46/17	7.58/12	7.33
2017	8.80/8	4.57/29	6.17/19	7.90/11	—	7.64/12	7.84
2018	8.80/8	4.57/29	6.17/19	7.90/11	—	7.64/12	7.84
平均	7.50/12.4	4.20/29.6	5.70/21.8	7.68/9.8	6.72/12.7	7.46/11	7.31

2014~2018 年，四个区域金融业增加值比重由高到低依次为：东部、西部、中部、东北；四个区域金融业增加值比重均呈增长趋势，其中东北地区增幅最大（11.85%），东部地区增幅最小（4.00%）；东北地区金融业增加值比重与表现最佳的东部地区相比，差距较大，具体如表 2 - 120 所示。

表 2 - 120　2014~2018 年四大经济区金融业增加值比重的原始值及排名

年份	东北		东部		西部		中部	
	平均值	年排名	平均值	年排名	平均值	年排名	平均值	年排名
2014	4.42	25.7	8.11	11.5	6.27	14.1	4.93	22.5
2015	5.39	23.3	8.84	12.1	6.93	14.7	5.90	21.5
2016	6.18	20.0	8.29	14.8	7.35	14.0	6.27	20.0
2017	6.51	18.7	9.41	12.3	7.72	13.5	6.38	20.0
2018	6.51	18.7	9.41	12.3	7.72	13.5	6.38	20.0
平均	5.80	21.3	8.79	12.6	7.18	14.0	5.97	20.8

2014～2018 年，七个区域金融业增加值比重由高到低依次为：华北、华东、西南、西北、华南、东北、华中；七个区域除华南地区的金融业增加值比重呈波动增长趋势，普遍呈稳步增长趋势，其中东北地区增幅最大，华东地区增幅最小；就七个区域而言，东北排名靠后，与表现最佳的华北地区相比，差距较大，具体如表 2 - 121 所示。

表 2 - 121 2014～2018 年七大地理区金融业增加值比重的原始值及排名

年份	东北	华北	华东	华南	华中	西北	西南
	值/序	值/序	值/序	值/序	值/序	值/序	值/序
2014	4.42/25.7	8.09/13.4	7.36/13.5	6.06/14.3	4.39/26.3	6.49/12.8	6.61/11.8
2015	5.39/23.3	9.06/13.2	7.97/15.2	6.84/13.7	5.21/25.0	7.30/13.4	7.18/12.2
2016	6.18/20.0	9.36/12.8	8.08/15.7	4.83/20.3	5.60/23.3	7.52/13	7.77/11.8
2017	6.51/18.7	9.69/10.4	8.59/15.4	7.38/14.0	5.91/22.8	7.66/13.8	7.96/12.4
2018	6.51/18.7	9.69/10.4	8.59/15.4	7.38/14.0	5.91/22.8	7.66/13.8	7.96/12.4
平均	5.80/21.3	9.18/12.0	8.09/15.0	6.36/15.5	5.41/24.0	7.33/13.4	7.50/12.1

（3）重化工调整

1）重化工业比重（单位:%）。重化工业比重是衡量一个地区重化工业发展程度的重要指标，是一个逆向指标，指标值愈小，效果愈佳，计算公式为地区重化工业总产值占规模以上工业总产值的比重。2014～2017 年，全国重化工业比重呈波动下降趋势，东北地区整体呈上升趋势；东北地区重化工业比重表现明显优于全国平均水平，但相对优势有逐年缩减的趋势；辽宁省和黑龙江省重化工业比重呈上升趋势，吉林省重化工业比重略有下降；就东北三省而言，吉林省较好，黑龙江省次之，辽宁省较弱。总体而言，东北地区重化工业比重低于全国平均水平，优势明显，但优势有进一步缩减的趋势，具体如图 2 - 91 所示。

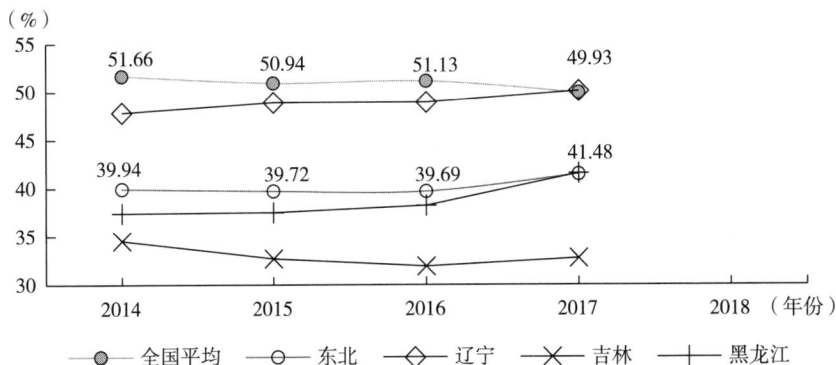

图 2 - 91 2014～2018 年重化工业比重基本走势

注：①全国平均指 31 个省市区的平均水平；②全国范围内（可采集到的数据），重化工业比重最大值为 2015 年山西的 86.662，最小值为 2017 年广东的 25.738；③重化工业比重未收集到 2018 年的数据。

2014～2017 年，东北三省重化工业比重在全国 31 个省市区连续 4 年数据集（共 124 个指标值）中相对位置分布情况如图 2－92 所示。可见，东北三省 4 年（共 12 个数据）重化工业比重的百分比排位处于 50% 以下的有 4 个；排位的最大值是 2016 年的吉林省（89.0%），最小值是 2017 年的辽宁省（38.2%）。

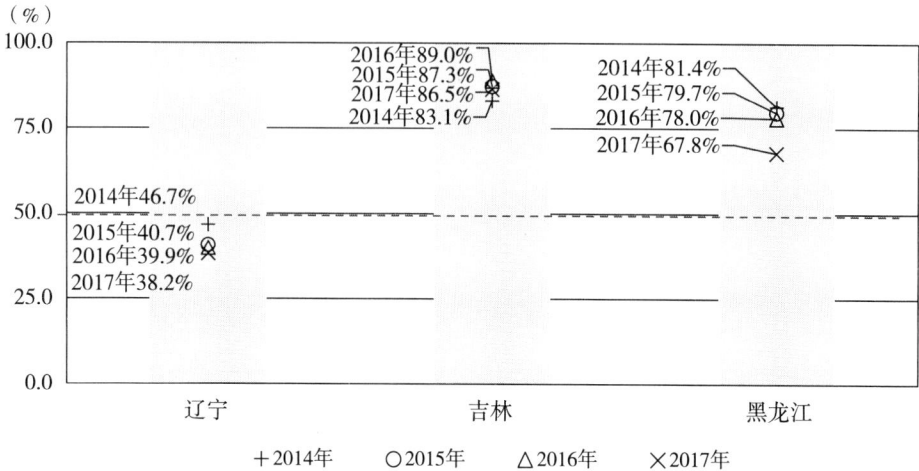

图 2－92　2014～2017 年东北三省重化工业比重百分比排位图

2014～2018 年，6 省重化工业比重由低到高依次为广东、浙江、吉林、江苏、黑龙江、辽宁；东南三省均呈下降趋势，相对于东北三省而言，整体优势明显；东南三省中表现较好的广东省优于东北三省中表现较佳的吉林省；重化工业比重降幅最大的是广东省（－3.13%），增幅最大的是黑龙江省（3.69%），辽宁省的增幅为 1.59%，吉林省的降幅为－1.73%，具体如表 2－122 所示。

表 2－122　2014～2018 年 6 省重化工业比重的原始值及单年排名

年份	辽宁	吉林	黑龙江	江苏	浙江	广东	全国平均
	值/序	值/序	值/序	值/序	值/序	值/序	值
2014	47.84/17	34.55/5	37.43/6	34.36/4	30.79/3	28.40/1	51.66
2015	48.92/18	32.71/4	37.52/7	33.48/5	30.01/3	27.80/2	50.94
2016	48.93/18	31.92/4	38.24/7	33.10/5	29.88/3	27.16/1	51.13
2017	50.12/18	32.75/6	41.57/10	32.54/5	28.85/3	25.74/1	49.93
2018	—	—	—	—	—	—	—
平均	48.95/17.8	32.98/4.8	38.69/7.5	33.37/4.8	29.88/3	27.27/1.3	50.92

2014～2018 年，四个区域重化工业比重由低到高依次为：东北、东部、中部、西部；东部、中部、西部区域重化工业比重整体呈下降趋势，东北地区整体呈上行态势，2017

年升幅相对明显，其中中部地区降幅最大（-2.25%），东北地区增幅为1.29%；东北地区重化工业比重与东部地区相比，优势不大且有进一步缩减的趋势，具体如表2-123所示。

表2-123　2014~2018年四大经济区重化工业比重的平均值及排名

年份	东北		东部		西部		中部	
	平均值	年排名	平均值	年排名	平均值	年排名	平均值	年排名
2014	39.94	9.3	40.71	9.5	63.57	22.2	52.03	15.2
2015	39.72	9.7	40.75	10.6	63.55	21.8	50.44	15.0
2016	39.69	9.7	40.85	10.2	64.63	22.9	49.22	13.7
2017	41.48	11.3	40.31	10.4	60.88	20.6	48.51	13.3
2018	—	—	—	—	—	—	—	—
平均	40.21	10.0	40.66	10.2	63.17	21.9	49.96	14.3

2014~2018年，七个区域重化工业比重由低到高依次为：华东、东北、华南、华中、西南、华北、西北；华东、华中、西南、华北地区普遍呈现波动下降趋势，东北、西北、华南地区普遍呈现波动上升趋势；就七个区域而言，东北地区排名较靠前，与表现最好的华东地区相比，差距较大，具体如表2-124所示。

表2-124　2014~2018年七大地理区重化工业比重的平均值及排名

年份	东北	华北	华东	华南	华中	西北	西南
	值/序	值/序	值/序	值/序	值/序	值/序	值/序
2014	39.94/9.3	64.14/22.2	37.18/6.5	40.81/11.0	42.84/11.3	71.41/25.4	55.65/18.6
2015	39.72/9.7	63.90/22.0	36.55/7.0	42.06/12.3	43.03/12.3	70.79/25.4	54.52/17.8
2016	39.69/9.7	63.66/21.8	36.50/6.8	43.13/12.3	41.72/10.5	70.96/25.2	56.59/20.3
2017	41.48/11.3	58.43/19.5	35.09/6.8	42.58/12.3	41.28/10.5	71.91/25.0	52.41/17.0
2018	—	—	—	—	—	—	—
平均	40.21/10.0	62.75/21.5	36.38/6.8	42.14/12.0	42.17/11.1	71.27/25.3	54.71/18.3

2）产能过剩产业比重（单位:%）。产能过剩产业比重是衡量一个地区重化工业内部结构的重要指标，是一个逆向指标，指标值愈小，效果愈佳，计算公式为地区产能过剩产业主营业务收入占重化工业主营业务收入的比重。2014~2016年，全国产能过剩产业比重整体呈下降趋势；东北地区产能过剩产业比重低于全国平均水平，但差距逐渐缩小；吉林省和黑龙江省产能过剩产业比重均呈下降趋势，且吉林省下降趋势较为明显，辽宁省产能过剩产业比重逐渐上升；相对而言，吉林省较好，黑龙江省次之，辽宁省较弱。总体而言，东北地区产能过剩产业比重表现优于全国平均水平，但优势有逐年缩减的趋势，具体如图2-93所示。

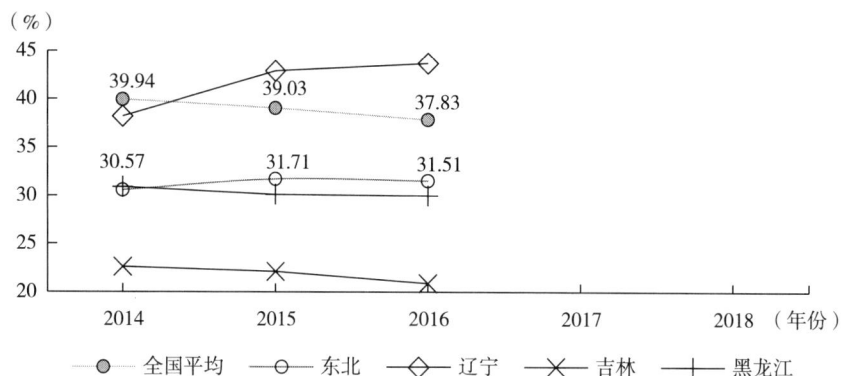

图 2－93　2014～2018 年产能过剩产业比重基本走势

注：①全国平均指 31 个省市区的平均水平；②全国范围内（可采集到的数据），产能过剩产业比重最大值为 2015 年甘肃的 77.10%，最小值为 2016 年重庆的 18.44%；③产能过剩产业比重未收集到 2017 年、2018 年的数据。

2014～2016 年，东北三省产能过剩产业比重在全国 31 个省市区连续 3 年数据集（共 93 个指标值）中相对位置分布情况如图 2－94 所示。可见，东北三省 3 年（共 9 个数据）产能过剩产业比重的百分比排位处于 50% 以下的有 3 个；排位的最大值是 2016 年的吉林省（97.9%），最小值是 2016 年的辽宁省（25.0%）。

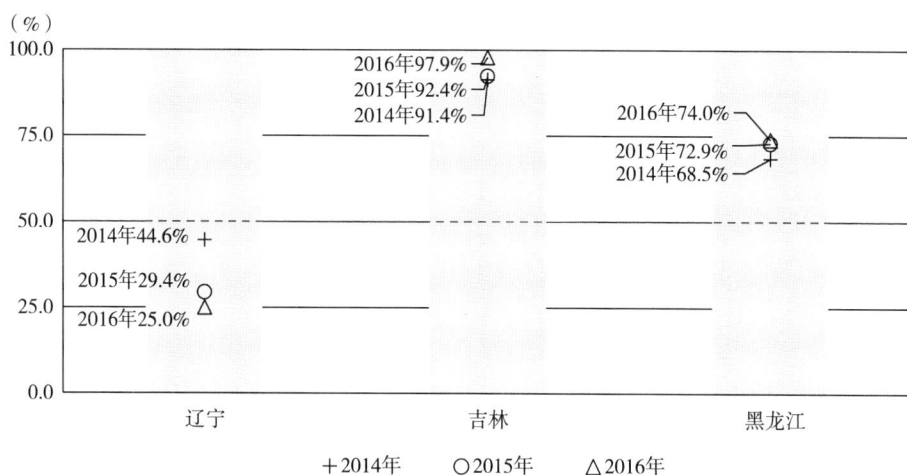

图 2－94　2014～2016 年东北三省产能过剩产业比重百分比排位图

2014～2018 年，6 省产能过剩产业比重由低到高依次为广东、吉林、浙江、江苏、黑龙江、辽宁；东南三省均呈下降趋势，相对于东北三省而言，产能过剩产业比重较低；东南三省中表现较好的广东省优于东北三省中表现较佳的吉林省；产能过剩产业比重年均降幅最大的是广东省（－7.26%）增幅最大的是辽宁省（7.18%），吉林省和黑龙江省的降幅分别为 －3.83% 和 －1.50%，具体如表 2－125 所示。

表 2 - 125　2014～2018 年 6 省产能过剩产业比重的原始值及单年排名

年份	辽宁	吉林	黑龙江	江苏	浙江	广东	全国平均
	值/序	值/序	值/序	值/序	值/序	值/序	值
2014	38.20/17	22.61/2	30.90/9	29.80/6	30.15/7	22.96/3	39.94
2015	42.89/21	22.12/3	30.11/9	28.59/7	28.00/6	21.40/2	39.03
2016	43.68/24	20.88/3	29.97/11	27.62/9	26.36/6	19.63/2	37.83
2017	—	—	—	—	—	—	—
2018	—	—	—	—	—	—	—
平均	41.59/20.7	21.87/2.7	30.33/9.7	28.67/7.3	28.17/6.3	21.33/2.3	38.93

2014～2018 年，四个区域产能过剩产业比重由低到高依次为：东北、东部、中部、西部；四个区域产能过剩产业比重普遍呈下降的趋势，东北地区略有上升，其中中部地区降幅最大，西部地区降幅最小；东北地区排名靠前，但对紧随其后的东部地区的优势正逐渐缩小，具体如表 2 - 126 所示。

表 2 - 126　2014～2018 年四大经济区产能过剩产业比重的原始值及排名

年份	东北		东部		西部		中部	
	平均值	年排名	平均值	年排名	平均值	年排名	平均值	年排名
2014	30.57	9.3	34.16	11.5	48.56	21.3	37.04	16.2
2015	31.71	11.0	32.61	11.6	48.12	21.5	35.20	14.7
2016	31.51	12.7	31.66	12.0	46.73	21.1	33.49	14.2
2017	—	—	—	—	—	—	—	—
2018	—	—	—	—	—	—	—	—
平均	31.26	11.0	32.81	11.7	47.81	21.3	35.24	15.0

2014～2018 年，七个区域产能过剩产业比重由低到高依次为：华东、东北、华中、西南、华北、华南、西北；七个区域普遍呈现下降趋势，东北地区略有上升，其中华南地区降幅最大，西北地区降幅最小；就七个区域而言，东北地区排名靠前，与产能过剩产业比重最低的华东地区相比，差距较小，具体如表 2 - 127 所示。

表 2 - 127　2014～2018 年七大地理区产能过剩产业比重的原始值及排名

年份	东北	华北	华东	华南	华中	西北	西南
	值/序	值/序	值/序	值/序	值/序	值/序	值/序
2014	30.57/9.3	39.38/18.4	29.80/7.5	40.91/17.0	37.17/16.5	61.16/27.2	38.73/15.6
2015	31.71/11.0	38.21/18.0	28.18/7.2	38.82/15.7	35.24/15.3	61.44/27.0	38.01/17.2
2016	31.51/12.7	37.50/17.8	26.79/7.8	37.62/16.0	33.51/14.8	60.09/26.8	36.53/16.2

年份	东北	华北	华东	华南	华中	西北	西南
	值/序	值/序	值/序	值/序	值/序	值/序	值/序
2017	—	—	—	—	—	—	—
2018	—	—	—	—	—	—	—
平均	31.26/11.0	38.36/18.1	28.25/7.5	39.12/16.2	35.30/15.5	60.90/27.0	37.76/16.3

（4）金融深化

1）银行信贷占比（单位:%）。银行信贷占比反映一个地区的银行信贷规模，是衡量该地区产业发展的重要指标，计算公式为银行信贷与地区 GDP 比值的百分数。2014~2018年，全国和东北地区的银行信贷占比均呈平稳上升趋势；东北地区银行信贷占比明显低于全国平均水平；东北三省银行信贷占比均呈平稳上升趋势，且吉林省和黑龙江省的上升趋势大致相同；相对而言，辽宁省较好，吉林省和黑龙江省较弱。总体而言，东北三省的平均银行信贷占比明显低于全国平均水平，差距有缩小的趋势，具体如图 2-95 所示。

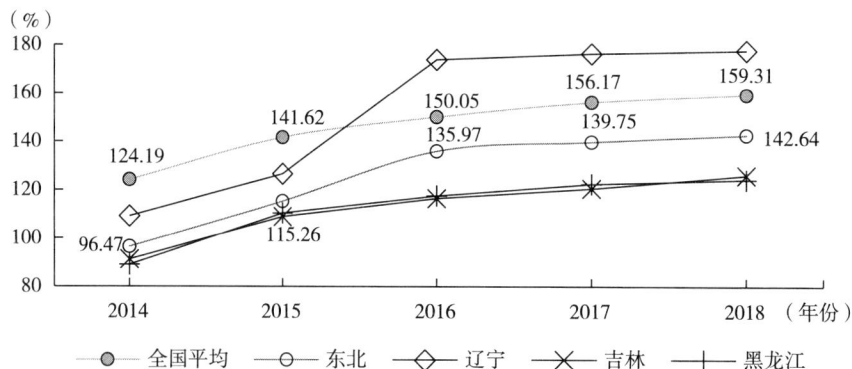

图 2-95　2014~2018 年银行信贷占比基本走势

注：①全国平均指 31 个省市区的平均水平；②全国范围内（可采集到的数据），银行信贷占比最大值为 2017 年西藏的 308.46%，最小值为 2014 年湖南的 75.29%。

2014~2018 年，东北三省银行信贷占比在全国 31 个省市区连续 5 年数据集（共 155个指标值）中相对位置分布情况如图 2-96 所示。可见，东北三省 5 年（共 15 个数据）银行信贷占比的百分比排位处于 50% 以下的有 12 个，其中，有 5 个处于 25% 以下；排位的最大值是 2018 年的辽宁省（78.5%），最小值是 2014 年的黑龙江省（5.1%）。

2014~2018 年，6 省份银行信贷占比由高到低依次为：浙江、辽宁、广东、江苏、黑龙江、吉林；东南三省银行信贷占比普遍呈上升趋势，浙江省在 2016 年略有下降，江苏省和广东省均有较大幅度的提升；银行信贷占比增幅最大的是辽宁省（15.69%），最小的是浙江省（2.57%），黑龙江省和吉林省的增幅分别为 9.88% 和 9.54%，具体如表 2-128 所示。

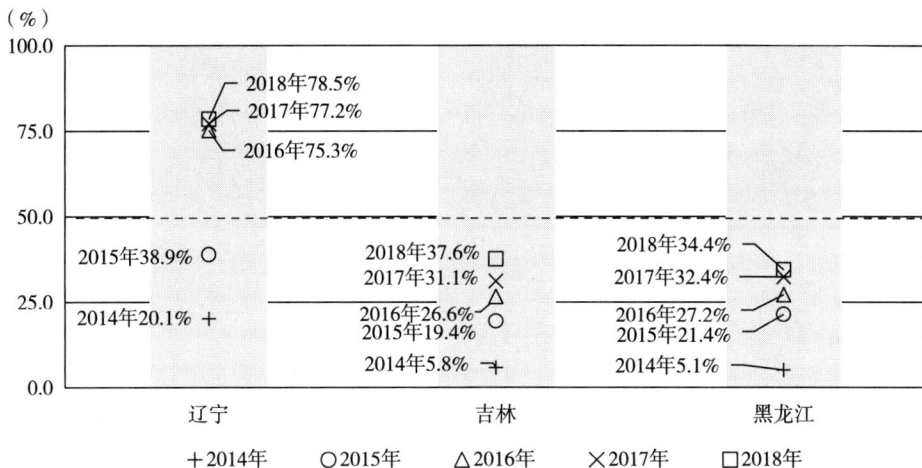

图 2-96　2014～2018 年东北三省银行信贷占比百分比排位图

表 2-128　2014～2018 年 6 省银行信贷占比的原始值及单年排名

年份	辽宁	吉林	黑龙江	江苏	浙江	广东	全国平均
	值/序	值/序	值/序	值/序	值/序	值/序	值
2014	109.17/18	91.19/25	89.04/26	106.89/19	170.68/5	114.86/17	124.19
2015	126.56/18	108.86/25	110.36/23	112.48/21	178.30/7	131.38/15	141.62
2016	173.89/8	116.47/24	117.55/23	120.12/21	173.13/9	137.19/16	150.05
2017	176.34/8	120.51/27	122.41/25	121.12/26	174.30/9	140.50/15	156.17
2018	177.70/10	126.00/25	124.23/27	127.23/24	188.22/7	149.23/16	159.31
平均	152.73/12.4	112.61/25.2	112.72/24.8	117.57/22.2	176.93/7.4	134.63/15.8	146.27

　　2014～2018 年，四个区域银行信贷占比由高到低依次为：西部、东部、东北、中部；四大区域整体呈平稳上升趋势，且东北地区增幅最大；东北地区银行信贷占比与西部地区相比，差距较大，具体如表 2-129 所示。

表 2-129　2014～2018 年四大经济区银行信贷占比的平均值及年排名

年份	东北		东部		西部		中部	
	平均值	年排名	平均值	年排名	平均值	年排名	平均值	年排名
2014	96.47	23.0	135.70	13.3	135.71	12.4	95.81	24.2
2015	115.26	22.0	155.87	13.0	153.41	13.1	107.49	23.8
2016	135.97	18.3	158.56	14.1	164.43	13.1	114.15	23.8
2017	139.75	20.0	161.86	14.3	174.79	12.4	117.66	24.0
2018	142.64	20.7	165.04	14.2	176.78	12.6	123.14	23.5
平均	126.02	20.8	155.41	13.8	161.02	12.7	111.65	23.9

2014～2018 年，七个区域银行信贷占比由高到低依次为：西北、西南、华北、华南、华东、东北、华中；七个区域普遍呈上升趋势，其中东北地区增幅最大；就七个区域而言，东北地区排名靠后，与最优的西北地区相比，差距较大，具体如表 2－130 所示。

表 2－130　2014～2018 年七大地理区银行信贷占比的平均值及年排名

年份	东北	华北	华东	华南	华中	西北	西南
	值/序	值/序	值/序	值/序	值/序	值/序	值/序
2014	96.47/23	131.57/15.4	128.22/15.2	116.04/16.7	85.04/27.8	147.21/10	141.77/9.6
2015	115.26/22	152.67/15	140.92/15.8	139.61/15.7	95.15/27.5	170.89/9.4	156.36/11.2
2016	135.97/18.3	157.77/15.4	143.21/16.8	146.51/16	100.71/27.8	180.04/9.2	170.59/11.6
2017	139.75/20	165.06/12.8	145.44/18	151.82/14.7	107.61/27.5	190.12/9.8	177.51/12.2
2018	142.64/20.7	165.17/13.8	150.46/17.8	154.30/15	114.30/26.5	187.23/10.4	185.14/11
平均	126.02/20.8	154.45/14.5	141.65/16.7	141.66/15.6	100.56/27.4	175.10/9.8	166.27/11.1

2）社会融资规模增量（单位：亿元）。社会融资规模增量反映一定时期内（每月、每季或每年）实体经济从金融体系获得的全部资金总额，是衡量地区金融深化程度的重要指标，计算公式为当年社会融资总额与上一年社会融资总额的差值。2014～2018 年，全国社会融资规模增量整体呈波动上升趋势，东北地区社会融资规模增量整体呈波动下降趋势；东北地区社会融资规模增量明显低于全国平均水平；辽宁省和黑龙江省整体呈下降趋势，吉林省整体变化较小，其中辽宁省在 2015 年略有上升；相对而言，辽宁省较好，吉林省和黑龙江省较弱。总体而言，东北三省的社会融资规模增量明显低于全国平均水平，具体如图 2－97 所示。

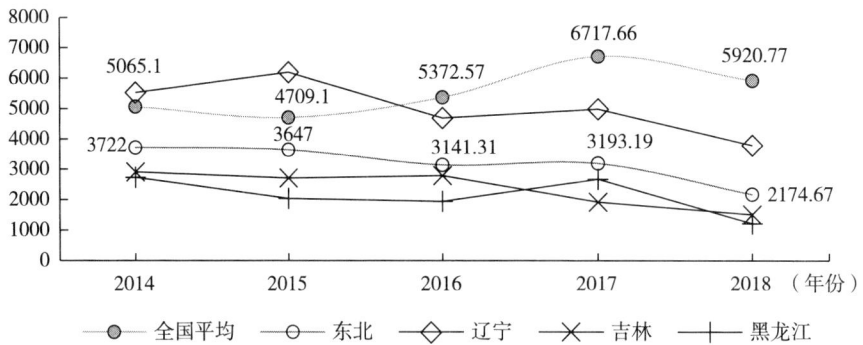

图 2－97　2014～2018 年社会融资规模增量基本走势

注：①全国平均指 31 个省市区的平均水平；②全国范围内（可采集到的数据），社会融资规模增量最大值为 2017 年广东的 24507，最小值为 2018 年青海的 126。

2014～2018 年，东北三省社会融资规模增量在全国 31 个省市区连续 5 年数据集（共 155 个指标值）中相对位置分布情况如图 2－98 所示。可见，东北三省 5 年（共 15 个数据）社会融资规模增量的百分比排位处于 50% 以下的有 11 个，其中，有 7 个处于 25% 以下；排位的最大值是 2015 年的辽宁省（68.8%），最小值是 2018 年的黑龙江省（11.0%）。

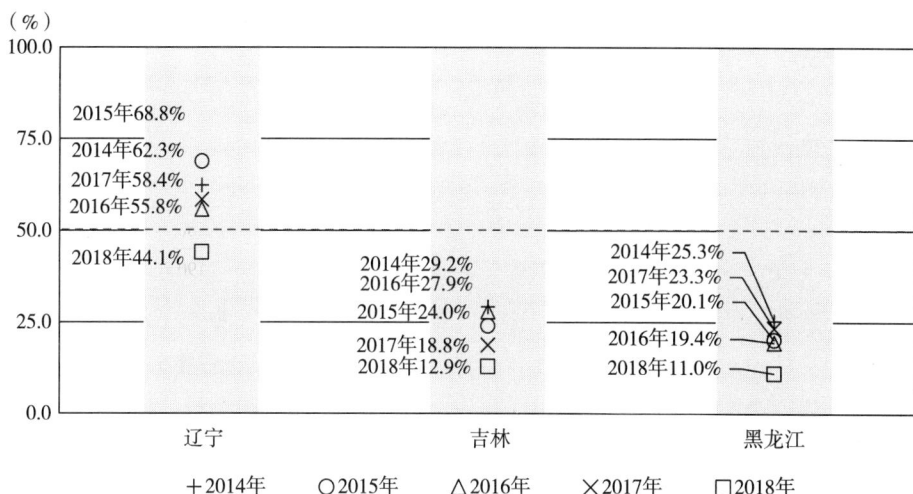

图 2-98　2014~2018 年东北三省社会融资规模增量百分比排位图

2014~2018 年，6 省社会融资规模增量由高到低依次为：广东、江苏、浙江、辽宁、吉林、黑龙江；东南三省呈上升趋势；东南三省中水平较低的浙江省优于东北地区水平较高的辽宁省；社会融资规模增量降幅最大的是黑龙江省（-13.85%），升幅最大的是浙江省（35.95%），辽宁省的降幅为-7.83%，吉林省的降幅为-12.02%，具体如表 2-131 所示。

表 2-131　2014~2018 年 6 省社会融资规模增量的原始值及单年排名

年份	辽宁	吉林	黑龙江	江苏	浙江	广东	全国平均
	值/序	值/序	值/序	值/序	值/序	值/序	值
2014	5526.0/10	2909.0/24	2731.0/27	13440.0/1	7998.0/5	13173.0/2	5065.1
2015	6194.0/7	2710.0/24	2037.0/25	11394.0/3	6291.0/6	14443.0/2	4709.1
2016	4693.3/13	2789.7/20	1941.0/24	16758.2/2	7485.4/6	21154.7/1	5372.6
2017	4985.2/17	1920.5/27	2674.0/25	17560.8/2	15446.7/3	24507.0/1	6717.7
2018	3796.0/18	1510.0/25	1218.0/26	17699.0/4	19499.0/2	22502.0/1	5920.8
平均	5038.9/13	2367.8/24	2120.2/25.4	15370.4/2.4	11344.0/4.4	19155.9/1.4	5557.0

2014~2018 年，四大区域社会融资规模增量由高到低依次为：东部、中部、东北、西部；东北、西部区域呈波动下降趋势，东部和中部区域呈波动上升趋势，其中东部地区升幅最大；东北地区社会融资规模增量与东部地区相比，差距较大，具体如表 2-132 所示。

表 2 – 132　2014～2018 年四大经济区社会融资规模增量平均值及排名

年份	东北		东部		西部		中部	
	平均值	年排名	平均值	年排名	平均值	年排名	平均值	年排名
2014	3722.0	20.3	7909.9	9.5	3237.0	21.0	4651.5	14.7
2015	3647.0	18.7	7866.1	8.4	2711.4	21.8	3973.8	15.7
2016	3141.3	19.0	9700.2	8.2	2580.2	22.6	4860.2	14.3
2017	3193.2	23.0	11117.0	9.3	3824.7	21.3	6933.5	13.0
2018	2174.7	23.0	10771.8	10.1	2872.2	21.3	5806.0	11.8
平均	3175.6	20.8	9473.0	9.1	3045.1	21.6	5245.0	13.9

2014～2018 年，七个区域社会融资规模增量由高到低依次为：华东、华南、华北、华中、西南、东北、西北；东北、西北地区均呈波动下降趋势，华东、华南、华北和西南和华中呈波动上升趋势；就七个区域而言，东北地区排名靠后，与最优的华东地区相比，差距较大，具体如表 2 – 133 所示。

表 2 – 133　2014～2018 年七大地理区社会融资规模增量的平均值及排名

年份	东北	华北	华东	华南	华中	西北	西南
	值/序	值/序	值/序	值/序	值/序	值/序	值/序
2014	3722.0/20.3	5740.4/15.4	7706.8/8.3	5785.3/17.3	5148.0/12.5	2597.8/23.4	3994.4/17.8
2015	3647.0/18.7	5904.8/13.6	6944.2/8	6233.7/17.7	4305.0/14.5	2286.4/23.2	3299.8/19.4
2016	3141.3/19	5467.3/15.8	9477.2/6.2	8557.2/16	5261.7/12.3	1811.9/25.6	3429.6/19.6
2017	3193.2/23	5824.3/16.4	11805.8/6.5	9969.9/16.3	7473.5/11.5	3072.4/23.8	4709.3/18.4
2018	2174.7/23	6377.0/15.8	10531.7/8.3	9021.0/15.7	6553.8/9	1487.4/25.8	4246.0/17.2
平均	3175.6/20.8	5862.8/15.4	9293.1/7.5	7913.4/16.6	5748.4/12	2251.2/24.4	3935.8/18.5

（5）现代农业

1）农业综合机械化水平（单位:%）。农业综合机械化水平是对机器（装备）在农业中使用程度、作用大小和使用效果的一种表达和度量，是衡量该地区现代农业发展的重要指标，计算公式为 0.4 倍机耕面积加 0.3 倍机播面积加 0.3 倍机收面积与农作物播种面积的比值。2014～2018 年，全国平均农业综合机械化水平呈缓慢上升趋势，东北地区农业综合机械化水平整体呈波动上升态势，2017 年下行幅度明显；东北地区农业综合机械化水平明显高于全国平均水平，但优势呈缩减趋势；吉林省、辽宁省的农业综合机械化水平均呈平稳上升趋势，辽宁省于 2018 年实现对吉林省的超越，黑龙江省农业综合机械化水平 2017 年明显下降；相对而言，黑龙江省较好，吉林省次之，辽宁省较弱。总体而言，东北三省的农业综合机械化水平明显高于全国平均水平，优势呈缩减趋势，具体如图 2 – 99 所示。

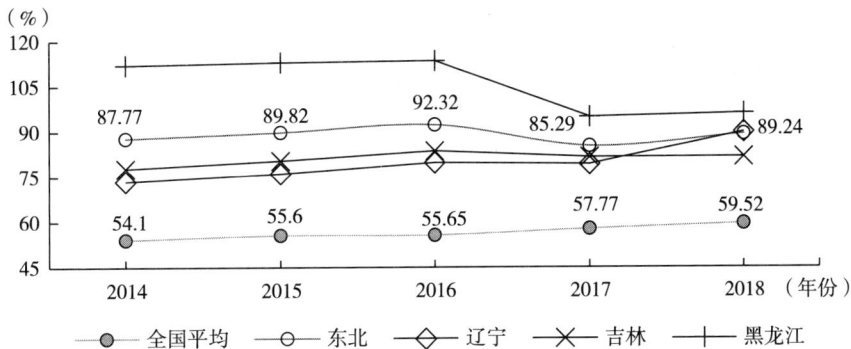

图 2-99 2014~2018 年农业综合机械化水平基本走势

注：①全国平均指 31 个省市区的平均水平；②全国范围内（可采集到的数据），农业综合机械化水平最大值为 2016 年黑龙江的 113.51%，最小值为 2014 年贵州的 12.584%。

2014~2018 年，东北三省农业综合机械化水平在全国 31 个省市区连续 5 年数据集（共 155 个指标值）中相对位置分布情况如图 2-100 所示。可见，东北三省 5 年（共 15 个数据）农业综合机械化水平的百分比排位均处于 75% 以上；排位的最大值是 2016 年的黑龙江省（100%），黑龙江省也成为 5 年中农业机械化水平最高的省份，排位的最小值是 2014 年的辽宁省（80.5%）。

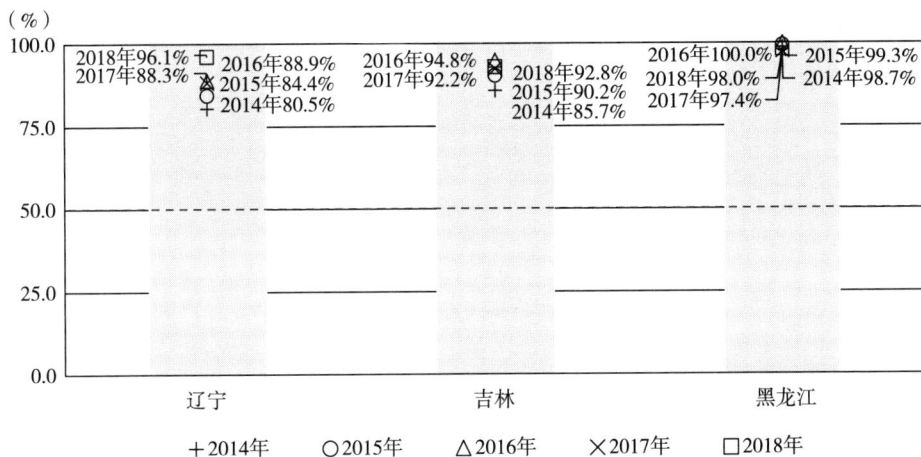

图 2-100 2014~2018 年东北三省农业综合机械化水平百分比排位图

2014~2018 年，6 省农业综合机械化水平由高到低依次为：黑龙江、吉林、辽宁、江苏、广东、浙江；东南三省整体呈波动上升趋势，浙江省与广东省在 2018 年出现下降；2014~2018 年，东北地区中水平较低的辽宁省持续优于东南地区水平较高的江苏省；农业综合机械化水平增幅最大的是辽宁省（5.59%），降幅最大的是黑龙江省（-3.55%），说明黑龙江省的相对优势正逐渐减小，吉林省的增幅为 1.25%，具体如表 2-134 所示。

表 2 - 134 2014~2018 年 6 省农业综合机械化水平原始值及单年排名

| 年份 | 辽宁 | 吉林 | 黑龙江 | 江苏 | 浙江 | 广东 | 全国平均 |
	值/序	值/序	值/序	值/序	值/序	值/序	值
2014	73.48/6	77.80/4	112.03/1	68.54/8	40.40/25	42.29/23	54.10
2015	76.08/6	80.40/5	112.98/1	68.97/8	39.45/24	43.32/23	55.60
2016	79.79/3	83.65/2	113.51/1	69.49/8	39.66/24	45.84/23	55.65
2017	79.29/3	81.64/2	94.95/1	69.56/8	46.00/24	53.16/23	57.77
2018	89.91/2	81.70/4	96.12/1	71.63/10	44.27/24	48.62/23	59.52
平均	79.71/4	81.04/3.4	105.92/1	69.64/8.4	41.96/24.2	46.65/23	56.53

2014~2018 年，四个区域农业综合机械化水平由高到低依次为：东北、中部、东部、西部；中部、东部、西部区域普遍呈上升趋势，其中西部地区增幅最大，东部地区呈波动上升趋势，在 2017 年，与其他三个区域相比增幅最小；东北地区虽表现较好，但发展势头较弱，具体如表 2 - 135 所示。

表 2 - 135 2014~2018 年四大经济区农业综合机械化水平的平均值及排名

| 年份 | 东北 | | 东部 | | 西部 | | 中部 | |
	平均值	年排名	平均值	年排名	平均值	年排名	平均值	年排名
2014	87.77	3.7	52.80	16.9	45.22	19.2	57.18	14.3
2015	89.82	4.0	51.77	17.4	48.06	19.1	59.96	13.5
2016	92.32	2.0	51.80	17.5	46.96	19.6	61.12	13.3
2017	85.29	2.0	54.75	17.6	50.55	19.3	63.47	13.8
2018	89.24	2.3	55.33	17.5	52.53	19.6	65.64	13.2
平均	88.89	2.8	53.29	17.4	48.66	19.3	61.47	13.6

2014~2018 年，七个区域农业综合机械化水平由高到低依次为：东北、华北、西北、华东、华中、华南、西南；除华北区域外，其他区域普遍呈上升趋势，其中西南地区增幅最大，东北地区在 2017 年明显下降，华北地区在 2014~2018 年波动下降；就七大区域而言，东北地区排名首位，农业综合机械化水平较高，但 2014~2018 年增幅较小（0.42%），发展势头较弱，具体如表 2 - 136 所示。

表 2 - 136 2014~2018 年七大地理区的农业综合机械化水平的平均值及排名

| 年份 | 东北 | 华北 | 华东 | 华南 | 华中 | 西北 | 西南 |
	值/序	值/序	值/序	值/序	值/序	值/序	值/序
2014	87.77/3.7	66.79/9.6	54.55/15.5	41.04/23.7	52.47/16.8	56.61/14.6	27.29/26.6
2015	89.82/4.0	65.70/11.0	55.16/15.5	40.73/23.0	55.78/15.5	61.34/14.0	28.54/27.0

年份	东北	华北	华东	华南	华中	西北	西南
	值/序	值/序	值/序	值/序	值/序	值/序	值/序
2016	92.32/2.0	62.95/11.6	56.41/15.0	42.90/22.7	56.94/15.8	57.74/15.2	29.97/27.0
2017	85.29/2.0	63.34/12.6	59.71/15.0	46.41/24.3	59.00/16.8	63.40/12.6	33.56/26.8
2018	89.24/2.3	66.68/12.0	60.73/14.7	45.57/24.3	61.74/15.0	65.57/14.0	33.62/27.6
平均	88.89/2.8	65.09/11.4	57.31/15.1	43.33/23.6	57.19/16.0	60.93/14.1	30.60/27.0

2) 农业劳动生产率（单位：万元/人）。农业劳动生产率是指单位农业劳动者在单位时间内（一般指一年内）生产的产品价值，是衡量该地区农业发展的重要指标，计算公式为地区第一产业增加值与第一产业从业人员数的比值。2014～2018 年，全国平均农业劳动生产率呈波动上升趋势，2017 年表现略微下降。东北地区呈波动下降态势，2017 年降幅明显；东北地区农业劳动生产率高于全国平均水平，但 2016 年后优势呈缩小态势；辽宁省整体呈波动下降趋势，2015～2017 年持续下行，吉林省整体呈波动下降趋势，2016 年降幅明显，黑龙江省 2015～2017 年发展落差较大，升降幅度明显；相对而言，黑龙江省较好，辽宁省次之，吉林省较弱。总体而言，东北三省的农业劳动生产率高于全国平均水平，逐年优势呈缩小趋势，具体如图 2-101 所示。

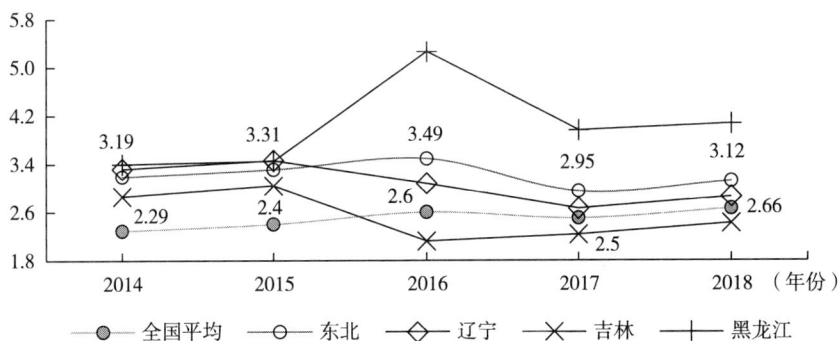

图 2-101　2014～2018 年农业劳动生产率基本走势

注：①全国平均指 31 个省市区的平均水平；②全国范围内（可采集到的数据），农业劳动生产率最大值为 2018 年江苏的 5.414，最小值为 2014 年西藏的 0.981。

2014～2018 年，东北三省农业劳动生产率在全国 31 个省市区连续 5 年数据集（共 155 个指标值）中相对位置分布情况如图 2-102 所示。可见，东北三省 5 年（共 15 个数据）农业劳动生产率的百分比排位处于 50% 以下的有 3 个；排位的最大值是 2016 年的黑龙江省（99.3%），最小值是 2016 年的吉林省（37.9%）。

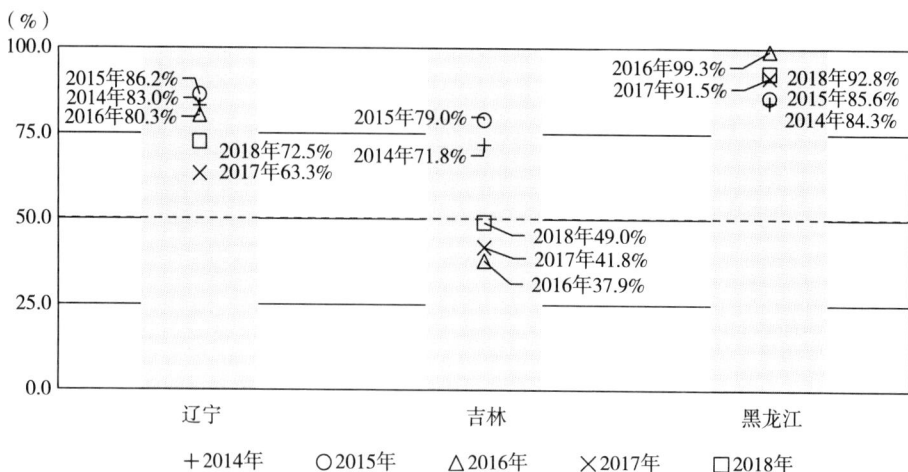

图 2 - 102 2014~2018 年东北三省农业劳动生产率百分比排位图

2014~2018 年，6 省农业劳动生产率由高到低依次为：江苏、浙江、黑龙江、辽宁、广东、吉林；东南三省普遍呈平稳上升趋势；东北地区较高的黑龙江省落后于东南三省农业劳动生产率相对较高的江苏省；农业劳动生产率增幅最大的是江苏省（9.22%），降幅最大的是吉林省（-3.77%），辽宁省的降幅为 -3.51%，黑龙江省的增幅为 4.98%，具体如表 2 - 137 所示。

表 2 - 137 2014~2018 年 6 省农业劳动生产率的原始值及年排名

年份	辽宁	吉林	黑龙江	江苏	浙江	广东	全国平均
	值/序	值/序	值/序	值/序	值/序	值/序	值
2014	3.32/5	2.86/10	3.40/4	3.96/1	3.54/2	2.29/15	2.29
2015	3.46/4	3.04/8	3.45/5	4.55/1	3.72/2	2.43/14	2.40
2016	3.08/8	2.12/21	5.26/1	4.84/2	4.21/3	2.71/11	2.60
2017	2.66/11	2.23/19	3.96/4	5.06/1	4.32/2	2.66/12	2.50
2018	2.86/11	2.42/19	4.07/4	5.41/1	4.49/2	2.84/12	2.66
平均	3.08/7.8	2.53/15.4	4.03/3.6	4.77/1.2	4.06/2.2	2.59/12.8	2.49

2014~2018 年，四个区域农业劳动生产率由高到低依次为：东部、东北、中部、西部；东部、中部、西部区域的农业劳动生产率均呈上升趋势，其中西部地区增幅最大，东部地区增幅最小，东北地区呈波动下降趋势，2017 年降幅明显；东北地区农业劳动生产率与东部地区存在差距（从 2017 年开始东北地区劳动生产率平均值低于东部地区，且差距不断增大），具体如表 2 - 138 所示。

表 2 - 138　2014～2018 年四大经济区农业劳动生产率的平均值及排名

年份	东北		东部		西部		中部	
	平均值	年排名	平均值	年排名	平均值	年排名	平均值	年排名
2014	3.19	6.3	3.01	8.2	1.73	22.2	1.77	21.5
2015	3.31	5.7	3.12	8.4	1.82	22.1	1.87	21.7
2016	3.49	10.0	3.32	9.1	1.96	21.8	2.24	18.7
2017	2.95	11.3	3.24	9.2	2.03	20.3	1.97	21.2
2018	3.12	11.3	3.45	8.7	2.13	20.1	2.09	20.5
平均	3.21	8.9	3.23	8.7	1.93	21.3	1.99	20.7

2014～2018 年，七个区域农业劳动生产率由高到低依次为：华东、东北、华南、华北、华中、西北、西南；华东、西南区域普遍呈平稳上升趋势，其中西南地区增幅最大，西北、华南、华中地区波动上升，东北和华北地区波动下降，东北地区与华东地区的差距将进一步拉大，具体如表 2 - 139 所示。

表 2 - 139　2014～2018 年七大地理区的农业劳动生产率的平均值及排名

年份	东北	华北	华东	华南	华中	西北	西南
	值/序	值/序	值/序	值/序	值/序	值/序	值/序
2014	3.19/6.3	2.49/13.6	2.93/9.7	2.49/14.0	1.93/19.5	1.84/20.6	1.42/25.6
2015	3.31/5.7	2.48/14.0	3.06/10.0	2.65/13.3	2.07/19.3	1.88/21.4	1.58/25.0
2016	3.49/10.0	2.75/11.8	3.28/11.2	2.93/12.7	2.28/17.8	1.97/22.0	1.79/24.0
2017	2.95/11.3	2.26/15.8	3.35/9.8	2.93/12.3	2.21/18.3	1.97/21.0	1.93/21.8
2018	3.12/11.3	2.43/15.0	3.56/9.3	3.11/12.0	2.36/17.5	1.93/23.3	2.11/20.2
平均	3.21/8.9	2.48/14.0	3.24/10.0	2.82/12.9	2.17/18.5	1.92/21.6	1.76/23.3

4. 主要结论

首先，总体而言，东北地区的产业发展指数整体优于全国平均水平，但 2016 年之后呈下降态势，于 2018 年低于全国平均水平，未来发展有进一步下滑的趋势。在反映产业发展水平的 5 个方面（产业均衡、服务业发展、重化工调整、金融深化、现代农业），东北三省在现代农业上具有一定优势，但在其他 4 个方面均与东南三省存在一定差距，尤其在服务业发展和金融深化上和东南三省的差距较大，且低于全国平均水平。

其次，动态来看，2014～2018 年，东北地区产业发展的指数得分在 2014～2016 年稳步上升，在 2016～2018 年又降幅明显，整体提升微弱，意味着绝对能力的提升效果不明显，同时，东北地区产业发展的相对排名下跌，说明东北地区产业发展水平对于全国其他地区的优势有所下降。

再次，分省来看，黑龙江省产业发展水平最高，辽宁省次之，吉林省最低。在全国各省相对排名的竞争中，东北三省均有退步，其中黑龙江省的倒退幅度最大。东北地区在产业发展各分项指数上呈现不均衡发展，其中辽宁省的"现代农业"与"金融深化"相对较好，"重化工调整"相对较差，黑龙江省的"现代农业"相对较好，"金融深化"相对较弱，吉林省的"重化工调整"相对较好，"服务业发展"较薄弱。

最后，单项指标方面，东北地区"农业综合机械化水平""农业劳动生产率""重化工业比重"和"产能过剩产业比重"相对于全国平均水平具有一定优势；其他各项指标，特别是"金融业增加值比重""银行信贷占比"与"社会融资规模增量"等指标的发展均比较落后。

（五）创新创业评价报告

1. 创新创业指数总体分析

本书对创新创业的测度涵括了研发基础、人才基础、技术转化、技术产出、创业成效 5 个方面，共 11 项关键指标，汇集了中国 31 个省市区 2014～2018 年创新创业的指标信息，得到连续 5 年的指数得分。在此基础上，形成多年连续排名和单年排名。其中，多年连续排名用于反映各省市区创新创业的绝对发展水平随时间动态变化的情况（31 个省市区 5 年共 155 个排位，最高排名为 1，最低排名为 155），单年排名用于反映各省市区在全国范围内某个单年的相对发展水平（31 个省市区每年 31 个排位，最高排名为 1，最低排名为 31）。具体而言，31 个省市区创新创业的总体情况如表 2－140 所示。

表 2－140　2014～2018 年 31 个省市区创新创业指数得分、连续及单年排名

省市区	2014 年			2015 年			2016 年			2017 年			2018 年		
	值	总	年	值	总	年	值	总	年	值	总	年	值	总	年
北京	91.7	5	1	92.4	4	1	93.3	3	1	96.2	2	1	97.8	1	1
浙江	78.9	28	4	81.4	23	5	84.6	13	3	87.9	8	2	90.1	6	2
广东	78.8	29	5	83.0	16	2	85.4	12	2	87.4	9	3	89.6	7	3
江苏	81.1	25	3	82.1	21	3	83.4	15	4	85.7	11	4	86.8	10	4
上海	77.7	31	6	79.6	27	6	81.2	24	6	82.5	19	5	84.1	14	5
天津	79.6	26	2	81.8	22	4	82.8	18	5	82.3	20	6	82.9	17	6
安徽	64.7	63	8	70.2	45	9	73.7	38	7	75.0	35	7	78.3	30	7
福建	63.1	66	9	70.5	44	8	72.7	41	8	74.9	36	8	77.1	32	8
湖北	60.9	71	10	65.8	59	11	68.6	50	11	73.0	40	10	76.2	33	9
山东	67.9	53	7	71.6	43	7	72.5	42	9	74.6	37	9	76.1	34	10

省市区	2014 年			2015 年			2016 年			2017 年			2018 年		
	值	总	年	值	总	年	值	总	年	值	总	年	值	总	年
重庆	60.5	73	11	69.2	49	10	70.1	46	10	69.7	47	11	73.5	39	11
湖南	52.6	86	15	57.4	78	15	59.9	74	15	66.5	56	13	69.5	48	12
辽宁	58.5	76	12	60.5	72	14	65.4	61	13	65.0	62	15	68.5	51	13
四川	57.9	77	13	62.6	67	12	64.0	64	14	66.2	57	14	68.2	52	14
陕西	55.0	80	14	61.7	69	13	65.5	60	12	67.4	54	12	66.8	55	15
河南	46.3	100	16	52.6	85	16	53.8	83	16	61.7	68	16	65.8	58	16
江西	42.9	113	17	49.0	93	17	53.6	84	17	59.5	75	17	63.5	65	17
宁夏	35.5	138	24	41.3	122	24	48.7	95	19	54.7	81	18	61.1	70	18
河北	35.0	139	25	41.9	119	23	48.9	94	18	51.4	89	20	56.6	79	19
贵州	38.9	130	21	40.9	123	25	41.9	118	25	49.1	92	21	54.0	82	20
吉林	40.7	125	19	43.3	111	19	48.1	97	20	52.1	88	19	52.3	87	21
山西	36.4	134	22	37.0	132	26	37.3	131	27	44.3	106	25	50.4	90	22
甘肃	34.8	140	26	42.4	115	21	45.0	104	22	47.9	98	23	50.4	91	23
广西	39.0	128	20	42.1	117	22	44.4	105	23	48.2	96	22	47.7	99	24
云南	31.7	143	27	36.8	133	27	40.1	127	26	43.8	108	26	46.1	101	25
黑龙江	40.8	124	18	42.8	114	20	44.1	107	24	45.4	103	24	43.6	110	26
青海	22.0	151	29	30.2	144	28	35.5	137	28	39.0	129	28	42.3	116	27
新疆	35.7	135	23	43.6	109	18	45.7	102	21	43.0	112	27	41.4	120	28
海南	28.3	146	28	29.7	145	29	33.5	142	29	35.6	136	29	41.3	121	29
内蒙古	20.4	152	30	23.9	150	30	28.2	147	30	33.9	141	30	40.6	126	30
西藏	19.8	154	31	15.4	155	31	20.2	153	31	25.0	149	31	25.5	148	31
平均	50.9	94.9	16	54.9	84.1	16	57.8	77	16	60.9	69.8	16	63.5	64.3	16

注：①对于表中的字段名称，"值"表示各省市区对应年份的指数得分，"总"表示各省市区 2014～2018 年连续总排名，"年"表示各省市区 5 个单年的排名；②表中 31 个省市区按照 2018 年单年指数得分由高到低（降序）排列。

辽宁省创新创业发展指数处于全国中等偏上的位置，吉林省和黑龙江省处于中等偏下的位置，总体上落后于东南三省。2014～2018 年，6 省创新创业指数由高到低依次为：广东、浙江、江苏、辽宁、吉林、黑龙江；东南三省普遍呈上升趋势；东南三省发展水平较弱的江苏省明显优于东北地区较优的辽宁省；创新创业指数增幅最大的是吉林省（7.06%），最小的是黑龙江（1.72%），辽宁省的增幅为 4.30%。就 2018 年而言，辽宁省的创新创业发展相对较好，在 31 个省域中的单年排名为 13，吉林省次之，排名为 21，黑龙江省相对较差，排名为 26，具体如表 2-140 和表 2-141 所示。

表 2 - 141 2014 ~ 2018 年 6 省创新创业指数的值及单年排名

年份	辽宁 值/序	吉林 值/序	黑龙江 值/序	江苏 值/序	浙江 值/序	广东 值/序	全国平均 值
2014	58.48/12	40.75/19	40.78/18	81.08/2	78.92/4	78.83/5	50.87
2015	60.55/14	43.28/19	42.84/20	82.14/3	81.38/5	82.98/2	54.92
2016	65.37/13	48.08/20	44.07/24	83.43/4	84.57/3	85.37/2	57.80
2017	64.99/15	52.08/19	45.42/24	85.71/4	87.89/2	87.42/3	60.93
2018	68.53/13	52.26/21	43.59/26	86.84/4	90.08/2	89.58/3	63.49
平均	63.58/13.4	47.29/19.6	43.34/22.4	83.84/3.4	84.57/3.2	84.84/3	57.60

2014 ~ 2018 年，全国创新创业的平均水平呈平稳上升趋势，东北地区整体呈上升趋势；东北地区创新创业低于全国平均水平，且差距呈进一步扩大的趋势；东北三省整体均呈上升趋势；就东北三省而言，辽宁省优于全国平均水平，发展较好，吉林省和黑龙江省均低于全国平均水平，相对较差，具体如图 2 - 103 所示。

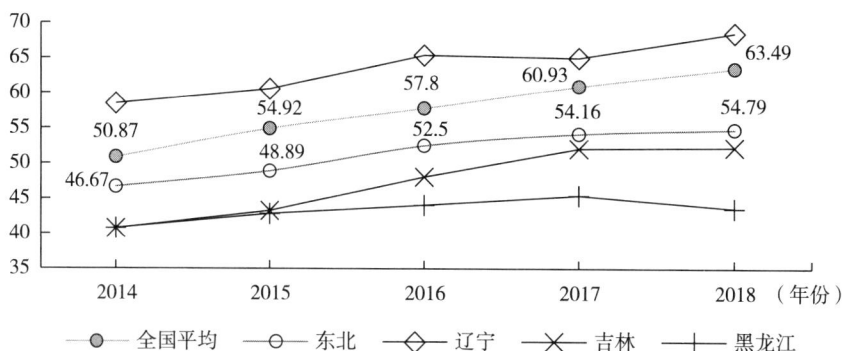

图 2 - 103 2014 ~ 2018 年创新创业指数基本走势

注：①全国平均指 31 个省市区的平均水平；②全国范围内（可采集到的数据），创新创业指数占比最大值为 2018 年北京的 97.78，最小值为 2015 年西藏的 15.41。

2014 ~ 2018 年，东北三省创新创业指数在全国 31 个省市区连续 5 年数据集（共 155 个指标值）中相对位置分布情况如图 2 - 104 所示。可见，东北三省 5 年（共 15 个数据）创新创业指数的百分比排位位于 50% 以下的有 10 个；此外，排位的最大值是 2018 年的辽宁省（67.5%），最小值是 2014 年的吉林省（19.4%）。

2. 全国视角下东北地区创新创业进展分析

2014 ~ 2018 年，四大区域创新创业指数由高到低依次为：东部、中部、东北、西部；四大区域普遍呈上升趋势，其中西部地区增幅最大（9.22%），东北地区增幅为 4.35%；东北地区的创新创业与东部地区的差距较大，具体如表 2 - 142 所示。

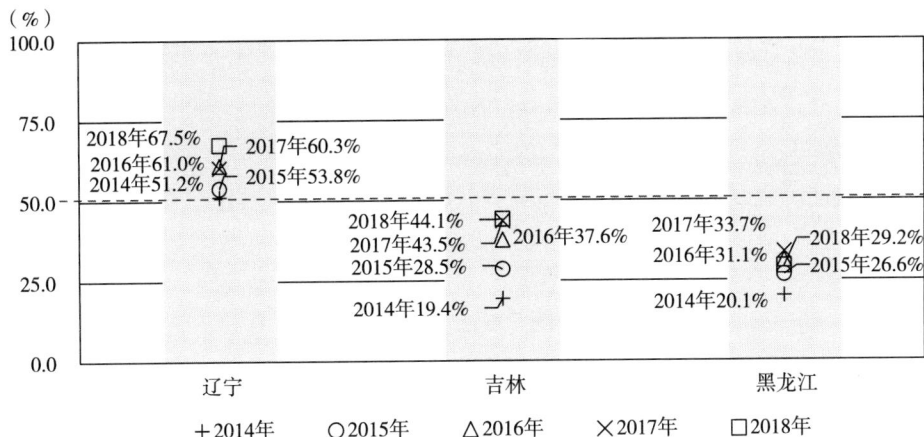

图 2-104 2014~2018 年创新创业指数百分比排位图

表 2-142 2014~2018 年四大经济区创新创业指数的平均值及排名

年份	东北		东部		西部		中部	
	平均值	年排名	平均值	年排名	平均值	年排名	平均值	年排名
2014	46.67	16.0	68.21	9.0	37.59	22.4	50.63	14.7
2015	48.89	17.7	71.39	8.8	42.50	21.8	55.33	15.7
2016	52.50	19.0	73.83	8.5	45.77	21.8	57.80	15.5
2017	54.16	19.3	75.86	8.7	49.00	21.9	63.32	14.7
2018	54.79	20.0	78.23	8.7	51.46	22.2	67.31	13.8
平均	51.40	18.5	73.50	8.7	45.26	22.0	58.88	14.9

注：为确保区分度，对于具有平均意义的排名（序），本书保留一位小数，以下各表同。

2014~2018 年，七大区域创新创业指数由高到低依次为：华东、华中、华北、华南、东北、西南、西北；七大区域整体均呈上升趋势，其中西北地区上升幅度最大（10.81%）；就七大区域而言，东北地区处于中下水平，与最优的华东地区相比，差距明显，具体如表 2-143 所示。

表 2-143 2014~2018 年七大地理区创新创业指数的平均值及排名

年份	东北	华北	华东	华南	华中	西北	西南
	值/序	值/序	值/序	值/序	值/序	值/序	值/序
2014	46.67/16.3	52.62/16.2	72.23/6.0	48.72/17.7	50.67/14.5	36.58/23.2	41.76/20.6
2015	48.89/17.7	55.38/16.8	75.90/6.3	51.61/17.7	56.20/14.8	43.82/20.8	44.98/21.0
2016	52.50/19.0	58.10/16.2	78.01/6.2	54.41/18.0	58.95/14.8	48.06/20.4	47.27/21.2
2017	54.16/19.3	61.63/16.4	80.09/5.8	57.10/18.0	65.17/14.0	50.38/21.6	50.78/20.6
2018	54.79/20.0	65.66/15.6	82.07/6.0	59.54/18.7	68.78/13.5	52.39/22.2	53.45/20.2
平均	51.40/18.5	58.68/16.2	77.66/6.1	54.27/18.0	59.95/14.3	46.25/21.6	47.65/20.7

为便于直观分析，将指数信息按空间分类、时间排列、优劣序化等方式整理后，形成多年指数得分、连续排名及单年排名的可视化集成图（见图2–105～图2–107），结合表2–148的信息，以全国四大经济区为划分标准，对东北三省的创新创业方面的进程评价如下：

（1）东北地区创新创业指数得分有所提升，但增幅落后于其他三个区域

从四大区域平均得分曲线的变化情况可以看出，中国的创新创业有一定成效，四大区域均呈现上升趋势，其中上升幅度最大的为中部地区，年均提升4.2分，东部、西部和东北地区的年均提升幅度分别为2.5分、3.5分和2.0分，可以看出东北地区的提升幅度最小。此外，虽然四个区域的创新创业有所提升，但2018年除东部地区和中部地区外，其他地区的年份指数得分均未达到60分，尤其东北地区以2014年为基点（46.7分），与中部地区2014年基点得分为50.6分相比，明显表现乏力，发展后劲不足，与中部地区差距逐渐增大。

（2）东北地区创新创业绝对水平提升不明显，为四个区域中最低

从四大区域连续排名曲线的变化情况可以看出，四大区域的连续排名均呈现上升趋势，其中提升最大的是中部，年均提升10.1名，东部、西部和东北地区的年均提升幅度分别为5.7名、8.4名和6.4名，可以看出东北地区增幅较小。具体而言，东北三省中，辽宁省表现较好，从2014年的第76名上升至2018年的第51名（25名的位次改进），吉林省次之，但发展势头最好，从2014年的第125名持续升至2018年的第87名（33名的位次改进），黑龙江省相对较差，从2014年的第124名升至2018年的第110名（14名的位次改进），呈较为明显的上升趋势，但排名依然靠后。

（3）东北地区创新创业相对水平出现倒退，且倒退幅度较大

从四大区域单年排名曲线的变化情况可以看出，在相对位次的排名竞争中，只有东北地区总体呈下降趋势，2018年较2014年下降3.7名，而东部、西部的排名提升幅度均为0.3名，中部的排名提升幅度最大为0.8名。对东北三省而言，黑龙江省的下降幅度最大（由18名退到26名，倒退8名），吉林省倒退2名，辽宁省倒退1名，呈现出"倒退范围广、倒退幅度大"的特征。

3. 创新创业分项指数分析

2014～2018年，东北三省5个分项指标均低于东南三省平均水平，其中人才基础均超过全国平均水平，表现相对较好，其余4个分项指数，辽宁省仅技术产出低于全国平均水平，吉林省仅人才基础高于全国平均水平，黑龙江省仅人才基础和科技转化高于全国平均水平，尤其是技术产出和创业成效表现较弱。东南三省在5个分项指标上的发展水平均优于全国平均和东北平均水平。分省来看，东南三省5个分项指数的发展相对均衡，浙江省的科技转化略低，广东省技术产出为全国最优水平，江苏省科技转化、浙江省创业成效为全国次优水平。东北三省5个分项指数的发展差距较大，其中吉林省和黑龙江省最为突出。就东北三省而言，辽宁省研发基础、人才基础和创业成效相对较强，技术产出相对薄

图形说明

■ 本图为2014～2018年中国31个省市区创新创业方面"多年指数得分"集成图。

■ 31个省市区连续5年共155个对象参与评价，最高得分为97.8（2018年的北京），最低得分为 15.4（2015年的西藏）。

■ 31个省市区按四大经济区域分类，并按照平均得分水平由低到高，对每个区域内的省市区从左至右排列。

■ 每个省市区对应一条得分曲线，从左至右5个数据点依次为2014-2018年的指数得分。

■ 图中分别绘制了西部、中部、东北、东部的4条平均得分线，线上从左至右的5个点依次为2014～2018年各区域的平均指数得分。

东部
年指数得分变动：2.5 ↗

东北
年指数得分变动：2.0 ↗

中部
年指数得分变动：4.2 ↗

西部
年指数得分变动：3.5 ↗

—— 东部平均得分线
—— 东北平均得分线
—— 中部平均得分线
—— 西部平均得分线

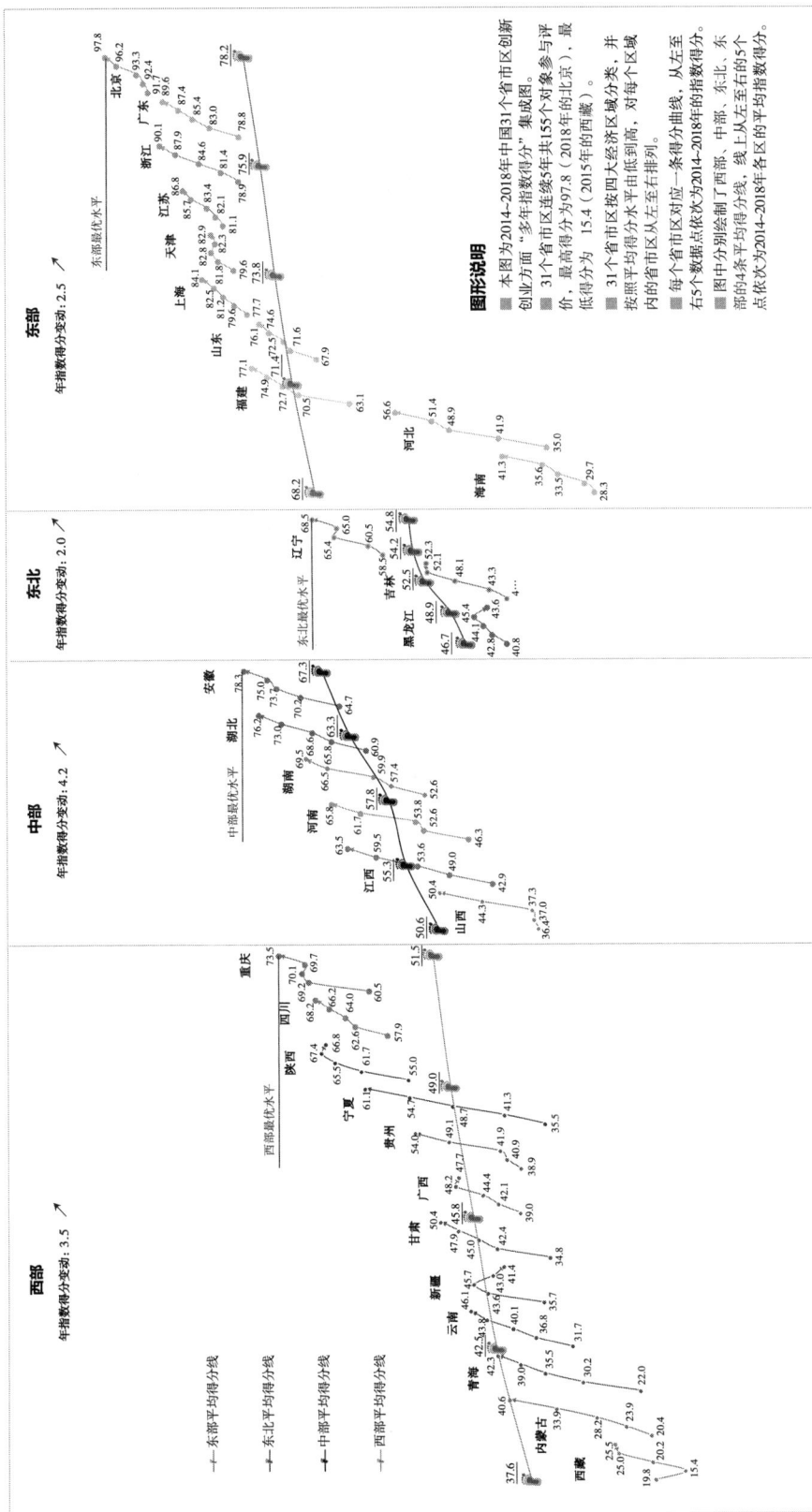

图 2－105　2014～2018 年 31 个省市区创新创业指数得分变动情况

西部　　　　**中部**　　　　**东北**　　　　**东部**

年排名变动：8.4↗　　　年排名变动：10.1↗　　　年排名变动：6.4↗　　　年排名变动：5.7↗

西部最优水平　　　中部最优水平　　　东北最优水平　　　东部最优水平

图形说明：

■ 本图为2014~2018年中国31个省市区创新创业方面"多年连续排名"集成图。

■ 31个省市区连续5年的最佳排名为1，最差排名为155。

■ 31个省市区按四大经济区域分类，并按照每个省市区排名水平由低到高，对每个区域内的省市区从左至右排列。

■ 每个省市区对应一条排名曲线，从左至右各5个数据依次为2014~2018年各区的单年排名。

■ 图中分别绘制了西部、中部、东北、东部的4条平均排名线，线上从左至右的5个点依次为2014~2018年各区的单年平均排名（为体现差异，保留一位小数）。

东部：北京、浙江、广东、江苏、天津、上海、山东、福建、河北、海南

中部：安徽、湖北、湖南、河南、江西、山西

东北：辽宁、吉林、黑龙江

西部：重庆、四川、陕西、宁夏、贵州、广西、甘肃、云南、新疆、青海、内蒙古、西藏

—— 东部平均排名线
—— 东北平均排名线
—— 中部平均排名线
—— 西部平均排名线

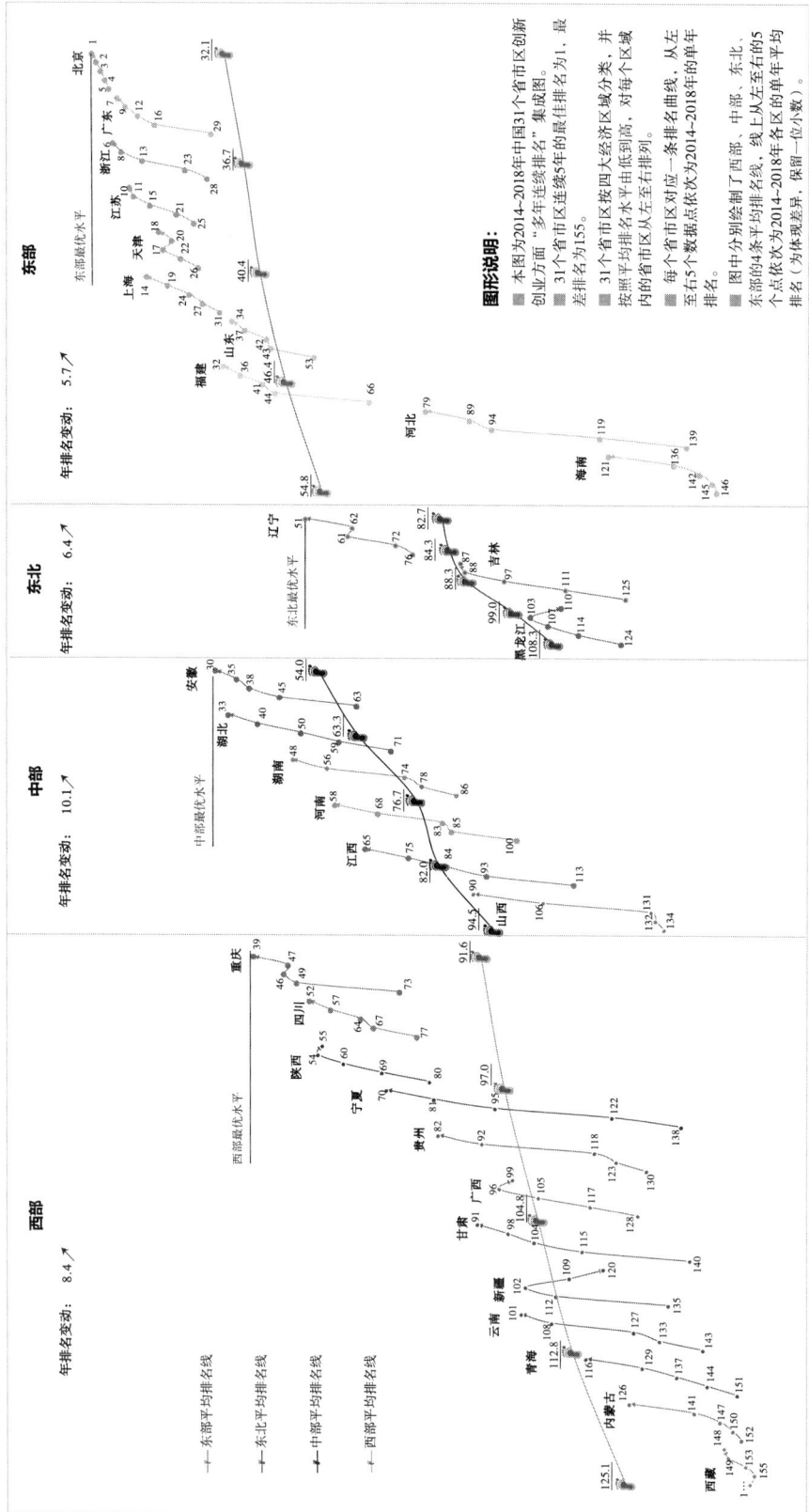

图 2－106　2014~2018 年 31 个省市区创新创业多年连续排名变动情况

图形说明：

■ 本图为2014~2018年中国31个省市区创新创业方面"单年排名"集成图。
■ 31个省市区连续5年的单年最佳排名为1，最差排名为31。
■ 31个省市区按四大经济区域分类，并按照平均排名水平由低到高，对每个区域内的省市区从左至右排列。
■ 每个省市区对应一条排名曲线，从左至右5个数据点依次为2014年的单年排名。
■ 图中4条平均排名线，线上从左至右依次为西部、中部、东北、东部的4条平均排名线，线上从左至右各区点依次为2014~2018年各区的单年平均排名（为体现差异，保留一位小数）。

—— 东部平均排名线
—— 东北平均排名线
—— 中部平均排名线
—— 西部平均排名线

西部
5年平均排名变动：0.3 ↗

中部
5年平均排名变动：0.8 ↗

东北
5年平均排名变动：-3.7 ↘

东部
5年平均排名变动：0.3 ↗

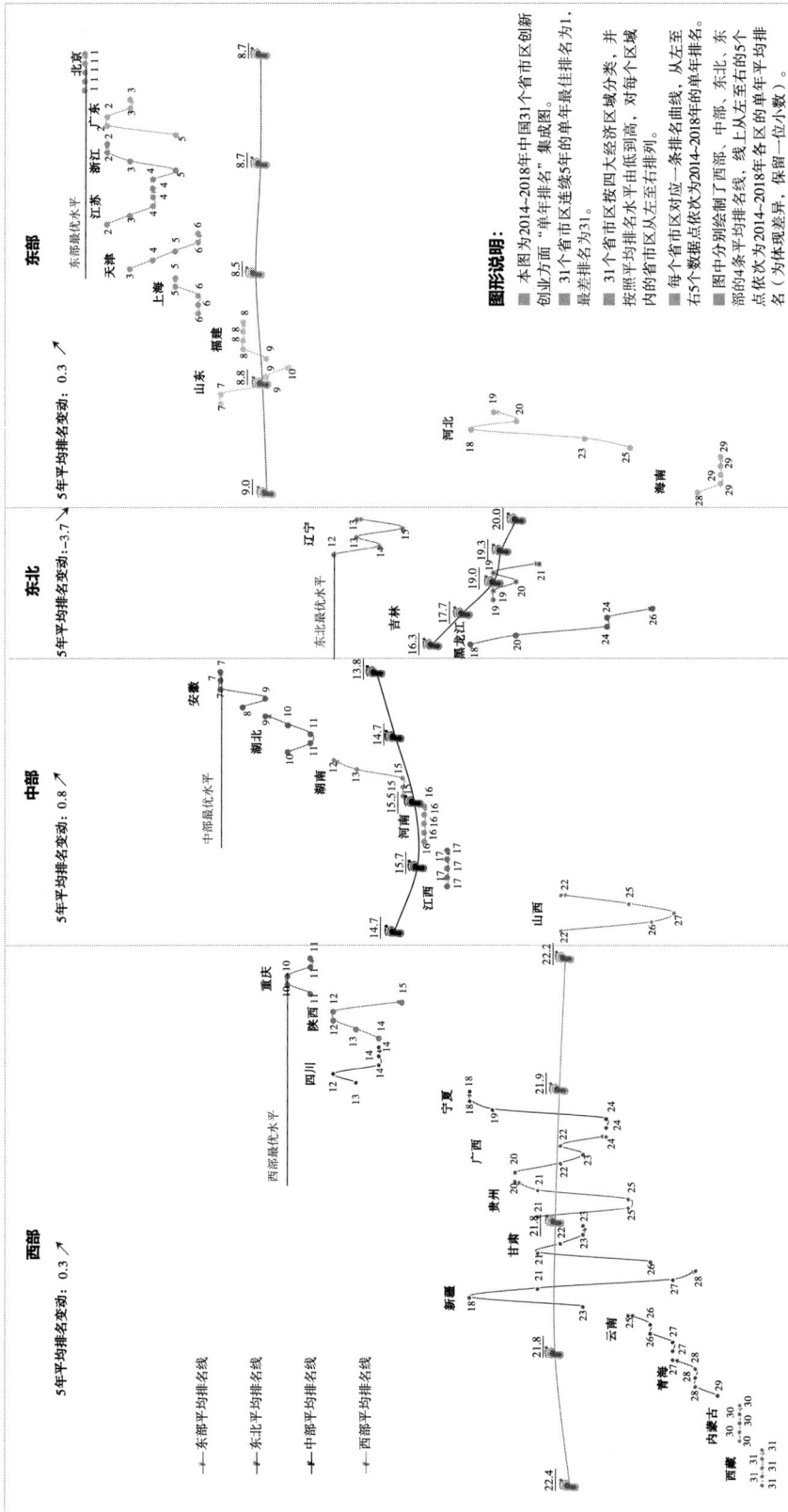

图 2-107　2014～2018 年 31 个省市区创新创业单年排名变动情况

弱，吉林省人才基础相对较强，科技转化明显落后，黑龙江省人才基础和科技转化相对较强，技术产出和创业成效较为薄弱。总体来看，东北三省在人才基础上具有一定优势，在技术产出上和东南三省的差距较大，具体如表 2-144 和图 2-108 所示。

表 2-144   2014~2018 年 6 省创新创业方面分项指数平均得分

	研发基础	人才基础	科技转化	技术产出	创业成效
辽宁	59.81	68.95	65.37	52.14	71.64
吉林	38.03	68.53	45.23	41.26	43.40
黑龙江	31.69	57.59	73.44	27.65	26.33
江苏	82.56	82.25	80.59	82.63	91.17
浙江	82.04	84.18	76.19	81.72	98.70
广东	85.91	80.40	80.86	94.47	82.56
东北三省平均	43.18	65.02	61.35	40.35	47.12
东南三省平均	83.50	82.27	79.21	86.27	90.81
全国各省平均	52.74	54.68	64.87	54.45	61.26
各省最高	97.17	102.58	85.81	94.47	104.07
各省最低	1.78	10.81	22.93	5.58	26.33

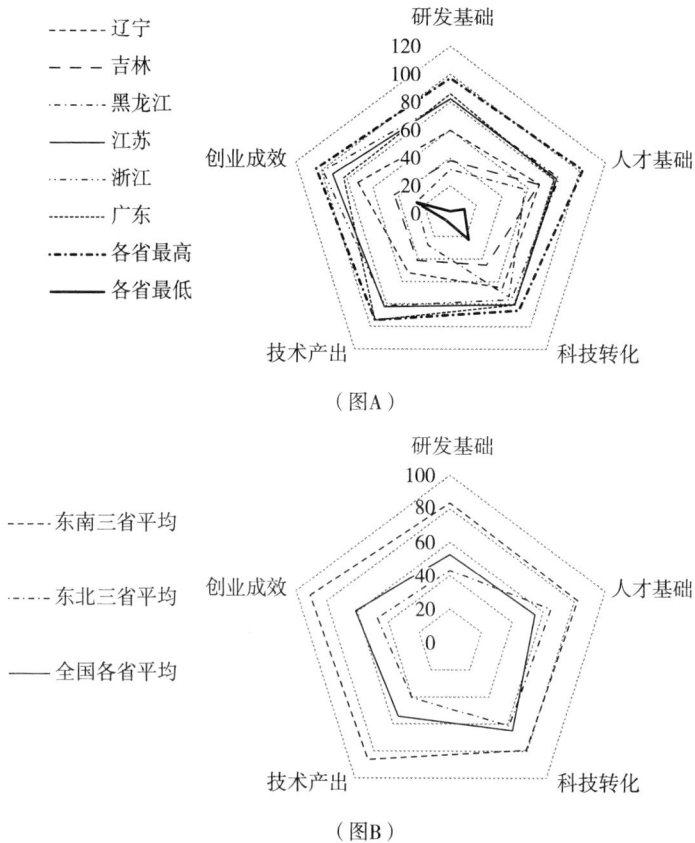

（图A）

（图B）

图 2-108   2014~2018 年 6 省份创新创业方面分项指数平均得分雷达图

　　2014~2018年，全国在反映创新创业5个方面的整体进展良好，均呈上升趋势，尤其是"人才基础""科技转化""技术产出"和"创业成效"四个方面，5年间水平持续提升，其中"研发基础"的发展相对缓慢。东南三省的5个分项指数均处于全国前列，仅2015年浙江省"科技转化"的排位处于全国中等水平（从年排名得出）；东南三省5个分项指数的得分整体呈上升趋势，仅江苏省"技术产出"呈下降趋势；东北三省5个分项指数中，仅"人才基础"的发展相对较好（从排名得出），黑龙江省和吉林省其余4个分项指数的发展水平较低，辽宁省的"科技转化"和"技术产出"较低；东北三省中，辽宁省、吉林省和黑龙江省的"研发基础"均呈下降趋势，"科技转化"和"创业成效"三省整体均呈上升趋势，而"人才基础"和"技术产出"除辽宁省整体呈上升趋势外，其他两省均整体呈下降趋势，具体如表2-145所示。

表2-145　2014~2018年6省份创新创业方面分项指数

| 分项指数 | 年份 | 辽宁 | 吉林 | 黑龙江 | 江苏 | 浙江 | 广东 | 全国平均 |
		值/序	值/序	值/序	值/序	值/序	值/序	值
研发基础	2014	66.92/10	42.45/19	39.84/21	81.94/4	81.61/5	78.73/6	51.90
	2015	54.91/13 ▽	45.14/18 ▲	34.42/23 ▽	81.97/5 ▲	81.12/6 ▽	83.53/3 ▲	51.0 ▽
	2016	59.53/12 ▲	35.78/21 ▽	32.42/23 ▽	82.17/5 ▲	81.59/7 ▲	87.18/3 ▲	51.8 ▲
	2017	55.19/18 ▽	39.65/21 ▲	28.42/26 ▽	82.74/4 ▲	82.19/5 ▲	87.19/3 ▲	53.81 ▲
	2018	62.50/17 ▲	27.11/25 ▽	23.35/26 ▽	83.96/4 ▲	83.71/5 ▲	92.91/2 ▲	55.19 ▲
人才基础	2014	69.19/9	70.45/8	63.66/12	81.00/5	81.13/4	78.43/6	51.70
	2015	67.33/11 ▽	70.82/9 ▲	61.34/15 ▽	81.66/5 ▲	83.02/4 ▲	79.67/6 ▲	53.44 ▲
	2016	68.32/12 ▲	70.06/10 ▽	58.52/16 ▽	82.29/5 ▲	83.99/4 ▲	79.47/6 ▽	54.55 ▲
	2017	68.77/11 ▲	68.29/12 ▽	53.27/18 ▽	83.03/4 ▲	85.42/3 ▲	80.69/6 ▲	55.99 ▲
	2018	71.14/12 ▲	63.05/15 ▽	51.13/18 ▽	83.26/6 ▲	87.35/3 ▲	83.72/4 ▲	57.73 ▲
科技转化	2014	44.86/21	18.00/29	59.84/13	78.14/2	66.77/7	67.17/6	49.56
	2015	64.89/18 ▲	23.90/29 ▲	73.98/9 ▲	79.54/7 ▲	70.18/13 ▲	79.66/6 ▲	60.54 ▲
	2016	70.41/17 ▲	47.63/26 ▲	73.42/15 ▽	79.61/8 ▲	78.30/10 ▲	83.28/5 ▲	66.23 ▲
	2017	69.43/17 ▽	58.18/26 ▲	76.68/14 ▲	80.17/8 ▲	79.28/10 ▲	86.91/2 ▲	69.78 ▲
	2018	77.28/20 ▲	78.44/19 ▲	83.26/11 ▲	85.50/9 ▲	86.40/7 ▲	87.26/6 ▲	78.26 ▲
技术产出	2014	42.66/18	39.22/21	28.20/25	81.27/5	75.19/6	90.38/1	49.76
	2015	45.16/18 ▲	39.97/22 ▲	27.91/26 ▽	82.29/4 ▲	80.68/6 ▲	91.54/1 ▲	52.92 ▲
	2016	56.56/17 ▲	44.06/22 ▲	35.98/25 ▲	84.30/2 ▲	83.79/4 ▲	95.05/1 ▲	55.28 ▲
	2017	57.62/17 ▲	42.37/23 ▽	27.38/28 ▽	83.20/4 ▽	84.24/3 ▲	96.81/1 ▲	56.53 ▲
	2018	58.68/17 ▲	40.67/24 ▽	18.78/30 ▽	82.09/4 ▽	84.69/3 ▲	98.57/1 ▲	57.78 ▲
创业成效	2014	68.74/9	33.62/25	12.36/31	83.07/4	89.89/2	79.42/5	51.44
	2015	70.45/9 ▲	36.58/29 ▲	16.53/31 ▲	85.21/4 ▲	91.88/2 ▲	80.51/6 ▲	56.71 ▲
	2016	72.04/10 ▲	42.87/27 ▲	19.99/31 ▲	88.75/3 ▲	95.18/2 ▲	81.88/6 ▲	61.13 ▲
	2017	73.93/12 ▲	51.93/24 ▲	41.35/31 ▲	99.42/3 ▲	108.30/2 ▲	85.52/6 ▲	68.55 ▲
	2018	73.03/13 ▽	52.00/24 ▲	41.41/31 ▲	99.40/3 ▽	108.25/2 ▽	85.45/6 ▽	68.47 ▽

　　注：表中符号"▲"表示本年的数据相对于前一年是增长的，符号"▽"表示本年的数据相对于前一年是减少的。

进一步统计升降符（▲或▽）的数量，对不同地区的发展态势进行分析和对比可知，2014~2018 年，全国 5 项指数▲的数量明显大于▽的数量，发展势头良好；东北地区 5 个分项指数除"创业成效"东北三省▲的数量高于东南三省的数量外，其余各项指数▲的数量均少于东南三省的数量，以"研发基础"（东南三省为 11 个，东北三省为 4 个）和"人才基础"（东南三省为 11 个，东北三省为 4 个）的差距最大，发展稳定性低于东南三省；除"创业成效"外，东北三省 2018 年其余 4 项指数▲的数量均少于东南三省，2018 年的整体发展态势不如东南三省；东北三省▲的总数量为 36 个，占东北三省升降符总数的 60.0%，东南三省▲的总数量为 53 个，占 88.3%，东北三省与东南三省的差距较大。

2014~2018 年，辽宁省▲的数量为 15 个，占辽宁省升降符总数的 75.0%，吉林省▲的数量为 13 个，占 65.0%，黑龙江省▲的数量为 8 个，占 40.0%，江苏省▲的数量为 17 个，占 85.0%，浙江省▲的数量为 18 个，占 90.0%，广东省▲的数量为 18 个，占 90.0%，东北三省最优的辽宁省依然落后于东南三省；就东北三省而言，辽宁省和吉林省的发展稳定性相对较好，黑龙江省较弱。2014~2018 年，东北三省"研发基础"的发展态势均不理想，"人才基础"发展态势较好的是辽宁省，"科技转化"发展态势较好的是吉林省，"技术产出"和"创业成效"发展态势较好的是辽宁省。

（1）研发基础

1）研发（R&D）投入强度（单位:%）。研发（R&D）投入强度反映一个地区科技研发基础的水平，是衡量地区在科技创新方面努力程度的重要指标，计算公式为地区研发（R&D）经费支出与地区 GDP 的比值。2014~2018 年，全国研发（R&D）投入强度的平均水平呈平稳上升趋势，东北地区整体发展较平稳；东北地区研发（R&D）投入强度明显低于全国平均水平；东北三省中，黑龙江省总体呈下降趋势，吉林省总体呈波动下降趋势，2014~2015 年，辽宁省呈下降趋势，2015~2018 年，辽宁省整体呈上升趋势；就东北三省而言，辽宁省表现相对较好，黑龙江省次之，吉林省较弱。总体而言，东北地区的研发（R&D）投入强度与全国平均水平差距较大，具体如图 2-109 所示。

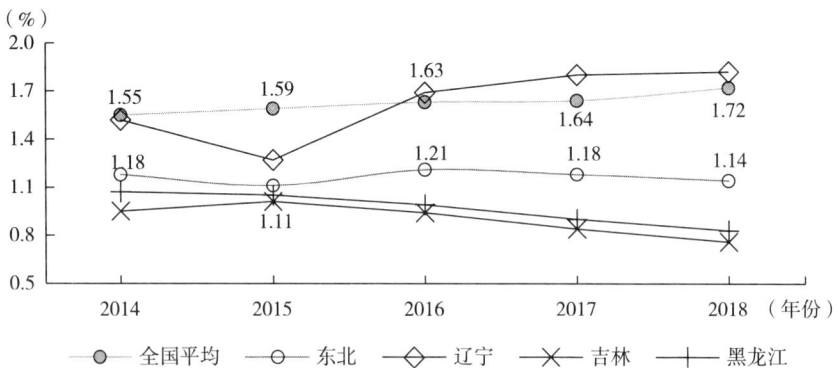

图 2-109　2014~2018 年研发（R&D）投入强度基本走势

注：①全国平均指 31 个省市区的平均水平；②全国范围内（可采集到的数据），研发（R&D）投入强度最大值为 2018 年北京的 6.17%，最小值为 2016 年西藏的 0.19%。

2014～2018 年，东北三省研发（R&D）投入强度在全国 31 个省市区连续 5 年数据集（共 155 个指标值）中相对位置分布情况如图 2－110 所示。可见，东北三省 5 年（共 15 个数据）研发（R&D）投入强度的百分比排位位于 50% 以下的有 11 个，其中有 2 个位于 25% 以下；此外，排位的最大值是 2018 年的辽宁省（66.2%），最小值是 2018 年的吉林省（20.7%）。

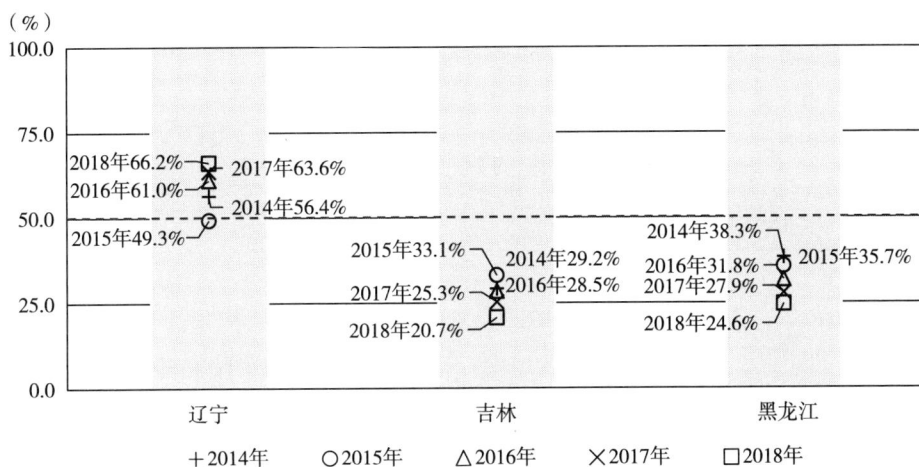

图 2－110　2014～2018 年东北三省研发（R&D）投入强度百分比排位图

2014～2018 年，6 省研发（R&D）投入强度由高到低依次为：江苏、广东、浙江、辽宁、黑龙江、吉林；东南三省整体呈上升趋势，发展势头良好，整体发展水平明显高于东北三省；东北三省发展水平较好的辽宁省弱于东南三省发展水平较低的浙江省；研发（R&D）投入强度增幅最大的是辽宁省（4.93%），降幅最大的是黑龙江省（－5.61%），吉林省的降幅为 －5.00%，具体如表 2－146 所示。

表 2－146　2014～2018 年 6 省研发（R&D）投入强度的原始值及单年排名

年份	辽宁	吉林	黑龙江	江苏	浙江	广东	全国平均
	值/序	值/序	值/序	值/序	值/序	值/序	值
2014	1.52/12	0.95/22	1.07/19	2.54/4	2.26/6	2.37/5	1.55
2015	1.27/15	1.01/22	1.05/19	2.57/4	2.36/6	2.47/5	1.59
2016	1.69/13	0.94/23	0.99/21	2.66/4	2.43/6	2.56/5	1.63
2017	1.80/12	0.84/24	0.90/23	2.63/3	2.45/6	2.61/4	1.64
2018	1.82/12	0.76/25	0.83/23	2.70/4	2.57/6	2.78/3	1.72
平均	1.62/12.8	0.90/23.2	0.97/21	2.62/3.8	2.41/6	2.56/4.4	1.63

2014～2018 年，四大区域研发（R&D）投入强度由高到低依次为：东部、中部、东北、西部；四大区域中，东部地区呈波动上升趋势，东北地区呈波动下降趋势，西部和中

部区域普遍呈平稳上升趋势，东北地区研发（R&D）投入强度与东部地区差距明显，具体如表 2 - 147 所示。

表 2 - 147　2014 ~ 2018 年四大经济区研发（R&D）投入强度的平均值及排名

年份	东北		东部		西部		中部	
	平均值	年排名	平均值	年排名	平均值	年排名	平均值	年排名
2014	1.18	17.7	2.50	9.1	0.93	22.0	1.40	14.7
2015	1.11	18.7	2.56	8.8	0.97	21.7	1.43	15.0
2016	1.21	19.0	2.61	8.9	1.01	21.6	1.45	14.8
2017	1.18	19.7	2.57	8.8	1.05	21.6	1.52	14.8
2018	1.14	20.0	2.69	9.2	1.09	21.4	1.65	14.2
平均	1.16	19.0	2.59	9.0	1.01	21.7	1.49	14.7

2014 ~ 2018 年，七大区域研发（R&D）投入强度由高到低依次为：华东、华北、华中、华南、东北、西北、西南；七大区域中，东北地区呈波动下降趋势，2014 ~ 2016 年，华北地区呈平稳发展趋势，2016 ~ 2018 年，华北地区波动较大，呈先下降后上升趋势，其他区域均呈平稳上升趋势；就七大区域而言，东北地区处于中下水平，与最优的华东地区相比，差距较大，具体如表 2 - 148 所示。

表 2 - 148　2014 ~ 2018 年七大经济区研发（R&D）投入强度的平均值及排名

年份	东北	华北	华东	华南	华中	西北	西南
	值/序	值/序	值/序	值/序	值/序	值/序	值/序
2014	1.18/17.7	2.37/13.0	2.34/6.8	1.19/19.7	1.34/15.8	1.04/21.0	0.90/22.0
2015	1.11/18.7	2.41/13.2	2.40/6.8	1.19/20.3	1.39/15.3	1.06/20.8	0.99/21.0
2016	1.21/19.0	2.40/13.4	2.47/7.0	1.25/20	1.43/15.0	1.10/20.8	1.03/20.8
2017	1.18/19.7	2.24/13.8	2.54/6.8	1.28/20	1.52/14.8	1.12/20.8	1.09/20.6
2018	1.14/20.0	2.40/14.2	2.59/7.3	1.35/19.7	1.68/14.0	1.14/20.8	1.19/20.0
平均	1.16/19.0	2.36/13.5	2.47/7.0	1.25/19.9	1.47/15.0	1.09/20.8	1.04/20.9

2）科技创新支出强度（单位:%）。科技创新支出强度反映一个地区对科技创新的投入和重视程度，是衡量地区创新创业的重要指标。2014 ~ 2018 年，全国科技创新支出强度的平均水平整体呈上升趋势，东北地区呈下降趋势；东北地区明显低于全国平均水平；辽宁省整体呈下降趋势，2018 年有所回升，黑龙江省略呈平缓的下降趋势，吉林省整体呈下降趋势，2017 年略有回升；就东北三省而言，辽宁省总体情况较好，吉林省次之，黑龙江省较弱。总体而言，东北地区的科技创新支出强度与全国平均水平的差距较大，且呈进一步扩大趋势，具体如图 2 - 111 所示。

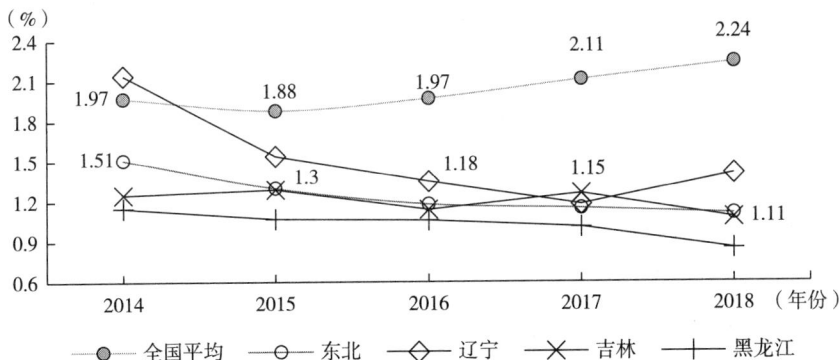

图 2 - 111　2014~2018 年科技创新支出强度基本走势

注：①全国平均指 31 个省市区的平均水平；②全国范围内（可采集到的数据），科技创新支出强度最大值为 2018 年广东的 6.58%，最小值为 2016 年西藏的 0.30%。

2014~2018 年，东北三省科技创新支出强度在全国 31 个省市区连续 5 年数据集（共 155 个指标值）中相对位置分布情况如图 2 - 112 所示。可见，东北三省 5 年（共 15 个数据）科技创新支出强度的百分比排位处于 50% 以下有 12 个，其中，有 4 个低于 25%；此外，排位的最大值是 2014 年的辽宁省（70.7%），最小值是 2018 年的黑龙江省（12.9%）。

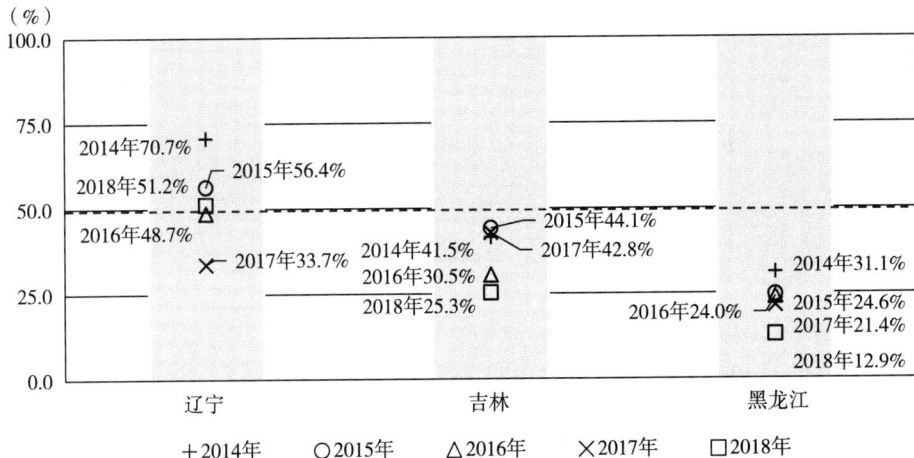

图 2 - 112　2014~2018 年东北三省科技创新支出强度百分比排位图

2014~2018 年，6 省科技创新支出强度由高到低依次为：广东、浙江、江苏、辽宁、吉林、黑龙江；东南三省中江苏省和广东省整体呈上升趋势，浙江省呈波动式上升趋势，东北三省均呈波动下降态势；东南三省中水平较低的江苏省优于东北地区较高的辽宁省；科技创新支出强度增幅最大的是广东省（29.87%），降幅最大的是辽宁省（-8.59%），黑龙江省和吉林省的降幅分别为 6.61% 和 3.33%，具体如表 2 - 149 所示。

表2-149 2014~2018年6省科技创新支出强度的原始值及单年排名

年份	辽宁	吉林	黑龙江	江苏	浙江	广东	全国平均
	值/序	值/序	值/序	值/序	值/序	值/序	值
2014	2.14/9	1.25/17	1.15/24	3.86/4	4.03/3	3.00/6	1.97
2015	1.54/12	1.29/17	1.07/24	3.84/4	3.77/5	4.44/2	1.88
2016	1.35/15	1.14/20	1.06/24	3.82/6	3.86/5	5.53/1	1.97
2017	1.18/22	1.26/19	1.01/24	4.03/6	4.03/5	5.48/1	2.11
2018	1.41/19	1.08/22	0.85/26	4.35/6	4.40/5	6.58/1	2.24
平均	1.52/15.4	1.20/19	1.03/24.4	3.98/5.2	4.02/4.6	5.00/2.2	2.04

2014~2018年，四个区域科技创新支出强度由高到低依次为：东部、中部、东北、西部；东部、中部和西部整体呈上升趋势，其中中部增幅最大（9.49%），东北总体下降态势明显，降幅为6.64%；东北地区科技创新支出强度与表现较优的东部地区差距较大，具体如表2-150所示。

表2-150 2014~2018年四大经济区科技创新支出强度的平均值及排名

年份	东北		东部		西部		中部	
	平均值	年排名	平均值	年排名	平均值	年排名	平均值	年排名
2014	1.51	16.7	3.27	8.6	1.05	23.6	1.88	12.8
2015	1.30	17.7	3.08	9.6	1.09	21.7	1.76	14.5
2016	1.18	19.7	3.21	8.4	1.05	22.2	2.15	14.5
2017	1.15	21.7	3.37	9.5	1.16	22.2	2.39	11.7
2018	1.11	22.3	3.61	9.6	1.21	22.0	2.60	11.5
平均	1.25	19.6	3.31	9.1	1.11	22.3	2.16	13.0

2014~2018年，七个区域科技创新支出强度由高到低依次为：华东、华南、华北、华中、东北、西北、西南；东北呈下降趋势，华北呈波动下降趋势，东北地区降幅最大（-6.64%），华东、华南、华中、西北和西南五个地区呈上升趋势，其中，华南增长幅度最大（11.47%）；就七个区域而言，东北地区处于中下水平，与最优的华东地区相比差距较大，具体如表2-151所示。

表2-151 2014~2018年七大地理区科技创新支出强度的平均值及排名

年份	东北	华北	华东	华南	华中	西北	西南
	值/序	值/序	值/序	值/序	值/序	值/序	值/序
2014	1.51/16.7	2.75/14.4	3.35/6.2	1.98/12.3	1.69/14.5	1.02/25.0	0.99/23.4
2015	1.30/17.7	2.30/17.2	3.11/6.3	2.22/16.0	1.66/14.5	1.13/21.4	1.08/21.2

年份	东北	华北	华东	华南	华中	西北	西南
	值/序	值/序	值/序	值/序	值/序	值/序	值/序
2016	1.18/19.7	2.16/17.0	3.52/5.8	2.56/15.7	1.79/14.5	1.10/21.6	1.08/20.8
2017	1.15/21.7	2.39/15.8	3.61/6.5	2.52/16.3	2.20/12.3	1.20/22.2	1.19/20.8
2018	1.11/22.3	2.41/16.6	3.84/6.8	2.89/15.7	2.43/11.3	1.27/22.0	1.28/20.6
平均	1.25/19.6	2.40/16.2	3.48/6.3	2.44/15.2	1.96/13.4	1.14/22.4	1.12/21.4

（2）人才基础

1）研发（R&D）人员占比（单位:%）。研发（R&D）人员占比反映一个地区的研究与开发人员实力，是衡量地区创新能力的重要指标，计算公式为地区研发人员的总数与常住人口的比值。2014～2018年，全国研发（R&D）人员占比的平均水平呈上升趋势，东北地区总体呈平缓下降趋势；东北地区明显低于全国平均水平，且这种差距呈进一步扩大的趋势；辽宁省呈先下降后缓慢上升的趋势，吉林省呈平缓波动下降趋势，黑龙江省呈下降趋势；就东北三省而言，辽宁省表现相对较好，吉林省次之，黑龙江省较弱。总体而言，东北地区的研发（R&D）人员占比与全国平均水平的差距呈进一步扩大的趋势，具体如图2-113所示。

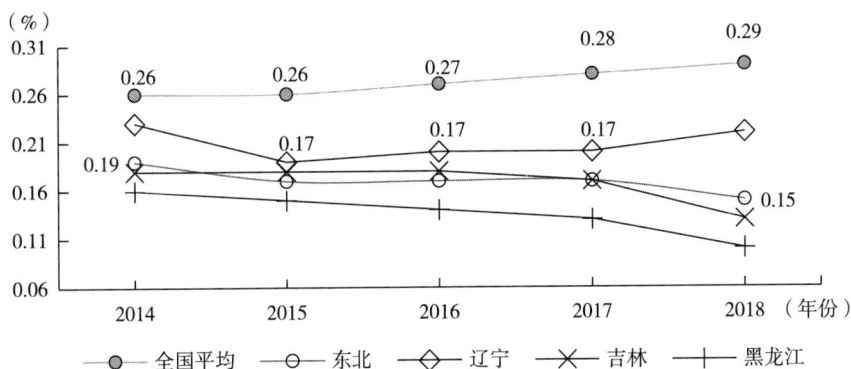

图2-113　2014～2018年研发（R&D）人员占比基本走势

注：①全国平均指31个省市区的平均水平；②全国范围内（可采集到的数据），研发（R&D）人员占比最大值为2017年北京的1.243%，最小值为2016年西藏的0.034%。

2014～2018年，东北三省研发（R&D）人员占比在全国31个省市区连续5年数据集（共155个指标值）中相对位置分布情况如图2-114所示。可见，东北三省5年（共15个数据）研发（R&D）人员占比的百分比排位处于50%以下的有7个，且均为黑龙江省和吉林省的数据；其中，排位的最大值是2014年的辽宁省（65.5%），最小值是2018年的黑龙江省（24.6%）。

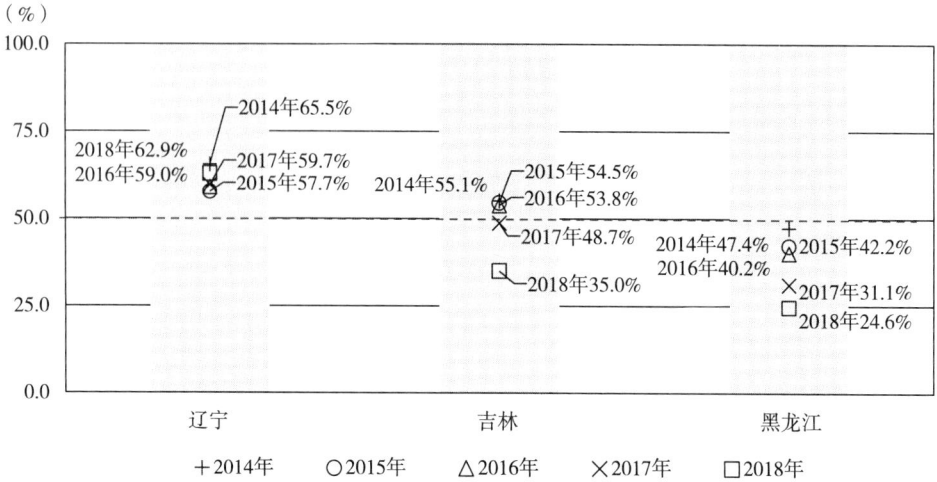

图 2 – 114   2014～2018 年东北三省科研（R&D）人员占比百分比排位图

2014～2018 年，6 省研发（R&D）人员占比由高到低依次为：浙江、江苏、广东、辽宁、吉林、黑龙江；东南三省均呈上升趋势，江苏省和浙江省普遍呈上升趋势，广东省呈波动上升态势，东北三省整体呈下降趋势，辽宁 2017 年略有回升，东南三省明显优于东北三省；东南三省中水平较低的广东省明显优于东北地区较高的辽宁省；研发（R&D）人员占比增幅最大的是广东省（10.56%），降幅最大的是黑龙江省（-9.94%），辽宁省的降幅为 0.90%，吉林省的降幅为 6.41%，具体如表 2 – 152 所示。

表 2 – 152   2014～2018 年 6 省研发（R&D）人员占比的原始值及单年排名

年份	辽宁	吉林	黑龙江	江苏	浙江	广东	全国平均
	值/序	值/序	值/序	值/序	值/序	值/序	值
2014	0.23/11	0.18/14	0.16/16	0.63/4	0.61/5	0.47/6	0.26
2015	0.19/13	0.18/14	0.15/18	0.65/5	0.66/4	0.46/6	0.26
2016	0.20/13	0.18/14	0.14/20	0.68/4	0.67/5	0.47/6	0.27
2017	0.20/13	0.17/17	0.13/23	0.70/4	0.70/3	0.51/6	0.28
2018	0.22/13	0.13/20	0.10/23	0.70/4	0.80/2	0.67/5	0.29
平均	0.21/12.6	0.17/15.8	0.14/20	0.67/4.2	0.69/3.8	0.52/5.8	0.27

2014～2018 年，四个区域研发（R&D）人员占比由高到低依次为：东部、中部、东北、西部；东部、中部和西部普遍呈缓慢上升趋势，东北地区总体呈波动下降态势；东北地区研发（R&D）人员占比与表现最优的东部地区差距较大，具体如表 2 – 153 所示。

表 2 - 153　2014~2018 年四大经济区科研（R&D）人员占比的平均值及排名

年份	东北		东部		西部		中部	
	平均值	年排名	平均值	年排名	平均值	年排名	平均值	年排名
2014	0.19	13.7	0.52	8.3	0.12	22.7	0.17	16.7
2015	0.17	15.0	0.53	8.0	0.12	22.8	0.17	16.2
2016	0.17	15.7	0.54	8.1	0.12	22.5	0.17	16.3
2017	0.17	17.7	0.55	8.1	0.12	22.3	0.18	15.8
2018	0.15	18.7	0.58	8.1	0.13	22.4	0.20	15.0
平均	0.17	16.1	0.54	8.1	0.12	22.5	0.18	16.0

2014~2018 年，七个区域研发（R&D）人员占比由高到低依次为：华东、华北、华南、华中、东北、西北、西南；华东、华中、华南、西南普遍呈上升趋势，华北呈先缓慢上升后下降趋势，西北呈先下降后缓慢上升趋势，东北总体呈下降趋势；就七个区域而言，东北地区排名靠后，与最优的华东地区相比差距较大，具体如表 2 - 154 所示。

表 2 - 154　2014~2018 年七大地理区研发（R&D）人员占比的平均值及排名

年份	东北	华北	华东	华南	华中	西北	西南
	值/序	值/序	值/序	值/序	值/序	值/序	值/序
2014	0.190/13.7	0.460/13.0	0.470/6.5	0.210/19.0	0.170/16.5	0.130/21.6	0.100/24.0
2015	0.170/15.0	0.470/12.2	0.480/6.3	0.210/19.3	0.170/16.0	0.120/22.2	0.110/23.8
2016	0.170/15.7	0.470/12.2	0.500/6.5	0.210/19.7	0.170/16.0	0.120/22.2	0.110/23.0
2017	0.170/17.7	0.460/13.4	0.510/6.0	0.220/20.7	0.180/15.3	0.130/22.0	0.130/21.4
2018	0.150/18.7	0.450/14.2	0.540/6.0	0.280/19.7	0.210/14.3	0.130/23.0	0.150/20.4
平均	0.170/16.1	0.460/13.0	0.500/6.3	0.230/19.7	0.180/15.6	0.130/22.2	0.120/22.5

2）高校 R&D 人员平均强度（单位：人/单位高校）。高校 R&D 人员平均强度反映一个地区高校参与科研人员数量的平均水平，是衡量地区创新创业的重要指标，计算公式为地区高校 R&D 人员总数与高校总数的比值。2014~2018 年，全国和东北地区高校 R&D 人员平均强度的平均水平均呈缓慢的上升趋势；东北地区优于全国平均水平，但优势在逐渐减弱；辽宁省整体呈上升趋势，与全国高校 R&D 人员平均强度大体保持一致。吉林省和黑龙江省呈波动态势，整体保持平稳；就东北三省而言，吉林省发展较好，辽宁省与黑龙江省状况相近。总体而言，东北地区的高校 R&D 人员平均强度整体高于全国平均水平，但优势在逐渐减弱，具体如图 2 - 115 所示。

2014~2018 年，东北三省高校 R&D 人员平均强度在全国 31 个省市区连续 5 年数据集（共 155 个指标值）中相对位置分布情况如图 2 - 116 所示。可见，东北三省 5 年（共 15 个数据）科技创新支出强度的百分比排位全部处于 50% 以上，其中有 5 个处于 90% 以上，且皆为吉林省的数据；此外，排位的最大值是 2015 年的吉林省（93.5%），最小值是 2014 年的黑龙江省（55.1%）。

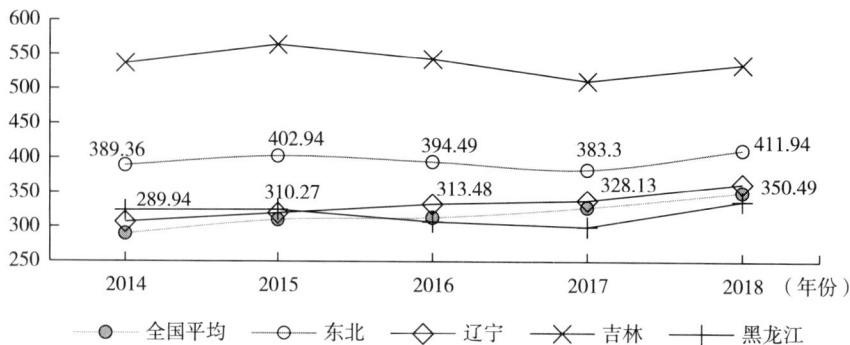

图 2 - 115　2014~2018 年高校 R&D 人员平均强度基本走势

注：①全国平均指 31 个省市区的平均水平；②全国范围内（可采集到的数据），高校 R&D 人员平均强度最大值为 2018 年北京的 933.21，最小值为 2015 年青海的 111.33。

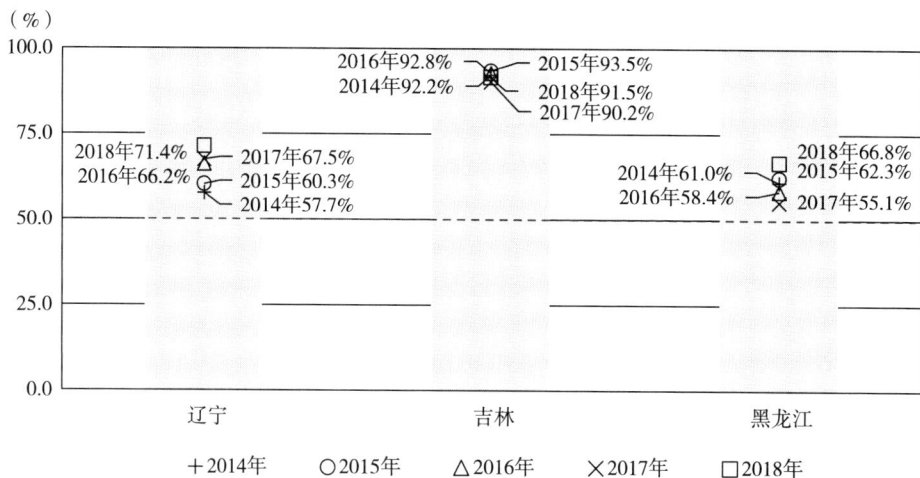

图 2 - 116　2014~2018 年东北三省高校 R&D 人员平均强度百分比排位图

2014~2018 年，6 省高校 R&D 人员平均强度由高到低依次为：吉林、浙江、广东、江苏、辽宁、黑龙江；东南三省普遍呈平稳上升的发展趋势；东北三省中较低的黑龙江省相较于东南三省中水平较低的江苏省差距巨大；高校（R&D）人员平均强度增幅最大的是浙江省（11.14%），降幅最大的是吉林省（-0.08%），辽宁省和黑龙江省的增幅分别为 4.57% 和 1.03%，具体如表 2 - 155 所示。

表 2 - 155　2014~2018 年 6 省高校 R&D 人员平均强度的原始值及单年排名

年份	辽宁	吉林	黑龙江	江苏	浙江	广东	全国平均
	值/序	值/序	值/序	值/序	值/序	值/序	值
2014	306.95/10	537.24/3	323.90/9	356.55/7	369.95/6	338.36/8	289.94
2015	319.74/11	564.22/3	324.86/10	370.09/8	427.80/6	401.02/7	310.27

年份	辽宁	吉林	黑龙江	江苏	浙江	广东	全国平均
	值/序	值/序	值/序	值/序	值/序	值/序	值
2016	332.98/10	543.07/3	307.43/13	381.02/7	461.88/4	388.08/6	313.48
2017	338.36/12	511.48/3	300.05/16	403.05/8	507.94/4	419.42/7	328.13
2018	363.09/13	535.44/3	337.28/14	414.75/9	534.74/4	450.72/7	350.49
平均	332.22/11.2	538.29/3	318.70/12.4	385.09/7.8	460.46/4.8	399.52/7	318.46

2014～2018年，四个区域高校（R&D）人员平均强度由高到低依次为：东部、东北、西部、中部；东部、西部和中部普遍呈上升趋势，其中东部上升幅度最大，中部次之，西部相对较弱，东北呈波动上升趋势；东北地区高校（R&D）人员平均强度相对优势在减弱，具体如表2－156所示。

表2－156　2014～2018年四大经济区高校R&D人员平均强度的平均值及排名

年份	东北		东部		西部		中部	
	平均值	年排名	平均值	年排名	平均值	年排名	平均值	年排名
2014	389.36	7.3	381.69	11.2	232.94	18.9	201.29	22.5
2015	402.94	8.0	419.96	10.2	241.34	20.0	218.98	21.7
2016	394.49	8.7	429.30	9.4	243.92	20.2	219.05	22.3
2017	383.30	10.3	454.24	9.7	254.08	20.3	238.47	20.8
2018	411.94	10.0	490.93	9.1	267.69	20.3	251.30	21.8
平均	396.41	8.9	435.22	9.9	247.99	19.9	225.82	21.8

2014～2018年，七个区域高校（R&D）人员平均强度由高到低依次为：华东、东北、华北、华南、西南、华中、西北；华东、华南、华中呈平稳上升态势，东北、华北、西北、西南呈波动上升态势，华南的上升幅度最大，华中次之；就七个区域而言，东北地区处于较优水平，与表现最优的华东地区差距逐渐缩小，具体如表2－157所示。

表2－157　2014～2018年七大地理区高校R&D人员平均强度的平均值及排名

年份	东北	华北	华东	华南	华中	西北	西南
	值/序	值/序	值/序	值/序	值/序	值/序	值/序
2014	389.36/7.3	362.78/16.6	340.13/11.5	263.07/15.7	202.79/22.3	193.04/23	279.93/14.2
2015	402.94/8	377.90/16.2	379.57/10.7	310.68/14	222.07/21	200.80/23.6	283.64/16.6
2016	394.49/8.7	370.44/16.6	397.12/10	321.63/12.7	227.45/21.5	216.96/22.4	267.98/18.2
2017	383.30/10.3	393.47/15.6	425.01/9.7	329.61/14.7	248.09/20.5	209.28/23.6	295.45/17
2018	411.94/10	410.56/16	467.09/9.7	365.76/12.7	258.28/21.5	220.12/23.8	308.62/17
平均	396.41/8.9	383.03/16.2	401.78/10.3	318.15/13.9	231.73/21.4	208.04/23.3	287.13/16.6

（3）技术转化

1）技术市场成交额占比（单位:%）。技术市场成交额占比反映一个地区科技创新成果对地区 GDP 的贡献程度，是衡量地区创新创业的重要指标，计算公式为地区技术市场成交总额与地区 GDP 的比值。2014～2018 年，全国技术市场成交额占比的平均水平呈缓慢上升趋势，东北地区亦呈上升趋势；东北地区整体落后于全国平均水平；2014～2016 年辽宁省表现最好，黑龙江省次之，吉林省表现较弱；2017～2018 年，吉林省上升幅度较大，辽宁省次之，黑龙江省缓慢上升。总体而言，东北地区的技术市场成交额占比与全国平均水平差距较大，但差距逐渐缩小，具体如图 2–117 所示。

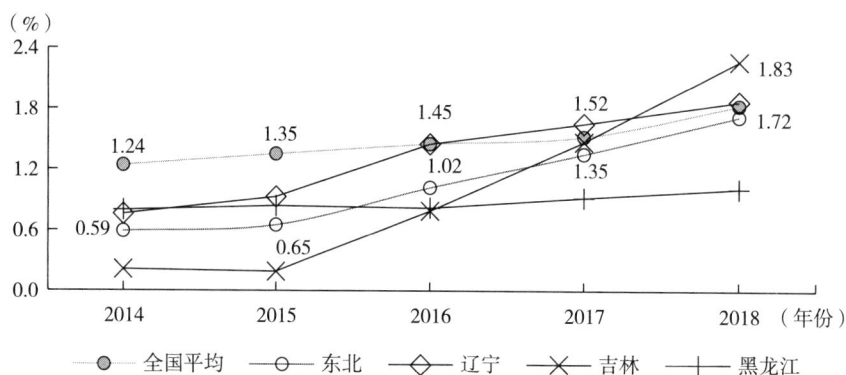

图 2–117　2014～2018 年技术市场成交额占比基本走势

注：①全国平均指 31 个省市区的平均水平；②全国范围内（可采集到的数据），技术市场成交额占比最大值为 2018 年北京的 16.3517%，最小值为 2018 年西藏的 0.0027%。

2014～2018 年，东北三省技术市场成交额占比在全国 31 个省市区连续 5 年数据集（共 155 个指标值）中相对位置分布情况如图 2–118 所示。可见，东北三省 5 年（共 15 个数据）技术市场成交额占比的百分比排位位于 50% 以下有 2 个；此外，排位的最大值是 2018 年的吉林省（82.1%），最小值是 2015 年的吉林省（21.8%）。

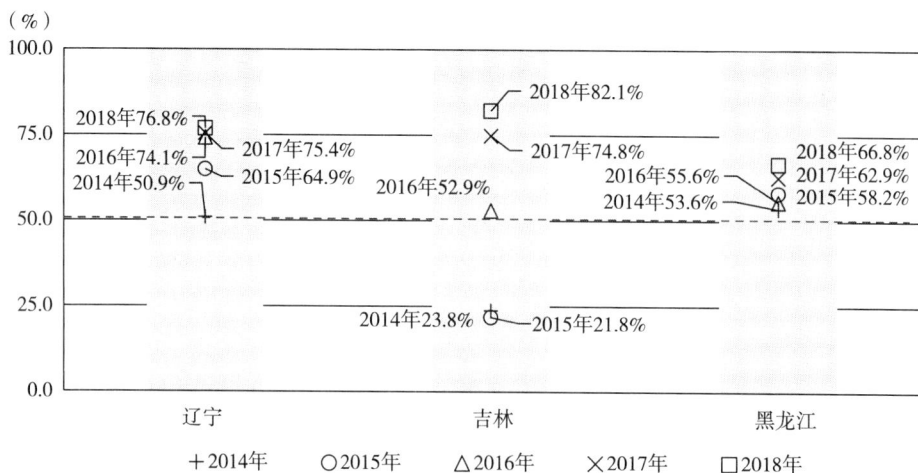

图 2–118　2014～2018 年东北三省技术市场成交额占比百分比排位图

2014~2018 年，6 省技术市场成交额占比由高到低依次为：辽宁、广东、吉林、江苏、黑龙江、浙江；东北三省总体呈平稳上升趋势，东南三省呈上升态势，且浙江省上升幅度较大，江苏省呈波动上升的趋势，上升幅度较小；东北三省技术市场成交额占比水平高于东南三省；技术市场成交额占比增幅最大的是吉林省（248.9%），增幅最小的是黑龙江省（6.70%），辽宁省的增幅为 36.68%，具体如表 2-158 所示。

表 2-158　2014~2018 年 6 省技术市场成交额占比的原始值及单年排名

年份	辽宁	吉林	黑龙江	江苏	浙江	广东	全国平均
	值/序	值/序	值/序	值/序	值/序	值/序	值
2014	0.76/12	0.21/22	0.80/11	0.83/9	0.22/20	0.61/14	1.24
2015	0.93/9	0.19/23	0.84/12	0.82/13	0.23/21	0.91/10	1.35
2016	1.45/8	0.79/15	0.82/14	0.82/13	0.42/18	0.94/9	1.45
2017	1.65/8	1.47/9	0.92/13	0.91/14	0.63/16	1.04/11	1.52
2018	1.87/10	2.27/8	1.01/17	1.07/15	1.05/16	1.40/11	1.83
平均	1.33/9.4	0.98/15.4	0.88/13.4	0.89/12.8	0.51/18.2	0.98/11	1.48

2014~2018 年，四个区域技术市场成交额占比由高到低依次为：东部、东北、西部、中部；四个区域普遍呈上升趋势，东北地区上升幅度最大，增幅为 47.98%，东部上升幅度最小，增幅为 8.43%；东北地区技术市场成交额占比与最优的东部地区差距较大，具体如表 2-159 所示。

表 2-159　2014~2018 年四大经济区技术市场成交额占比的平均值及排名

年份	东北		东部		西部		中部	
	平均值	年排名	平均值	年排名	平均值	年排名	平均值	年排名
2014	0.59	15.0	2.21	14.5	0.84	16.6	0.69	15.3
2015	0.65	14.7	2.35	14.1	0.92	17.3	0.80	15.0
2016	1.02	12.3	2.44	14.0	1.02	17.1	0.82	16.7
2017	1.35	10.0	2.55	14.1	1.00	18.8	0.95	16.5
2018	1.72	11.7	2.95	13.9	1.28	18.1	1.11	17.5
平均	1.07	12.7	2.50	14.1	1.02	17.6	0.87	16.2

2014~2018 年，七个区域技术市场成交额占比由高到低依次为：华北、西北、东北、华东、华中、西南、华南；东北、华北、华东、华南、华中、西北总体均呈上升趋势，西南呈波动态势；东北地区增幅最大，增幅为 47.98%；就七个区域而言，东北地区处于中上水平，与最优的华北地区相比，差距较大，具体如表 2-160 所示。

表2－160　2014～2018年七大地理区技术市场成交额占比的平均值及排名

年份	东北	华北	华东	华南	华中	西北	西南
	值/序	值/序	值/序	值/序	值/序	值/序	值/序
2014	0.59/15.0	3.55/14.8	0.83/13.3	0.23/24.0	0.73/16.5	1.34/13.8	0.60/14.8
2015	0.65/14.7	3.73/14.0	0.87/14.3	0.34/22.3	0.89/16.0	1.60/14.2	0.48/15.8
2016	1.02/12.3	3.80/15.4	0.94/14.5	0.40/19.7	0.92/17.0	1.72/14.4	0.58/16.3
2017	1.35/10.0	4.00/14.4	1.01/14.3	0.45/21.7	1.04/17.5	1.84/14.2	0.50/20.4
2018	1.72/11.7	4.35/14.8	1.37/14.7	0.62/21.7	1.17/18.0	1.99/14.2	1.01/18.2
平均	1.07/12.7	3.89/14.7	1.00/14.2	0.41/21.9	0.95/17.0	1.70/14.2	0.64/17.3

2）科技人员专利申请强度（单位：件/人年）。科技人员专利申请强度反映一个地区的科技创新能力，是衡量地区创新创业水平的必要指标，计算公式为地区科技人员专利申请数量与R&D人员的比值。2014～2018年，全国科技人员专利申请强度的平均水平呈持续上升态势，东北地区整体亦呈稳定上升趋势；东北地区明显低于全国平均水平，且这种差距呈先扩大后缩减的态势；辽宁省呈波动上升趋势，2017年出现微弱下降，吉林省与黑龙江省普遍呈上升态势，2018年升幅明显；就东北三省而言，黑龙江省较好，辽宁省次之，吉林省较弱。总体而言，东北地区科技人员专利申请强度明显低于全国平均水平，且差距在逐年增大的现状上有明显的缩减趋势，具体如图2－119所示。

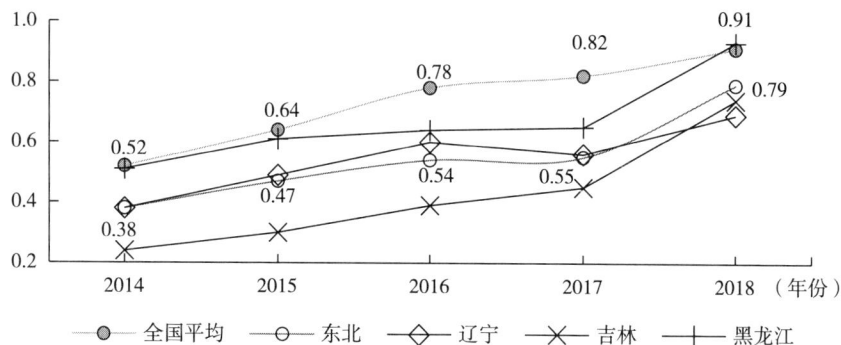

图2－119　2014～2018年科技人员专利申请强度基本走势

注：①全国平均指31个省市区的平均水平；②全国范围内（可采集到的数据），科技人员专利申请强度最大值为2017年广西的1.5462，最小值为2014年内蒙古的0.1745。

2014～2018年，东北三省科技人员专利申请强度在全国31个省市区连续5年数据集（共155个指标值）中相对位置分布情况如图2－120所示。可见，东北三省5年（共15个数据）科技人员专利申请强度的百分比排位处于50%以下有13个，其中有7个位于25%以下；此外，排位的最大值是2018年的黑龙江省（74.6%），最小值是2014年的吉林省（1.9%）。

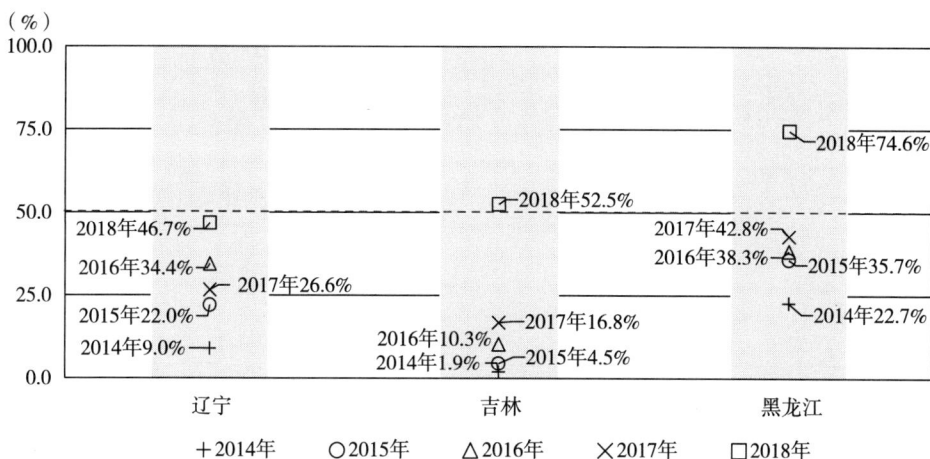

图2－120　2014～2018年东北三省科技人员专利申请强度百分比排位图

2014～2018年，6省科技人员专利申请强度由高到低依次是：江苏、浙江、广东、黑龙江、辽宁、吉林；东南三省中，浙江省与江苏省普遍呈波动上升的态势，2017年均出现不同程度的下降，广东省呈先上升后下降的态势，且下降趋势缓慢；东南三省中水平较低的广东省优于东北地区水平最高的黑龙江省；科技人员专利申请强度增幅最大的是吉林省（52.50%），增幅最小的是江苏省（6.67%），黑龙江省和辽宁省增幅分别为20.76%、20.32%，具体如表2－161所示。

表2－161　2014～2018年6省科技人员专利申请强度的原始值及单年排名

年份	辽宁	吉林	黑龙江	江苏	浙江	广东	全国平均
	值/序	值/序	值/序	值/序	值/序	值/序	值
2014	0.38/23	0.24/29	0.51/15	0.85/3	0.77/5	0.55/14	0.52
2015	0.49/21	0.30/29	0.61/17	0.82/6	0.84/5	0.71/11	0.64
2016	0.60/23	0.39/30	0.64/21	0.94/9	1.04/6	0.98/8	0.78
2017	0.56/27	0.45/29	0.65/22	0.92/11	0.95/9	1.11/6	0.82
2018	0.69/28	0.74/26	0.93/15	1.07/5	0.99/11	1.04/6	0.91
平均	0.54/24.4	0.42/28.6	0.67/18	0.92/6.8	0.92/7.2	0.88/9	0.73

2014～2018年，四个区域科技人员专利申请强度由高到低依次是：西部、东部、中部、东北；四个区域均呈上升趋势，东北上升幅度最大为27.35%；东北地区科技人员专利批准强度与西部地区差距较大，具体如表2－162所示。

表 2 - 162 2014 ~ 2018 年四大经济区科技人员专利申请强度的平均值及排名

年份	东北		东部		西部		中部	
	平均值	年排名	平均值	年排名	平均值	年排名	平均值	年排名
2014	0.38	22.3	0.54	14.7	0.55	14.8	0.48	17.5
2015	0.47	22.3	0.64	14.9	0.70	14.5	0.60	17.7
2016	0.54	24.7	0.79	14.7	0.82	14.3	0.79	17.2
2017	0.55	26.0	0.79	16.6	0.92	13.0	0.82	16.0
2018	0.79	23.0	0.91	14.7	0.96	14.5	0.90	17.7
平均	0.55	23.7	0.73	15.1	0.79	14.2	0.72	17.2

2014 ~ 2018 年，七个区域科技人员专利申请强度由高到低依次为：华南、华东、西南、西北、华中、华北、东北；华南、华北、华东三个区域均呈波动上升趋势，西南、华中、西北、东北四个区域均呈上升趋势，西南地区增幅最小，为 11.22%；就七大区域而言，东北地区排名靠后，东北地区与最优的华南地区相比，差距较大，具体如表 2 - 163 所示。

表 2 - 163 2014 ~ 2018 年七大地理区科技人员专利申请强度的平均值及排名

年份	东北	华北	华东	华南	华中	西北	西南
	值/序	值/序	值/序	值/序	值/序	值/序	值/序
2014	0.38/22.3	0.38/21.8	0.64/10.3	0.55/14.7	0.45/18.0	0.47/16.8	0.66/11.6
2015	0.47/22.3	0.45/23.2	0.75/9.5	0.75/13.3	0.57/18.8	0.64/14.4	0.76/13.8
2016	0.54/24.7	0.57/22.4	0.93/10.2	0.98/12.3	0.76/18.0	0.77/14.8	0.86/13.2
2017	0.55/26.0	0.57/24.8	0.90/12.3	1.08/10.7	0.81/16.0	0.88/13.0	0.94/11.8
2018	0.79/23.0	0.77/22.2	1.01/11.5	0.98/10.7	0.84/18.5	0.99/12.2	0.95/16.0
平均	0.55/23.7	0.55/22.9	0.85/10.8	0.87/12.3	0.69/17.9	0.75/14.2	0.83/13.3

3) 科技人员专利批准强度（单位：件/人年）。科技人员专利批准强度反映一个地区科技创新强度，是衡量地区创新创业水平的必要指标，计算公式为地区科技人员专利批准数与 R&D 人员的比值。2014 ~ 2018 年，全国科技人员专利批准强度的平均水平整体呈上升趋势，东北地区亦呈上升态势，东北地区明显低于全国平均水平，逐年差距基本保持稳定；辽宁省、黑龙江省呈波动上升趋势，吉林省呈稳定上升趋势；就东北三省而言，黑龙江省发展较好，辽宁省次之，吉林省较弱。总体而言，东北地区科技人员专利批准强度明显低于全国平均水平，逐年差距变化不明显，具体如图 2 - 121 所示。

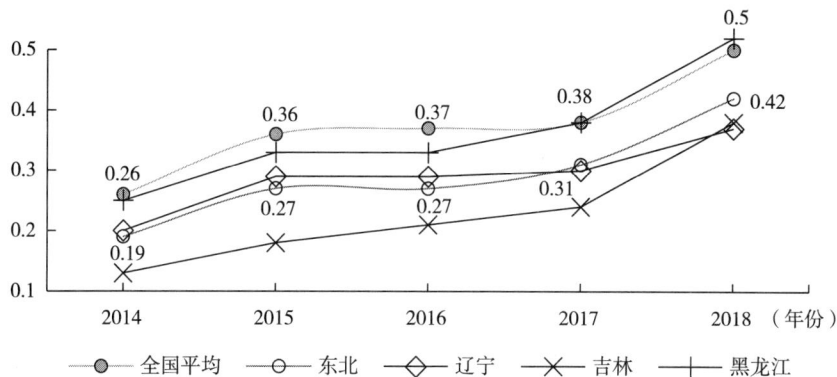

图 2-121　2014~2018 年科技人员专利批准强度基本走势

注：①全国平均指 31 个省市区的平均水平；②全国范围内（可采集到的数据），科技人员专利批准强度最大值为 2015 年浙江的 0.6443，最小值为 2014 年内蒙古的 0.1106。

2014~2018 年，东北三省科技人员专利批准强度在全国 31 个省市区连续 5 年数据集（共 155 个指标值）中相对位置分布情况如图 2-122 所示。可见，东北三省 5 年（共 15 个数据）科技人员专利批准强度的百分比排位处于 50% 以下的有 11 个，其中有 6 个位于 25% 以下；此外，排位的最大值是 2018 年的黑龙江省（84.4%），最小值是 2014 年的吉林省（1.9%）。

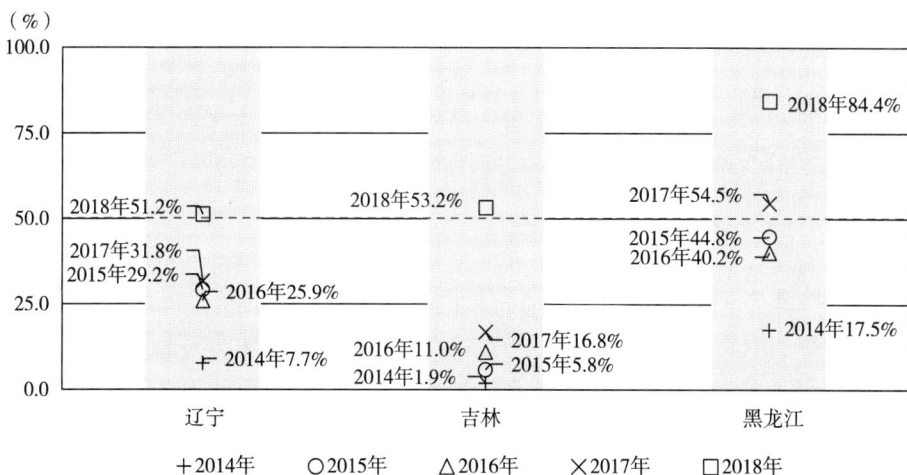

图 2-122　2014~2018 年东北三省科技人员专利批准强度百分比排位图

2014~2018 年，6 省份科技人员专利批准强度由高到低依次为：浙江、广东、江苏、黑龙江、辽宁、吉林；江苏省和浙江省整体呈波动上升趋势，广东省整体呈上升趋势；东北三省普遍呈上行态势；东南三省中水平较低的江苏省优于东北地区较高的黑龙江省；科技人员专利批准强度增幅最大的是吉林省（45.94%），增幅最小的是浙江省（2.88%），辽宁省和黑龙江省的增幅分别为 22.02% 和 28.16%，具体如表 2-164 所示。

表 2-164　2014~2018 年 6 省份科技人员专利批准强度的原始值及单年排名

年份	辽宁	吉林	黑龙江	江苏	浙江	广东	全国平均
	值/序	值/序	值/序	值/序	值/序	值/序	值
2014	0.20/24	0.13/28	0.25/16	0.40/4	0.56/1	0.36/7	0.26
2015	0.29/21	0.18/29	0.33/15	0.48/8	0.64/1	0.48/9	0.36
2016	0.29/24	0.21/30	0.33/16	0.43/10	0.59/3	0.50/6	0.37
2017	0.30/25	0.24/29	0.38/17	0.41/13	0.54/2	0.59/1	0.38
2018	0.37/29	0.38/28	0.52/13	0.55/11	0.62/5	0.63/4	0.50
平均	0.29/24.6	0.23/28.8	0.36/15.4	0.45/9.2	0.59/2.4	0.51/5.4	0.38

2014~2018 年，四个区域科技人员专利批准强度由高到低依次为：东部、西部、中部、东北；四个区域整体均呈上升趋势，东北增幅最大，增幅为 30.22%；东部增幅最小，增幅为 17.58%；东北地区科技人员专利批准强度与东部地区差距较大，具体如表 2-165 所示。

表 2-165　2014~2018 年四大经济区科技人员专利批准强度的平均值及排名

年份	东北		东部		西部		中部	
	平均值	年排名	平均值	年排名	平均值	年排名	平均值	年排名
2014	0.19	22.7	0.31	12.1	0.25	17.3	0.25	16.5
2015	0.27	21.7	0.40	13.5	0.37	16.1	0.35	17.2
2016	0.27	23.3	0.40	13.5	0.37	15.4	0.36	17.7
2017	0.31	23.7	0.41	13.9	0.38	14.8	0.36	18.2
2018	0.42	23.3	0.53	13.6	0.52	14.0	0.46	20.3
平均	0.29	22.9	0.41	13.3	0.38	15.5	0.36	18.0

2014~2018 年，七个区域科技人员专利批准强度由高到低依次为：华东、西南、华南、西北、华中、华北、东北；华北、华南、西北三个区域总体均呈上升趋势，东北、华东、华中、西南四个地区总体呈波动上升趋势；就七个区域而言，东北地区排名靠后，与最优的华东地区相比，差距较大，具体如表 2-166 所示。

表 2-166　2014~2018 年七大地理区科技人员专利批准强度的平均值及排名

年份	东北	华北	华东	华南	华中	西北	西南
	值/序	值/序	值/序	值/序	值/序	值/序	值/序
2014	0.19/22.7	0.20/21.8	0.36/8.0	0.27/15.0	0.24/16.8	0.21/21.2	0.32/10.6
2015	0.27/21.7	0.27/22.4	0.46/9.3	0.37/16.0	0.35/16.5	0.33/17.6	0.45/12.2
2016	0.27/23.3	0.28/22.2	0.44/9.7	0.37/15.3	0.38/17.5	0.37/14.4	0.41/13.8

年份	东北	华北	华东	华南	华中	西北	西南
	值/序	值/序	值/序	值/序	值/序	值/序	值/序
2017	0.31/23.7	0.31/22.8	0.43/11.2	0.43/13.3	0.37/17.3	0.40/14.0	0.39/13.0
2018	0.42/23.3	0.45/20.8	0.54/11.8	0.51/14.7	0.46/20.0	0.57/9.6	0.50/15.8
平均	0.29/22.9	0.30/22.0	0.45/10.0	0.39/14.9	0.36/17.6	0.38/15.4	0.42/13.1

（4）技术产出

1）高新技术产业收入占比（单位:%）。高新技术产业收入占比反映一个地区对高新技术产业的投入和重视程度，是衡量该地区创新创业的重要指标，计算公式为地区高新技术产业主营业务收入与 GDP 的比值。2014~2018 年，全国高新技术产业收入占比的平均水平呈先上升后下降的态势，东北地区的平均水平呈波动下降态势；东北地区明显低于全国平均水平，且差距有进一步扩大的趋势；辽宁省呈波动下降趋势，黑龙江省呈稳定下降态势，吉林省在 2014~2016 年稳定上升，但之后出现大幅度下降，在 2018 年被辽宁赶超；就东北地区而言，吉林省的发展较好，辽宁省次之，黑龙江省较弱。总体而言，东北地区的高新技术产业收入占比与全国平均水平相比有明显差距，具体如图 2-123 所示。

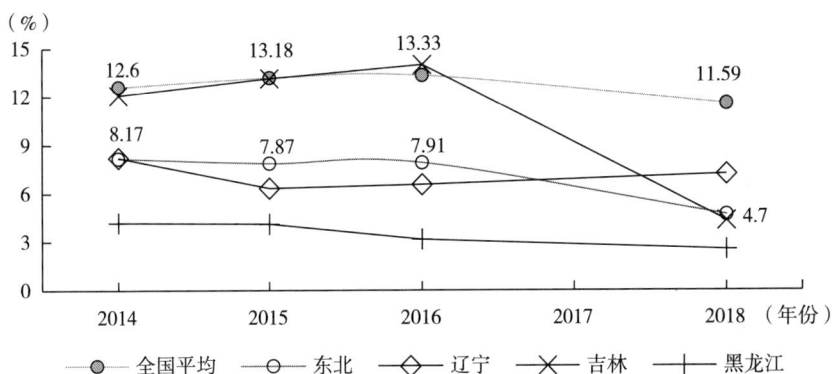

图 2-123　2014~2018 年高新技术产业收入占比基本走势

注：①全国平均指 31 个省市区的平均水平；②全国范围内（可采集到的数据），高新技术产业收入占比最大值为 2018 年广东的 48.055%，最小值为 2014 年新疆的 0.2901%；③高新技术产业收入占比未收集到 2017 年的数据。

2014~2018 年，东北三省高新技术产业收入占比在全国 31 个省市区 4 年数据集（共 124 个指标值）中相对位置分布情况如图 2-124 所示。可见，东北三省 4 年（共 12 个数据）高新技术产业收入占比的百分比排位处于 50% 以下的有 9 个，其中有 4 个处于 25% 以下；此外，排位的最大值是 2016 年的吉林省（65.0%），最小值是 2018 年的黑龙江省（13.0%）。

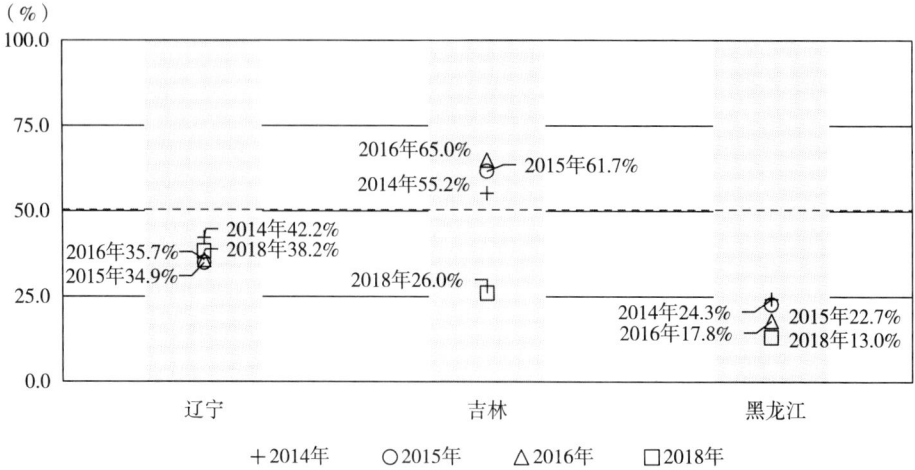

图 2-124 2014～2018 年东北三省高新技术产业收入占比百分比排位图

2014～2018 年，6 省高新技术产业收入占比由高到低依次为：广东、江苏、浙江、吉林、辽宁、黑龙江；东南三省中广东、浙江呈稳定上升趋势，江苏省呈波动下行态势；辽宁省、吉林省、黑龙江省均呈下降趋势；东南三省中水平较高的广东省明显优于东北地区水平最高的吉林省；高新技术产业收入占比增幅最大的是浙江省（2.94%），降幅最大的是吉林省（-16.04%），辽宁省、黑龙江省的降幅分别为 -3.06%、-9.81%，具体如表 2-167 所示。

表 2-167 2014～2018 年 6 省高新技术产业收入占比的原始值及单年排名

年份	辽宁	吉林	黑龙江	江苏	浙江	广东	全国平均
	值/序	值/序	值/序	值/序	值/序	值/序	值
2014	8.22/19	12.08/13	4.20/23	40.12/2	11.93/14	44.73/1	12.60
2015	6.33/21	13.14/13	4.13/25	40.69/2	12.33/15	45.74/1	13.18
2016	6.56/21	13.99/13	3.17/26	39.68/2	12.46/15	46.71/1	13.33
2017	—	—	—	—	—	—	—
2018	7.21/19	4.33/24	2.55/28	28.25/2	13.33/10	48.06/1	11.59
平均	7.08/20	10.89/15.8	3.51/25.5	37.19/2	12.51/13.5	46.31/1	12.68

2014～2018 年，四个区域高新技术产业收入占比由高到低依次为：东部、中部、西部、东北；中部和西部呈波动上升趋势，东部整体呈下降趋势，东北地区整体呈波动下降趋势，且降幅最大（-10.62%）；东北地区高新技术产业收入占比与东部地区差距较大，具体如表 2-168 所示。

表 2 – 168　2014 ~ 2018 年四大经济区高新技术产业收入占比的平均值及排名

年份	东北		东部		西部		中部	
	平均值	年排名	平均值	年排名	平均值	年排名	平均值	年排名
2014	8.17	18.3	21.46	9.5	6.69	22.0	11.90	13.7
2015	7.87	19.7	21.39	9.8	7.41	21.9	13.71	12.7
2016	7.91	20.0	20.48	10.5	8.21	21.3	14.38	12.5
2017	—	—	—	—	—	—	—	—
2018	4.70	23.7	17.94	10.0	7.50	20.8	12.66	12.5
平均	7.16	20.4	20.32	10.0	7.45	21.5	13.16	12.8

2014 ~ 2018 年，七个区域高新技术产业收入占比由高到低依次为：华东、华南、华中、西南、华北、东北、西北；华南、华中、西北、西南地区呈波动上升趋势；东北和华东地区整体呈波动下降趋势；华北地区整体呈下降趋势；就七大区域而言，东北地区排名靠后，与最优的华东地区差距较大，具体如表 2 – 169 所示。

表 2 – 169　2014 ~ 2018 年七大地理区高新技术产业收入占比的平均值及排名

年份	东北	华北	华东	华南	华中	西北	西南
	值/序	值/序	值/序	值/序	值/序	值/序	值/序
2014	8.17/18.3	12.01/16.0	21.07/8.3	19.13/14.3	13.26/12.5	3.17/26.0	10.71/17.6
2015	7.87/19.7	11.54/17.0	21.54/8.3	20.20/13.7	15.39/11.0	4.39/25.2	10.81/18.2
2016	7.91/20.0	10.69/17.4	20.87/8.8	20.69/14.7	15.99/10.8	5.32/24.2	11.66/17.6
2017	—	—	—	—	—	—	—
2018	4.70/23.7	9.24/17.0	17.23/8.5	20.09/14.0	13.73/11.5	4.93/23.6	11.19/16.6
平均	7.16/20.4	10.87/16.9	20.18/8.5	20.03/14.2	14.59/11.4	4.45/24.8	11.09/17.5

2）新产品销售收入占比（单位：%）。新产品销售收入占比反映一个地区企业对自身扩张和可持续发展的重视程度，是衡量企业持续创新的重要指标，计算公式为高新技术新产品销售收入与主营业务收入的比值。2014 ~ 2018 年，全国新产品销售收入占比的平均水平整体呈平缓上升趋势，东北地区亦呈上升趋势，2016 年升幅明显；东北地区明显低于全国平均水平，差距呈先缩小后扩大的态势；辽宁省呈稳定上升趋势，发展曲线与东北地区相似，吉林省呈波动上升态势，2016 ~ 2018 年升幅明显，黑龙江省整体呈波动下降趋势，2016 年之后持续下降且降幅明显；就东北三省而言，辽宁省发展较好，黑龙江省次之，吉林省较弱。总体而言，东北地区的新产品销售收入占比与全国平均水平有一定差距，差距呈先缩小后扩大的态势，具体如图 2 – 125 所示。

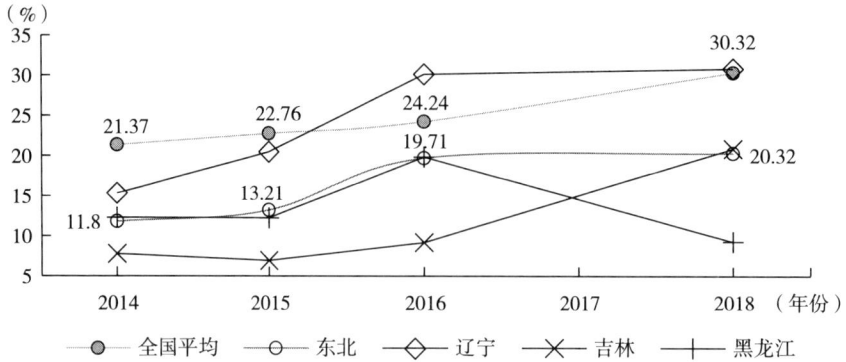

图 2 - 125　2014 ~ 2018 年新产品销售收入占比基本走势

注：①全国平均指 31 个省市区的平均水平；②全国范围内（可采集到的数据），新产品销售收入占比最大值为 2018 年宁夏的 61.016%，最小值为 2015 年西藏的 0.338%；③新产品销售收入占比 2017 年未收集到数据。

　　2014 ~ 2018 年，东北三省新产品销售收入占比在全国 31 个省市区 4 年数据集（共 124 个指标值）中相对位置分布情况如图 2 - 126 所示。可见，东北三省 4 年（共 12 个数据）新产品销售收入占比的百分比排位位于 50% 以下的有 10 个，其中有 6 个位于 25% 以下；此外，排位的最大值是 2018 年的辽宁省（65.2%），最小值是 2015 年的吉林省（8.2%）。

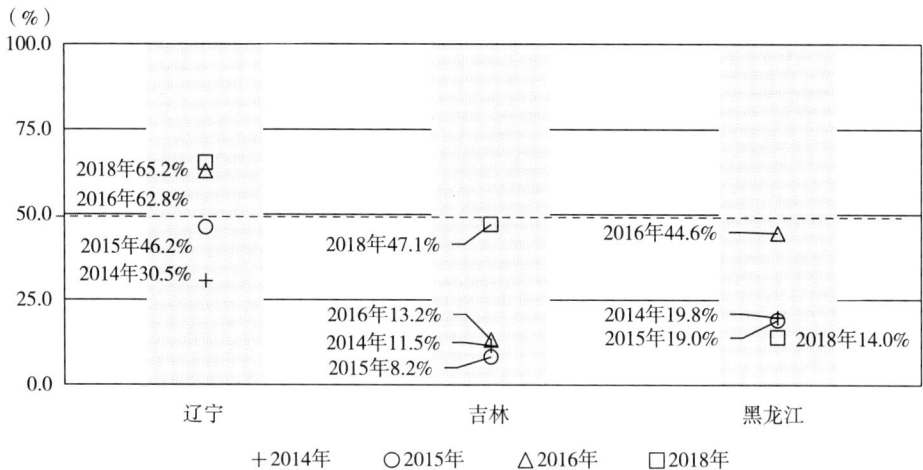

图 2 - 126　2014 ~ 2018 年东北三省新产品销售收入占比百分比排位图

　　2014 ~ 2018 年，6 省新产品销售收入占比由高到低依次为：浙江、广东、江苏、辽宁、黑龙江、吉林；东南三省均呈上升趋势；东南三省水平相对较低的江苏省整体优于东北地区较好的辽宁省；新产品销售收入占比增幅最大的是吉林省（42.03%），降幅最大的是黑龙江省（-6.13%），辽宁省增幅为 25.24%，具体如表 2 - 170 所示。

表 2 - 170　2014 ~ 2018 年 6 省新产品销售收入占比的原始值及单年排名

年份	辽宁	吉林	黑龙江	江苏	浙江	广东	全国平均
	值/序	值/序	值/序	值/序	值/序	值/序	值
2014	15.33/19	7.78/25	12.29/23	26.80/9	43.15/5	35.80/6	21.37
2015	20.47/16	6.94/28	12.23/24	27.49/13	51.30/1	37.01/6	22.76
2016	30.11/12	9.18/27	19.84/18	29.66/13	54.25/1	41.16/3	24.24
2017	—	—	—	—	—	—	—
2018	30.81/15	20.87/21	9.28/30	33.67/13	53.69/3	44.60/6	30.32
平均	24.18/15.5	11.19/25.3	13.41/23.8	29.41/12	50.60/2.5	39.64/5.3	24.65

2014 ~ 2018 年，四个区域新产品销售收入占比由高到低依次为：东部、中部、西部、东北；中部地区呈波动上升趋势，其他三个地区均呈稳定上行态势，东北地区上升幅度最大（18.04%），中部地区上升幅度最小（4.65%）；东北地区新产品销售收入占比与东部地区相比差距较大，具体如表 2 - 171 所示。

表 2 - 171　2014 ~ 2018 年四大经济区新产品销售收入占比的平均值及排名

年份	东北		东部		西部		中部	
	平均值	年排名	平均值	年排名	平均值	年排名	平均值	年排名
2014	11.80	22.3	28.69	10.7	16.27	19.0	23.27	13.7
2015	13.21	22.7	29.42	11.5	18.48	19.0	24.98	14.2
2016	19.71	19.0	31.05	11.5	19.76	18.9	24.12	16.2
2017	—	—	—	—	—	—	—	—
2018	20.32	22.0	34.03	12.6	27.40	17.7	34.51	13.0
平均	16.26	21.5	30.80	11.6	20.42	18.7	26.72	14.3

2014 ~ 2018 年，七个区域新产品销售收入占比由高到低依次为：华东、华中、华北、西北、华南、东北、西南；华南、华中与西南三个地区普遍呈波动上升趋势，东北、华北、华东与西北四个地区普遍呈稳定上升态势，东北地区上升幅度最大，西南地区上升幅度最小；就七个区域而言，东北地区排名靠后，与最优的华东地区相比，差距较大，具体如表 2 - 172 所示。

表 2 - 172　2014 ~ 2018 年七大地理区新产品销售收入占比的平均值及排名

年份	东北	华北	华东	华南	华中	西北	西南
	值/序	值/序	值/序	值/序	值/序	值/序	值/序
2014	11.80/22.3	23.72/15.6	26.04/11.0	17.07/19.3	27.61/11.0	20.17/16.6	17.05/17.3
2015	13.21/22.7	23.95/15.4	29.39/11.5	16.55/20.7	28.43/11.8	25.59/14.2	15.68/20.4

年份	东北	华北	华东	华南	华中	西北	西南
	值/序	值/序	值/序	值/序	值/序	值/序	值/序
2016	19.71/19.0	26.22/13.6	31.73/11.7	17.13/20.3	27.18/14.3	29.00/13.0	13.15/23.6
2017	—	—	—	—	—	—	—
2018	20.32/22.0	35.56/11.8	36.57/11.0	21.93/21.0	37.06/12.0	33.30/14.2	17.74/23.0
平均	16.26/21.5	27.36/14.1	30.93/11.3	18.17/20.3	30.07/12.3	27.02/14.5	15.74/21.2

（5）创业成效

1）千人私营企业数（单位：个/千人）。千人私营企业数反映地区对私营企业发展的重视程度，是衡量地区创业成效的重要指标，计算公式为地区私营企业单位法人数与地区人口（千人）的比值。2014～2018 年，全国千人私营企业数的平均水平呈不断上升的趋势，东北地区呈缓慢上升趋势；东北地区明显低于全国平均水平，且差距逐年增大，在2014～2016 年辽宁省高于全国平均水平，但差距逐年缩小，到 2017 年辽宁省低于全国平均水平，吉林省、黑龙江省处于平缓上升态势；就东北三省而言，辽宁省表现较好，吉林省与黑龙江省相对较弱。总体而言，东北地区的千人私营企业数明显低于全国平均水平，且差距呈进一步扩大趋势，具体如图 2－127 所示。

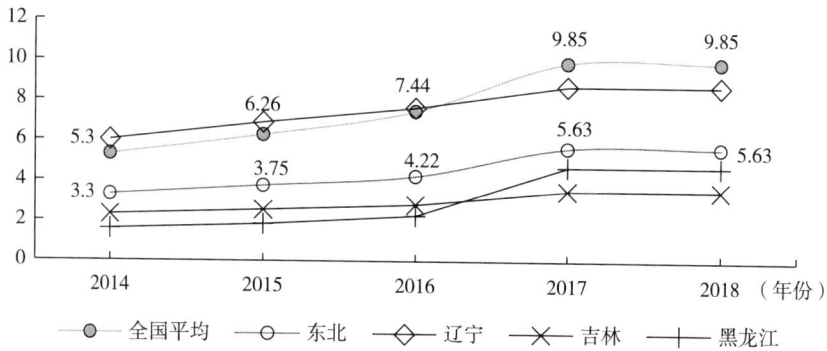

图 2－127　2014～2018 年千人私营企业数基本走势

注：①全国平均指 31 个省市区的平均水平；②全国范围内，千人私营企业数最大值为 2017 年浙江的 26.10，最小值为 2014 年黑龙江的 1.58。

2014～2018 年，东北三省千人私营企业数在全国 31 个省市区连续 5 年数据集（共155 个指标值）中相对位置分布情况如图 2－128 所示。可见，东北三省 5 年（共 15 个数据）千人私营企业数的百分比排位处于 50% 以下的有 10 个，其中有 6 个处于 25% 以下；此外，排位的最大值是 2017/2018 年的辽宁省（68.1%），最小值是 2014 年的黑龙江省（0.0%）。

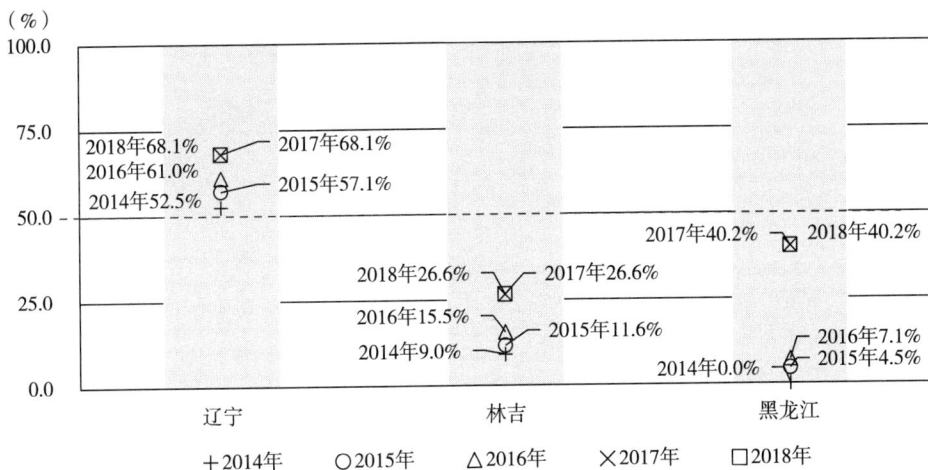

图 2-128 2014~2018 年东北三省千人私营企业数百分比排位图

2014~2018 年，6 省千人私营企业数由高到低依次为：浙江、江苏、广东、辽宁、黑龙江、吉林；东南三省普遍呈上升趋势，浙江省优势相对明显，广东省呈平缓上升趋势；东南三省相对较低的广东省略高于东北地区较高的辽宁省；千人私营企业数增幅最大的是黑龙江省（49.27%），增幅最小的是辽宁省（11.14%），吉林省的增幅为13.03%，具体如表 2-173 所示。

表 2-173 2014~2018 年 6 省千人私营企业数的原始值及单年排名

年份	辽宁	吉林	黑龙江	江苏	浙江	广东	全国平均
	值/序	值/序	值/序	值/序	值/序	值/序	值
2014	6.01/9	2.30/25	1.58/31	12.26/4	17.02/2	6.48/8	5.30
2015	6.88/10	2.54/27	1.83/30	14.42/3	18.80/2	7.10/9	6.26
2016	7.61/11	2.80/26	2.25/30	18.17/3	21.29/1	7.70/9	7.44
2017	8.69/15	3.50/28	4.69/26	23.90/2	26.10/1	9.98/13	9.85
2018	8.69/15	3.50/28	4.69/26	23.90/2	26.10/1	9.98/13	9.85
平均	7.58/12	2.93/26.8	3.01/28.6	18.53/2.8	21.86/1.4	8.25/10.4	7.74

2014~2018 年，四个区域千人私营企业数由高到低依次为：东部、中部、西部、东北；四个区域整体呈上升趋势，其中，东部上升趋势较明显，且显著优于其他三个区域；东北地区千人私营企业数与东部地区差距较大，具体如表 2-174 所示。

表 2 - 174 2014～2018 年四大经济区千人私营企业数的平均值及排名

年份	东北		东部		西部		中部	
	平均值	年排名	平均值	年排名	平均值	年排名	平均值	年排名
2014	3.30	21.7	9.75	8.2	3.11	20.3	3.25	17.7
2015	3.75	22.3	11.14	8.1	3.91	20.2	4.07	17.7
2016	4.22	22.3	12.81	8.0	4.80	20.3	5.37	17.7
2017	5.63	23.0	15.77	8.1	6.98	20.1	7.85	17.5
2018	5.63	23.0	15.77	8.1	6.98	20.1	7.85	17.5
平均	4.50	22.5	13.05	8.1	5.16	20.2	5.68	17.6

2014～2018 年，七个区域千人私营企业数由高到低依次为：华东、华北、华南、西南、华中、西北、东北；七个区域普遍呈上升趋势，华东与华北优势明显；千人私营企业数增长幅度最大的是西北地区（33.65%），最低的是华东地区（17.41%），而东北地区增幅（17.66%）仅高于华东地区；就七个区域而言，东北地区排名靠后，与最优的华东地区相比，差距较大，具体如表 2 - 175 所示。

表 2 - 175 2014～2018 年七大地理区千人私营企业数的平均值及排名

年份	东北	华北	华东	华南	华中	西北	西南
	值/序	值/序	值/序	值/序	值/序	值/序	值/序
2014	3.30/21.7	7.78/11.2	10.05/6.3	4.11/15.7	3.01/19.8	2.85/20.0	3.30/22.2
2015	3.75/22.3	9.20/11.0	11.52/6.2	4.78/16.3	3.60/20.5	3.55/20.2	4.23/21.0
2016	4.22/22.3	10.87/10.8	13.49/6.3	5.49/16.3	4.64/20.5	4.31/21.0	5.23/20.2
2017	5.63/23.0	13.53/9.6	17.04/6.3	7.16/19.7	6.88/20.0	6.69/20.6	7.23/19.8
2018	5.63/23.0	13.53/9.6	17.04/6.3	7.16/19.7	6.88/20.0	6.69/20.6	7.23/19.8
平均	4.50/22.5	10.98/10.4	13.83/6.3	5.74/17.5	5.00/20.2	4.82/20.5	5.44/20.6

2）百万人非主板上市企业数（单位：个/百万人）。百万人非主板上市企业数反映一个地区企业创新创业的活力与氛围，是衡量地区创新创业水平的重要指标，本书采用的计算公式为百万人中小板上市企业数和百万人创业板上市企业数之和与百万人口的比值。2014～2018 年，全国百万人非主板上市企业数的平均水平呈上升趋势，东北地区整体亦呈上升趋势；东北地区明显低于全国平均水平；东北三省百万人非主板上市企业数发展基本持平；相对而言，辽宁省发展相对较好，吉林省次之，黑龙江省较差。总体而言，东北三省的百万人非主板上市企业数低于全国平均水平，且差距较为明显，有进一步拉大的趋势，具体如图 2 - 129 所示。

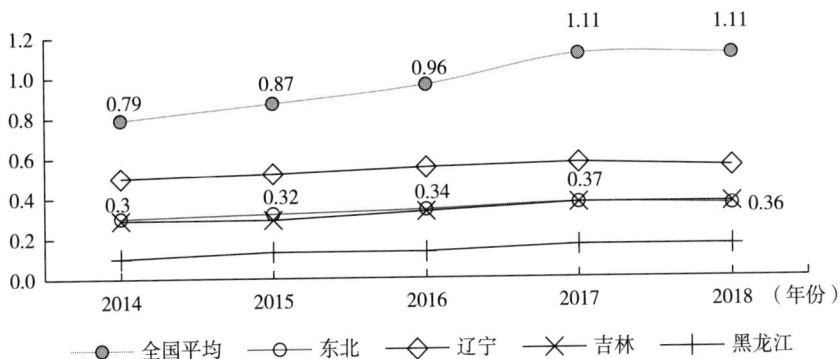

图 2-129 2014~2018 年百万人非主板上市企业数基本走势

注：①全国平均指 31 个省市区的平均水平；②全国范围内，百万人非主板上市企业数最大值为 2018 年北京的 6.96，最小值为 2014 年黑龙江省的 0.10。

2014~2018 年，东北三省百万人非主板上市企业数在全国 31 个省市区 5 年数据集（共 155 个指标值）中相对位置分布情况如图 2-130 所示。可见，东北三省 5 年（共 15 个数据）百万人非主板上市企业数的百分比排位处于 50% 以下有 10 个，其中位于 25% 以下有 5 个；此外，排位的最大值是 2017 年的辽宁省（60.3%），最小值是 2014 年的黑龙江（0.0%）。

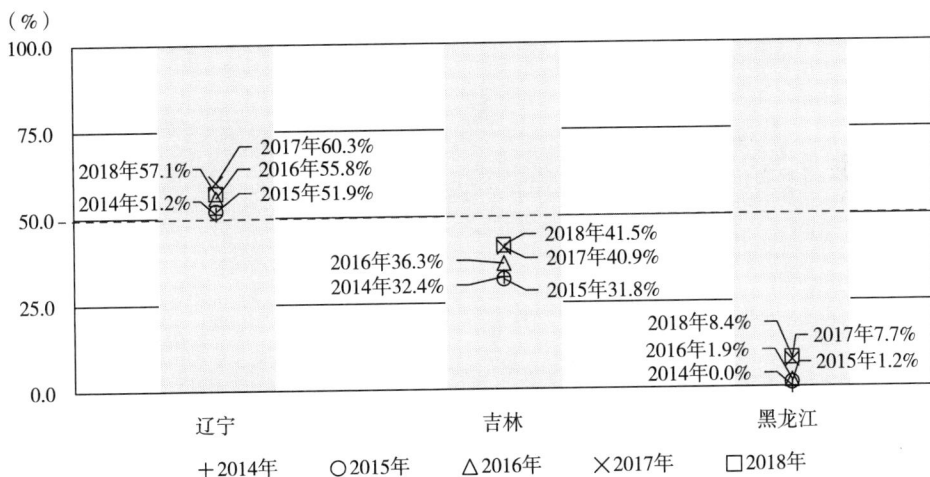

图 2-130 2014~2018 年百万人非主板上市企业数百分比排位图

2014~2018 年，6 省百万人非主板上市企业数由高到低依次为：浙江、广东、江苏、辽宁、吉林、黑龙江；2014~2018 年东南三省和东北三省普遍呈上升趋势，东南三省明显优于东北三省；东南三省中水平较低的江苏省优于东北地区最高的辽宁省；东北地区百万人非主板上市企业数增幅最大的是黑龙江省（13.10%），最小的是辽宁省（2.47%），吉林省的增幅为 6.80%，具体如表 2-176 所示。

表 2 - 176　2014~2018 年 6 省百万人非主板上市企业数的原始值及单年排名

年份	辽宁	吉林	黑龙江	江苏	浙江	广东	全国平均
	值/序	值/序	值/序	值/序	值/序	值/序	值
2014	0.50/13	0.29/19	0.10/31	1.77/5	2.98/2	2.25/4	0.79
2015	0.52/15	0.29/21	0.13/31	1.92/5	3.20/2	2.49/4	0.87
2016	0.55/14	0.33/19	0.13/31	2.10/5	3.40/2	2.85/4	0.96
2017	0.57/16	0.37/20	0.16/30	2.48/5	3.92/2	3.59/3	1.11
2018	0.55/16	0.37/21	0.16/30	2.47/5	3.90/2	3.56/3	1.11
平均	0.54/14.8	0.33/20	0.14/30.6	2.15/5	3.48/2	2.95/3.6	0.97

2014~2018 年，四个区域百万人非主板上市企业数由高到低依次为：东部、中部、西部、东北；2014~2018 年，东北、东部、中部和西部普遍呈上升趋势，其中西部的上升幅度最大（15.25%），东北上升幅度最小（5.12%）；东北地区百万人非主板上市企业数与东部地区相比差距较大，具体如表 2 - 177 所示。

表 2 - 177　2014~2018 年四大经济区百万人非主板上市企业数的平均值及排名

年份	东北		东部		西部		中部	
	平均值	年排名	平均值	年排名	平均值	年排名	平均值	年排名
2014	0.30	21.0	1.80	7.0	0.28	21.3	0.35	18.0
2015	0.32	22.3	1.99	7.0	0.31	21.3	0.40	17.2
2016	0.34	21.3	2.15	7.6	0.38	20.9	0.43	17.5
2017	0.37	22.0	2.49	7.3	0.44	21.1	0.50	17.3
2018	0.36	22.3	2.49	7.4	0.46	21.2	0.51	16.8
平均	0.34	21.8	2.18	7.3	0.37	21.2	0.44	17.4

2014~2018 年，七个区域百万人非主板上市企业数由高到低依次为：华东、华北、华南、西南、华中、东北、西北；七个区域均呈上升趋势，其中华南地区增幅最大（13.20%），东北地区增幅最小（5.12%）；就七个区域而言，东北地区排名靠后，与最优的华东地区相比，差距较大，具体如表 2 - 178 所示。

表 2 - 178　2014~2018 年七大地理区百万人非主板上市企业数的平均值及排名

年份	东北	华北	华东	华南	华中	西北	西南
	值/序	值/序	值/序	值/序	值/序	值/序	值/序
2014	0.30/21.0	1.29/16.8	1.61/6.0	0.98/15.0	0.36/16.8	0.29/20.8	0.33/19.4
2015	0.32/22.3	1.48/16.2	1.74/5.7	1.06/15.3	0.41/16.8	0.30/21.6	0.37/18.6
2016	0.34/21.3	1.58/16.6	1.87/5.8	1.18/16.3	0.44/17.3	0.33/21.2	0.51/18.0

年份	东北	华北	华东	华南	华中	西北	西南
	值/序	值/序	值/序	值/序	值/序	值/序	值/序
2017	0.37/22.0	1.73/17.2	2.16/6.7	1.51/14.0	0.54/15.8	0.36/22.4	0.62/17.4
2018	0.36/22.3	1.74/17.2	2.15/6.7	1.49/14.3	0.55/15.3	0.36/22.2	0.67/17.6
平均	0.34/21.8	1.56/16.8	1.91/6.2	1.24/15.0	0.46/16.4	0.33/21.6	0.50/18.2

4. 主要结论

首先，总体而言，东北地区的创新创业指数整体低于全国平均水平，且这种差距呈进一步扩大的趋势。在反映创新创业水平的 5 个方面（研发基础、人才基础、科技转化、技术产出、创业成效），东北地区全面落后于东南三省，尤其值得关注的是，东北地区的研发基础、技术产出和创业成效较东南三省差距明显，成为东北地区创新创业方面的最显著问题。

其次，动态来看，2014~2018 年，东北地区的指数得分提升缓慢，意味着绝对能力的提升幅度不大，同时，东北地区的创新创业方面的相对排名在急速下滑，意味着相对于全国的比较优势在急剧退失。

再次，分省来看，辽宁省创新创业水平较好，吉林省次之，黑龙江省较弱。在全国各省相对排名的竞争中，东北地区均有退步。东北地区在创新创业各分项指数上均呈现不均衡发展趋势，其中辽宁省的创业成效、人才基础和研发基础相对较好，技术产出和科技转化较弱；吉林省的人才基础较好，科技转化相对薄弱；黑龙江省的人才基础和科技转化较好，创业成效较弱。

最后，在单项指标方面，东北地区的"高校 R&D 人员平均强度"优于全国平均水平，但相对优势也呈现减弱趋势；"研发（R&D）投入强度""科技创新支出强度""研发（R&D）人员占比""科技人员专利申请强度""科技人员专利批准强度""千人私营企业数"和"百万人非主板上市企业数"等的发展相对较为落后，且与全国平均水平的差距呈进一步扩大的趋势。

（六）社会民生评价报告

1. 社会民生指数总体分析

对社会民生的测度涵括了居民收入、居民消费、社会保障、社会公平、生态环境 5 个方面，共 12 项关键指标。汇集中国 31 个省市区 2014~2018 年社会民生的指标信息，得到连续 5 年的指数得分。在此基础上，形成多年的连续排名和单年排名。其中，多年连续排名用于反映各省市区社会民生的绝对发展水平随时间动态变化的情况（31 个省市区 5 年共 155 个排位，最高排名为 1，最低排名为 155），单年排名用于反映各省市区在全国范围内在某个单年的相对发展水平（31 个省市区每年 31 个排位，最高排名为 1，最低排名为 31）。具体而言，31 个省市区社会民生的总体情况如表 2 - 179 所示。

表 2 - 179 2014 ~ 2018 年 31 个省市区社会民生指数得分、连续及单年排名

省市区	2014 年			2015 年			2016 年			2017 年			2018 年		
	值	总	年	值	总	年	值	总	年	值	总	年	值	总	年
北京	75.2	9	1	77.0	5	1	82.2	3	1	87.8	2	1	91.0	1	1
上海	68.2	27	3	67.9	28	5	72.5	17	4	76.4	7	2	77.5	4	2
广东	70.8	19	2	73.5	14	2	75.0	10	2	76.1	8	3	76.7	6	3
福建	66.9	30	4	70.7	20	3	72.8	15	3	74.6	12	4	74.8	11	4
浙江	66.8	31	5	69.8	21	4	71.6	18	5	72.6	16	5	74.1	13	5
江苏	62.8	43	6	64.5	36	6	68.4	26	6	69.3	22	6	69.1	23	6
山东	61.3	51	7	63.6	41	7	64.2	37	7	67.2	29	8	68.7	24	7
天津	58.9	65	8	61.6	49	10	64.2	38	8	68.6	25	7	66.6	32	8
重庆	55.9	81	11	62.6	44	8	60.3	56	10	63.4	42	10	66.4	33	9
内蒙古	58.5	69	9	62.4	45	9	62.1	47	9	64.7	35	9	64.8	34	10
宁夏	53.7	96	12	59.5	63	12	57.0	73	12	62.3	46	11	64.0	39	11
辽宁	56.8	75	10	58.3	70	13	59.9	60	11	61.4	50	12	63.8	40	12
安徽	43.9	145	24	52.6	108	18	53.2	100	15	55.3	86	20	61.8	48	13
陕西	52.6	107	14	60.1	59	11	54.5	90	14	58.7	66	14	61.2	52	14
河北	43.6	146	25	50.8	123	24	51.6	112	20	55.8	84	19	61.1	53	15
江西	46.5	137	18	54.4	93	16	53.0	102	16	56.8	76	15	60.6	55	16
湖北	45.7	140	20	51.0	119	22	51.4	116	21	56.4	78	17	60.2	57	17
吉林	49.1	131	15	52.2	109	19	55.0	87	17	55.0	88	21	60.2	58	18
海南	53.2	99	13	58.1	71	14	52.0	110	19	61.1	54	13	59.7	61	19
四川	46.1	139	19	52.9	105	17	51.3	117	22	55.9	80	18	59.6	62	20
湖南	42.4	149	26	49.8	127	27	51.2	118	23	54.4	94	24	59.3	64	21
广西	44.9	143	23	51.5	115	21	52.9	104	18	54.8	89	22	58.5	67	22
云南	45.2	142	22	49.3	129	28	49.6	128	26	56.6	77	16	58.5	68	23
新疆	40.9	151	28	50.2	125	25	49.2	130	27	52.7	106	28	58.0	72	24
贵州	41.4	150	27	47.9	134	28	47.2	136	28	53.4	98	26	56.8	74	25
甘肃	45.4	141	21	50.9	122	23	50.3	124	25	54.5	92	23	55.8	82	26
黑龙江	47.5	135	17	51.5	114	20	53.0	103	17	53.6	97	25	55.8	83	27

省市区	2014 年			2015 年			2016 年			2017 年			2018 年		
	值	总	年	值	总	年	值	总	年	值	总	年	值	总	年
青海	40.6	152	29	49.8	126	26	46.5	138	29	53.0	101	27	55.5	85	28
河南	38.2	155	31	44.2	144	30	43.5	147	30	51.0	120	30	54.5	91	29
西藏	38.2	154	30	43.4	148	31	39.0	153	31	48.3	132	31	54.2	95	30
山西	48.2	133	16	56.0	79	15	50.9	121	24	51.5	113	29	52.0	111	31
平均	51.9	104.7	16	57.0	83.4	16	57.0	85.0	16	60.7	65.3	16	63.3	51.5	16

注：①对于表中的字段名称，"值"表示各省市区对应年份的指数得分，"总"表示各省市区 2014~2018 年连续总排名，"年"表示各省市区 5 个单年的排名；②表中 31 个省市区按照 2018 年的指数得分由高到低（降序）排列。

辽宁省的社会民生发展指数处于全国中等偏上位置，吉林省和黑龙江省处于中等偏下位置，均落后于东南三省。2014~2018 年，6 省社会民生指数由高到低依次为：广东、浙江、江苏、辽宁、吉林、黑龙江；东南三省普遍呈上升趋势，明显优于东北三省。东南三省社会民生指数整体水平较低的江苏省持续优于东北三省整体最优的辽宁省。社会民生指数增幅最大的是吉林省（5.67%），最小的是广东省（2.09%），辽宁省和黑龙江省的增幅分别为 3.08% 和 4.36%。就 2018 年而言，辽宁省的社会民生较好，在 31 个省域中的单年排名为 12，吉林省和黑龙江省相对较差，单年排名分别为 18 和 27，具体如表 2-179 和表 2-180 所示。

表 2-180　2014~2018 年 6 省社会民生指数的值及单年排名

年份	辽宁	吉林	黑龙江	江苏	浙江	广东	全国平均
	值/序	值/序	值/序	值/序	值/序	值/序	值
2014	56.82/10	49.06/15	47.53/17	62.85/6	66.76/5	70.79/2	51.92
2015	58.33/13	52.18/19	51.54/20	64.50/6	69.82/4	73.52/2	57.03
2016	59.87/11	55.01/13	52.97/17	68.40/6	71.57/5	74.98/2	56.95
2017	61.44/12	54.96/21	53.57/25	69.26/6	72.61/5	76.13/3	60.74
2018	63.82/12	60.18/18	55.81/27	69.12/6	74.07/5	76.71/3	63.26
平均	60.06/11.6	54.28/17.2	52.28/21.2	66.83/6	70.96/4.8	74.43/2.4	57.98

2014~2018 年，全国社会民生的平均水平与东北地区总体均呈波动上升趋势，东北地区持续低于全国平均水平，差距相对较大；东北三省均呈明显的上升态势；就东北三省而言，辽宁省持续高于东北地区平均水平，发展相对较好，吉林省和黑龙江省较弱，持续低于东北地区的平均水平，但在 2018 年，吉林省有赶超趋势，具体如图 2-131 所示。

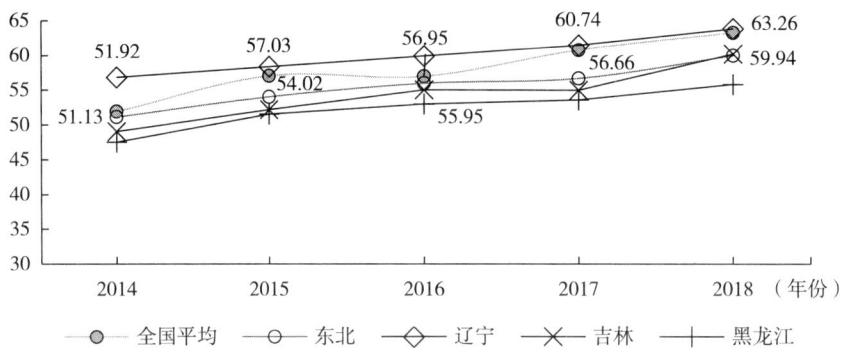

图 2 – 131　2014～2018 年社会民生指数基本走势

注：①全国平均指 31 个省市区的平均水平；②全国范围内（可采集到的数据），社会民生指数最大值为 2018 年北京的 90.998，最小值为 2014 年河南的 38.17。

2014～2018 年，东北三省社会民生指数在全国 31 个省市区连续 5 年数据集（共 155 个指标值）中相对位置分布情况如图 2 – 132 所示。可见，东北三省 5 年（共 15 个数据）社会民生指数的百分比排位处于 50% 以下的有 9 个，其中有 2 个处于 25% 以下；此外，排位的最大值是 2018 年的辽宁省（74.6%），最小值是 2014 年的黑龙江省（12.9%）。

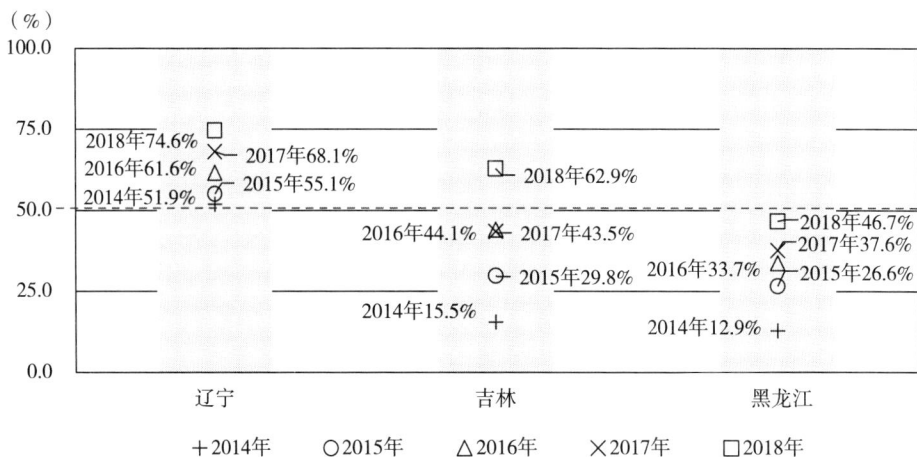

图 2 – 132　2014～2018 年社会民生指数百分比排位图

2. 全国视角下东北地区社会民生进展分析

2014～2018 年，四大区域社会民生指数由高到低依次为：东部、东北、西部、中部；东北和东部普遍呈上升趋势，西部和中部呈波动上升趋势，其中增幅最大的是中部（7.89%），最小的是东部（3.65%）；东北地区的社会民生与东部地区的差距较大，具体如表 2 – 181 所示。

表2-181 2014~2018年四大经济区社会民生指数的平均值及排名

年份	东北		东部		西部		中部	
	平均值	年排名	平均值	年排名	平均值	年排名	平均值	年排名
2014	51.13	14	62.77	7.4	46.95	20.4	44.16	22.5
2015	54.02	17.3	65.76	7.6	53.37	20	51.34	21.3
2016	55.95	13.7	67.45	7.5	51.66	20.9	50.54	21.5
2017	56.66	19.3	70.94	6.8	56.53	19.6	54.24	22.5
2018	59.94	19	71.93	7	59.44	20.2	58.09	21.2
平均	55.54	16.7	67.77	7.3	53.59	20.2	51.67	21.8

注：为确保区分度，对于具有平均意义的排名（序），本书保留一位小数，以下各表同。

2014~2018年，七大区域社会民生指数由高到低依次为：华东、华北、华南、东北、西北、西南、华中；七大区域普遍呈上升趋势，其中，增幅最大的是华中地区（8.95%），最小的是华东地区（3.80%）；就七个区域而言，东北地区排名居中，与华东地区相比，差距较大，具体如表2-182所示。

表2-182 2014~2018年七大地理区社会民生指数的平均值及排名

年份	东北	华北	华东	华南	华中	西北	西南
	值/序	值/序	值/序	值/序	值/序	值/序	值/序
2014	51.13/14.0	56.90/11.8	61.64/8.2	56.30/12.7	43.21/23.8	46.65/20.8	45.34/21.8
2015	54.02/17.3	61.56/11.8	64.85/7.2	61.05/12.3	49.85/23.8	54.11/19.4	51.21/22.6
2016	55.95/13.7	62.23/12.4	67.10/6.7	59.96/13.0	49.78/22.5	51.49/21.4	49.49/23.4
2017	56.66/19.3	65.67/13.0	69.23/7.5	63.99/12.7	54.64/21.5	56.23/20.6	55.54/20.2
2018	59.94/19.0	67.09/13.0	71.00/6.2	64.98/14.7	58.68/20.8	58.90/20.6	59.10/21.4
平均	55.54/16.7	62.69/12.4	66.77/7.1	61.26/13.1	51.23/22.5	53.48/20.6	52.14/21.9

为便于直观分析，将指数信息按空间分类、时间排列、优劣序化等方式整理后，形成多年连续排名及单年排名的可视化集成图（见图2-133~图2-135），结合表2-179的信息，以全国四大经济区为划分标准，对东北三省的产业发展方面的进程评价如下：

（1）东北地区社会民生指数得分有所提升，提升幅度较小

从四大区域平均得分曲线的变化情况可以看出，中国在社会民生上的成效显著，四个区域均呈上升趋势，其中中部地区的提升幅度最大，年均提升为4.2分，西部、东部和东北地区的提升幅度分别为3.5分、2.5分和2分。具体而言，东北地区以2014年为基点（46.7分），拥有高于西部的起步条件且持续高于西部，先保持较高的增长幅度后又逐步放缓，但与东部和中部地区相比差距依然较大。

（2）东北地区社会民生绝对水平有所提升，但提升速度较慢

从四大区域连续排名曲线的变化情况可以看出，四个区域整体均呈现上升趋势，其中

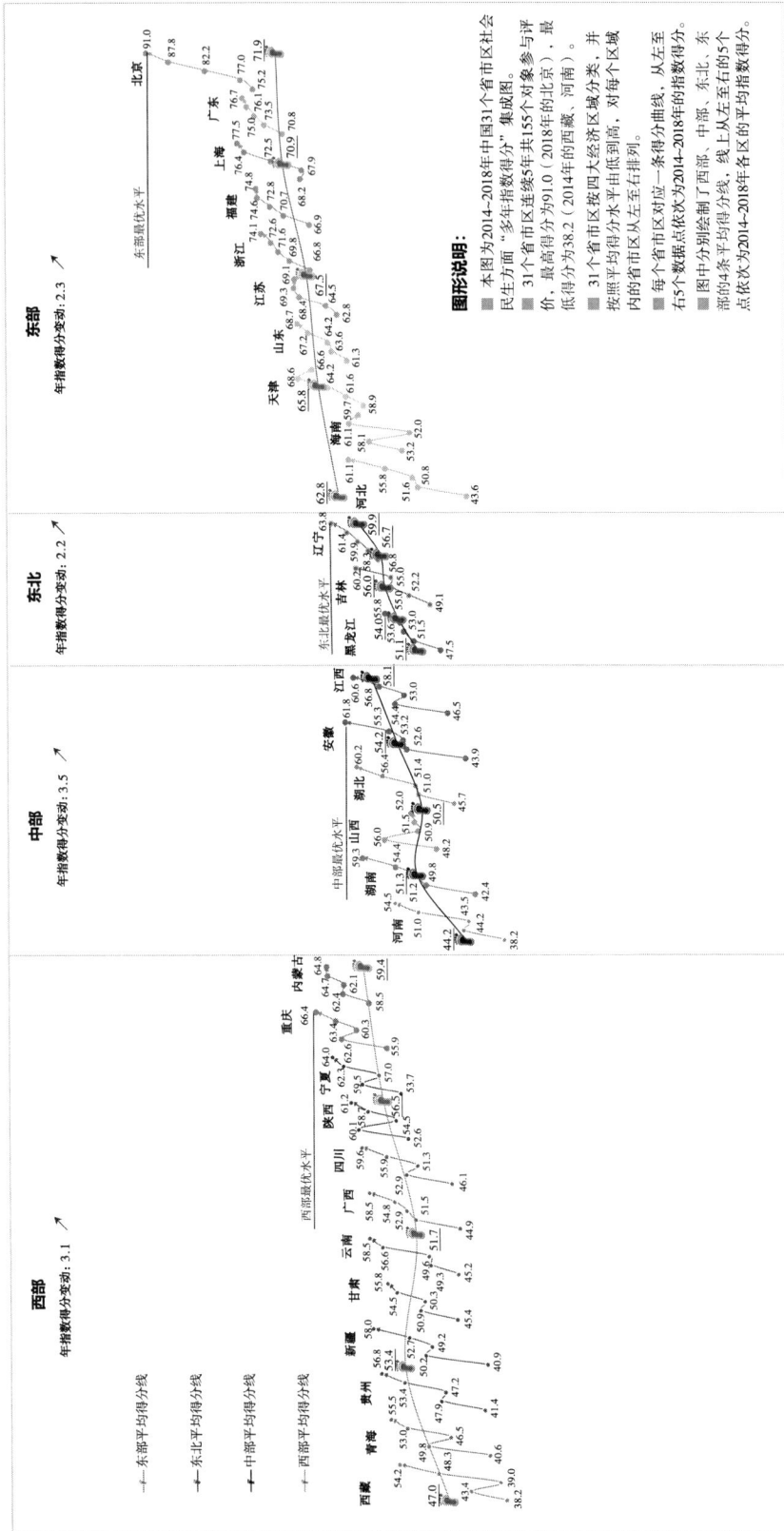

图 2－133 2014～2018 年 31 个省市区社会民生指数得分变动情况

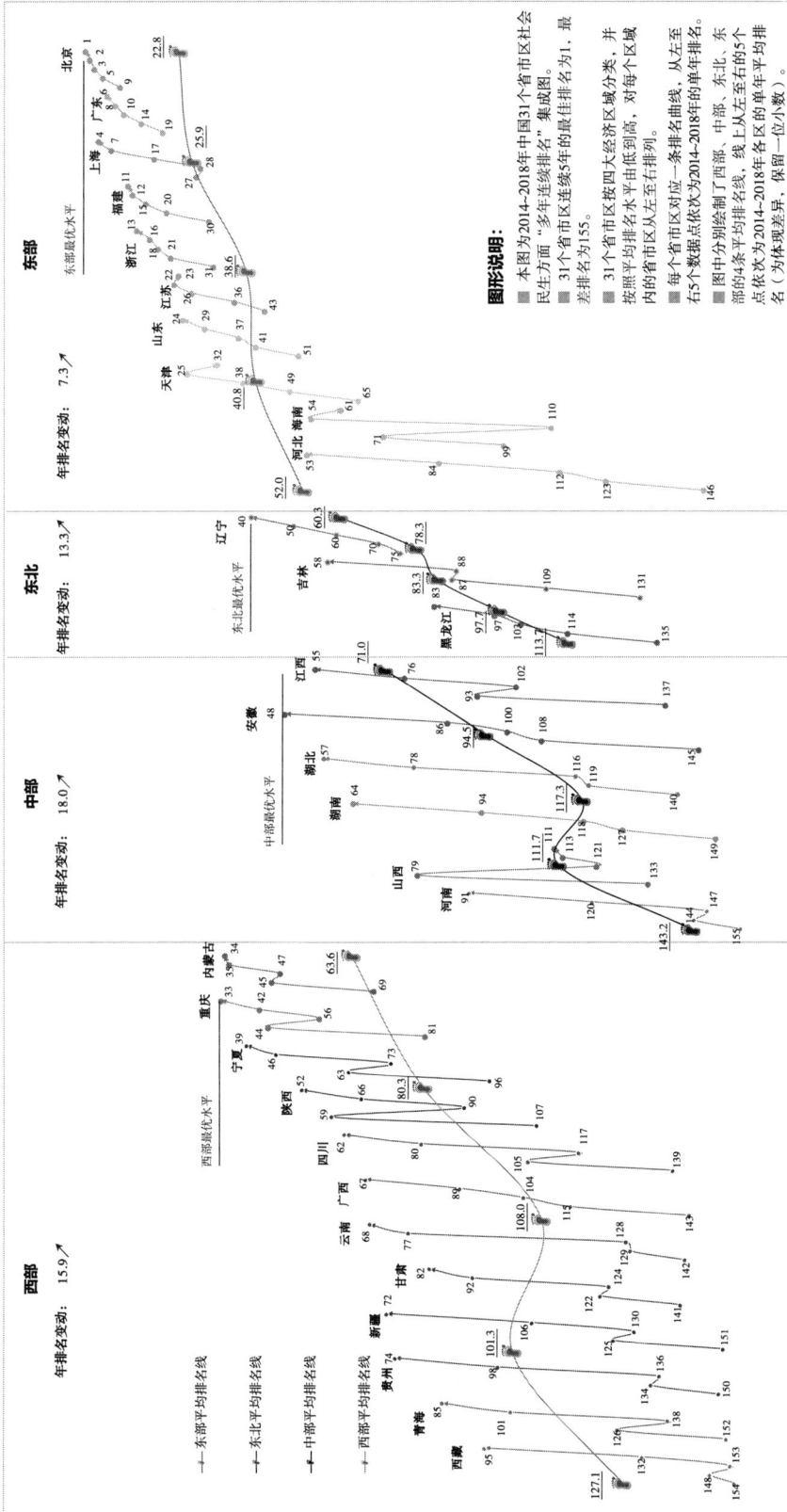

图 2－134　2014～2018 年 31 个省市区社会民生多年连续排名变动情况

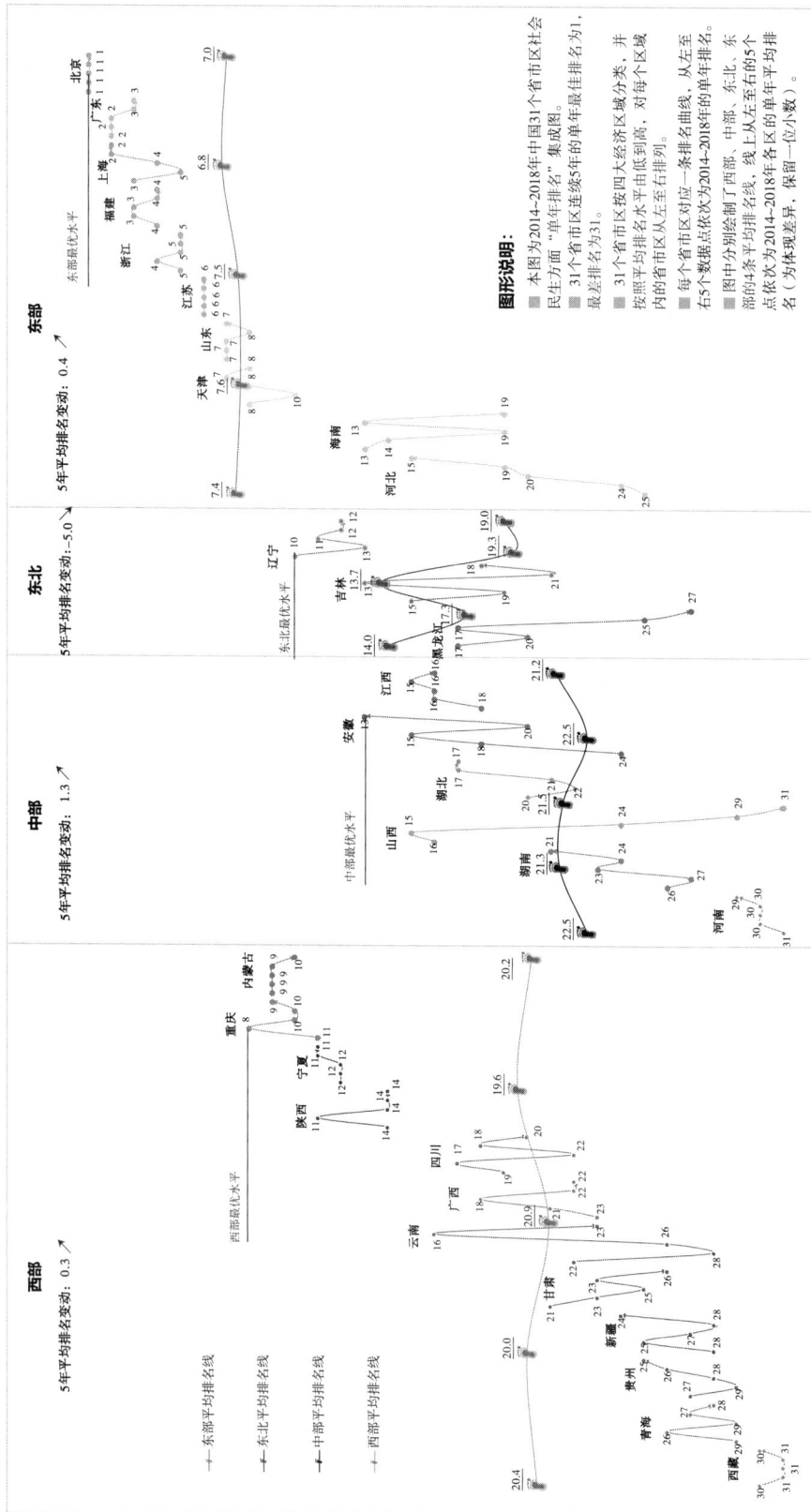

图 2 − 135　2014〜2018 年 31 个省市区社会民生单年排名变动情况

上升最快的为中部地区，连续排名年均提高 10.1 名，而东部、东北和西部分别提升 5.7 名、6.4 名和 8.4 名，可以看出东部和东北地区的提升速度相对较慢。东北三省中，辽宁发展水平较高，从 2014 年的第 76 名上升为 2018 年的第 51 名，吉林发展水平低于辽宁，但增长幅度最大，从 2014 年的第 125 名上升为 2018 年的第 87 名，黑龙江发展水平相对较弱，但依然有一定的增长幅度，从 2014 年的第 124 名上升为 2018 年的第 110 名。东北地区的连续排名情况上升幅度较大，但与发展最好的东部地区相比仍有较大差距。

（3）东北地区社会民生相对水平降低，且下降速度较快

从四大区域单年排名曲线的变化情况可以看出，在相对位次的排名竞争中，东部和西部地区整体变化平稳，基本保持不变，2018 年较 2014 年上升幅度为 0.3 名，东北地区整体呈下降趋势，2018 年较 2014 年下降幅度为 3.7 名，中部地区呈波动上升趋势，2018 年较 2014 年上升幅度为 0.8 名。对东北三省而言，吉林省后退 2 名（由 19 名上升到第 21 名），辽宁省后退 1 名（由 12 名下降到第 13 名），黑龙江省后退 8 名（由 18 名下降到第 26 名），东北三省相对水平的变化均不稳定，缺乏稳健性。

3. 社会民生分项指数分析

2014～2018 年，东北三省 5 个分项指标中有 4 项（居民收入、居民消费、社会保障和生态环境）低于东南三省平均水平。其中"居民收入"与"居民消费"均超过全国平均水平，表现相对较好，"生态环境"与全国平均水平相同，"社会保障"与"社会公平"均低于全国平均水平，表现较差。东南三省 5 个分项指标中有 4 项（居民收入、居民消费、社会保障和生态环境）高于全国平均水平。分省来看，东南三省 5 个分项指数的发展相对均衡，其中，江苏省的"社会公平"以及"生态环境"水平较低，而广东省的生态环境为全国最优水平。就东北三省而言，辽宁省的"居民收入"和"居民消费"水平相对较强，吉林省的"社会公平"水平相对较强，黑龙江省的"生态环境"水平相对较强，三省的社会保障都极为薄弱。总体来看，东北三省在居民收入和社会保障上与东南三省差距最大，具体如表 2－183 和图 2－136 所示。

表 2－183　2014～2018 年 6 省区社会民生方面分项指数平均得分

	居民收入	居民消费	社会保障	社会公平	生态环境
辽宁	78.84	80.81	48.23	36.86	55.55
吉林	53.47	66.3	40.92	51.65	59.05
黑龙江	52.3	68.14	40.89	33.14	66.95
江苏	82.16	87.86	74.34	30.86	58.9
浙江	87.55	88.29	74.61	35.5	68.88
广东	80.87	83.29	79.33	37.69	90.96
东北三省平均	61.54	71.75	43.35	40.55	60.52
东南三省平均	83.53	86.48	76.09	34.69	72.91

续表

	居民收入	居民消费	社会保障	社会公平	生态环境
各省平均	60.28	65.14	57.29	46.67	60.52
各省最高	111.25	103.99	85.62	76.66	90.96
各省最低	24.38	30.9	35.05	28.09	23.08

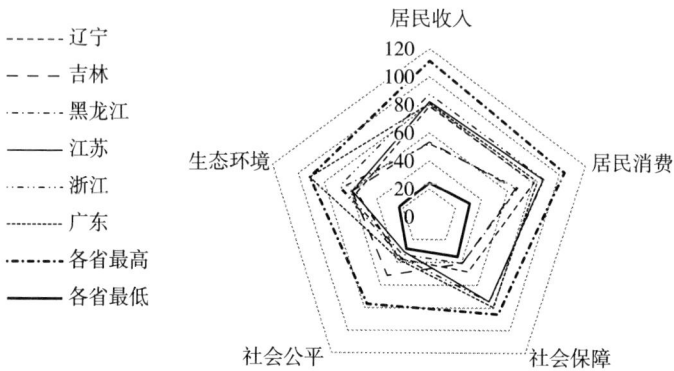

（图A）

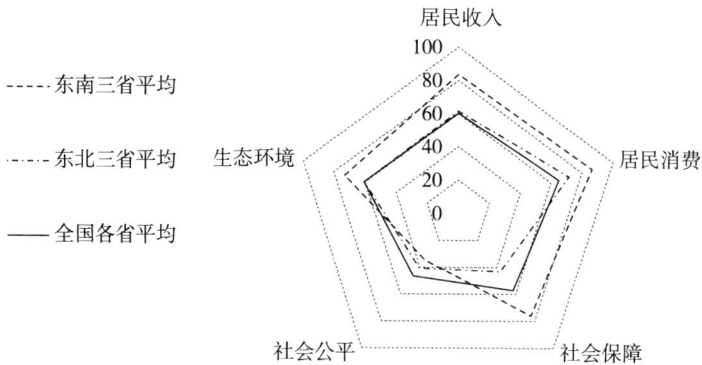

（图B）

图 2 - 136 2014～2018 年 6 省份社会民生方面分项指数平均得分雷达图

2014～2018 年，全国在反映社会民生的 5 个方面上整体进展良好，除"社会公平"外均持续平稳前进，尤其是在"社会保障"和"生态环境"两个方面，发展势头良好；就东南三省而言，除江苏省和浙江省的"社会保障"外，5 个分项指数得分均呈波动上升趋势，发展前景良好；东南三省的"居民收入""居民消费"与"社会保障"3 个分项指数均处于全国前列，广东省生态环境处于全国领先位置；就东北三省而言，吉林省的"社会公平"的排名处于中等偏上的位置，辽宁省的"居民收入"和"居民消费"的排名相对靠前，黑龙江省的"居民消费"和"生态环境"排名处于中等偏上的位置，其余排名均相对靠后，且吉林省和黑龙江省"社会保障"全国垫底（从年排名得出）；东北三省的"社会公平"和辽宁省的"社会保障"整体呈下降趋势,其余整体均呈上升趋势,具体如表 2 - 184 所示。

表 2 - 184　2014~2018 年 6 省区社会民生方面分项指数

分项指数	年份	辽宁	吉林	黑龙江	江苏	浙江	广东	全国平均
		值/序	值/序	值/序	值/序	值/序	值/序	值
居民收入	2014	77.83/7	48.01/20	46.13/21	79.98/4	84.54/3	79.49/6	57.11
	2015	79.74/7▲	58.58/21▲	56.92/22▲	82.17/4▲	87.15/3▲	80.98/6▲	65.46▲
	2016	74.71/8▽	46.44/19▽	46.14/20▽	80.77/5▽	86.02/3▽	79.36/6▽	51.97▽
	2017	79.77/7▲	54.12/21▲	52.9/22▲	82.69/5▲	88.31/3▲	81.08/6▲	60.10▲
	2018	82.14/7▲	60.21/21▲	59.41/22▲	85.2/5▲	91.7/3▲	83.47/6▲	66.78▲
居民消费	2014	78.81/7	60.61/13	59.2/14	82.93/5	83.66/4	79.68/6	54.6
	2015	80.55/7▲	65.11/13▲	65.07/14▲	86.00/5▲	86.16/4▲	81.78/6▲	61.22▲
	2016	81.24/8▲	63.96/16▽	70.47/13▲	89.69/5▲	88.89/5▲	84.03/6▲	66.91▲
	2017	82.29/9▲	68.42/18▲	74.74/13▲	93.34/3▲	92.17/4▲	86.4/6▲	72.23▲
	2018	81.16/8▽	73.4/14▲	71.22/16▽	87.33/4▽	90.58/3▽	84.57/6▽	70.72▽
社会保障	2014	50.01/17	41.24/24	40.49/26	75.78/3	78.47/2	72.5/4	51.49
	2015	48.5/18▽	40.96/26▽	40.02/27▽	76.21/4▲	77.8/2▽	77.74/3▲	54.8▲
	2016	47.05/24▽	40.28/30▽	40.4/29▲	74.29/4▽	73.23/5▽	80.77/2▲	57.21▲
	2017	47.17/27▲	40.7/30▲	41.19/29▲	72.76/7▽	71.95/9▽	83.05/2▲	60.83▲
	2018	48.43/26▲	41.4/31▲	42.36/30▲	72.67/9▽	71.58/11▽	82.57/2▽	62.13▲
社会公平	2014	41.18/22	56.97/7	38.52/25	30.87/30	34.41/29	37.68/27	47.85
	2015	40.27/22▽	52.91/10▽	36.99/25▽	25.4/30▽	33.8/29▽	36.21/27▽	46.35▽
	2016	35.22/27▽	49.58/10▽	35.06/29▽	31.69/30▲	36.17/26▲	36.46/25▲	46.45▲
	2017	32.01/28▽	53.88/8▲	28.57/30▽	31.83/29▲	35.98/24▽	38.02/21▲	45.53▽
	2018	35.59/27▲	44.91/15▽	26.54/31▽	34.51/28▲	37.15/23▲	40.08/21▲	47.19▲
生态环境	2014	36.27/23	38.44/19	53.29/12	44.68/15	52.73/14	84.59/2	48.54
	2015	42.6/24▲	43.32/23▲	58.69/15▲	52.73/20▲	64.18/13▲	90.9/1▲	57.35▲
	2016	61.14/19▲	74.81/9▲	72.81/12▲	65.57/16▲	73.53/10▲	94.3/1▲	62.23▲
	2017	65.95/16▲	57.71/22▽	70.45/13▽	65.66/17▲	74.62/11▲	92.11/1▽	65.04▲
	2018	71.8/16▲	80.95/9▲	79.52/10▲	65.88/21▲	79.32/11▲	92.88/1▲	69.46▲

注:表中符号"▲"表示本年的数据相对于前一年是增长的,符号"▽"表示本年的数据相对于前一年是减少的。

进一步统计升降符(▲或▽)的数量,对不同地区的发展态势及稳定性进行分析和对比可知,2014~2018 年,全国 5 项指数▲的数量大于▽的数量,5 个分项指数中"居民收入""居民消费""社会保障"和"生态环境"的全国平均水平▲的数量均超过(或等于)3 个,发展势头良好;东北地区"居民收入"和"居民消费"指数▲的总量与东南三省相同，"社会保障"指数▲的总量比东南三省多3个，东北地区其余4个分项指数▲的总量均少于（或等于）东南三省，以"社会公平"的差距最大（东南三省共为8个，东北三省共为2个），发展稳定性不及东南三省；2018年，除"社会保障"外，东北三省其余4项指数▲的数量均少于东南三省（"居民收入"和"居民消费"数量相同），2018年的整体发展态势不如东南三省；东北三省▲的总数量为37个，占东北三省升降符总数的61.7%，东南三省▲的总数量为41个，占68.3%，东北三省与东南三省有一定差距。

2014~2018年，辽宁省▲的数量为13个，占辽宁省升降符总数的65.0%，吉林省▲的数量为12个，占60.0%，黑龙江省▲的数量为12个，占60.0%，江苏省▲的数量为14个，占70.0%，浙江省▲的数量为12个，占60.0%，广东省▲的数量为15个，占75%，东北三省最优的辽宁省依然落后于东南三省；就东北三省而言，辽宁省的发展稳定性相对较好，吉林省和黑龙江省相对较弱。2014~2018年，"居民收入"和"居民消费"发展态势较好的是辽宁省，"社会保障"的发展态势均不理想，"社会公平"发展态势较好的是吉林省，"生态环境"发展态势较好的是吉林省和黑龙江省。

（1）居民收入

1）城乡居民收入水平（单位：元/人）。城乡居民收入水平反映一个地区的消费者购买力水平，是衡量地区城乡居民收入水平和生活水平的重要指标。2014~2018年，全国与东北地区城乡居民收入水平的平均水平总体上均呈波动上升态势，东北地区的城乡居民收入水平始终低于全国平均水平，差距基本保持稳定；就东北三省而言，辽宁省发展较好，显著优于全国平均水平，吉林省和黑龙江省水平相近，低于东北平均水平。总体而言，东北地区的城乡居民收入水平低于全国平均水平，存在较大的差距，具体如图2-137所示。

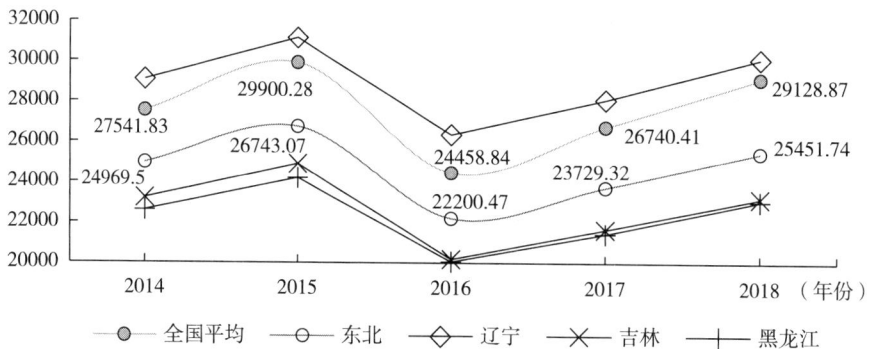

图2-137 2014~2018年城乡居民收入水平基本走势

注：①全国平均指31个省市区的平均水平；②全国范围内（可采集到的数据），城乡居民收入水平最大值为2018年上海的63559.3，最小值为2016年西藏的14632.9。

2014~2018年，东北三省城乡居民收入水平在全国31个省市区连续5年数据集（共155个指标值）中相对位置分布情况如图2-138所示。可见，东北三省5年（共15个数据）城乡居民收入水平的百分比排位处于 50% 以下的有 9 个，其中有 4 个处于 25% 以下；此外，排位的最大值是 2015 年的辽宁省（79.2%），最小值是 2016 年的黑龙江省（12.3%）。

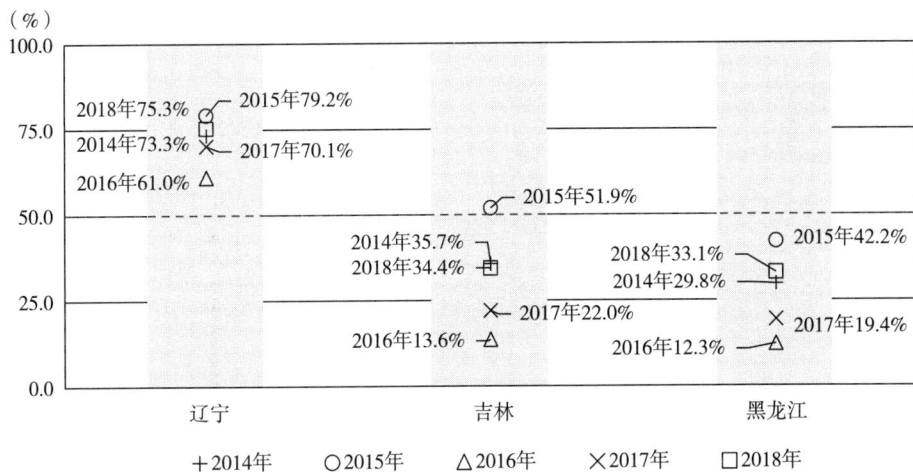

图 2-138　2014～2018 年东北三省城乡居民收入水平百分比排位图

2014～2018 年，6 省城乡居民收入水平由高到低依次为：浙江、江苏、广东、辽宁、吉林、黑龙江；东南三省总体呈上升趋势，且增长幅度明显高于东北三省；东南三省的城乡居民收入水平普遍高于东北地区；就东北三省而言，东南三省水平较低的广东省优于东北地区最高的辽宁省；城乡居民收入水平增幅最大的是浙江省（3.95%），降幅最大的是吉林省（-0.02%），辽宁省的增幅为 0.88%，黑龙江省的增幅为 0.49%，具体如表 2-185 所示。

表 2-185　2014～2018 年 6 省城乡居民收入水平的原始值及单年排名

年份	辽宁	吉林	黑龙江	江苏	浙江	广东	全国平均
	值/序	值/序	值/序	值/序	值/序	值/序	值
2014	29082/9	23218/25	22609/27	34346/4	40393/3	32148/5	27542
2015	31126/9	24901/27	24203/30	37174/4	43715/3	34757/5	29900
2016	26350/8	20189/18	20063/19	32874/5	39193/3	30547/6	24459
2017	28088/9	21656/19	21445/22	35980/5	42844/3	33380/6	26740
2018	30103/9	23199/21	23053/23	39190/5	46783/3	36380/6	29129
平均	28950/8.8	22632/22	22275/24.2	35913/4.6	42586/3	33442/5.6	27554

2014～2018 年，四个区域城乡居民收入水平由高到低依次为：东部、东北、中部、西部；东部、东北和中部总体上均呈波动上升趋势，西部总体呈下降趋势；东部增幅最大

（4.22%）西部降幅为 1.06%；东北地区的城乡居民收入水平与东部地区相比差距较大，东部地区的城乡居民年均收入水平约为东北地区的 1.5 倍，具体如表 2 - 186 所示。

表 2 - 186　2014～2018 年四大经济区城乡居民收入水平的平均值及排名

年份	东北		东部		西部		中部	
	平均值	年排名	平均值	年排名	平均值	年排名	平均值	年排名
2014	24970	20.3	34434	7.3	23853	21.8	24719	16.8
2015	26743	22.0	37290	7.7	26088	21.1	26788	16.7
2016	22200	15.0	33923	6.8	18927	23.5	20878	16.8
2017	23729	16.7	37006	6.7	20865	23.0	22887	17.2
2018	25452	17.7	40241	6.7	22843	22.8	25019	17.0
平均	24619	18.3	36579	7.0	22515	22.4	24058	16.9

2014～2018 年，七个区域城乡居民收入水平由高到低依次为：华东、华北、华南、东北、华中、西南、西北；七个区域普遍呈上升趋势，其中华东地区增幅最大（3.68%）；就七个区域而言，东北地区排名居中，与城乡收入水平最高的华东地区相比，差距仍较明显，且差距进一步扩大，具体如表 2 - 187 所示。

表 2 - 187　2014～2018 年七大地理区城乡居民收入水平的平均值及排名

年份	东北	华北	华东	华南	华中	西北	西南
	值/序	值/序	值/序	值/序	值/序	值/序	值/序
2014	24970/20.3	31320/12.2	34727/6.2	27101/12.0	24851/16.3	22995/25.4	23649/21.8
2015	26743/22.0	33907/12.6	37601/6.2	29177/13.7	26991/15.8	25238/24.4	25971/20.8
2016	22200/15.0	30372/10.8	33468/6.8	23608/15.3	21173/16.0	18430/25.0	18258/24.2
2017	23729/16.7	33034/11.2	36546/6.7	25811/15.3	23290/16.0	20285/24.2	20260/23.8
2018	25452/17.7	35782/11.4	39837/6.7	28097/15.3	25487/15.5	22198/24.0	22296/23.6
平均	24619/18.3	32883/11.6	36436/6.5	26759/14.3	24358/15.9	21829/24.6	22087/22.8

2）居民人均存款额（单位：元/人）。居民人均存款额指每位居民存入银行及农村信用社的储蓄金额，是衡量地区居民收入的重要指标，计算公式：居民人均存款额 = 地区居民人民币储蓄存款余额/常住人口数。2014～2018 年，全国居民人均存款额的平均水平呈持续上升趋势，东北地区亦呈上升趋势，东北地区与全国平均水平大致持平，2018 年东北地区平均水平高于全国平均水平；东北三省均呈上升趋势，其中辽宁省高于全国平均水平，吉林省和黑龙江省表现相近均低于全国平均水平，2017～2018 年吉林水平优于黑龙江。总体而言，东北地区的居民人均存款额与全国平均水平基本持平，如图 2 - 139 所示。

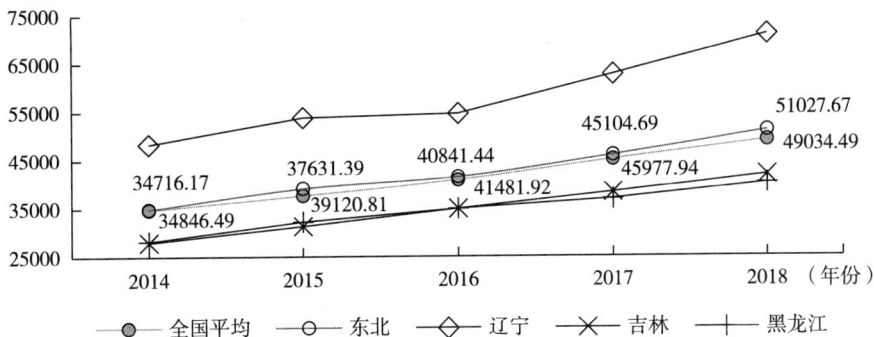

图 2-139　2014～2018 年居民人均存款额基本走势

注：①全国平均指 31 个省市区的平均水平；②全国范围内（可采集到的数据），居民人均存款额最大值为 2018 年北京的 157934，最小值为 2014 年新疆的 9622.68。

2014～2018 年，东北三省居民人均存款额在全国 31 个省市区连续 5 年数据集（共 155 个指标值）中相对位置分布情况如图 2-140 所示。可见，东北三省 5 年（共 15 个数据）居民人均存款额的百分比排位处于 50% 以下的有 6 个；排位的最大值是 2018 年的辽宁省（92.2%），最小值是 2014 年的吉林省（26.6%）。

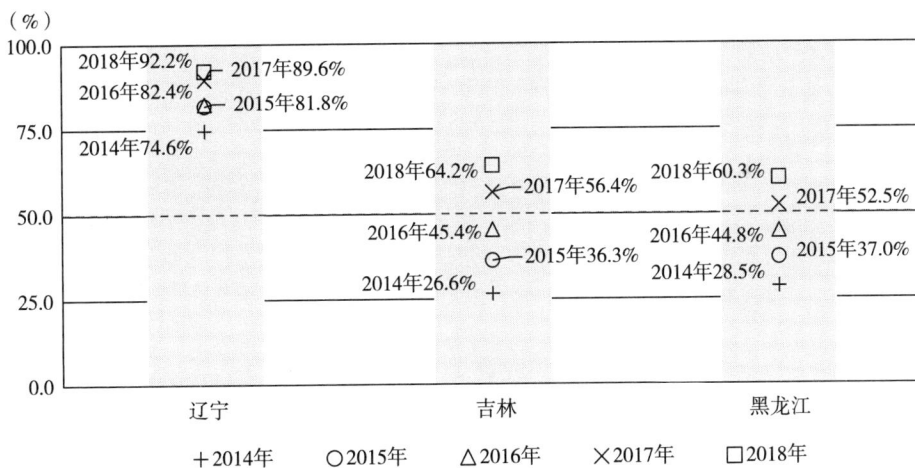

图 2-140　2014～2018 年东北三省居民人均存款额百分比排位图

2014～2018 年，6 省居民人均存款额由高到低依次为：浙江、辽宁、江苏、广东、吉林、黑龙江；6 省均呈上升趋势，吉林省增幅最大；东北三省除辽宁省外，吉林省、黑龙江省人均存款额水平明显低于东南三省；东北三省中增幅最大的是吉林省（12.43%），辽宁省和黑龙江省的增幅分别为 11.71% 和 10.62%，具体如表 2-188 所示。

表2-188　2014~2018年6省居民人均存款额的原始值及单年排名

年份	辽宁	吉林	黑龙江	江苏	浙江	广东	全国平均
	值/序	值/序	值/序	值/序	值/序	值/序	值
2014	48359/6	27977/18	28204/17	45956/7	55676/3	49399/5	34716
2015	53845/5	31290/18	32228/17	50856/6	61645/3	50727/7	37631
2016	54620/6	34920/17	34906/18	54882/5	67906/3	53195/7	40841
2017	62716/4	38309/18	36908/19	57402/6	71060/3	55303/7	45105
2018	71014/4	41882/17	40187/19	63059/6	79854/3	60839/7	49034
平均	58111/5	34875/17.6	34487/18	54431/6	67228/3	53893/6.6	41466

2014~2018年，四个区域居民人均存款额由高到低依次为：东部、东北、中部、西部；四个区域均呈明显上升趋势，中部上升幅度最大（12.38%）；东北地区增幅为11.61%，但东北地区居民人均存款额与最优的东部地区差距较大，具体如表2-189所示。

表2-189　2014~2018年四大经济区居民人均存款额的平均值及排名

年份	东北		东部		西部		中部	
	平均值	年排名	平均值	年排名	平均值	年排名	平均值	年排名
2014	34846	13.7	52375	8.6	23876	21.0	26900	19.5
2015	39121	13.3	55864	8.6	25797	21.1	30167	19.5
2016	41482	13.7	60136	8.6	28342	21.1	33362	19.3
2017	45978	13.7	66044	7.1	31668	22.2	36643	19.7
2018	51028	13.3	71682	8.6	34070	21.5	40220	18.7
平均	42491	13.5	61220	8.3	28751	21.4	33458	19.3

2014~2018年，七个区域居民人均存款额由高到低依次为：华北、华东、东北、华南、华中、西北、西南；七个区域普遍呈上升趋势，其中华中地区的增幅最大（13.14%）；就七个区域而言，东北地区处于中上水平，与表现最优的华北地区相比，差距较大，具体如表2-190所示。

表2-190　2014~2018年七大地理区居民人均存款额的平均值及排名

年份	东北	华北	华东	华南	华中	西北	西南
	值/序	值/序	值/序	值/序	值/序	值/序	值/序
2014	34846/13.7	53329/8.0	47250/9.7	29157/19.7	24638/22.0	24645/20.0	22454/22.0
2015	39121/13.3	56144/8.0	51619/9.5	31466/20.0	27823/22.0	27522/20.0	23095/22.2
2016	41482/13.7	62501/8.0	54940/9.7	32201/20.3	31176/21.3	29777/20.0	25862/22.2

年份	东北	华北	华东	华南	华中	西北	西南
	值/序	值/序	值/序	值/序	值/序	值/序	值/序
2017	45978/13.7	66250/8.4	57759/10.3	44134/14.0	34205/21.5	32635/21.6	30023/23.0
2018	51028/13.3	75560/8.0	64143/9.7	39707/19.7	37592/20.5	35652/20.8	31317/22.6
平均	42491/13.5	62757/8.1	55142/9.8	35333/18.7	31087/21.5	30046/20.5	26550/22.4

（2）居民消费

1）城乡居民消费水平（单位：元/人）。城乡居民消费水平反映一个地区对人民物质文化生活需要的满足程度，它是衡量地区的经济发展水平和人民物质文化生活水平的重要指标。2014~2017年全国城乡居民消费的平均水平与东北地区总体均呈现平稳上升趋势，2018年平均有所回落；东北地区低于全国平均水平，差距自2017年以后进一步缩小；就东北三省而言，辽宁省优势明显，黑龙江省次之，吉林省较弱，2018年吉林、黑龙江省水平基本持平，但仍低于全国平均水平。总体而言，东北地区城乡居民消费水平相比全国平均水平仍存在差距，东北三省除辽宁省外均低于全国水平，具体如图2-141所示。

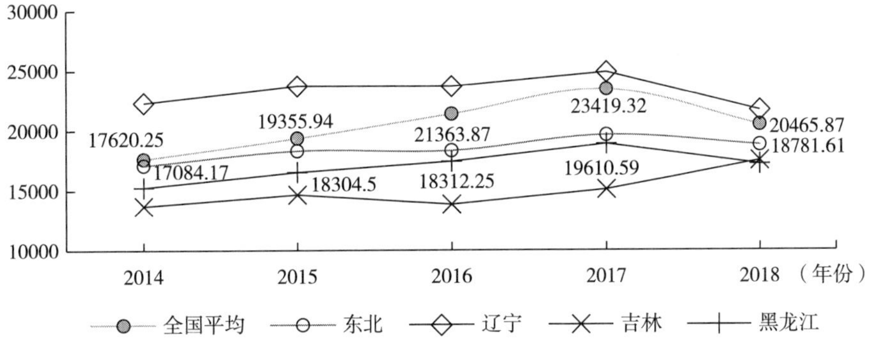

图2-141　2014~2018年城乡居民消费水平基本走势

注：①全国平均指31个省市区的平均水平；②全国范围内（可采集到的数据），城乡居民消费水平最大值为2017年上海的53590.60，最小值为2014年西藏的7208.29。

2014~2018年，东北三省城乡居民消费水平在全国31个省市区连续5年数据集（共155个指标值）中相对位置分布情况如图2-142所示。可见，东北三省5年（共15个数据）城乡居民消费水平的百分比排位处于50%以下的有7个，其中有3个位于25%以下；此外，排位的最大值是2017年的辽宁省（79.2%），最小值是2014年的吉林省（14.2%）。

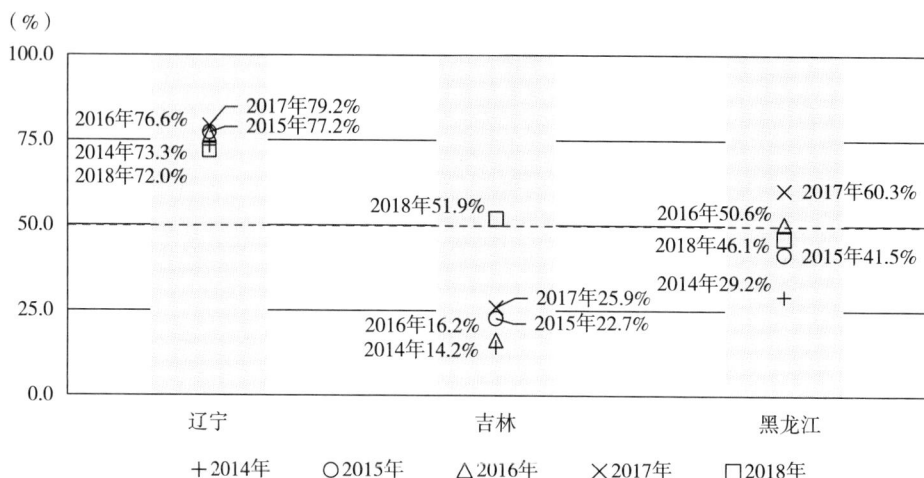

图 2-142　2014～2018 年东北三省城乡居民消费水平百分比排位图

　　2014～2018 年，6 省城乡居民消费水平由高到低依次为：江苏、浙江、广东、辽宁、黑龙江、吉林；东南三省呈先上升后下降趋势，且高于全国平均水平；东北三省水平最优的辽宁省低于东南三省较弱的广东省，黑龙江省和吉林省均低于全国平均水平；城乡居民消费水平增幅最大的是吉林省（6.91%），增幅最小的是江苏省（-2.52%），辽宁省和黑龙江省的增幅分别为 -0.72% 和 3.19%，具体如表 2-191 所示。

表 2-191　2014～2018 年 6 省城乡居民消费水平原始值及单年排名

年份	辽宁	吉林	黑龙江	江苏	浙江	广东	全国平均
	值/序	值/序	值/序	值/序	值/序	值/序	值
2014	22305/7	13696/18	15251/14	28406/4	26950/5	24602/6	17620
2015	23716/7	14658/20	16540/15	31795/4	28775/5	26432/6	19356
2016	23670/8	13851/29	17417/16	35986/4	30820/5	28542/6	21364
2017	24877/9	15083/29	18872/16	39896/3	33926/5	30832/6	23419
2018	21664/8	17483/17	17199/21	25543/6	29967/4	26379/5	20466
平均	23246/7.8	14954/22.6	17056/16.4	32325/4.2	30088/4.8	27357/5.8	20445

　　2014～2018 年，四个区域城乡居民消费水平由高到低依次为：东部、东北、中部、西部；各区域均普遍呈上升趋势，但 2018 年均有所回落，其中中部地区增幅较大（7.11%）；东北地区城乡居民消费水平与东部地区差距明显，具体如表 2-192 所示。

表 2-192　2014～2018 年四大经济区城乡居民消费水平的平均值及排名

年份	东北		东部		西部		中部	
	平均值	年排名	平均值	年排名	平均值	年排名	平均值	年排名
2014	17084	13.0	25112	9.0	13519	20.4	13606	20.3
2015	18305	14.0	27614	8.3	14787	21.1	15256	19.7

年份	东北		东部		西部		中部	
	平均值	年排名	平均值	年排名	平均值	年排名	平均值	年排名
2016	18312	17.7	31260	7.9	16223	21.0	16677	18.7
2017	19611	18.0	34167	7.7	17785	21.2	18679	18.5
2018	18782	15.3	27334	7.4	16659	21.8	17476	19.2
平均	18419	15.6	29097	8.1	15795	21.1	16338	19.3

2014～2018 年，七个区域城乡居民消费水平由高到低依次为：华东、华北、华南、东北、华中、西北、西南；各区域总体上均呈上升趋势，但在 2018 年均有所回落，其中，西南与华中地区增幅较大分别为 7.31% 和 7.22%，东北地区增幅相对较小，为 2.48%；就七个区域而言，东北地区排名居中，与最优的华东地区相比差距较大，具体如表 2-193 所示。

表 2-193 2014～2018 年七大地理区城乡居民消费水平的平均值及排名

年份	东北	华北	华东	华南	华中	西北	西南
	值/序	值/序	值/序	值/序	值/序	值/序	值/序
2014	17084/13.0	21897/12.8	24970/8.5	16848/16.7	13953/19.0	13420/20.4	12442/22.8
2015	18305/14.0	24016/13.0	26977/8.8	19134/15.0	15770/17.8	14744/20.8	13796/23.2
2016	18312/17.7	27417/13.4	30246/8.0	20726/15.0	17342/16.5	16150/20.2	15298/23.2
2017	19611/18.0	30009/12.2	33197/7.8	22642/15.3	19156/17.5	17803/20.6	16874/23.0
2018	18782/15.3	24543/12.0	26526/7.8	19948/15.7	17983/17.8	16811/22.0	16079/23.0
平均	18419/15.6	25576/12.7	28383/8.2	19860/15.5	16841/17.7	15786/20.8	14898/23.0

2）人均社会消费品零售额（单位：元/人）。人均社会消费品零售额是指国民经济各行业直接售给城乡居民和社会集团的消费品总额的人均分配情况，它反映了一个地区的人口对生活消费品的购买力，是衡量社会民生的重要指标，计算公式为社会消费品零售总额与地区常住人口的比值。2014～2018 年，全国人均社会消费品零售额的平均水平普遍呈上升趋势，东北地区亦呈上升趋势；东北地区持续优于全国平均水平，但 2017 年之后优势呈缩减趋势；东北三省均呈上升趋势；就东北三省而言，辽宁省表现较好，吉林省次之，黑龙江省较弱。总体而言，东北地区人均社会消费品零售额高于全国平均水平，但这种优势在 2017 年之后呈缩减态势，具体如图 2-143 所示。

2014～2018 年，东北三省人均社会消费品零售额在全国 31 个省市区连续 5 年数据集（共 155 个指标值）中相对位置分布情况如图 2-144 所示。可见，东北三省 5 年（共 15 个数据）人均社会消费品零售额的百分比排位位于 50% 以下的有 1 个；此外，排位的最大值是 2018 年的辽宁省（82.4%），最小值是 2014 年的黑龙江省（42.8%）。

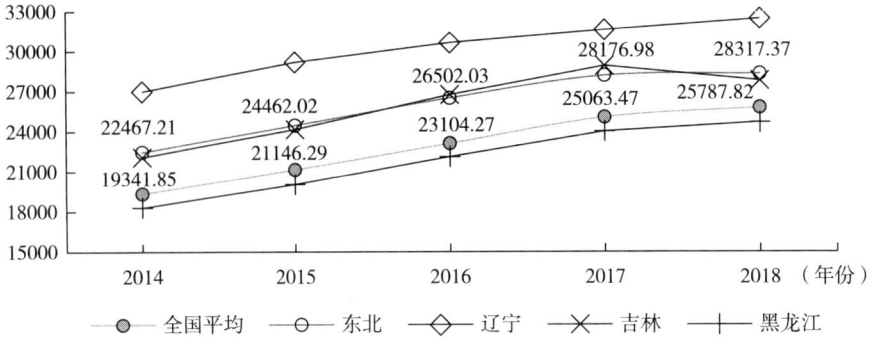

图 2 – 143 2014 ~ 2018 年人均社会消费品零售额基本走势

注：①全国平均指 31 个省市区的平均水平；②全国范围内（可采集到的数据），人均社会消费品零售额最大值为 2018 年北京市的 54539，最小值为 2014 年贵州省的 8372。

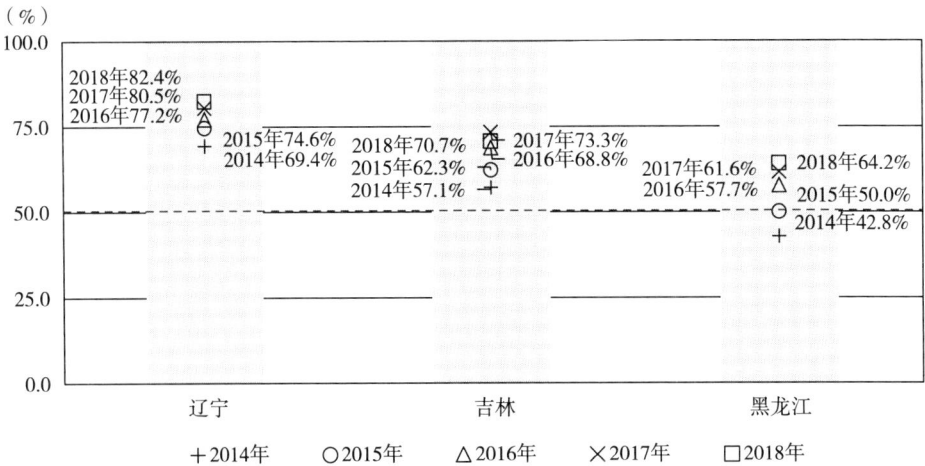

图 2 – 144 2014 ~ 2018 年东北三省人均社会消费品零售额百分比排位图

　　2014 ~ 2018 年，6 省人均社会消费品零售额由高到低依次为：浙江、江苏、广东、辽宁、吉林、黑龙江；东南三省均呈显著的上升趋势，且持续高于全国平均水平；东北地区相对较好的辽宁省与东南三省相对较好的浙江省差距较大；人均社会消费品零售额增幅最大的是江苏省（10.01%），最小的是辽宁省（5.04%），吉林省和黑龙江省的增幅分别为 6.47% 和 8.73%，具体如表 2 – 194 所示。

表 2 – 194 2014 ~ 2018 年 6 省人均社会消费品零售额的原始值及单年排名

年份	辽宁	吉林	黑龙江	江苏	浙江	广东	全国平均
	值/序	值/序	值/序	值/序	值/序	值/序	值
2014	27002.96/6	22096.3/11	18302.4/14	29469.97/5	32380.72/3	26548.96/7	19341.85
2015	29181.20/6	24162.4/11	20042.5/14	32443.33/5	35718.90/3	29051.16/7	21146.29

年份	辽宁	吉林	黑龙江	江苏	浙江	广东	全国平均
	值/序	值/序	值/序	值/序	值/序	值/序	值
2016	30639.79/8	26748.6/10	22117.7/14	35888.36/5	39303.76/3	31583.87/6	23104.27
2017	31602.66/9	28913.5/11	24014.8/14	39528.46/4	42970.66/3	34201.90/6	25063.47
2018	32445.06/9	27812.1/12	24694.9/14	41274.87/4	43590.55/3	34815.00/7	25787.82
平均	30174.3/7.6	25946.6/11	21834.5/14	35721.0/4.6	38792.92/3	31240.2/6.6	22888.74

2014～2018 年，四个区域人均社会消费品零售额由高到低依次为：东部、东北、中部、西部；四个区域普遍呈上升趋势，但东北地区的增幅最小；东北地区的人均社会消费品零售额持续低于东部地区，具体如表 2－195 所示。

表 2－195　2014～2018 年四大经济区人均社会消费品零售额的平均值及排名

年份	东北		东部		西部		中部	
	平均值	年排名	平均值	年排名	平均值	年排名	平均值	年排名
2014	22467.21	10.3	28255.15	7.5	13089.36	23.2	15428.67	18.7
2015	24462.02	10.3	30836.87	7.6	14298.10	23.1	17033.84	18.7
2016	26502.03	10.7	33476.25	7.6	15750.36	23.2	18826.56	18.3
2017	28176.98	11.3	36128.19	7.5	17229.92	23.3	20732.63	18.0
2018	28317.37	11.7	37199.86	7.5	17685.64	22.9	21707.33	18.5
平均	25985.12	10.9	33179.26	7.5	15610.68	23.1	18745.81	18.4

2014～2018 年，七个区域人均社会消费品零售额由高到低依次为：华东、华北、东北、华南、华中、西南、西北；七个区域普遍呈现增长态势；就七个区域而言，东北地区处于中上水平，与最优的华东地区相比，差距较大，具体如表 2－196 所示。

表 2－196　2014～2018 年七大地理区人均社会消费品零售额的平均值及排名

年份	东北	华北	华东	华南	华中	西北	西南
	值/序	值/序	值/序	值/序	值/序	值/序	值/序
2014	22467/10.3	26058/9.6	27249/8.2	17417/17.0	15954/18.0	11673/25.4	12796/23.6
2015	24462/10.3	27978/10.2	30029/8.2	18944/17.0	17809/17.5	12628/25.4	14176/23.4
2016	26502/10.7	30029/10.8	32918/7.8	20654/17.0	19805/17.3	13768/25.4	15810/23.2
2017	28177/11.3	31654/11.0	36037/7.5	22559/17.3	21954/16.8	14930/25.6	17560/23
2018	28317/11.7	32097/11.0	37673/7.2	23344/17.7	22843/17.5	15281/25.8	18027/22.2
平均	25985/10.9	29563/10.5	32781/7.8	20584/17.2	19673/17.4	13656/25.5	15674/23.1

（3）社会保障

1）城镇职工基本养老保险抚养比。城镇职工基本养老保险抚养比反映了一个地区劳动年龄人口抚养非劳动年龄人口的能力，是衡量社会保障水平的重要指标，计算公式为城镇在岗职工数与离退休人员数的比值。2014～2018年，全国城镇职工基本养老保险抚养比的平均水平呈现下降趋势，东北地区亦呈下行态势，东北地区持续低于全国平均水平，逐年差距保持稳定；东北三省普遍呈现下降态势，辽宁省降幅明显；就东北三省而言，辽宁省发展较好，吉林省次之，黑龙江省较差。总体而言，东北地区的城镇职工基本养老保险抚养比显著低于全国平均水平，差距基本保持稳定，具体如图2－145所示。

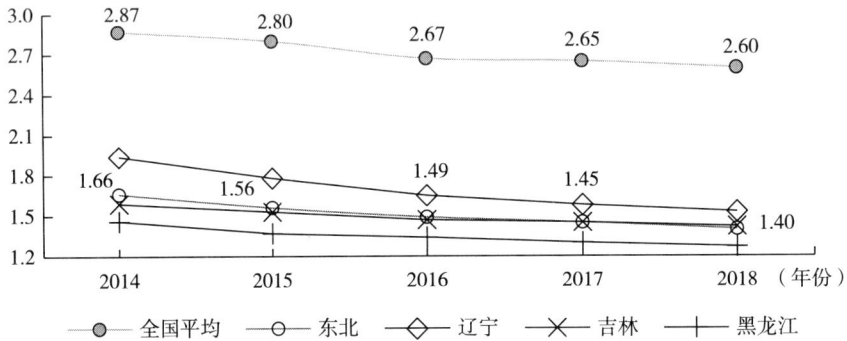

图2－145　2014～2018年城镇职工基本养老保险抚养比基本走势

注：①全国平均指31个省市区的平均水平；②全国范围内（可采集到的数据），城镇职工基本养老保险抚养比最大值为2014年广东的9.787，最小值为2018年黑龙江的1.269。

2014～2018年，东北三省城镇职工基本养老保险抚养比在全国31个省市区连续5年数据集（共155个指标值）中相对位置分布情况如图2－146所示。可见，东北三省5年（共15个数据）城镇职工基本养老保险抚养比的百分比排位均位于25%之下，说明东北三省整体发展劣势较大；此外，排位的最大值是2014年的辽宁省（22.0%），最小值是2018年的黑龙江省（0.0%）。

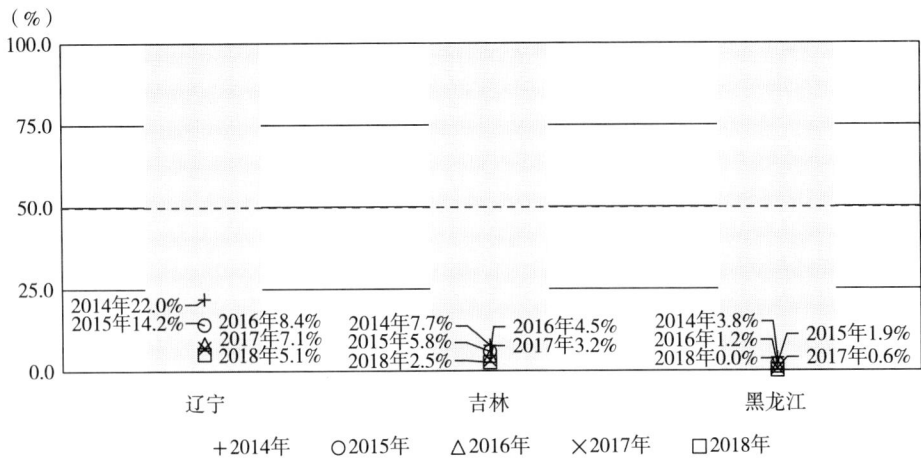

图2－146　2014～2018年东北三省城镇职工基本养老保险抚养比百分比排位图

2014~2018年，6省城镇职工基本养老保险抚养比由高到低依次为：广东、浙江、江苏、辽宁、吉林、黑龙江；东南三省均呈下降态势；东北地区相对较好的辽宁省持续低于东南三省中较差的江苏省；城镇职工基本养老保险抚养比降幅最小的是吉林省（-2.72%），降幅最大的是浙江省（-10.49%），辽宁省与黑龙江省的降幅分别为：-5.32%、-3.25%，具体如表2-197所示。

表2-197　2014~2018年6省城镇职工基本养老保险抚养比的原始值及单年排名

| 年份 | 辽宁 | 吉林 | 黑龙江 | 江苏 | 浙江 | 广东 | 全国平均 |
	值/序	值/序	值/序	值/序	值/序	值/序	值
2014	1.94/25	1.59/30	1.46/31	3.22/6	4.44/4	9.79/1	2.87
2015	1.78/29	1.53/30	1.37/31	3.08/9	3.39/5	9.75/1	2.80
2016	1.65/29	1.47/30	1.34/31	2.95/7	2.78/8	9.28/1	2.67
2017	1.58/29	1.45/30	1.30/31	2.81/9	2.63/10	8.29/1	2.65
2018	1.53/29	1.42/30	1.27/31	2.70/9	2.57/11	6.73/1	2.60
平均	1.70/28.2	1.49/30	1.35/31	2.95/8	3.16/7.6	8.77/1	2.72

2014~2018年，四个区域城镇职工基本养老保险抚养比由高到低依次为：东部、中部、西部、东北；除西部区域外，其他三个区域均呈下降趋势，东北地区的降幅较大，远大于中部地区；东北地区城镇职工基本养老保险抚养比与东部地区差距较大，具体如表2-198所示。

表2-198　2014~2018年四大经济区城镇职工基本养老保险抚养比的平均值及排名

| 年份 | 东北 | | 东部 | | 西部 | | 中部 | |
	平均值	年排名	平均值	年排名	平均值	年排名	平均值	年排名
2014	1.66	28.7	4.12	8.7	2.30	19.3	2.52	15.2
2015	1.56	30.0	3.97	8.8	2.30	18.7	2.47	15.7
2016	1.49	30.0	3.67	9.3	2.23	18.6	2.44	15.0
2017	1.45	30.0	3.54	9.4	2.37	17.3	2.33	17.3
2018	1.40	30.0	3.38	9.9	2.39	16.7	2.30	17.8
平均	1.51	29.7	3.74	9.2	2.32	18.1	2.41	16.2

2014~2018年，七个区域城镇职工基本养老保险抚养比由高到低依次为：华南、华东、华北、西南、华中、西北、东北；西北和西南地区呈波动上升态势，其他五个区域均呈下降趋势；就七个区域而言，东北地区排名靠后，与最优的华南地区相比，差距明显，具体如表2-199所示。

表2-199　2014~2018年七大地理区城镇职工基本养老保险抚养比的平均值及排名

年份	东北	华北	华东	华南	华中	西北	西南
	值/序	值/序	值/序	值/序	值/序	值/序	值/序
2014	1.66/28.7	2.82/15.6	3.52/8.5	4.97/11.3	2.49/16.8	2.28/18.2	2.46/17.8
2015	1.56/30.0	2.81/15.4	3.27/9.3	4.95/11.3	2.46/16.5	2.27/18.0	2.47/16.6
2016	1.49/30.0	2.71/14.8	3.04/9.2	4.60/12.7	2.42/16.0	2.22/18.8	2.35/16.2
2017	1.45/30.0	2.65/15.8	2.95/10.2	4.29/11.3	2.34/18.3	2.34/16.6	2.58/15.2
2018	1.40/30.0	2.62/16.6	2.91/11	3.85/10.0	2.32/18.5	2.34/15.8	2.64/14.8
平均	1.51/29.7	2.72/15.6	3.14/9.6	4.53/11.3	2.40/17.2	2.29/17.5	2.50/16.1

2）人均养老金支出（单位：元/人）。人均养老金支出反映一个地区城镇就业群体和城乡非从业居民群体的生活保障情况，是衡量社会民生的重要指标，计算公式为养老金支出与人口比值。2014~2018年，东北地区人均养老金支出与全国平均水平在总体上均呈上升趋势；东北地区持续高于全国平均水平；东北三省总体上呈上升趋势；就东北地区而言，辽宁省表现相对较好，黑龙江省次之，吉林省较差。总体而言，东北地区的人均养老金支出好于全国平均水平，且差距较为稳定，具体如图2-147所示。

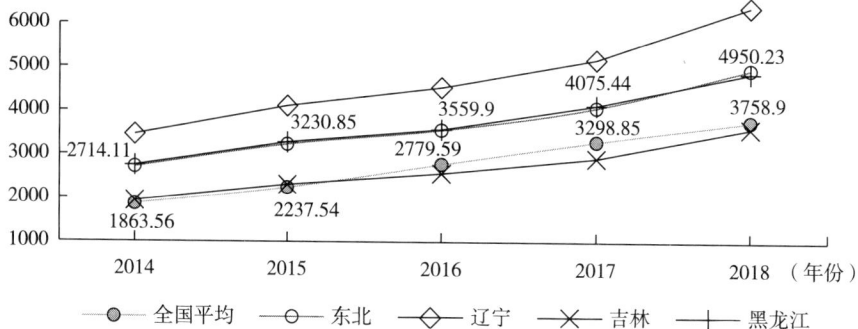

图2-147　2014~2018年人均养老金支出基本走势

注：①全国平均指31个省市区的平均水平；②全国范围内（可采集到的数据），人均养老金支出最大值为2018年上海的10951，最小值为2014年西藏的567.62。

2014~2018年，东北三省人均养老金支出在全国31个省市区连续5年数据集（共155个指标值）中相对位置分布情况如图2-148所示。可见，东北三省5年（共15个数据）人均养老金支出的百分比排位有1个处于50%以下，其余14个处于50%以上，其中有9个处于75%以上；此外，排位的最大值是2018年的辽宁省（94.1%），最小值是2014年的吉林省（36.3%）。

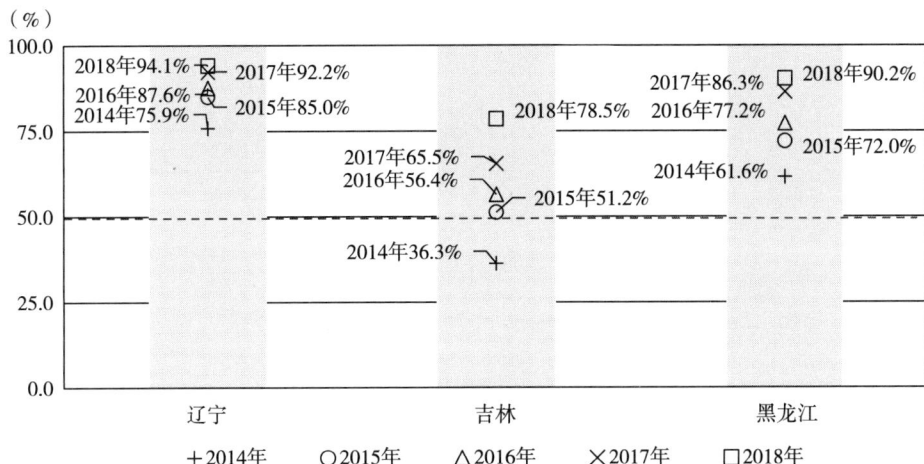

图 2-148　2014~2018 年东北三省人均养老金支出百分比排位图

2014~2018 年，6 省人均养老金支出由高到低依次为：辽宁、浙江、黑龙江、江苏、吉林、广东；东南三省与东北三省总体均呈上升趋势；东北地区水平相对较好的辽宁省高于东南三省相对较好的浙江省；人均养老金支出增幅最大的是浙江省（29.53%），增幅最小的是黑龙江省（19.25%），辽宁省和吉林省的增幅分别为 21.14% 和 21.53%，具体如表 2-200 所示。

表 2-200　2014~2018 年 6 省人均养老金支出的原始值及单年排名

年份	辽宁	吉林	黑龙江	江苏	浙江	广东	全国平均
	值/序	值/序	值/序	值/序	值/序	值/序	值
2014	3458.0/3	1936.2/10	2748.2/5	2206.5/7	2431.2/6	1285.9/21	1863.6
2015	4106.7/3	2306.4/10	3279.5/5	2580.5/7	3117.9/6	1495.4/21	2237.5
2016	4531.3/4	2571.3/14	3577.1/7	2888.3/10	4116.0/5	1669.0/23	2779.6
2017	5175.6/4	2921.4/16	4129.3/7	3496.5/10	4939.4/5	1852.1/27	3298.9
2018	6382.6/4	3603.4/13	4864.7/6	4568.0/7	5302.5/5	2337.9/25	3758.9
平均	4730.8/3.6	2667.7/12.6	3719.8/6	3148.0/8.2	3981.4/5.4	1728.1/23.4	2787.7

2014~2018 年，四个区域人均养老金支出由高到低依次为：东北、东部、西部、中部；四个区域人均养老金支出均呈上升趋势，且增幅较大，其中中部地区的增幅最大，为 30.93%；东北地区的增幅为 20.60%，东部地区的增幅为 22.45%，西部地区的增幅为 29.85%，东北地区人均养老金支出与东部地区差距不大，具体如表 2-201 所示。

表 2 - 201　2014~2018 年四大经济区人均养老金支出的平均值及排名

年份	东北		东部		西部		中部	
	平均值	年排名	平均值	年排名	平均值	年排名	平均值	年排名
2014	2714.1	6.0	2546.9	11.4	1391.4	19.2	1243.8	22.3
2015	3230.9	6.0	3105.5	11.7	1641.2	19.1	1487.0	22.0
2016	3559.9	8.3	3765.0	12.2	2312.9	17.3	1680.5	23.5
2017	4075.4	9.0	4253.2	13.5	2827.9	17.0	2261.8	21.7
2018	4950.2	7.7	4834.4	13.2	3052.9	18.0	2782.7	20.8
平均	3706.1	7.4	3701.0	12.4	2245.3	18.1	1891.1	22.1

2014~2018 年，七个区域人均养老金支出由高到低依次为：东北、华东、华北、西北、西南、华南、华中；除西南区域在 2018 年出现略微下降外，其他区域均呈现稳定上升趋势，其中西南地区增幅最大（33.76%），东北地区增幅最小，为 20.60%；就七个区域而言，东北地区排名首位，与华北、华东地区差距不大，与表现较弱的西南、华南、华中地区差距显著，具体如表 2 - 202 所示。

表 2 - 202　2014~2018 年七大地理区人均养老金支出的平均值及排名

年份	东北	华北	华东	华南	华中	西北	西南
	值/序	值/序	值/序	值/序	值/序	值/序	值/序
2014	2714.1/6.0	2469.3/10.4	2470.6/13.0	1290.1/21.7	1226.5/22.0	1595.2/16.4	1141.1/22.6
2015	3230.9/6.0	2867.2/10.2	3134.0/13.2	1496.3/22.3	1466.3/22.0	1887.7/16.0	1347.8/22.6
2016	3559.9/8.3	3714.0/11.0	3558.8/14.0	1878.7/20.3	1675.1/23.8	2688.2/14.4	1957.4/20.8
2017	4075.4/9.0	4050.6/11.0	4200.0/15.5	2148.2/23.3	2278.5/21.5	2995.3/15.0	2809.9/18.0
2018	4950.2/7.7	4974.9/10.2	4784.4/13.5	2620.0/22.0	2627.5/22.8	3263.1/15.4	2681.9/21.4
平均	3706.1/7.4	3615.2/10.6	3629.6/13.8	1886.7/21.9	1854.8/22.4	2485.9/15.4	1987.6/21.1

（4）社会公平

1）城乡居民收入比。城乡居民收入比反映一个地区城乡间的收入差距，是用来衡量地区社会民生问题的重要指标，计算公式为地区城市居民收入水平与农村居民收入水平之比。理论上，是一项适度指标，指标值越趋近于 1，效果愈佳，考虑到现阶段中国城乡差距较大，暂作逆指标处理。2014~2018 年，全国城乡居民收入比的平均水平呈下降态势，东北地区在 2015 年出现微弱上升趋势，此后呈下降趋势；东北地区城乡居民收入比与全国平均水平逐年差距变化不大，东北地区的相对优势基本保持稳定；辽宁省和黑龙江省总体呈下降趋势，吉林省呈上升态势；就东北三省而言，黑龙江省表现相对较好，吉林省次之，辽宁省较弱。总体而言，东北地区的城乡居民收入比低于全国平均水平，优势较明显，基本保持稳定，具体如图 2 - 149 所示。

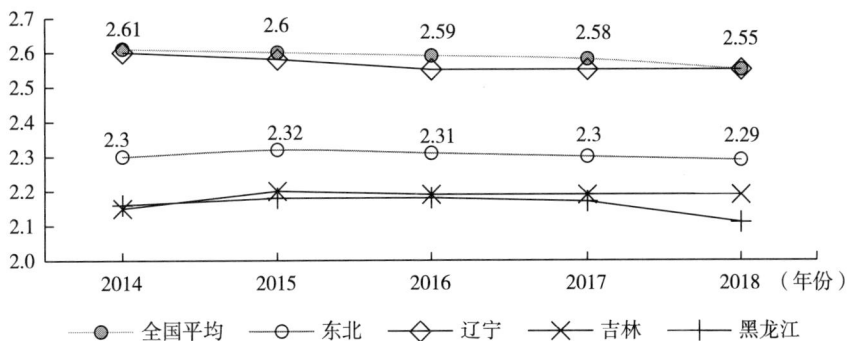

图 2 - 149　2014～2018 年城乡居民收入比基本走势

注：①全国平均指 31 个省市区的平均水平；②全国范围内（可采集到的数据），城乡居民收入比最大值为 2014 年甘肃的 3.47，最小值为 2014 年天津的 1.85。

2014～2018 年，东北三省城乡居民收入比在全国 31 个省市区连续 5 年数据集（共 155 个指标值）中相对位置分布情况如图 2 - 150 所示。可见，东北三省 5 年（共 15 个数据）城乡居民收入比的百分比排位位于 50% 以下的有 2 个，均属于辽宁省（2014 年与 2015 年）；此外，排位的最大值是 2018 年的黑龙江省（93.6%），最小值是 2014 年的辽宁省（41.6%）。

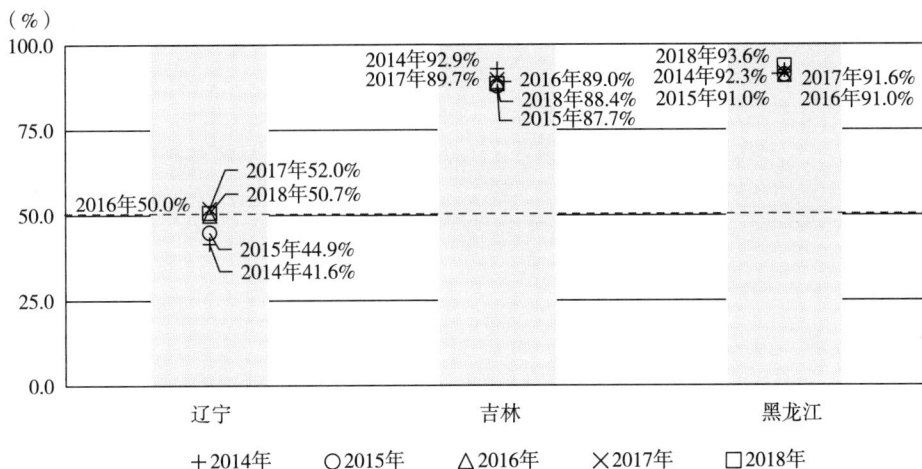

图 2 - 150　2014～2018 年东北三省城乡居民收入比百分比排位图

2014～2018 年，6 省城乡居民收入比由低到高依次为：浙江、黑龙江、吉林、江苏、辽宁、广东；东南三省普遍呈下降态势，城乡居民收入差距缩小；吉林呈上升趋势，辽宁与黑龙江呈下降趋势；总体来说，东南三省与东北三省的差距逐渐缩小；城乡居民收入比降幅最大的是浙江省（- 0.53%），增幅最大的是吉林省（0.52%），意味着吉林的城乡居民收入差距正在增大，辽宁与黑龙江的降幅分别为 - 0.50%、- 0.52%，具体如表 2 - 203 所示。

表 2 - 203　2014 ~ 2018 年 6 省城乡居民收入比的原始值及单年排名

年份	辽宁	吉林	黑龙江	江苏	浙江	广东	全国平均
	值/序	值/序	值/序	值/序	值/序	值/序	值
2014	2.60/17	2.15/3	2.16/4	2.30/6	2.08/2	2.63/18	2.61
2015	2.58/17	2.20/4	2.18/3	2.29/7	2.07/2	2.60/19	2.60
2016	2.55/16	2.19/4	2.18/3	2.28/6	2.07/2	2.60/19	2.59
2017	2.55/16	2.19/4	2.17/3	2.28/6	2.05/2	2.60/19	2.58
2018	2.55/17	2.19/4	2.11/3	2.26/6	2.04/2	2.58/19	2.55
平均	2.56/16.6	2.18/3.8	2.16/3.2	2.28/6.2	2.06/2	2.60/18.8	2.59

2014 ~ 2018 年，四个区域城乡居民收入比由低到高依次为：东北、东部、中部、西部；东部、中部和西部城乡居民收入比呈稳定下降态势，城乡居民收入差距逐年缩小，其中西部下降幅度最大（-0.70%），东北地区下降幅度最小（-0.19%），这意味着东北地区的相对差距正逐渐缩小，具体如表 2 - 204 所示。

表 2 - 204　2014 ~ 2018 年四大经济区城乡居民收入比的平均值及排名

年份	东北		东部		西部		中部	
	平均值	年排名	平均值	年排名	平均值	年排名	平均值	年排名
2014	2.30	8.0	2.35	9.2	2.97	24.9	2.49	13.2
2015	2.32	8.0	2.33	9.5	2.96	24.7	2.48	13.0
2016	2.31	7.7	2.32	9.6	2.94	24.8	2.47	13.2
2017	2.30	7.7	2.32	9.7	2.92	24.7	2.47	13.3
2018	2.29	8.0	2.31	9.7	2.88	24.6	2.44	13.3
平均	2.30	7.9	2.33	9.5	2.93	24.7	2.47	13.2

2014 ~ 2018 年，七个区域城乡居民收入比由低到高依次为：东北、华东、华中、华北、华南、西南、西北；东北与西部呈波动下降趋势，其他区域普遍呈稳定下降态势。就七个区域而言，东北地区的表现最好，但相对差距正逐渐缩小，具体如表 2 - 205 所示。

表 2 - 205　2014 ~ 2018 年七大地理区城乡居民收入比的平均值及排名

年份	东北	华北	华东	华南	华中	西北	西南
	值/序	值/序	值/序	值/序	值/序	值/序	值/序
2014	2.30/8.0	2.47/14.0	2.35/8.5	2.65/18.3	2.43/10.8	3.01/26.0	2.97/24.2
2015	2.32/8.0	2.47/14.4	2.33/8.7	2.61/18.0	2.41/10.8	3.02/25.8	2.95/23.8
2016	2.31/7.7	2.47/15.0	2.32/8.5	2.58/17.3	2.41/11.0	3.03/26.4	2.93/23.6
2017	2.30/7.7	2.47/15.2	2.31/8.5	2.56/17.3	2.40/11.0	3.01/26.6	2.89/23.4
2018	2.29/8.0	2.44/15.2	2.30/8.5	2.53/17.3	2.39/11.0	2.97/26.6	2.87/23.2
平均	2.30/7.9	2.46/14.8	2.32/8.5	2.58/17.7	2.41/10.9	3.01/26.3	2.92/23.6

2）城乡每千人卫生技术人员比。城乡每千人卫生技术人员比反映一个地区城乡卫生技术人员数量的差距，是用来衡量地区社会民生问题的重要指标，计算公式为地区城市每千人卫生技术人员数量与农村每千人卫生技术人员数量之比。理论上，是一项适度指标，指标值越趋近于 1，效果愈佳，考虑到现阶段中国城乡差距较大，暂作逆指标处理。2014～2018 年，全国城乡每千人卫生技术人员比的平均水平总体呈下行态势，其中 2018 年降幅相对明显，东北地区呈缓慢波动上升趋势；东北地区的整体表现优于全国平均水平，但相对优势呈逐年缩减的趋势，至 2018 年已劣于全国平均水平；辽宁省总体呈上升趋势，2017 年升幅明显，但 2018 年出现回落，吉林省整体呈上升态势，2016～2018 年表现不稳定，出现了大幅度的升降波动，黑龙江省呈缓慢上升态势；就东北三省而言，吉林省表现较好，黑龙江省次之，辽宁省较弱。总体而言，东北地区的城乡每千人卫生技术人员比整体优于全国平均水平，但优势在逐渐减弱，至 2018 年已劣于全国平均水平，具体如图2-151 所示。

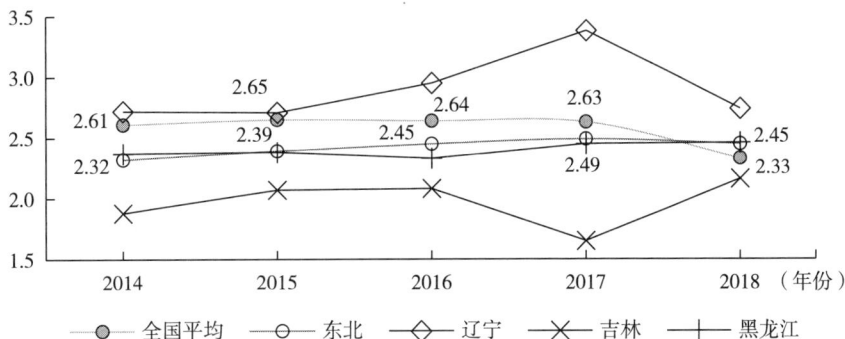

图 2-151　2014～2018 年城乡每千人卫生技术人员比基本走势

注：①全国平均指 31 个省市区的平均水平；②全国范围内（可采集到的数据），城乡每千人卫生技术人员比最大值为 2016 年青海的 5.4087，最小值为 2016 年天津的 1.0855。

2014～2018 年，东北三省城乡每千人卫生技术人员比在全国 31 个省市区连续 5 年数据集（共 155 个指标值）中相对位置分布情况如图 2-152 所示。可见，东北三省 5 年（共 15 个数据）城乡每千人卫生技术人员比的百分比排位处于 50% 以下的有 7 个，其中位于 25% 以下有 1 个；此外，排位的最大值是 2017 年的吉林省（95.4%），最小值是 2017 年的辽宁省（8.0%）。

2014～2018 年，6 省城乡每千人卫生技术人员比由低到高依次为：浙江、吉林、江苏、黑龙江、辽宁、广东；东南三省均呈下降趋势；东北三省中表现相对较好的吉林省低于东南三省表现相对较好的浙江省；城乡每千人卫生技术人员比增幅最大的是吉林省（3.73%），降幅最大的是广东省（-5.07%），辽宁省与黑龙江省的增幅分别为 0.25%、0.95%，这意味着东北三省的城乡卫生技术人员数量的差距正在缩小，具体如表 2-206所示。

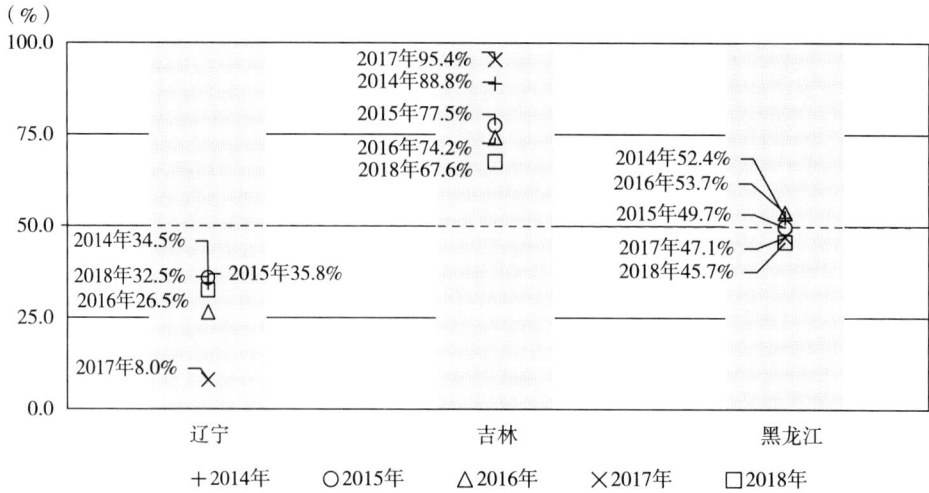

（%）

100.0

2017年95.4% ✕
2014年88.8% ✛
75.0 ⌇ 2015年77.5% ◯
2016年74.2% △
2018年67.6% □

2014年52.4%
2016年53.7%
2015年49.7%
50.0 ⌇
2014年34.5% 2017年47.1%
2018年32.5% 2015年35.8% 2018年45.7%
2016年26.5% △

25.0

2017年8.0% ✕

0.0

辽宁　　　　　　　　吉林　　　　　　　　黑龙江

✛2014年　　◯2015年　　△2016年　　✕2017年　　□2018年

图2－152　　2014～2018年东北三省城乡每千人卫生技术人员比百分比排位图

表2－206　　2014～2018年6省城乡每千人卫生技术人员比的原始值及单年排名

年份	辽宁	吉林	黑龙江	江苏	浙江	广东	全国平均
	值/序	值/序	值/序	值/序	值/序	值/序	值
2014	2.72/20	1.88/4	2.37/14	2.09/10	1.99/6	3.41/28	2.61
2015	2.71/19	2.07/6	2.38/14	2.33/12	2.07/5	3.32/28	2.65
2016	2.95/21	2.08/8	2.33/14	2.08/7	1.81/3	3.19/24	2.64
2017	3.38/28	1.65/2	2.45/17	2.03/6	1.90/4	2.91/20	2.63
2018	2.74/25	2.16/11	2.46/19	1.78/4	1.76/3	2.72/24	2.33
平均	2.90/22.6	1.97/6.2	2.40/15.6	2.06/7.8	1.90/4.2	3.11/24.8	2.57

　　2014～2018年，四个区域城乡每千人卫生技术人员比由低到高依次为：东部、东北、中部、西部；东北地区呈上升趋势，增幅为1.43%，城乡卫生技术人员数量的差距有所扩大，中部、东部、西部地区呈波动下降态势，降幅分别为－0.59%、－1.84%和－5.40%，城乡卫生技术人员数量的差距逐年缩小；东北地区城乡每千人卫生技术人员比表现低于东部地区，且劣势有进一步扩大的趋势，具体如表2－207所示。

表2－207　　2014～2018年四大经济区城乡每千人卫生技术人员比的平均值及排名

年份	东北		东部		西部		中部	
	平均值	年排名	平均值	年排名	平均值	年排名	平均值	年排名
2014	2.32	12.7	2.31	12.0	2.88	18.5	2.74	19.3
2015	2.39	13.0	2.38	12.5	2.88	18.1	2.78	19.2
2016	2.45	14.3	2.27	12.0	2.89	16.8	2.81	18.7
2017	2.49	15.7	2.25	11.9	2.83	16.6	2.84	18.7
2018	2.45	18.3	2.14	11.8	2.26	14.7	2.68	21.3
平均	2.42	14.8	2.27	12.0	2.75	16.9	2.77	19.4

2014～2018 年，七个区域城乡每千人卫生技术人员比由低到高依次为：华东、华北、东北、西北、华中、西南、华南；除东北地区增长以外，其余各地区均呈不同程度的下行趋势，其中西南地区下降最快，降幅为 −6.93%；就七个区域而言，东北地区处于中上水平，与最优的华东地区相比，劣势较大，具体如表 2 - 208 所示。

表 2 - 208　2014～2018 年七大地理区城乡每千人卫生技术人员比的平均值及排名

年份	东北	华北	华东	华南	华中	西北	西南
	值/序	值/序	值/序	值/序	值/序	值/序	值/序
2014	2.32/12.7	2.50/14.8	2.11/9.5	2.67/18.7	2.78/19.8	2.95/18.6	3.01/19.8
2015	2.39/13.0	2.48/14.0	2.14/9.0	2.96/23.0	2.81/19.8	3.00/17.2	2.93/19.8
2016	2.45/14.3	2.41/15.3	2.08/8.5	2.90/20.7	2.84/19.0	2.92/15.8	3.04/18.6
2017	2.49/15.7	2.33/14.5	2.11/8.8	2.86/20.7	2.90/20.0	2.86/15.0	2.96/18.0
2018	2.45/18.3	2.26/14.8	2.04/9.7	2.75/22.0	2.65/21.3	2.29/14.8	2.18/13.6
平均	2.42/14.8	2.40/14.6	2.10/9.1	2.83/21.0	2.80/20.0	2.80/16.3	2.83/18.0

3）城乡中小学人均教师资源比。城乡中小学人均教师资源比反映一个地区城乡中小学教师资源的差距，是用来衡量地区社会民生问题的重要指标，计算公式为城镇中小学人均拥有的教师数量与农村中小学人均拥有的教师数量之比。理论上是一项适度指标，指标值越趋近于 1，效果愈佳，考虑到现阶段中国城乡差距较大，暂作逆指标处理。2014～2018 年，全国城乡中小学人均教师资源比的平均水平呈上升趋势，东北地区亦呈上升趋势，城乡中小学教师资源的差距逐渐增大；就东北三省而言，吉林省较好，辽宁省次之，黑龙江省较差。总体而言，2014～2017 年东北地区的城乡中小学人均教师资源比低于全国平均水平，且差距逐渐缩小，在 2018 年超过全国平均水平，说明东北三省城乡中小学教师资源的差距逐年增大，具体如图 2 - 153 所示。

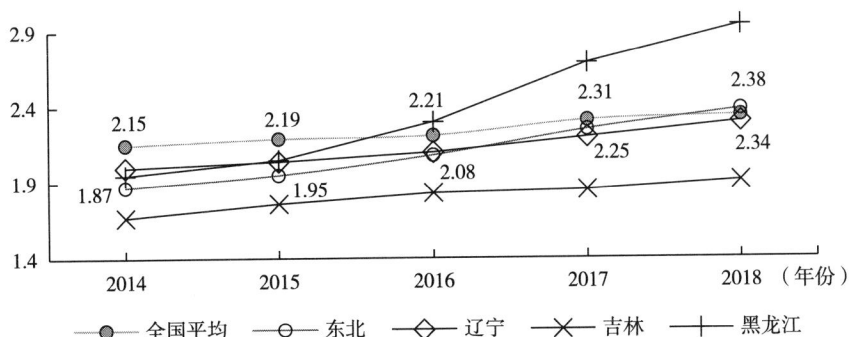

图 2 - 153　2014～2018 年城乡中小学人均教师资源比基本走势

注：①全国平均指 31 个省市区的平均水平；②全国范围内（可采集到的数据），城乡中小学人均教师资源比最大值为 2014 年江苏的 4.4732，最小值为 2018 年新疆的 1.1314。

2014~2018 年，东北三省城乡中小学人均教师资源比在全国 31 个省市区连续 5 年数据集（共 155 个指标值）中相对位置分布情况如图 2-154 所示。可见，东北三省 5 年（共 15 个数据）城乡中小学人均教师资源比的百分比排位处于 50% 以下的有 9 个；此外，排位的最大值是 2014 年的吉林省（81.9%），最小值是 2018 年的黑龙江省（18.2%）。

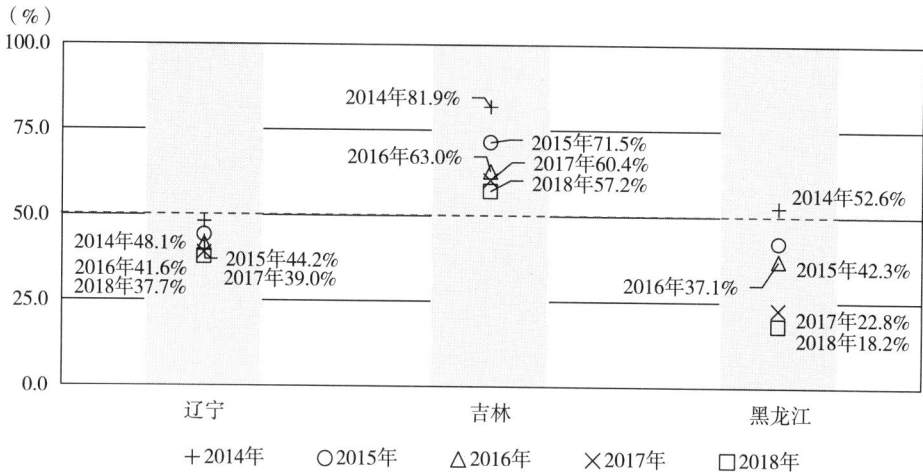

图 2-154　2014~2018 年东北三省城乡中小学人均教师资源比百分比排位图

2014~2018 年，6 省城乡中小学人均教师资源比由低到高依次为：吉林、广东、辽宁、黑龙江、浙江、江苏；东南三省中广东省呈上升趋势，江苏省 2014~2016 年呈下降趋势，2017 年有所上升，2018 年略微下降，浙江省呈波动下降趋势；东北三省中辽宁、吉林和黑龙江省均呈上升趋势，城乡中小学人均教师资源的差距逐年增大；东南三省较弱的广东省优于东北三省最弱的吉林省；城乡中小学人均教师资源比降幅最大的是浙江省（-1.40%），增幅最大的是黑龙江省（12.76%），辽宁省和吉林省增幅分别为 3.67%、3.51%，说明城乡中小学人均教师资源差距增大，具体如表 2-209 所示。

表 2-209　2014~2018 年 6 省城乡中小学人均教师资源比的原始值及单年排名

年份	辽宁	吉林	黑龙江	江苏	浙江	广东	全国平均
	值/序	值/序	值/序	值/序	值/序	值/序	值
2014	2.00/20	1.67/8	1.95/18	4.47/31	3.27/28	1.92/17	2.15
2015	2.04/18	1.76/11	2.05/20	4.41/31	3.16/26	2.00/16	2.19
2016	2.10/18	1.83/12	2.30/20	4.30/31	3.29/28	2.02/17	2.21
2017	2.20/17	1.85/13	2.69/24	4.44/31	3.06/26	2.02/16	2.31
2018	2.30/18	1.91/13	2.94/26	4.42/30	3.09/27	2.05/17	2.34
平均	2.13/18.2	1.80/11.4	2.39/21.6	4.41/30.8	3.18/27	2.00/16.6	2.24

2014～2018 年，四个区域城乡中小学人均教师资源比由低到高依次为：中部、东北、西部、东部；四个区域均呈上升趋势，城乡中小学教师资源的差距逐年增大，东北地区增幅最大（6.77%）；东北地区城乡中小学人均教师资源比与中部地区差距较大，具体如表2-210 所示。

表2-210　2014～2018 年四大经济区城乡中小学人均教师资源比的平均值及排名

年份	东北		东部		西部		中部	
	平均值	年排名	平均值	年排名	平均值	年排名	平均值	年排名
2014	1.87	15.3	2.35	17.2	2.22	16.6	1.83	13.2
2015	1.95	16.3	2.40	17.0	2.24	16.6	1.86	13.0
2016	2.08	16.7	2.38	16.9	2.26	16.6	1.91	13.0
2017	2.25	18.0	2.50	16.5	2.33	16.4	1.98	13.3
2018	2.38	19.0	2.50	16.3	2.35	16.3	2.03	13.3
平均	2.11	17.1	2.43	16.8	2.28	16.5	1.92	13.2

2014～2018 年，七个区域城乡中小学人均教师资源比由低到高依次为：华北、华中、西北、东北、华南、西南、华东；东北、华北、华东、华中和西北整体呈上升趋势，华南呈先上升后下降的态势，西南呈波动上升的趋势；就七个区域而言，东北地区排名居中，增幅最大（6.77%），与最优的华北地区相比，差距较大，具体如表2-211 所示。

表2-211　2014～2018 年七大地理区城乡中小学人均教师资源比的平均值及排名

年份	东北	华北	华东	华南	华中	西北	西南
	值/序	值/序	值/序	值/序	值/序	值/序	值/序
2014	1.87/15.3	1.89/11.8	2.67/19.8	2.11/17.3	1.87/14.3	1.94/13.4	2.42/19.2
2015	1.95/16.3	1.94/11.2	2.78/20.3	2.13/17.7	1.89/14.3	1.96/12.0	2.39/19.8
2016	2.08/16.7	1.96/11.2	2.77/20.7	2.16/17.7	1.96/14.3	1.98/12.0	2.36/19.2
2017	2.25/18.0	1.97/10.8	2.98/20.8	2.15/17.0	2.04/14.3	2.03/11.0	2.46/20.0
2018	2.38/19.0	2.00/10.8	3.05/21.5	2.00/15.7	2.09/14.3	2.06/11.0	2.47/19.4
平均	2.11/17.1	1.95/11.2	2.85/20.6	2.11/17.1	1.97/14.3	1.99/11.9	2.42/19.5

（5）生态环境

1）人均公园绿地面积（单位：平方米/人）。人均公园绿地面积指城市中每个居民享有的公园绿地面积，是衡量生态环境水平的重要指标。2014～2018 年，全国人均公园绿地面积的平均水平呈平稳上升趋势，东北呈波动上升趋势，但低于全国平均水平；辽宁省在 2017 年升幅明显，吉林省在 2014～2016 年呈稳定上升趋势，但 2016～2018 年表现为先下降后上升，且升降幅度较大，黑龙江省 2014～2017 年呈缓慢下降态势，2018 年小幅度上升；就东北三省而言，吉林省表现较好，黑龙江省次之，辽宁省较差。总体而言，东北地区人均公园绿地面积整体低于全国平均水平，差距呈先扩大后缩小的趋势，具体如图 2-155 所示。

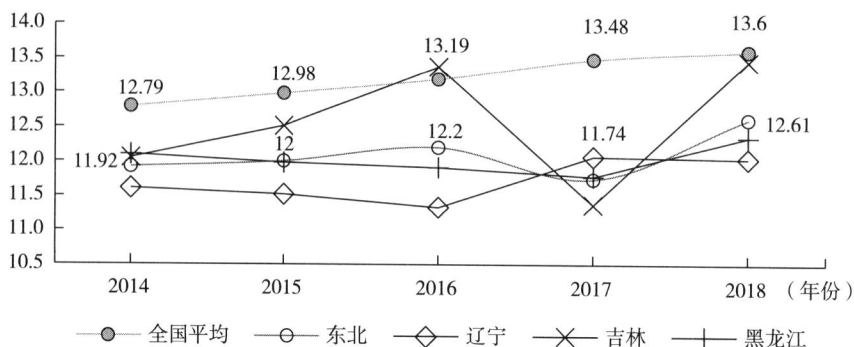

图2-155 2014~2018年人均公园绿地面积基本走势

注：①全国平均指31个省市区的平均水平；②全国范围内（可采集到的数据），人均公园绿地面积最大值为2018年宁夏的20.38，最小值为2017年西藏的5.85。

2014~2018年，东北三省人均公园绿地面积在全国31个省市区连续5年数据集（共155个指标值）中相对位置分布情况如图2-156所示。可见，东北三省5年（共15个数据）人均公园绿地面积的百分比排位处于50%以下的有13个；此外，排位的最大值是2018年的吉林省（61.6%），最小值是2016年的辽宁省（23.3%），具体如图2-156所示。

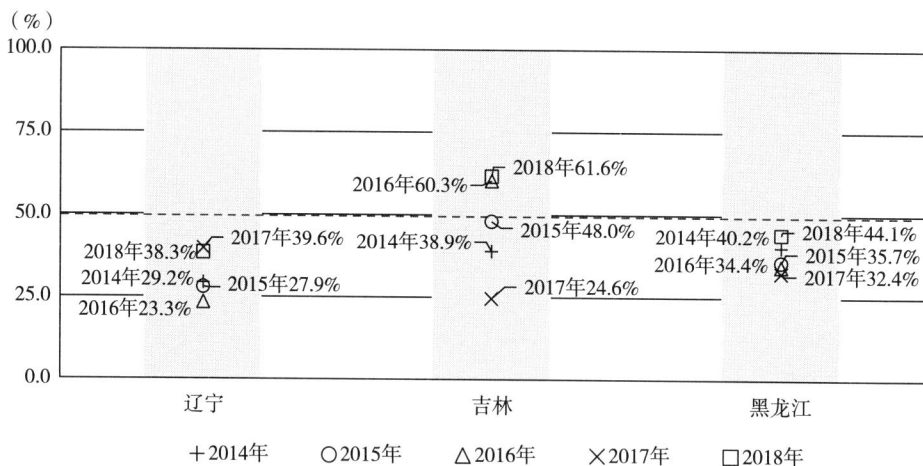

图2-156 2014~2018年东北三省人均公园绿地面积百分比排位图

2014~2018年，6省人均公园绿地面积由高到低依次为：广东、江苏、浙江、吉林、黑龙江、辽宁；东南三省中广东省整体呈上升趋势，其他两省均呈波动上升趋势；东北三省整体呈波动上升趋势；人均公园绿地面积增幅最大的是广东省（3.16%），增幅最小的是江苏省（0.43%），辽宁省的增幅为0.93%，吉林省的增幅为2.90%，黑龙江省的增幅为0.52%，具体如表2-212所示。

表2-212　2014~2018年6省人均公园绿地面积的原始值及单年排名

年份	辽宁	吉林	黑龙江	江苏	浙江	广东	全国平均
	值/序	值/序	值/序	值/序	值/序	值/序	值
2014	11.61/19	12.05/18	12.10/17	14.41/8	12.90/12	16.28/5	12.79
2015	11.52/23	12.51/16	11.98/18	14.55/7	13.19/11	17.40/3	12.98
2016	11.33/23	13.37/13	11.91/20	14.79/8	13.17/14	17.87/4	13.19
2017	12.07/21	11.37/26	11.78/24	14.95/8	13.32/15	18.24/3	13.48
2018	12.04/22	13.45/16	12.35/20	14.66/10	13.73/14	18.34/3	13.60
平均	11.71/21.6	12.55/17.8	12.02/19.8	14.67/8.2	13.26/13.2	17.63/3.6	13.21

2014~2018年，四个区域人均公园绿地面积由高到低依次为：东部、西部、东北、中部；东部和东北地区呈波动上升趋势，西部和中部地区呈平稳上升趋势，中部地区的增幅最大，东部地区的增幅最小；东北地区人均公园绿地面积与最优的东部地区差距较大，具体如表2-213所示。

表2-213　2014~2018年四大经济区人均公园绿地面积的平均值及排名

年份	东北		东部		西部		中部	
	平均值	年排名	平均值	年排名	平均值	年排名	平均值	年排名
2014	11.92	18.0	13.39	12.7	13.10	16.3	11.59	19.8
2015	12.00	19.0	13.64	12.4	13.32	16.0	11.68	20.5
2016	12.20	18.7	13.76	13.6	13.55	14.9	12.01	20.7
2017	11.74	23.7	14.37	12.3	13.78	14.8	12.30	20.8
2018	12.61	19.3	13.76	14.9	14.11	15.0	12.80	18.0
平均	12.10	19.7	13.78	13.2	13.57	15.4	12.07	20.0

2014~2018年，七个区域人均公园绿地面积由高到低依次为：华北、华南、西北、华东、西南、东北、华中；华东、华中和西北地区呈平稳上升趋势，其他四个区域均呈波动上升趋势，华中地区增幅最大，华北地区的增幅最小；就七个区域而言，东北地区排名靠后，与表现最优的华北相比，差距较大，具体如表2-214所示。

表 2-214　2014~2018 年七大地理区人均公园绿地面积的平均值及排名

年份	东北	华北	华东	华南	华中	西北	西南
	值/序	值/序	值/序	值/序	值/序	值/序	值/序
2014	11.92/18.0	14.04/12.8	12.95/13.0	13.49/12.7	11.25/22.3	12.94/16.8	12.51/17.8
2015	12.00/19.0	14.24/13.0	13.18/12.5	13.99/12.7	11.28/23.0	12.98/17.0	12.82/16.8
2016	12.20/18.7	14.51/12.8	13.47/13.7	13.89/15.0	11.54/23.0	13.51/15.0	12.70/16.2
2017	11.74/23.7	15.30/10.6	13.79/13.8	14.27/14.0	11.87/22.5	14.22/14.2	12.43/17.2
2018	12.61/19.3	14.14/14.2	13.97/13.0	13.87/16.0	12.46/19.8	14.31/15.6	13.24/16.6
平均	12.10/19.7	14.45/12.7	13.47/13.2	13.90/14.1	11.68/22.1	13.59/15.7	12.74/16.9

2) PM2.5 平均浓度（单位：μg/m³）。PM2.5 平均浓度反映一个地区的空气质量，是衡量地区生态环境的重要指标，该指标为逆向指标。2014~2018 年，全国 PM2.5 平均浓度的平均水平呈下降趋势，东北地区呈波动下降趋势；东北三省整体上均呈下降趋势，黑龙江省表现优于吉林省和辽宁省。总体而言，东北地区的 PM2.5 平均浓度与全国平均水平基本相当，在 2018 年东北地区低于全国平均水平，具体如图 2-157 所示。

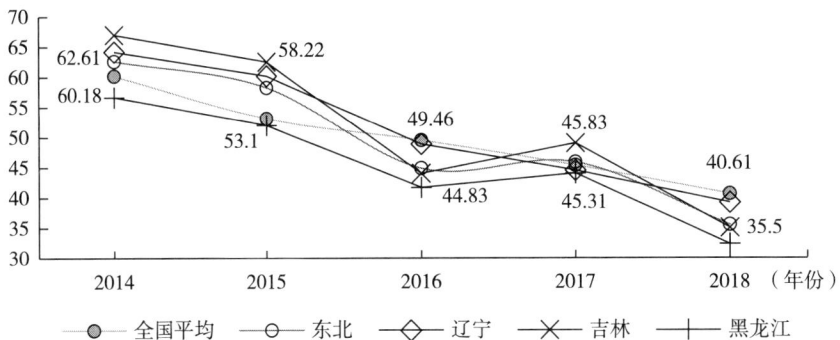

图 2-157　2014~2018 年 PM2.5 平均浓度基本走势

注：①全国平均指 31 个省市区的平均水平；②全国范围内（可采集到的数据），PM2.5 平均浓度最大值为 2014 年河北的 106，最小值为 2018 年海南的 18。

2014~2018 年，东北三省 PM2.5 平均浓度在全国 31 个省市区连续 5 年数据集（共 155 个指标值）中相对位置分布情况如图 2-158 所示。可见，东北三省 5 年（共 15 个数据）PM2.5 平均浓度的百分比排位位于 50% 以下的有 6 个，其中有 4 个位于 25% 以下；此外，排位的最大值是 2018 年的黑龙江省（85.8%），最小值是 2014 年的吉林省（13.7%）。

（%）

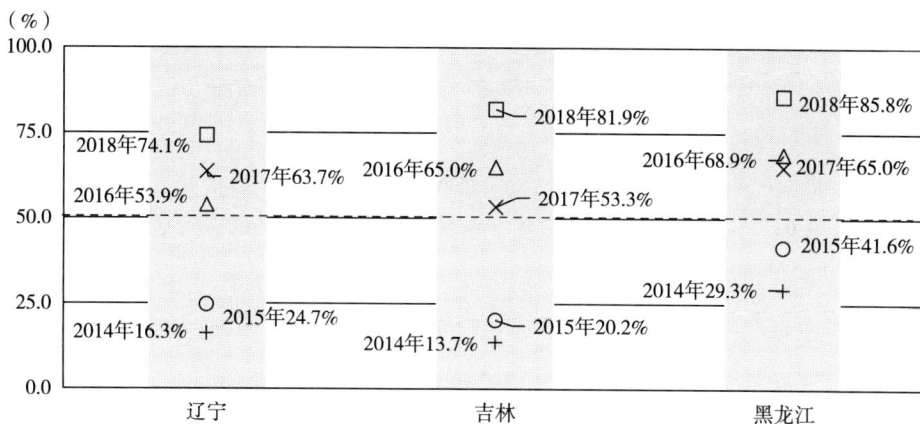

图 2－158　2014～2018 年东北三省 PM2.5 平均浓度百分比排位图

2014～2018 年，6 省 PM2.5 平均浓度由低到高依次为：广东、黑龙江、浙江、辽宁、吉林、江苏；东南三省整体呈下降趋势，且优于东北地区；东北地区空气质量较好的黑龙江省与东南三省较好的广东省差距明显；PM2.5 平均浓度降幅最大的是吉林省（－11.94%），最小的是广东省（－6.06%），辽宁省和黑龙江省的降幅分别为－9.74% 和－10.74%。具体如表 2－215 所示。

表 2－215　2014～2018 年 6 省 PM2.5 平均浓度的原始值及单年排名

| 年份 | 辽宁 | 吉林 | 黑龙江 | 江苏 | 浙江 | 广东 | 全国平均 |
	值/序	值/序	值/序	值/序	值/序	值/序	值
2014	64.17/19	67.00/22	56.67/14	66.44/21	56.80/15	39.17/5	60.18
2015	60.17/23	62.50/25	52.00/15	58.56/22	51.00/14	32.50/5	53.10
2016	48.83/15	44.00/12	41.67/8	50.33/17	43.40/11	29.67/5	49.46
2017	44.50/14	49.00/19	44.00/13	48.11/18	41.40/12	31.50/5	45.31
2018	39.17/16	35.00/9	32.33/7	47.89/23	36.20/13	29.67/5	40.61
平均	51.37/17.4	51.50/17.4	45.33/11.4	54.27/20.2	45.76/13	32.50/5	49.73

2014～2018 年，四个区域 PM2.5 平均浓度由低到高依次为：西部、东北、东部、中部；四个区域中，东北和西部地区呈波动下降趋势，东部和中部地区呈平缓下降趋势，降幅明显；东北地区 PM2.5 平均浓度与表现较好的西部地区存在一定的差距，具体如表 2－216 所示。

表 2-216　2014~2018 年四大经济区 PM2.5 平均浓度的平均值及排名

年份	东北		东部		西部		中部	
	平均值	年排名	平均值	年排名	平均值	年排名	平均值	年排名
2014	62.61	18.3	62.41	16.9	52.39	11.8	70.85	21.5
2015	58.22	21.0	55.34	17.6	45.39	10.8	62.23	20.8
2016	44.83	11.7	50.16	16.3	45.62	13.7	58.26	22.0
2017	45.83	15.3	45.47	15.9	40.32	12.6	54.78	23.0
2018	35.50	10.7	40.57	16.4	37.41	13.1	49.65	23.3
平均	49.40	15.4	50.79	16.6	44.23	12.4	59.15	22.1

2014~2018 年，七个区域 PM2.5 平均浓度由低到高依次为：华南、西南、华东、东北、西北、华中、华北；东北地区和西北地区呈波动下降趋势，其他五个区域均呈平缓下降趋势，降幅明显，空气质量有明显改善；东北地区处于中下水平，与最优的华南地区相比，差距明显，具体如表 2-217 所示。

表 2-217　2014~2018 年七大地理区 PM2.5 平均浓度的平均值及排名

年份	东北	华北	华东	华南	华中	西北	西南
	值/序	值/序	值/序	值/序	值/序	值/序	值/序
2014	62.61/18.3	77.51/22.2	59.87/16.8	38.31/6.3	72.39/21.8	57.33/13.2	47.99/11.0
2015	58.22/21.0	67.13/22.6	54.26/18.0	32.42/4.3	63.93/20.8	49.90/12.8	41.55/10.0
2016	44.83/11.7	64.85/24.2	47.20/15.0	29.81/4.0	58.70/21.5	52.13/18.4	41.28/11.6
2017	45.83/15.3	58.75/24.6	43.60/15.0	29.83/5.0	54.21/22.3	46.07/16.8	35.04/9.4
2018	35.50/10.7	50.92/24.2	40.26/16.4	27.56/5.0	48.70/22.3	42.87/18.0	32.91/9.8
平均	49.40/15.4	63.83/23.6	49.04/16.2	31.58/4.9	59.59/21.7	49.66/15.8	39.75/10.4

3）空气质量达到及好于二级的天数（单位：天）。空气质量达到及好于二级的天数是指一个地区空气质量达到国家空气质量优良标准的天数，反映地区的空气质量，是衡量该地区生态环境的重要指标。2014~2018 年，全国空气质量达到及好于二级天数的平均水平呈平稳上升趋势（2017 年略有下降），东北地区呈现波动上升趋势；东北三省均呈波动上升趋势，黑龙江省空气质量达到及好于二级的天数整体高于全国水平，并优于其他两省。总体而言，东北地区近年来空气质量达到及好于二级的天数略高于全国平均水平，具体如图 2-159 所示。

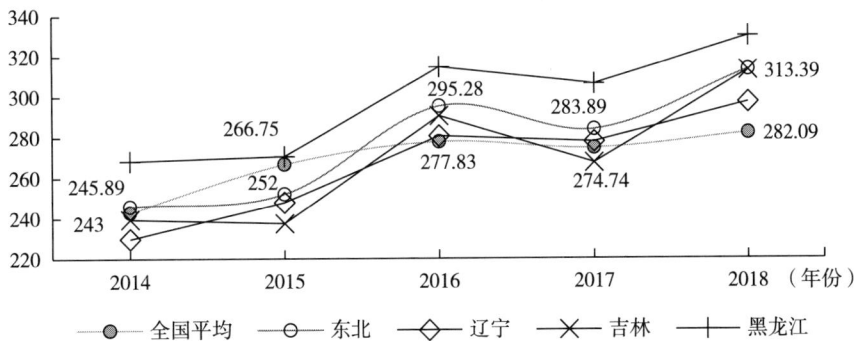

图 2－159　2014～2018 年空气质量达到及好于二级的天数基本走势

注：①全国平均指 31 个省市区的平均水平；②全国范围内，空气质量达到及好于二级的天数最大值为 2018 年云南的 363，最小值为 2014 年河北的 128.2。

2014～2018 年，东北三省空气质量达到及好于二级的天数在全国 31 个省市区连续 5 年数据集（共 155 个指标值）中相对位置分布情况如图 2－160 所示。可见，东北三省 5 年（共 15 个数据）空气质量达到及好于二级的天数百分比排位位于 50% 以下数量有 7 个；此外，排位的最大值是 2018 年的黑龙江省（83.7%），最小值是 2014 年的辽宁省（24.6%）。

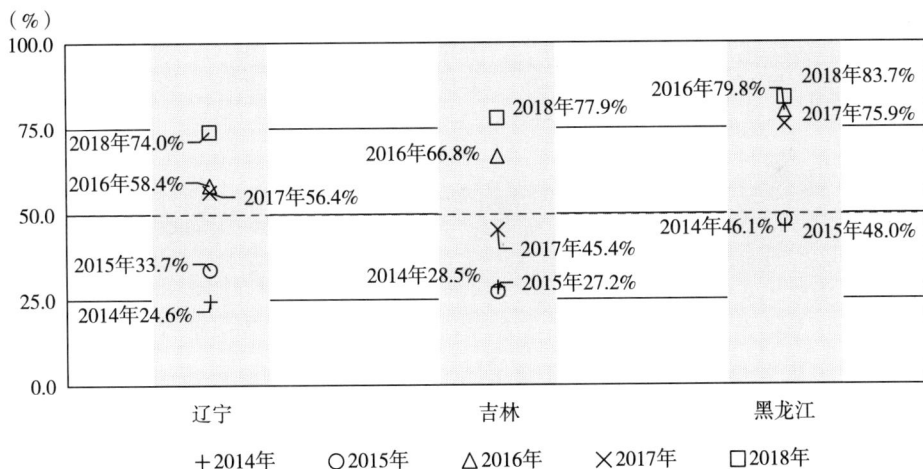

图 2－160　2014～2018 年东北三省空气质量达到及好于二级的天数百分比排位图

2014～2018 年，6 省空气质量达到及好于二级的天数由高到低依次为：广东、黑龙江、浙江、吉林、辽宁、江苏；东北三省整体呈波动上升趋势，东南三省中，浙江呈平稳上升趋势，江苏和广东呈先上升后下降，最后趋于平稳的趋势；东北三省中空气质量较优的黑龙江省与东南三省中较优的广东省有一定差距；空气质量达到及好于二级的天数上升幅度最大的是吉林省（7.67%），增幅最小的是广东省（1.35%），黑龙江和辽宁的增幅分别为 5.75% 和 7.32%，具体如表 2－218 所示。

表 2-218　2014~2018 年 6 省空气质量达到及好于二级的天数的原始值及单年排名

年份	辽宁	吉林	黑龙江	江苏	浙江	广东	全国平均
	值/序	值/序	值/序	值/序	值/序	值/序	值
2014	229.83/19	239.50/17	268.33/10	229.22/20	253.40/14	311.00/5	243.00
2015	247.83/22	237.50/24	270.67/14	237.22/25	268.40/16	330.33/5	266.75
2016	280.67/16	290.50/10	314.67/7	255.11/22	287.80/13	344.00/5	277.83
2017	277.83/15	267.50/20	306.33/8	245.78/22	287.20/11	327.50/6	274.74
2018	297.17/11	313.00/9	330.00/7	248.56/24	295.80/12	327.83/8	282.09
平均	266.7/16.6	269.60/16	298.00/9.2	243.18/22.6	278.52/13.2	328.13/5.8	268.88

　　2014~2018 年，四个区域空气质量达到及好于二级的天数由高到低依次为：西部、东北、东部、中部；四个区域的空气质量普遍呈上升趋势，东北地区上升幅度最大（6.86%），东部地区上升幅度最小（3.56%）；东北地区空气质量处于中上水平，达到及好于二级的天数与西部地区相比差距较小，具体如表 2-219 所示。

表 2-219　2014~2018 年四大经济区空气质量达到及好于二级的天数的平均值及排名

年份	东北		东部		西部		中部	
	平均值	年排名	平均值	年排名	平均值	年排名	平均值	年排名
2014	245.89	15.3	238.38	16.6	261.00	13.1	213.22	21.2
2015	252.00	20.0	253.91	18.5	290.72	11.1	247.60	19.7
2016	295.28	11.0	272.41	17.3	289.73	13.8	254.31	20.5
2017	283.89	14.3	268.56	17.2	293.90	12.7	242.16	21.2
2018	313.39	9.0	272.37	17.5	298.50	13.7	249.83	21.3
平均	278.09	13.9	261.13	17.4	286.77	12.9	241.43	20.8

　　2014~2018 年，七个区域空气质量达到及好于二级的天数由高到低依次为：华南、西南、东北、华东、西北、华中、华北；东北、华东、华中、西南地区普遍呈上升趋势，华北、华南、西北呈波动上升趋势，东北地区增幅最大（6.86%），东北地区空气质量处于中上水平，但与表现最优的华南地区差距明显，具体如表 2-220 所示。

表 2-220　2014~2018 年七大地理区空气质量达到及好于二级的天数的平均值及排名

年份	东北	华北	华东	华南	华中	西北	西南
	值/序	值/序	值/序	值/序	值/序	值/序	值/序
2014	245.89/15.3	182.56/25.8	245.21/16	311.00/5.3	212.52/20.5	233.40/17.6	292.21/7.8
2015	252.00/20.0	221.67/23.2	257.96/18.8	332.03/4.3	240.65/19.8	268.97/15.6	310.73/7.4
2016	295.28/11.0	230.79/24.6	278.15/16.8	345.00/4.0	252.36/20.0	257.77/20.2	314.13/9.0
2017	283.89/14.3	220.39/25.2	270.51/17.2	333.92/5.3	254.35/18.5	260.97/17.8	323.28/8.6
2018	313.390/9.0	223.67/26.0	277.26/17.0	338.69/6.0	261.81/19.0	260.73/20.8	331.15/7.4
平均	278.09/13.9	215.81/25.0	265.82/17.2	332.13/5.0	244.34/19.6	256.37/18.4	314.30/8.0

4. 主要结论

首先，总体而言，东北地区的社会民生整体低于全国平均水平，且差距相对较大。在反映社会民生发展水平的 5 个方面（居民收入、居民消费、社会保障、社会公平、生态环境），东北三省在"居民收入""居民消费"和"社会保障"的发展水平较东南三省差距明显，其中以"社会保障"的差距最大，这是东北地区社会民生方面最显著的问题。

其次，动态来看，2014～2018 年，东北地区的指数得分提升相对较慢，意味着绝对能力的提升幅度较小，同时，东北地区的社会民生方面的相对排名提升也相对较慢，意味着相对于全国的比较优势在进一步减弱。

再次，分省来看，辽宁省社会民生水平较好，"社会公平"方面吉林省优于黑龙江省，其他方面两省相差不大。在全国各省相对排名的竞争中，东北三省中黑龙江省排名下降（从 2014 年的第 18 名下降到 2018 年的第 26 名），其他两省排名变化不大。东北三省在社会民生各分项指数上呈现不均衡发展，其中辽宁省的"居民收入"和"居民消费"较高，但"社会保障""社会公平"和"生态环境"较为薄弱，吉林省的"社会公平"最好，但"居民收入""社会保障"和"生态环境"相对较弱，黑龙江省的"居民消费"和"生态环境"较好，但"居民收入"和"社会保障"较薄弱。

最后，在单项指标方面，东北地区在"居民人均存款额""人均社会消费品零售额""空气质量达到及好于二级的天数""城乡中小学人均教师资源比""城乡每千人卫生技术人员比"及"PM2.5 平均浓度"的发展优于全国平均水平，其中尤以"人均社会消费品零售额"较好；而"城乡居民收入水平""城乡居民消费水平""养老金支出占比""城镇职工基本养老保险抚养比"及"人均公园绿地面积"相对较落后，相比全国平均水平不仅差距较大，且呈现进一步扩大趋势。

（七）东北地区地市级振兴进程评价

1. 各地市振兴指数总体分析

东北三省 34 个地级市[①]的综合测度涵括了政府治理、企态优化、区域开放、产业发展、社会民生和创新创业 6 个方面，共 30 项关键指标[②]。汇集了东北三省 2014～2018 年 6 个方面的指标信息，得到连续 5 年振兴指数得分。表 2-221 给出了 2014～2018 年东

[①] 黑龙江省的大兴安岭和吉林省的延边两个地区统计数据缺失较多，故暂未列入评价。

[②] 地市级指标体系尽量保持了与省级的一致性，并在上期报告的基础上进行了优化，囿于数据的可获得性及完备性，地市级层面的指标体系相对于省级仍有缩减，仅保留了 30 项指标，在 6 个分项中的分布基本均衡。

北三省 34 个地级市的振兴指数得分及各年的排序变化情况。基于此，将指数信息按空间分类、时间排列、优劣序化等方式整理后，形成多年指数得分的可视化集成图（见图 2-161 ~ 图 2-163），综合所有信息，给出如下分析。

表 2-221 2014~2018 东北三省 34 个地级市振兴指数得分及年排序

地级市	所属省	2014 年		2015 年		2016 年		2017 年		2018 年		得分变动	名次变动
		值	序	值	序	值	序	值	序	值	序		
大连	辽宁	70.1	2	72.8	1	74.6	1	81.3	1	80.7	1	10.6	1
沈阳	辽宁	70.5	1	71.0	2	72.1	2	76.6	2	76.1	2	5.6	-1
长春	吉林	62.3	4	66.7	3	68.8	3	65.2	3	68.2	3	5.8	1
哈尔滨	黑龙江	62.5	3	62.0	4	64.6	4	64.6	4	66.7	4	4.2	-1
鞍山	辽宁	57.7	5	56.6	6	55.5	7	61.3	5	63.2	5	5.5	0
营口	辽宁	55.7	7	56.3	7	54.3	10	60.1	6	60.9	6	5.2	1
锦州	辽宁	56.5	6	57.4	5	55.4	9	58.9	8	59.9	7	3.4	-1
辽阳	辽宁	52.7	10	54.6	9	55.4	8	58.9	7	59.9	8	7.2	2
本溪	辽宁	54.0	8	53.9	10	56.4	6	58.1	9	58.4	9	4.4	-1
牡丹江	黑龙江	49.4	16	46.8	18	44.0	23	46.4	22	57.0	10	7.6	6
吉林	吉林	52.4	11	54.7	8	58.8	5	57.3	10	56.6	11	4.2	0
抚顺	辽宁	49.1	17	50.8	12	50.7	13	52.1	13	55.4	12	6.3	5
阜新	辽宁	45.2	20	47.5	17	51.4	11	56.3	11	55.2	13	10.0	7
通化	吉林	50.2	13	50.6	12	49.9	15	54.1	12	54.4	14	4.2	-1
大庆	黑龙江	53.1	9	50.2	14	50.6	14	46.5	21	52.8	15	-0.3	-6
辽源	吉林	43.9	22	47.9	16	49.5	17	50.2	16	51.0	16	7.1	6
朝阳	辽宁	38.4	27	42.2	25	43.9	24	52.0	14	50.1	17	11.7	10
盘锦	辽宁	44.1	21	46.6	20	47.2	18	48.1	19	49.8	18	5.6	3
葫芦岛	辽宁	50.3	12	46.5	21	46.0	19	48.5	18	49.7	19	-0.5	-7
铁岭	辽宁	43.1	24	45.1	24	44.4	22	48.6	17	49.2	20	6.1	4
丹东	辽宁	49.8	15	51.2	11	49.6	16	51.4	15	49.0	21	-0.8	-6
四平	吉林	48.8	18	49.7	15	51.1	12	47.8	20	47.7	22	-1.1	-4
齐齐哈尔	黑龙江	46.9	19	46.8	18	39.9	27	40.8	25	45.9	23	-1.0	-4
松原	吉林	43.5	23	45.6	22	45.3	21	40.0	26	44.6	24	1.1	-1
白城	吉林	36.1	32	41.0	27	40.4	26	45.6	23	42.4	25	6.3	7
白山	吉林	37.4	30	41.0	28	41.2	25	40.2	27	42.2	26	4.8	4
佳木斯	黑龙江	50.1	14	46.1	22	45.5	20	45.1	24	40.2	27	-9.9	-13
绥化	黑龙江	36.7	31	35.4	31	36.1	29	34.5	31	40.1	28	3.4	3
鸡西	黑龙江	37.5	29	37.7	30	35.7	30	39.9	28	37.6	29	0.1	0

地级市	所属省	2014 年		2015 年		2016 年		2017 年		2018 年		得分变动	名次变动
		值	序	值	序	值	序	值	序	值	序		
黑河	黑龙江	37.8	28	38.7	29	35.3	31	37.0	30	35.3	30	-2.5	-2
双鸭山	黑龙江	40.6	25	42.0	26	38.9	28	37.1	29	35.3	31	-5.3	-6
七台河	黑龙江	35.1	33	32.8	33	28.3	34	32.0	34	33.4	32	-1.7	1
伊春	黑龙江	38.4	26	31.0	34	30.8	32	33.1	32	32.7	33	-5.7	-7
鹤岗	黑龙江	29.6	34	33.7	32	30.4	33	32.4	33	30.9	34	1.3	0

注：①得分变动为 2018 年与 2014 年的差值，正值表示成长，负值表示衰退；②名次变动为 2014 年与 2018 年的差值，正值为名次提升，负值为名次后退。

（1）东北三省 34 个地级市之间的发展水平存在较大差异，大部分地级市的发展水平均有待进一步提升

比较 2018 年各省指数得分最高城市和最低城市之间的差异，如黑龙江省哈尔滨市和鹤岗市相差 35.8 分、吉林省长春市和白山市相差 26.0 分、辽宁省大连市和丹东市相差 31.6 分，可以看出 34 个地级市的发展水平在省内及省际之间的差异明显。此外，东北三省 34 个地级市中，最高指数得分超过 50 分的有 17 个城市（占比 50%），且只有沈阳、大连 2 个地级市的最高指数得分超过 70 分，有 11 个城市的指数得分低于 45 分（占比 32.4%），说明东北三省地级市的发展水平有待进一步提升。具体而言，黑龙江省最高指数得分超过 50 分的有哈尔滨、牡丹江、大庆 3 个城市，占比 25%；吉林省有长春、吉林、通化、辽源 4 个城市，占比 50%；辽宁省最高指数得分情况较好，除盘锦、葫芦岛、铁岭、丹东外其余 10 个地级市的最高指数得分均超过 50 分，占比 71.4%。东北三省振兴指数得分最高的城市分别为 2017 年的大连市（81.3 分）、2016 年的长春市（68.8 分）和 2018 年的哈尔滨市（66.7 分）。

（2）辽宁省和吉林省地级市总体呈现向上的发展态势，黑龙江省部分地级市存在较高的停滞甚至后退的风险

东北三省 34 个地级市 2018 年的连续排名较 2014 年有所提升的城市有 24 个，占比 70.6%，表明各地级市总体上有着较好的发展态势，其中，辽宁省除葫芦岛和丹东外，其他 12 个城市均呈现上升趋势，吉林省除四平外的 7 个地级市均呈现上升趋势，黑龙江省的表现相对较弱，仅有 5 个城市（鹤岗、绥化、鸡西、牡丹江、哈尔滨，占比 41.7%）呈现上升趋势，且有 3 个地级市（伊春、双鸭山、佳木斯）2018 年较 2014 年的连续排名下滑超过 20 名，存在较高的停滞甚至后退的风险。东北三省最优连续排名分别为 2017 年的大连市（第 1 名）、2016 年的长春市（第 11 名）和 2018 年的哈尔滨市（第 13 名）。整体而言，2014~2018 年，辽宁省和吉林省的平均连续排名呈现稳步增长的趋势，黑龙江省则呈现下降的趋势，但在 2018 年略有回升。辽宁省的平均连续排名明显高于吉林省和黑龙江省，年均提升 6.0 名，吉林省的连续排名年均提升 5.3 名；黑龙江省的平均排名呈现持续下降趋势，年均排名下降 1.2 名。

（3）五年中，东北三省有近半数地级市的相对排名退后，反映出相对优势在下降

单年排名的变化是相对能力此消彼长的反映，东北三省中有 16 个地级市（占比47.1%）的单年排名呈现下降趋势，相对发展能力被进一步缩减。具体而言，辽宁省的14 个地级市中，单年排名上升的有 9 个（占 64.3%），排名退后的有 5 个（占 35.7%），其中，朝阳市相对排名上升 10 名，葫芦岛和阜新市下降 7 名，分别为辽宁省上升与下降最快的城市；吉林省的 8 个地级市中，单年排名上升的有 4 个（占 50%），退后的有 3 个（占 37.5%），单年排名保持不变的有 1 个（12.5%），其中白城市相对较好，排名上升 7名，四平市下降 4 名，分别为吉林省上升和下降最快的两个城市；黑龙江省的 12 个地级市中，单年排名上升的有 3 个（占 25%），退后的有 8 个（占 66.7%），排名保持不变的有 1 个（占 8.3%），其中佳木斯市下降 13 名，成为黑龙江省下降最快的城市，牡丹江市上升 6 名，可见黑龙江省各地级市的发展倒退明显。

（4）东北三省部分地级市的振兴水平出现实质性退步

比较图 2 - 162 和图 2 - 163 可以看出，东北三省 34 个地级市中有 10 个地级市的连续排名和单年排名均呈现下降趋势，即这 10 个地级市出现实质性退步（占 29.4%），分别为大庆、葫芦岛、丹东、四平、齐齐哈尔、佳木斯、黑河、双鸭山、七台河和伊春，尤其以佳木斯市的倒退幅度最为突出，连续排名下降超过 50 名、单年排名下降超过 10 名。

（5）副省级及以上城市的发展水平明显优于其他城市，区域内发展呈现明显分化现象

大连、沈阳、长春、哈尔滨 4 个副省级及以上城市的发展水平明显优于其他城市，地级市的发展出现了较严重的区域分化现象。从图 2 - 163 可见，辽宁省的断层出现在省内平均排名第二的沈阳市和排名第三的鞍山市之间，各年差距基本保持平稳；吉林省的断层出现在省内平均排名第一的长春市和排名第二的吉林市之间，各年差距呈现波动上升趋势；黑龙江省的断层出现在排名第一的哈尔滨市和排名第二的大庆江市之间，2014 ~ 2017年差距存在上升趋势，2018 年略有回落。

综上可以判断，东北三省 34 个地级市之间的发展水平差异明显，副省级及以上城市的发展水平明显优于其他城市，且大部分城市的发展水平不高（有 17 个城市的指数得分低于 50 分），东北三省地级市的发展水平有待进一步提升。此外，虽然大部分城市的绝对发展水平呈现上升趋势，但仍有 10 个地级市出现实质性退步，其中尤以佳木斯市的倒退幅度最为突出。从地市级指标体系及数据分析的结果来看，辽宁省呈现稳步上升的发展态势；吉林省基本呈现上升趋势，但在 2017 年连续排名和单年排名均有所下降、出现实质性倒退，2018 年连续排名有所提升、单年排名仍略微下降，相对发展能力有待进一步提升；黑龙江省于 2014 ~ 2018 年出现实质性退步。

2. 地市级振兴分项指数分析

本书对相关数据进行统计形成 2014 ~ 2018 年东北三省地级市振兴分项指数得分及单年排序表，如表 2 - 222、表 2 - 223 所示。

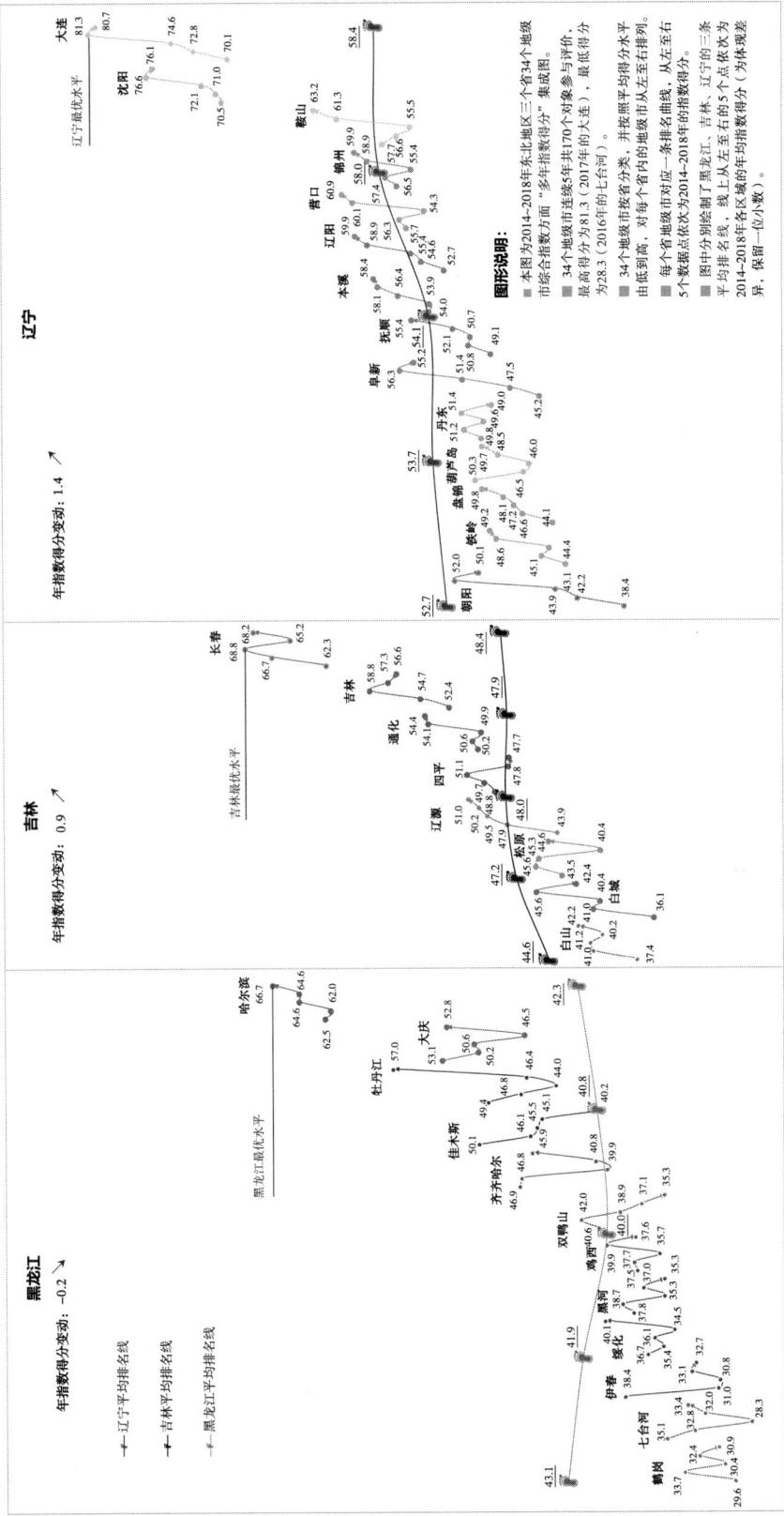

图 2-161　2014~2018 年东北三省 34 个地级市振兴指数得分变动情况

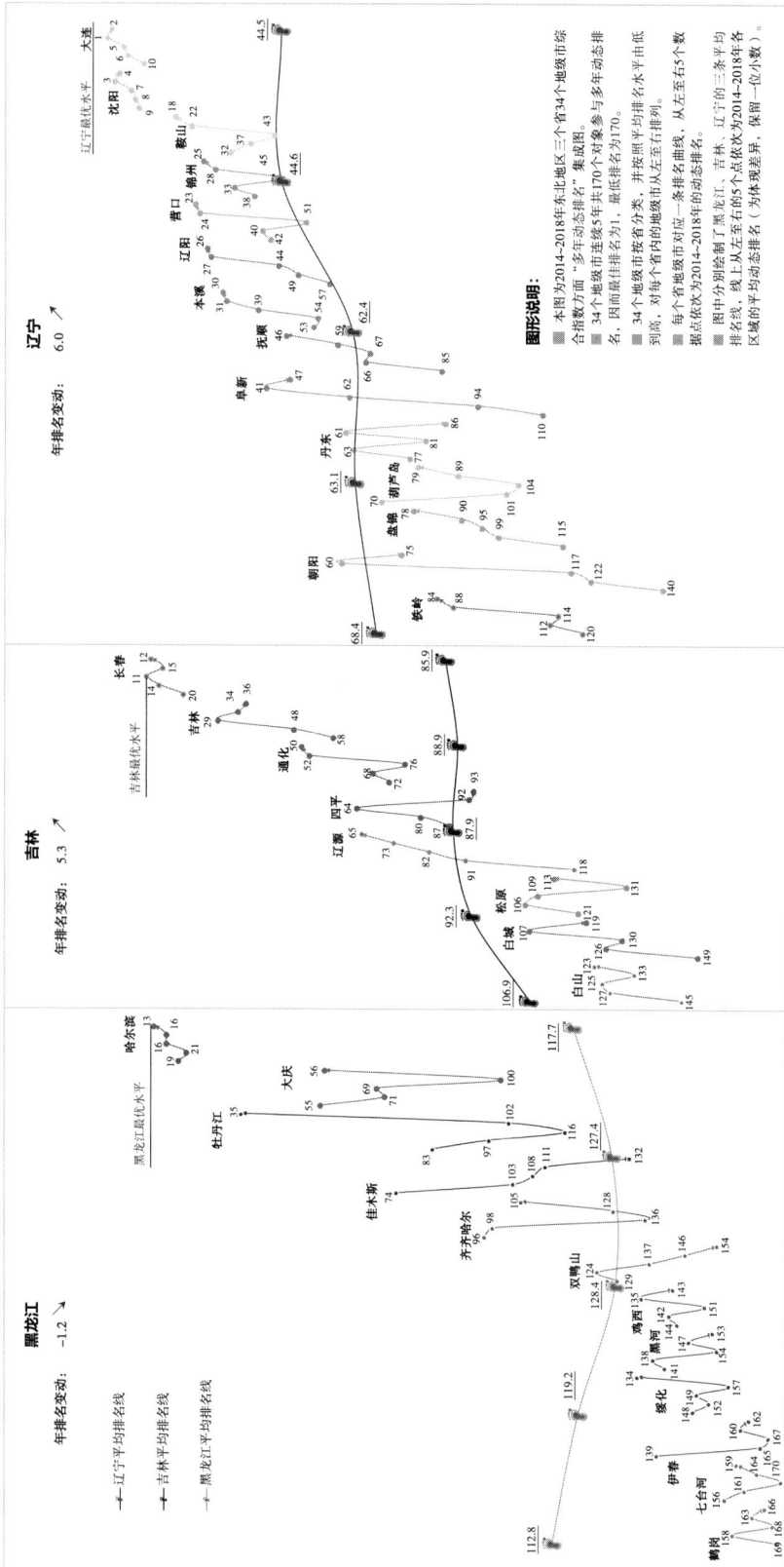

图 2-162 2014~2018 年东北三省 34 个地级市振兴指数多年连续排名变动情况

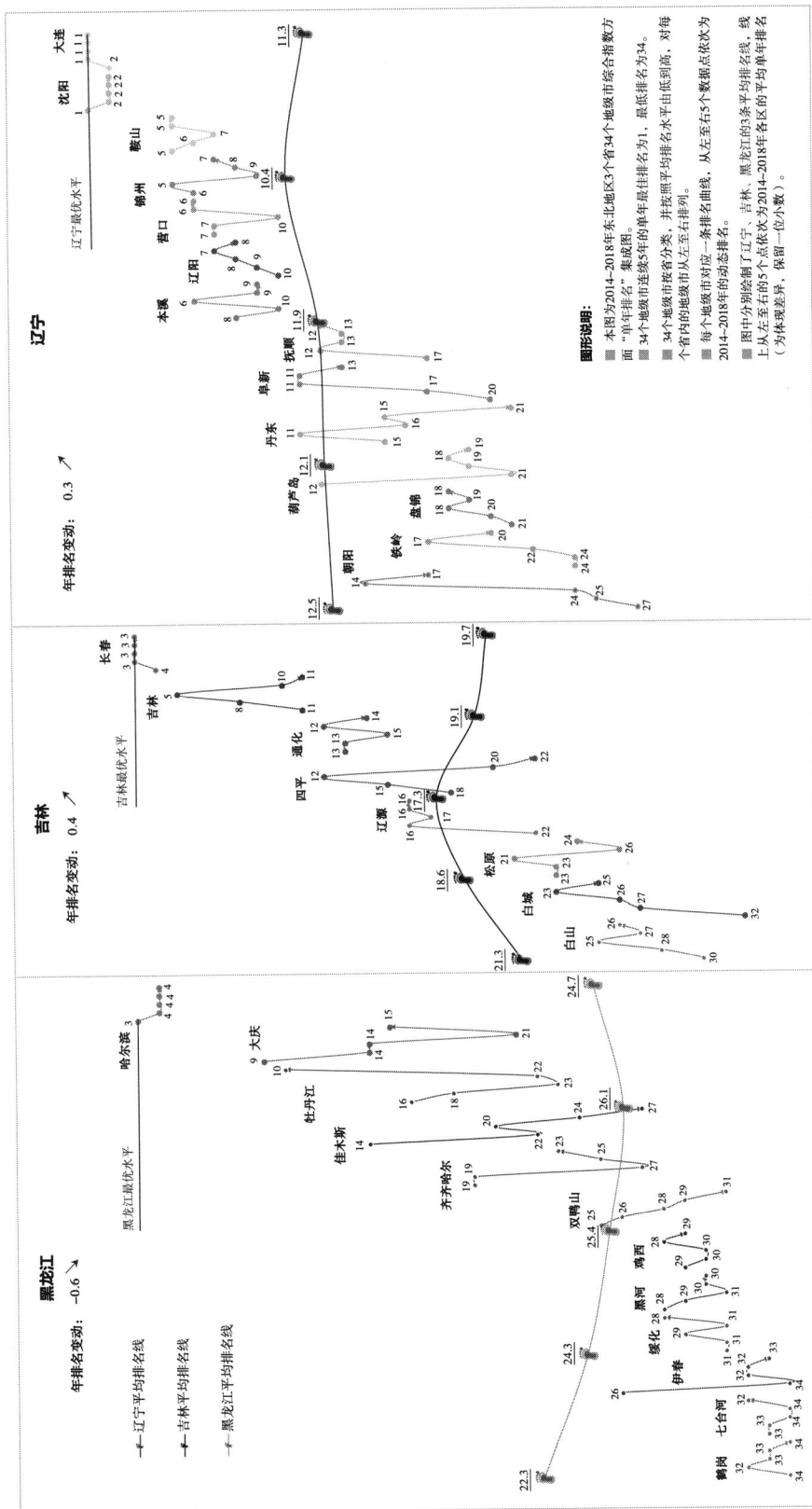

图 2-163　2014～2018 年东北三省 34 个地级市振兴指数单年排名变动情况

表 2 – 222　东北三省分项指数得分及排序

省份	区域开放	社会民生	创新创业	政府治理	企态优化	产业发展	振兴指数
辽宁	54.22/11.1	65.16/11.2	36.53/15.1	47.69/14.3	53.91/16.4	67.85/14.2	54.23/12.1
吉林	39.31/20.5	54.18/23.8	35.79/15	42.57/17.2	64.91/8.9	57.39/21.5	49.03/17.4
黑龙江	34.65/23	56.51/20.6	25.12/22	34.43/21.5	40.41/24.6	61.61/18.7	42.12/23.9
三省平均	43.8/17.5	59.52/17.5	32.33/17.5	41.8/17.5	51.73/17.5	63.19/17.5	48.73/17.5

表 2 – 223　东北三省各地级市分项指数得分及排序

市	年份	区域开放	社会民生	创新创业	政府治理	企态优化	产业发展	振兴指数
鞍山	2014~2018	53.07/9.8	68.1/6.2	46.2/6.6	56.06/8.8	55.6/14.8	64.79/17.2	57.3/6.2
	2014	49.05/9	62.04/4	50.55/7	71.57/6	51.85/19	51.68/19	56.12/5
	2015	45.91/12	68.08/4	46.47/7	63.33/7	44.6/19	60.15/15	54.76/6
	2016	55.69/9	69.86/7	43.53/7	44.49/14	45.27/23	64.74/17	53.93/9
	2017	57.92/10	69.79/8	45.32/6	51.52/8	62.95/11	72.43/19	59.99/5
	2018	56.78/9	70.73/8	45.15/6	49.38/9	73.31/2	74.93/16	61.71/6
本溪	2014~2018	61.08/6	70.62/4.2	35.99/9.6	47.36/14.2	55.85/14.6	62.62/19.6	55.59/7.8
	2014	61.25/4	60.46/7	44.57/8	43.97/20	55.12/14	56.42/17	53.63/8
	2015	54.96/7	68.57/3	40.74/9	58.45/11	38.77/24	58.22/19	53.28/8
	2016	60.77/5	70.45/5	38.74/9	49.1/11	59.95/8	56.24/22	55.87/6
	2017	63.51/8	75.35/4	28.71/12	43.66/16	62.1/13	72.12/20	57.58/8
	2018	64.9/6	78.29/4	27.17/10	41.64/13	63.31/14	70.11/20	57.57/9
朝阳	2014~2018	38.54/20.4	52.71/26	20.74/27.6	26.10/26.8	52.99/17.2	75.99/7	44.51/22
	2014	32.60/24	36.24/32	26.67/29	30.80/28	34.83/31	63.01/10	37.36/29
	2015	28.38/25	49.57/30	23.81/31	33.80/24	38.65/25	71.75/7	40.99/26
	2016	34.52/20	52.08/28	23.02/28	23.79/27	49.34/20	75.48/6	43.04/24
	2017	51.06/13	61.92/20	15.16/26	25.04/27	72.65/3	86.12/7	51.99/14
	2018	46.14/15	63.73/20	15.06/24	17.06/28	69.48/7	83.61/5	49.18/17
大连	2014~2018	86.25/2.2	72.58/2.8	78.30/1	79.30/1.2	55.16/15.4	75.79/7.6	74.56/1
	2014	62.78/3	61.45/5	83.80/1	82.36/1	59.32/10	68.42/7	69.69/1
	2015	62.45/3	73.99/1	83.41/1	82.35/1	45.94/17	78.37/2	71.09/1
	2016	81.64/2	73.41/2	83.8/1	80.45/1	49.59/19	69.68/11	73.10/1
	2017	111.91/1	74.09/1	69.79/1	79.57/1	60.04/14	83.56/9	79.83/1
	2018	112.47/2	79.96/2	70.69/1	71.77/2	60.89/17	78.90/9	79.11/1
丹东	2014~2018	54.89/9.8	61.40/15.2	25.22/19.6	46.5/14.2	39.6/27.2	74.04/8.2	50.28/14.8
	2014	59.54/6	55.35/19	28.63/21	56.49/13	38.64/29	61.23/11	49.98/14
	2015	51.16/10	55.81/23	30.14/19	63.51/6	38.36/27	66.89/10	50.98/12
	2016	55.15/10	60.68/16	28.97/19	37.30/18	43.11/25	73.05/8	49.71/14
	2017	56.86/11	66.65/9	18.92/21	43.72/15	36.90/28	88.3/5	51.89/15
	2018	51.74/12	68.53/9	19.47/18	31.49/19	40.97/27	80.73/7	48.82/19

市	年份	区域开放	社会民生	创新创业	政府治理	企态优化	产业发展	振兴指数
抚顺	2014～2018	42.59/16.8	70.17/4.8	25.65/19.2	54.53/9	57.57/13	50.20/27.8	50.12/15.2
	2014	43.23/15	63.76/2	32.83/17	60.86/10	45.95/23	39.85/28	47.75/17
	2015	37.60/20	66.14/7	32.24/16	61.35/8	49.70/15	49.73/24	49.46/14
	2016	47.76/13	70.41/6	25.03/23	49.25/10	58.54/9	45.00/31	49.33/15
	2017	39.45/18	72.17/6	21.29/18	51.00/9	62.65/12	57.53/28	50.68/16
	2018	44.93/18	78.36/3	16.85/22	50.19/8	70.98/6	58.88/28	53.36/14
阜新	2014～2018	33.17/24	64.48/11.8	46.20/7.2	26.69/25.4	56.45/14.6	75.34/8.4	50.39/14.8
	2014	26.02/26	58.14/14	42.26/10	33.86/24	52.34/18	57.34/15	45.00/19
	2015	26.36/28	64.93/8	54.29/5	29.62/27	42.11/23	61.75/13	46.51/17
	2016	37.65/21	67.14/9	52.71/6	17.03/30	53.38/14	75.39/7	50.55/13
	2017	38.73/19	65.48/12	41.01/8	33.50/21	66.71/7	89.92/3	55.89/12
	2018	37.08/26	66.71/16	40.72/7	19.44/25	67.71/11	92.29/4	53.99/13
葫芦岛	2014～2018	44.43/15.8	54.13/24.8	18.71/29.6	31.75/22.4	58.53/12.4	68.41/13.2	45.99/20.6
	2014	47.86/12	54.42/20	27.67/25	45.36/19	53.09/17	59.23/14	47.94/16
	2015	36.03/22	57.07/19	19.91/34	33.91/23	52.81/13	64.55/11	44.05/24
	2016	42.90/14	52.8/27	19.37/31	25.45/24	55.67/11	67.06/13	43.87/23
	2017	51.60/12	55.79/27	12.35/31	29.22/24	58.25/17	72.96/18	46.70/20
	2018	43.74/19	50.57/31	14.24/27	24.78/22	72.81/4	78.27/10	47.40/20
锦州	2014～2018	63.53/5.2	62.01/15.4	34.56/11.8	50.19/12.4	55.37/16.6	73.75/10.8	56.57/6.8
	2014	59.89/5	55.97/18	40.87/12	61.75/9	54.71/15	59.43/13	55.44/6
	2015	58.08/5	62.59/11	35.78/12	59.10/10	58.10/11	63.99/12	56.27/5
	2016	62.61/4	64.07/12	37.47/12	47.02/13	48.88/22	65.70/16	54.29/8
	2017	73.39/5	63.15/17	32.00/11	46.58/13	50.26/22	82.70/12	58.01/7
	2018	63.70/7	64.27/19	26.69/12	36.49/17	64.87/13	96.96/1	58.83/8
辽阳	2014～2018	53.84/9.6	67.70/7.6	41.98/8.4	45.93/15.4	52.39/18	62.95/18.4	54.13/10.4
	2014	48.70/10	60.23/8	50.57/6	52.10/15	41.09/28	51.47/20	50.69/13
	2015	51.23/9	64.93/9	36.90/11	57.67/13	44.44/20	58.83/18	52.34/10
	2016	59.40/7	68.05/8	38.47/10	37.28/19	50.71/18	67.39/12	53.55/10
	2017	58.59/9	71.29/7	43.63/7	39.13/18	63.43/9	66.52/23	57.10/9
	2018	51.29/13	74.01/6	40.35/8	43.46/12	62.26/15	70.54/19	56.99/10
盘锦	2014～2018	57.92/7.2	60.35/17	23.40/22	47.63/14	40.26/26.8	45.82/30	45.90/20.6
	2014	50.45/8	51.08/24	27.74/24	48.44/16	44.05/25	42.74/27	44.08/22
	2015	61.91/4	58.58/17	22.36/33	57.10/15	35.27/29	36.88/31	45.35/21
	2016	60.26/6	59.60/19	25.45/22	40.51/16	43.13/24	47.49/30	46.08/20
	2017	63.74/7	64.24/14	21.38/15	47.94/12	32.04/30	51.97/30	46.89/19
	2018	53.23/11	68.22/11	20.05/16	44.16/11	46.81/26	50.00/32	47.08/21

续表

市	年份	区域开放	社会民生	创新创业	政府治理	企态优化	产业发展	振兴指数
沈阳	2014~2018	65.24/5.2	76.86/1.2	67.90/2	70.91/3.4	63.84/8.2	83.32/2.8	71.34/2
	2014	68.58/1	67.47/1	72.39/2	72.46/4	63.73/6	69.89/5	69.09/2
	2015	53.30/8	73.92/2	73.12/2	73.86/2	62.91/8	75.60/3	68.79/2
	2016	58.93/8	78.75/1	75.46/2	69.17/4	55.46/12	83.21/2	70.16/2
	2017	74.12/4	80.66/1	59.22/2	73.94/3	68.24/5	91.80/2	74.66/2
	2018	71.27/5	83.51/1	59.30/2	65.10/4	68.87/10	96.09/2	74.02/2
铁岭	2014~2018	45.71/15.4	60.86/16	27.76/16	29.26/23.6	53.25/17.6	63.55/18	46.73/19.2
	2014	45.55/14	50.19/25	36.34/14	39.21/21	49.90/20	43.98/26	44.19/21
	2015	49.01/11	56.59/21	29.41/21	34.38/22	45.40/18	61.08/14	45.98/18
	2016	36.02/24	64.79/11	29.59/18	26.20/23	50.82/17	61.94/19	44.89/22
	2017	49.01/14	64.28/13	22.38/14	22.20/29	59.73/15	79.59/13	49.53/17
	2018	48.95/14	68.46/10	21.10/13	24.32/23	60.38/18	71.18/18	49.06/18
营口	2014~2018	58.78/7.8	70.26/4.4	18.75/30.6	55.45/9.2	57.88/12.6	73.36/9.8	55.75/7.6
	2014	57.84/7	60.78/6	21.87/34	62.19/8	54.12/16	67.26/9	54.01/7
	2015	57.64/6	67.85/5	24.53/30	57.97/12	48.81/16	68.70/9	54.25/7
	2016	52.35/12	72.47/3	21.29/30	47.97/12	50.91/16	70.30/10	52.55/11
	2017	64.35/6	74.57/3	13.29/30	54.31/7	63.28/10	82.93/10	58.79/6
	2018	61.72/8	75.65/5	12.80/29	54.80/7	72.28/5	77.63/11	59.15/7
白城	2014~2018	39.31/20.5	54.18/23.8	35.79/15	42.57/17.2	64.91/8.9	57.39/21.5	49.03/17.4
	2014	39.40/19.8	43.25/32.8	21.48/26.6	20.94/28.8	50.38/21	67.61/14.4	40.51/27.2
	2015	40.61/18	31.80/33	25.60/31	23.94/31	41.14/27	50.61/21	35.62/32
	2016	37.01/21	46.38/33	25.78/25	25.39/30	43.75/21	59.08/17	39.57/29
	2017	38.03/19	43.30/33	24.39/24	18.60/28	48.92/21	66.52/14	39.96/26
	2018	38.45/20	45.74/33	15.10/22	30.37/23	59.56/16	84.88/8	45.68/23
白山	2014~2018	42.87/21	49.01/32	16.52/23	6.42/32	58.54/20	76.97/12	41.72/26
	2014	39.05/20	51.61/27.6	24.86/21	23.07/29	55.07/15.8	49.13/27.8	40.46/26.2
	2015	37.41/21	40.43/30	32.61/18	29.77/30	55.72/12	30.10/33	37.67/28
	2016	38.95/18	53.00/25	26.96/25	26.43/29	57.41/12	38.33/30	40.18/27
	2017	38.77/17	54.64/25	28.50/20	25.21/26	50.96/15	50.13/27	41.37/25
	2018	38.07/22	54.23/28	18.56/22	20.13/30	52.38/21	61.58/27	40.82/26
吉林	2014~2018	42.03/22	55.77/30	17.70/20	13.82/30	58.87/19	65.52/22	42.28/25
	2014	40.43/18.4	68.77/6.2	36.01/10.2	53.43/11	66.09/6.6	64.26/17.8	54.83/8.8
	2015	41.48/17	59.83/9	43.21/9	58.73/11	60.11/8	45.26/25	51.44/9
	2016	37.73/19	66.48/6	39.91/10	53.61/17	64.36/6	56.43/20	53.09/9
	2017	41.71/15	71.44/4	37.80/11	59.25/7	70.11/4	66.07/15	57.73/5
	2018	38.07/21	72.97/5	32.42/10	50.87/10	66.90/6	77.80/16	56.50/10

续表

市	年份	区域开放	社会民生	创新创业	政府治理	企态优化	产业发展	振兴指数
辽源	2014~2018	43.18/20	73.12/7	26.70/11	44.68/10	68.98/9	75.72/13	55.40/11
	2014	21.80/31.2	54.30/25.6	38.24/9	53.94/10.4	75.93/1.6	39.13/31.8	47.22/18.8
	2015	18.07/32	47.41/28	41.90/11	57.87/12	68.36/3	23.24/34	42.81/23
	2016	17.88/32	51.54/28	43.53/8	57.37/14	73.57/2	31.38/33	45.88/20
	2017	22.14/30	55.78/22	40.20/8	59.93/6	78.00/1	33.47/34	48.25/17
	2018	21.43/31	57.86/24	34.13/9	56.49/6	80.13/1	45.09/33	49.19/18
四平	2014~2018	29.46/31	58.90/26	31.45/9	38.05/14	79.61/1	62.49/25	49.99/16
	2014	37.03/22	52.42/28.6	27.47/16.4	42.55/17.4	61.57/11.4	60.67/19.8	46.95/18.6
	2015	37.28/22	50.07/26	33.18/16	54.56/14	68.13/4	39.00/29	47.04/18
	2016	32.24/24	51.12/29	31.73/18	55.63/16	63.18/7	46.39/27	46.71/16
	2017	36.70/23	51.12/29	31.41/15	43.09/15	70.68/3	61.33/20	49.05/16
	2018	39.56/17	53.73/30	20.50/19	32.17/22	56.34/19	75.64/17	46.32/21
松原	2014~2018	39.36/24	56.08/29	20.54/14	27.32/20	49.52/24	80.96/6	45.63/22
	2014	24.92/29.4	44.70/32	19.55/29.2	51.27/11.2	72.36/4.8	46.90/28.2	43.28/23.8
	2015	19.83/31	37.94/31	23.12/33	63.30/7	78.69/1	31.73/31	42.44/24
	2016	23.69/29	46.43/32	22.46/32	59.21/9	76.26/1	38.46/29	44.42/23
	2017	23.74/29	44.10/32	23.28/27	55.55/8	73.18/2	49.75/28	44.93/21
	2018	25.34/28	46.01/32	14.59/28	46.11/14	66.23/8	46.58/32	40.81/27
通化	2014~2018	32.00/30	49.00/33	14.31/26	32.15/18	67.43/12	68.00/21	43.81/24
	2014	39.03/20.8	58.79/19.8	63.61/3	26.50/26	70.41/3.8	56.31/24	52.44/12.4
	2015	47.85/13	49.27/27	69.75/3	33.35/25	66.81/5	38.84/30	50.98/12
	2016	39.28/17	56.98/20	66.50/3	27.23/28	69.84/3	44.33/28	50.69/13
	2017	34.45/26	57.66/20	66.83/3	25.41/25	69.77/6	51.81/26	50.99/12
	2018	34.88/23	64.15/15	59.19/3	28.54/25	72.81/2	71.25/22	55.14/13
长春	2014~2018	38.68/25	65.89/17	55.78/3	17.94/27	72.81/3	75.31/14	54.40/12
	2014	72.86/2.4	59.62/18	55.12/4.2	68.84/3.8	67.46/6	75.10/7.8	66.50/3
	2015	64.24/2	58.87/11	55.24/5	72.24/5	59.35/9	67.99/8	62.99/3
	2016	69.32/1	62.09/12	56.52/4	69.06/4	68.98/4	73.28/5	66.54/3
	2017	72.91/3	62.95/14	60.24/4	72.02/3	69.90/5	76.23/4	69.04/3
	2018	74.92/3	54.08/29	51.99/4	65.25/4	69.89/4	78.71/14	65.80/3
大庆	2014~2018	82.91/3	60.11/24	51.63/3	65.64/3	69.18/8	79.31/8	68.13/3
	2014	34.65/23	56.51/20.6	25.12/22	34.43/21.5	40.41/24.6	61.61/18.7	42.12/23.9
	2015	44.84/17.4	64.24/11.4	28.39/15.6	66.3/4.4	52.57/16.8	34.06/33.2	48.4/16.4
	2016	38.41/19	58.81/12	34.51/15	74.34/2	71.53/2	30.47/32	51.34/10
	2017	39.42/16	62.99/10	32.57/15	66.16/5	64.68/5	22.81/34	48.11/15
	2018	37.63/22	66.83/10	30.71/16	66.82/5	42.59/26	40.54/32	47.52/18

市	年份	区域开放	社会民生	创新创业	政府治理	企态优化	产业发展	振兴指数
哈尔滨	2014~2018	32.72/26	65.57/11	25.21/13	62.67/5	43.27/23	36.80/34	44.37/24
	2014	76.01/4	67.01/14	18.92/19	61.49/5	40.79/28	39.69/34	50.65/15
	2015	47.87/13.2	61.31/16.4	52.29/5	73.29/2.2	52.19/18.2	88.06/1.4	62.5/4.2
	2016	42.66/16	57.09/17	58.76/4	73.01/3	46.59/22	85.04/1	60.52/4
	2017	41.32/14	58.82/16	51.90/6	71.38/3	52.51/14	84.76/1	60.11/4
	2018	53.44/11	60.30/17	54.23/5	73.24/2	54.09/13	85.69/1	63.5/4
鹤岗	2014~2018	48.12/15	62.86/19	46.72/5	74.05/2	54.54/20	92.04/1	63.06/4
	2014	53.81/10	67.47/13	49.86/5	74.77/1	53.24/22	92.75/3	65.32/5
	2015	23.24/29.4	60.02/18	21.93/24.6	14.41/32.2	23.22/33.4	54.34/25.6	32.86/32.6
	2016	12.74/33	53.21/22	27.89/23	20.05/32	19.49/34	47.24/24	30.1/34
	2017	19.96/31	60.69/13	26.38/26	18.59/32	26.24/33	53.90/22	34.29/32
	2018	24.09/28	57.50/21	21.80/29	16.01/31	27.01/33	52.55/25	33.16/32
黑河	2014~2018	26.93/27	63.69/16	16.44/24	12.84/32	23.00/33	61.93/26	34.14/32
	2014	32.50/28	65.02/18	17.11/21	4.54/34	20.35/34	56.10/31	32.60/33
	2015	24.16/29	56.85/22	20.66/27.6	25.83/26.6	43.97/24.6	59.90/21	38.57/28.8
	2016	24.17/27	52.06/23	27.09/27	32.30/26	45.08/24	56.58/16	39.55/26
	2017	26.49/27	53.45/24	28.92/23	30.96/26	43.71/22	54.04/21	39.60/28
	2018	24.31/27	59.85/18	23.54/26	18.56/29	41.24/27	53.89/23	36.90/31
鸡西	2014~2018	20.61/32	58.42/22	11.87/32	23.88/28	42.11/25	78.10/15	39.17/29
	2014	25.24/32	60.48/23	11.90/30	23.42/24	47.72/25	56.90/30	37.61/30
	2015	36.91/20.8	58.70/20	20.57/26	28.79/24.6	29.59/30.2	57.89/22.6	38.74/28.8
	2016	30.47/25	57.42/15	27.58/26	29.96/29	20.27/33	52.51/18	36.37/31
	2017	39.76/15	58.57/18	29.62/20	31.34/25	19.02/34	51.91/23	38.37/30
	2018	38.79/16	55.04/24	17.39/32	29.15/22	29.07/31	59.57/21	38.17/29
佳木斯	2014~2018	34.36/25	60.81/21	19.67/20	28.25/26	42.30/24	64.28/25	41.61/25
	2014	41.14/23	61.68/22	8.58/32	25.26/21	37.27/29	61.2/26	39.19/29
	2015	38.96/19.4	57.15/22	25.35/21.4	35.61/20.8	38.50/26.2	78.22/6	45.63/20.4
	2016	34.52/23	58.21/13	26.94/28	45.97/18	55.4/13	72.79/2	48.97/15
	2017	35.08/23	56.17/22	29.35/22	43.71/19	36.17/28	74.90/4	45.90/19
	2018	38.41/18	55.44/23	35.06/13	34.20/21	34.22/29	81.82/3	46.53/19
牡丹江	2014~2018	41.22/16	57.76/25	21.34/16	35.64/20	29.59/31	89.11/4	45.78/22
	2014	45.57/17	58.14/27	14.05/28	18.54/26	37.11/30	72.49/17	40.98/27
	2015	83.04/5.2	56.91/21.8	29.52/14.6	52.11/12.2	53.82/15.6	59.92/21	55.89/8.8
	2016	37.62/20	53.66/21	39.19/13	47.24/17	56.48/11	71.79/3	51.00/11
	2017	63.32/2	51.92/27	35.16/14	52.93/18	60.80/10	49.58/25	52.29/11
	2018	87.20/1	53.05/26	31.46/14	51.92/9	56.93/10	47.64/29	54.70/7

市	年份	区域开放	社会民生	创新创业	政府治理	企态优化	产业发展	振兴指数
七台河	2014~2018	96.67/2	58.35/23	21.34/17	48.24/11	40.42/26	71.56/21	56.09/11
	2014	130.42/1	67.59/12	20.43/15	60.24/6	54.45/21	59.01/27	65.36/4
	2015	8.50/34	55.25/24.6	16.13/31.8	11.41/32.8	37.16/28.6	62.32/18.8	31.79/33.2
	2016	8.89/34	57.22/16	25.62/30	14.99/34	36.18/30	60.58/12	33.91/33
	2017	8.67/34	52.54/26	24.75/29	12.54/33	34.22/31	60.01/16	32.12/33
	2018	6.97/34	49.39/30	14.19/34	12.51/33	27.12/32	62.58/18	28.79/34
齐齐哈尔	2014~2018	7.61/34	57.52/26	9.23/33	10.33/33	37.01/27	65.93/24	31.27/34
	2014	10.35/34	59.57/25	6.84/33	6.67/31	51.25/23	62.52/23	32.87/32
	2015	42.48/16.8	49.02/30	25.43/19.4	38.89/18.2	24.40/31.2	74.26/9.4	42.42/24.2
	2016	47.91/11	40.64/29	32.11/19	38.91/22	41.77/26	68.56/6	44.98/20
	2017	45.78/13	47.47/31	32.16/17	39.00/20	34.93/30	72.14/6	45.25/22
	2018	37.94/20	48.73/31	25.95/21	38.49/17	8.39/34	72.79/9	38.71/28
双鸭山	2014~2018	34.66/24	51.35/31	17.22/23	40.64/17	9.14/34	82.75/11	39.30/28
	2014	46.13/16	56.90/28	19.72/17	37.42/15	27.78/32	75.07/15	43.84/23
	2015	20.71/30.6	63.28/11.6	24.63/21.2	19.41/30	31.12/30.2	74.01/9.2	38.86/27.6
	2016	22.04/30	63.03/3	28.62/22	31.57/27	23.86/32	70.96/4	40.01/25
	2017	26.75/26	59.87/15	35.52/13	21.61/31	38.53/26	70.92/8	42.20/25
	2018	19.33/31	60.69/15	30.12/17	15.14/32	37.85/28	75.58/5	39.78/27
绥化	2014~2018	13.62/33	65.83/10	14.25/29	12.90/31	27.85/32	87.98/6	37.07/30
	2014	21.81/33	66.98/15	14.62/25	15.80/29	27.51/33	64.60/23	35.22/31
	2015	22.21/30.4	33.46/34	15.23/32	37.07/19.8	61.93/11.4	52.03/26.2	36.99/30
	2016	22.38/28	26.23/34	24.05/32	38.83/23	62.84/7	48.94/23	37.21/30
	2017	16.73/33	26.67/34	26.10/27	36.47/21	62.47/9	46.81/26	35.87/31
	2018	17.73/32	34.62/34	15.23/33	35.63/20	65.57/7	52.86/24	36.94/30
伊春	2014~2018	21.88/30	36.55/34	5.67/34	37.27/19	56.83/18	52.72/29	35.15/31
	2014	32.31/29	43.24/34	5.11/34	37.14/16	61.96/16	58.80/29	39.76/28
	2015	22.86/29.6	61.89/15.2	21.34/25	10.06/33.6	36.47/28.6	44.27/30.2	32.81/32.2
	2016	22.05/29	59.53/10	29.04/20	19.27/33	47.67/21	50.14/22	37.95/27
	2017	20.94/30	59.97/14	27.99/24	9.44/34	30.25/32	34.97/32	30.59/34
	2018	14.31/33	63.11/13	24.00/25	9.28/34	30.98/30	40.48/33	30.36/33

（1）34个地级市在6项分项指数的平衡发展上存在较大差异

由图2-164可以看出，东北三省34个地级市在6个分项指数的平衡发展上存在较大差异，其中，发展比较均衡的城市有沈阳、长春、鞍山、辽阳、大连等，发展较不均衡的有双鸭山、七台河、朝阳、营口、鹤岗等。在分项指数上发展水平较高（指数得分超过80分）的有大连和牡丹江的"区域开放"，沈阳和哈尔滨的"产业发展"。此外，可以看出，黑龙江省和吉林省在区域开放方面有待进一步提升，除长春和牡丹江外，其他城市在该分项指数上的发展水平均不高，指数得分低于50分。就东北三省而言，辽宁省的"产业发展"和"社会民生"较强，平均得分分别为67.85和65.16；吉林省的"企态优化"较强，平均得分为64.91；黑龙江省的"产业发展"较好，平均得分为61.61；三省均在"创新创业"方面表现较差，辽宁、吉林、黑龙江在该分项指标上的平均得分分别为36.53、35.79和25.12。

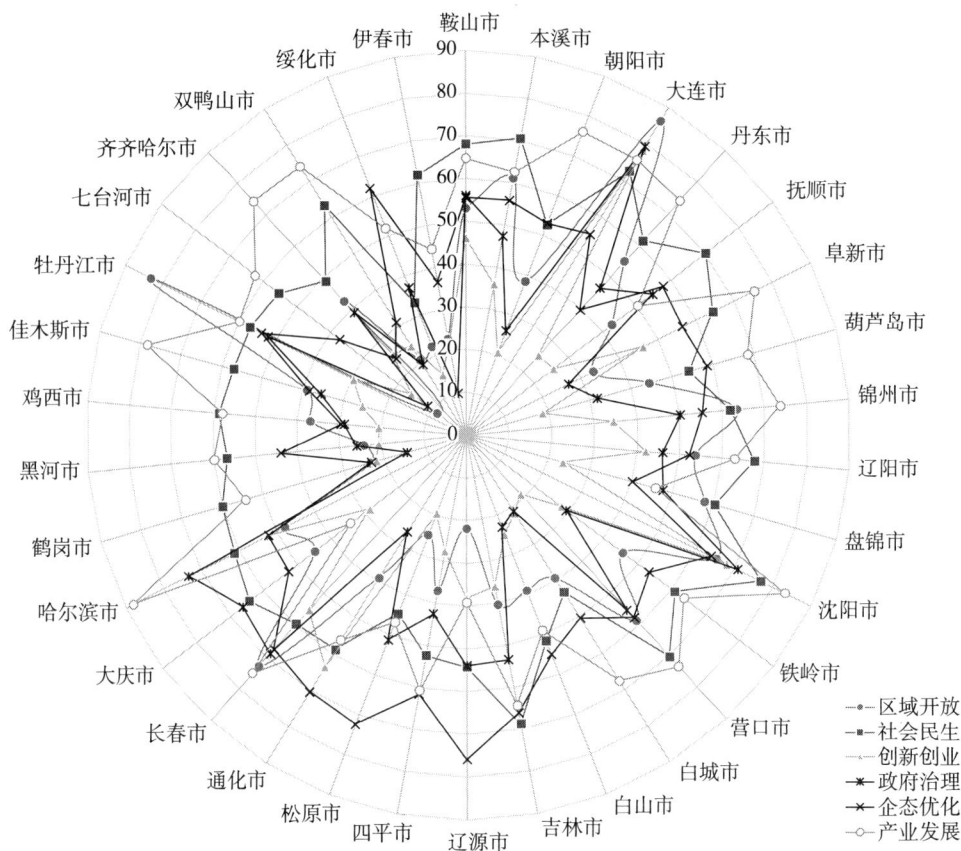

图 2-164   东北三省34个地级市在6个分项指数的平均得分

（2）振兴进展较大的地级市和振兴乏力的地级市之间的优劣势存在较大差别

通过振兴总指数的分析可以发现，振兴进展较快的地级市包括辽宁省的朝阳市和吉林省的辽源市等。分析这两个地级市的共同点可以发现，这些地级市几乎在所有6个分项上均有所增长，且在某些方面增长较快，表现出"一专多强"的特征。例如，两个城市除在"政府治理"方面外的其他5个分项指数上均有所增长，其中朝阳市在"企态优化"、辽源在"产业发展"方面的增长最明显。双鸭山呈现出明显的振兴乏力特征，在6个分项指标均呈现下滑趋势，其中以"产业发展"的下滑最为显著。

（3）区域开放、政府治理和创新创业成为东北三省地级市振兴乏力的主要原因

在"区域开放""政府治理"和"创新创业"方面，大部分地级市均表现出持续恶化或止步不前的态势，这成为振兴乏力的主要问题，尤其是在"区域开放"方面，有19个城市（占比55.9%）呈现下降态势。分省来看，辽宁省的地级市在"区域开放""创新创业"和"政府治理"方面下滑明显；吉林省的地级市在"区域开放"和"政府治理"方面下滑明显；黑龙江省的地级市在"创新创业""企态优化"和"产业发展"方面下滑明显。

3. 主要结论

第一，从发展水平看，东北三省34个地级市之间的发展水平存在较大差异。最高指数得分超过50分的有17个城市（占比50%），且只有沈阳、大连2个地级市的最高指数得分超过70分，此外有11个城市的指数得分低于45分（占比32.4%），说明东北三省地级市的发展水平有待进一步提升。副省级及以上城市的发展水平明显优于其他城市，东北三省地级市的发展出现了较严重的分化现象。

第二，从发展动态看，东北三省34个地级市2018年的连续排名较2014年有所提升的城市有24个，占比70.6%，表明各地级市总体上有着较好的发展态势。然而，通过对相对优势的分析，发现有16个地级市（占比47.1%）的单年排名呈现下降趋势，说明这些城市的相对发展能力被进一步缩减。此外，有10个地级市已出现实质性退步（占29.4%），分别为大庆、葫芦岛、丹东、四平、齐齐哈尔、佳木斯、黑河、双鸭山、七台河和伊春，尤其以佳木斯市的倒退幅度最为突出。

第三，东北三省34个地级市在6个分项指数的平衡发展上存在较大差异，其中，发展比较均衡的城市有沈阳、长春、鞍山、辽阳、大连等，发展较不均衡的有双鸭山、七台河、朝阳、营口、鹤岗等。就东北三省而言，辽宁省的"产业发展"和"社会民生"较强；吉林省的"企态优化"较好；黑龙江省的"产业发展"较好；三省均在"创新创业"方面表现较差。

第四，不同地级市振兴进展有着明显差异，如朝阳市和辽源市的振兴进展较快，表现出"一专多强"的特征；而双鸭山则呈现出明显的振兴乏力特征。通过对分项指数的增长状况的分析，发现"区域开放""政府治理"和"创新创业"是导致振兴乏力的主要原因，表现为大部分地级市在该三项指数上呈现出持续恶化或止步不前的态势，尤其是在"区域开放"方面，有19个城市（占比55.9%）呈现下降态势。

下篇 附录

一、东北老工业基地全面振兴
进程评价的机理

总体来看，一个地区的经济社会形态的形成与该地区政治、法律、文化、历史、区域资源禀赋和经济发展水平等密切相关。但是，上述因素只是影响一个地区经济社会形态的表象，而其形成的真正原因则在于政府、市场与社会间的互动。

（一）作为区域经济社会环境和区域
主体的政府、市场和社会

青木昌彦（2001）为了说明制度间的关系提出了域（Domain）这一概念。他根据每个参与人及其所面临的技术和意识上可选择的行动集合的不同，将经济中的域分为共有资源域、交易域、组织域、组织场、政治域以及社会交换域[①]。参与人可以是自然人也可以是组织，在所有的域中，每一个参与人对别人的策略选择进行预测，并以此为基础选择有利于自身报酬最大化的策略。存在于各个域之间的制度的共识性集合，构成了整体制度的配置，图 3-1 显示了博弈域的六种类型及其相互关系。在给出了域的概念后，青木昌彦

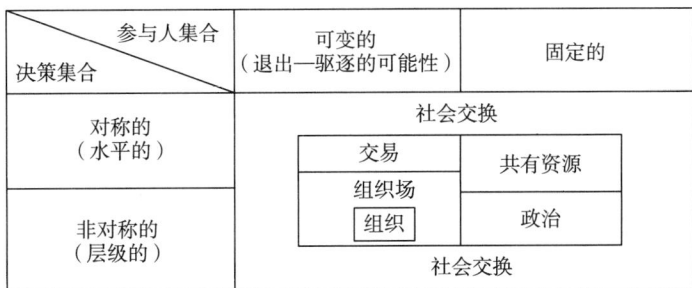

决策集合 ＼ 参与人集合	可变的（退出—驱逐的可能性）		固定的
对称的（水平的）	社会交换		
	交易	组织场	共有资源
非对称的（层级的）	组织		政治
	社会交换		

图 3-1 博弈域的六种类型

资料来源：青木昌彦. 比较制度分析 [M]. 周黎安译. 上海：上海远东出版社，2001：27.

[①] 关于各个域的内涵请参阅青木昌彦（2001）。

（2001）进一步指出，在某个域流行的制度从其他域的参与人角度看，由于个人认知与决策的有限理性，只要把它们看作外生参数，超出了自己的控制范围，它们就构成了一种制度环境，反之亦然。像这种共识性的相互依赖，构成了富有生命力的制度安排。

但是，当对青木昌彦关于域的定义进行进一步分析时发现，尽管青木昌彦称"任何域类型的划分不可能是在纯粹的技术上进行的，只能尽可能地根据域的技术特性来进行区别"，其定义虽然有利于分析单独某一个域的特征及其内部制度演化的规律，但对于经济体系的整体制度配置而言，在某一时段，一个经济主体可能同时从属于该定义上的几个域。例如，青木昌彦将组织域定义为经济主体根据协同行动进行财产的创造，并将其在成员之间进行分配，而将组织场定义为经济主体间通过匹配而创造出的组织。这样一来，经济活动的参与者可能既存在于组织域中（如作业团队、企业集团），也可能存在于组织场中（如战略联盟、虚拟企业），这将不利于对制度演化过程进行整体的把握。为此，本书将青木昌彦（2001）所区分的六个域分别归结到政府、市场与社会这三个域当中，它们分别作为这三个域的子域存在，如图3-2所示。其中，市场域可视为组织资源交换以及各种组织形式存在的场，公平竞争的理念和供求价格系统是其制度体系。社会域可视为人们为了满足其社会欲求，依靠一定的社会关联性创建出的各种社会集团（家庭、学校、社区等）的总和，社会制度体系（法律、风俗习惯、道德等）是社会成员间调整、控制相互关系的"公有秩序"。政府域则可视为在一定法律与契约结构下，以构建出匹配复杂动态环境的区域创新能力为目标的制度供给与协作的组织，是一个既具有政治属性又具有契约属性的一组契约联合网络，正当性是维系其存在的根本。

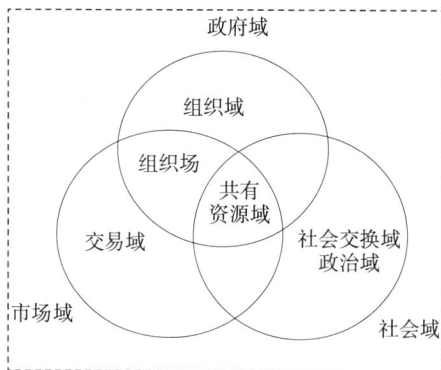

图3-2 对青木昌彦（2001）所定义的"域"的再界定

资料来源：笔者整理。

（二）政府、市场和社会三者之间的关系

根据上述划分，政府、市场和社会的共同运动及相互作用，可看作是一个社会经济系

统结构与运行的主要内容。进一步从交易主体的决策原则与交易主体之间的相互关系特征来看政府、市场和社会的本质,如果设在市场中,作为交易主体的决策原则为 M_1 = 价格:各交易主体把价格作为信息媒体,在追求利益最大化的动机下,进行自由交易。交易主体之间的相互关系原则为 M_2 = 自由的进入和退出:意味着交易参与者被赋予了根据自己所有的资源、能力以及偏好,进行自由信息披露的机会。

而在社会中,交易主体的决策原则为 S_1 = 权威:各交易参与者为社会全体成员,以制度与规范为基础来对交易进行调节。交易主体之间的相互关系原则为 S_2 = 固定、长期的交易:交易参与者维持固定不变的伙伴关系,交易的参与和退出原则上不能自由选择。

根据以上假设,二维向量(M_1 , M_2)表示纯粹的市场交易,(S_1 , S_2)则表示纯粹的社会交易。第一维向量是"决策原则",第二维向量是"关系原则"。然而,构成现实资源配置的各种交易中,并不仅仅是这种纯粹的形式,还有许多带有中间色彩的交易类型①。本书把含有中间形态的"决策原则"(M_1 , $M_1 + S_1$, S_1)以及"关系原则"(M_2 , $M_2 + S_2$, S_2)组合在一起,共有七种,如图3-3所示②。在这七种组合当中,维系交易主体之间的"决策原则"与"关系原则",既不是纯粹的市场交易,又非纯粹的社会交易,实质上是由政府组织的"契约性"和"行政性"所衍生的交易主体所具有的特征,如现代政府与企业的关系、依靠组织内权威来配置资源等,这些决定了政府作为中间组织存在的所特有的特征。换言之,企业是市场与社会的中间组织。

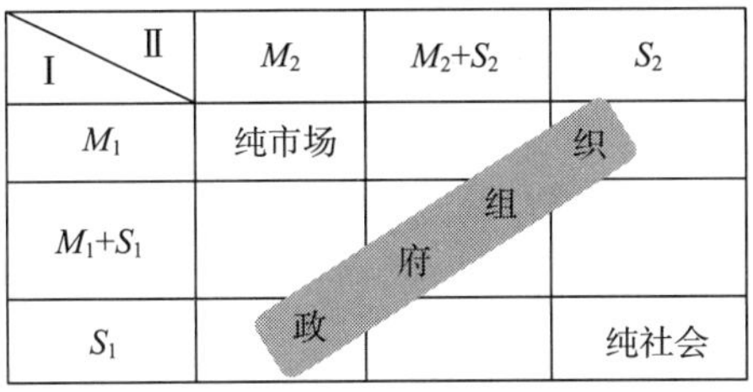

I ＼ II	M_2	$M_2 + S_2$	S_2
M_1	纯市场		织
$M_1 + S_1$		组府	
S_1	政		纯社会

图3-3　作为市场与社会中间组织的政府

资料来源:笔者整理。

从政府、市场与社会的生成来看,在人类产生伊始,依靠血缘、亲缘与地缘所维系的氏族内部及氏族之间的关系构成了原始社会的社会体系。随着私人物品在生活中变得日益

---

① 例如,作为交易参加者的决策原则,具有介于 M_1 和 S_1 之间的中间形态,用 $M_1 + S_1$ 来表示。适用于这一公式的可能形态是,尽管双方在最终阶段的交易是按照权威发出的指令进行的,但是交易进行到最终阶段之前,即在中间交易过程中,也存在带有 M_1 特点的信息交换及自由竞争机制作用于其中的情况。如在计划经济时代的企业的资源配置中,采用将实际价格作为一种信息媒介的分权制计划机制时,它就是 $M_1 + S_1$ 中的一种。另外,关于参与交易的交易主体之间的相互关系原则同样也存在中间形态 $M_2 + S_2$,在这种情况下存在的可能是,从原理上说是自由参加交易和自由退出交易的 M_2 型,但实际上在交易对象之间已经建立起固定和持续的交易关系,以致自由的参与和退出的机制不会起到作用。

② 该模型借鉴了今井贤一、伊井丹敬之(1982)关于市场原理与组织原理相互渗透的思想。具体请参见:今井贤一,伊井丹敬之,小池和男. 内部组织的经济学 [M]. 金洪译. 北京:生活·读书·新知三联书店,2004:150-158.

重要，简单的物物交换逐渐发展为以部落、氏族首领为代表，在生产不同产品的部落、氏族之间进行，形成了市场的雏形。由于金属工具的使用、第二次社会的大分工，国家的出现以及庄园制经济的解体、地租货币化、城市化、行商的活跃等一系列重大的政治、经济、社会、文化的变化，使得从前的共同体社会在社会成员间进行资源分配的机能逐渐消亡。面对共同体社会的解体所引发的复杂性和不确定性，社会成员并不是完全被动地承受，而是通过与环境能动的相互作用，创造出新的交换系统来实现自身的欲求①，近代市场体系就是这种活动的产物。从某种意义上来讲，"正是由于同市场相关的各种社会领域（政治体系、家族、亲缘、社会共同体等）制度体系的相对安定，才使市场经济的不安定化倾向得到抑制，而不会造成市场社会的危机。同时，市场社会的安定使经济得到发展，反过来促进了社会制度体系的安定化"。但是，市场和社会的互补并不是一种静态均衡的状态，各交换系统为了自身的存续和成长，不断通过对环境施加影响进行自组织化活动，结果造成某种交换系统在整个社会经济系统中占据优势地位的状况。随着市场原理的不断推进，一方面造成了优胜劣汰的竞争下垄断的出现和对失败者的清除，另一方面以往交换活动中竞争和协作的互补关系被破坏，家庭和社区的机能被大大地削弱，共同体社会被逐步解体。市场把人格的自由从封建束缚中解放出来的同时，由于以往共同体的互酬和再分配机能的丧失，使人们经常处于市场不安定所引发的冲击之中。市场和社会之间的背离引发的"市场的失效"和"社会的失效"，使社会成员在经济生活和社会生活中面对机会与结果的不平等、经济危机、社会动荡等环境复杂性和不确定性。为了缩减这些复杂性和不确定性，要求某种系统能够填补因市场和社会相背离所造成的人们欲求实现的"场"的缺损，政府的生成及其规模扩大和机能增强正是这种需要的结果。并且，从历史角度来看，市场原理的扩张和共同体社会的解体越深化，作为连接市场和社会的中间组织的政府，其规模和机能就越膨胀，东北地区政府所承担的功能就是最好的例证。

政府产生后，一方面通过由其契约特性所支撑的行政机能——内部组织化和经济成果的再分配与社会建立了非经济性的联系，另一方面通过由其行政性所维系的政治机能与市场建立了经济关系。在将社会和市场的一部分机能内部化的同时，通过与市场和社会的各种交换活动，将市场和社会连接起来，如图3-4所示。在产业社会，政府已经不再是市场和社会的从属部分，而是与市场和社会一样，成为社会经济系统中不可缺少的组成部分。政府、市场和社会不仅具有相互依存和互补的侧面，而且具有异质和相互对立的侧面，一方靠其支配地位将他方完全取代是不可能的，三者之间是一种"异质共生"的互补关系。从社会经济系统的现实来看，完全竞争的市场经济和纯粹的计划经济都是不存在的，而通过市场、政府、社会间"异质共生"的互补所形成的"混合经济"才是其自然的状态。

---

① 但是，市场和社会的互补并不是一种静态均衡的状态。在一个社会经济系统中，各交换系统为了自身的存续和成长，不断通过对环境施加影响进行自组织化活动，结果形成某种交换系统在整个社会经济系统中占据优势地位的状况。

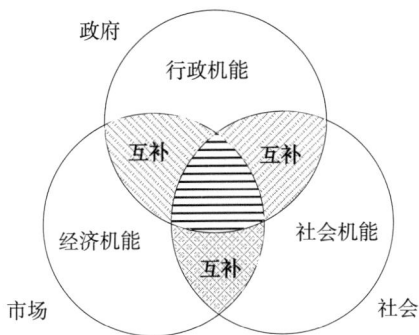

图 3 - 4　政府、市场与社会的"异质共生"与互补

资料来源：笔者整理。

（三）区域经济社会转型：政府治理、市场治理和社会治理的相互作用

总体来看，区域经济社会转型的根本原因是在政府、市场和社会的互动过程中所引致的利益相关者之间的矛盾冲突，致使原来经过利益相关者博弈所达到均衡的区域治理制度向失衡转变（由于不同阶段矛盾问题的差异性，作为直接矛盾主体的利益相关者也将有所不同）。然而，能否突破由于长期以来的惯性思维、路径依赖等因素所导致的制度创新的瓶颈，则取决于当时的利益相关者是"创新变革"还是"维持现状"的"共有信念"的对比。如果前者少于后者，区域失衡将持续，反之将通过对现有制度的"创新变革"实现新的均衡。当利益相关者之间就制度创新达成了共识（也就是具备了正当性）之后，在矛盾主体之间不断的博弈过程中，各方会逐渐明确未来制度设计的可能方向，届时将采取激进或渐进的方式，在已有制度安排的基础上，充分借鉴国际上成功经验对治理制度做出选择。新的区域经济社会制度一旦生成，作为矛盾主体之间的博弈均衡解，将在一定程度上消除或者弱化利益相关者之间的矛盾，并作为"共有信念"固定下来，协调和控制利益相关者的行为，如图 3 - 5 所示。

从区域经济社会转型的整体过程来看，它起于一个均衡，然后历经了"制度失衡"→"制度创新"→"新的均衡"这一过程，但是一个周期完成后，区域经济社会的制度体系并未静止不动。实际上，经过一段时间后，新的经济社会条件的出现受各种诱致性因素的影响，不同的利益相关者技能、决策习惯和认知模式以及相互之间力量对比会产生或多或少的变化，这样就会给参与人带来不稳定的限制。由此直接引致原来潜在的经济社会问题可能会凸显出来，成为新的矛盾点，达到均衡的区域经济社会制度便潜伏着向失衡过渡的趋势，为了应对这种潜在变动，利益相关者不断进行"谈判"活动，从而通过重复博弈，

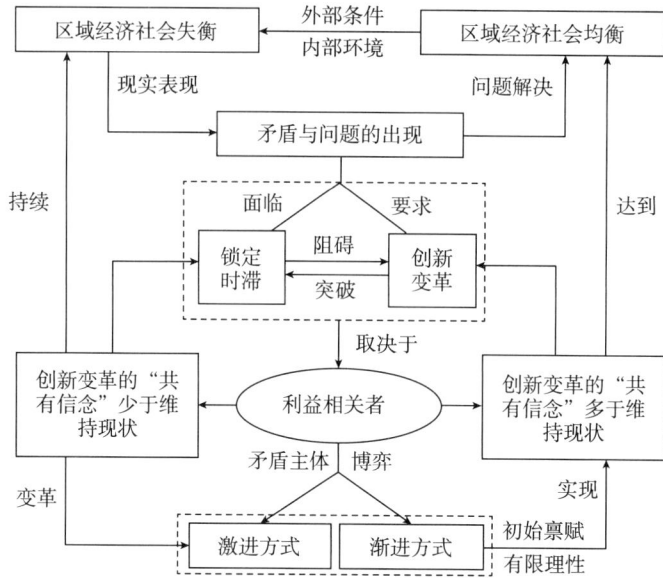

图 3-5 区域经济社会转型的理论模型

资料来源：笔者整理。

打破均衡状态，使得一个均衡向另一个均衡变动，形成一种新的均衡解，即由一种制度向另一种制度转变。但需要注意的是每一个变革周期都是通过利益相关者博弈来推动的，而其变迁的方向又要受到制度的初始禀赋①、有限理性（Boundedly Rational）以及一定时期内人们的共有信念的制约。可以说，区域经济社会的发展或转型是政府、市场和社会共同作用的结果。

---

① 制度的产生或创新伊始，所面临的一系列的历史遗留下来的各种条件。

二、东北老工业基地全面振兴进程评价指标选择依据

东北老工业基地全面振兴进程评价指标的选择主要是以《中共中央国务院关于全面振兴东北地区等老工业基地的若干意见》等政策文件，同时借鉴了已有研究关于区域竞争力评价等研究，以"完善体制机制、推进结构调整、鼓励创新创业、保障和改善民生"四个着力为着眼点，以综合反映东北地区的经济、资源、社会、环境状况为基准，既突出准确的政策导向，又体现科学要求，强调指导性、针对性与实效性，通过科学论证而确定。针对构建东北老工业基地全面振兴进程指标体系这一总目标，设置出"政府治理、企态优化、区域开放、产业发展、创新创业、社会民生"六个测度模块，并依次构建出三级指标及下属的基础测度指标。评价数据主要来源于中国知网、统计年鉴、网络采集和万德数据库等，其中统计年鉴涉及中国统计年鉴、中国城市统计年鉴、分专题统计年鉴、各省市统计年鉴等多个类别。

（一）政府治理评价指标选择依据

政府治理是为了满足区域发展的需求，政府对社会资源进行配置和对国家经济及社会事务进行管理的一系列活动。关于政府与市场关系的讨论由来已久。有限政府（Limited-Government）是 17 世纪至 19 世纪自由资本主义时期占主导地位的政府理念（Dincecco，2009）。新自由主义的政治理论家改变了古典自由主义思想传统的消极政府的观念，西方国家从此进入了促进公平与保障福利的有为政府时代。如果说有限政府和有为政府主要是指政府能做什么和不能做什么的问题，那么，有效政府所关注的是政府如何做好的问题。促进发展的有效政府成为当下最为流行的政府理念。在东北地区政府与市场的关系上，王小鲁（2016）认为，东北经济下行的最主要原因在于政府与市场关系不合理，营商环境建设严重滞后，实施新一轮东北振兴战略的关键，是厘清政府与市场关系。赵昌文（2015）认为，东北问题的根源在于没有解决好新兴产业发展和新旧增长动力接续转换的土壤和环境问题。因此，政府应从生产型政府向服务型政府转变，从政策优惠竞争转移到企业营商环境竞争，形成有利于新动力培育的政府治理体系。刘柏（2015）认为，目前

东北主要是由"看得见的手"在主导市场，市场在很大程度上仍是计划出来的，根本矛盾在于如何处理好政府与市场关系。

从上述论述中可以看出，东北老工业基地振兴在政府治理层面要解决政府职能转型、政策作用发挥及两者间的互动关系，促进政府治理能力提升与治理方法科学化，从而实现由全能型政府向服务型政府的转变，提高政府治理社会的效率与治理能力。7号文件也指出，"加快转变政府职能，进一步理顺政府和市场关系，着力解决政府直接配置资源、管得过多过细以及职能错位、越位、缺位、不到位等问题。以建设法治政府、创新政府、廉洁政府、服务型政府为目标，进一步推动简政放权、放管结合、优化服务……深入推进商事制度改革，优化营商环境，进一步放开放活市场，激发市场内在活力"。可以说，将政府治理作为评价东北老工业基地全面振兴的测度模块之一是符合东北地区实际情况的。对此，可从行政体制、政治治理和经济治理三个角度设计相关评价指标。其中，行政体制包含市场干预和政府规模2个三级指标，政治治理包含简政放权和监管水平2个三级指标，经济治理包含营商环境1个三级指标。5个三级指标作为五个测度维度构成地方政府治理现代化测度指标体系基本框架的五大支柱，综合体现了法治、创新、廉洁、服务、有效等政府治理的重要价值理念。

（二）企业生态优化评价指标选择依据

企态优化意为企业生态的改进与完善，主要表现为优化国企、民企生态，增强企业实力，使其在区域经济中发挥核心作用。企态优化是区域经济中微观主体竞争力的集中体现，是东北老工业基地全面振兴的重要一环。常修泽（2015）认为，东北要真的振兴，就得真刀真枪地推进体制和结构改革，重点在于以"壮士断腕"之气魄，"啃国企改革硬骨头"，建议设立"东北国企改革先行试验区"。任淑玉等（2003）认为，东北老工业基地最大、最核心的难题是国有经济比重高，企业制度相对落后，市场化程度低，企业缺乏活力和竞争力。因此，企态优化的重点在于开展国企改革的同时充分发挥民营企业等非国有经济的作用，在振兴老工业基地的过程中，使国有经济与非国有经济相互融合（李凯、史金艳，2003）。根据徐迟（2004）所提出的东北老工业基地国有企业改革的障碍和难点，只有深化国有企业改革、实施改革领先战略，通过国有企业领导体制改革和国有资产管理体制改革，才能解决目前东北国有大中型企业面临的体制机制和结构的矛盾（林木西，2003）。

民营企业发展对东北老工业基地振兴的作用也不容忽视。与东南沿海相比，东北地区的民营企业发展相对落后。林文强等（2004）比较分析了二者的差异，提出政策环境、技术型业主开拓市场与管理企业的素质、企业群与市场的关系、企业所在地区的文化氛围、企业目标与业主生活满足度的关系等是影响东北民营企业发展的关键因素，并制定了对应的解决策略。国有企业改革对民营企业的发展可以产生推动作用。卜长莉（2006）提出加快国企改制步伐，推动东北民营经济发展的进程，即在政府指导下，民营企业积极参与国企改制，从而以国企改制和市场化的工业化模式发展民营经济。不仅如此，东北民营企业还必须要面临着融资约束的问题，只有塑造一个良好的融资环境，才有助于民营企业发展。

上述观点在 7 号文件中也得到了充分体现："进一步推进国资国企改革，深化国有企业改革，完善国有企业治理模式和经营机制，真正确立企业市场主体地位，解决好历史遗留问题，切实增强企业内在活力、市场竞争力和发展引领力，使其成为东北老工业基地振兴的重要支撑力量。……大力支持民营经济发展。加快转变发展理念，建立健全体制机制，支持民营经济做大做强，使民营企业成为推动发展、增强活力的重要力量。"对此，本书设计了国企效率和国企保增值 2 个三级指标来衡量国有企业的状况，设计了民企规模和民企融资 2 个三级指标来考核民营企业发展状况，设计了企业实力 1 个三级指标来反映当地企业的综合竞争力。

（三）区域开放评价指标选择依据

区域开放主要指区域经济的对外开放水平，具体表现为贸易和投资开放、生产开放、市场开放以及为保障开放做出的区位支撑。从发达国家的经验看，区域开放对老工业基地的发展产生了积极作用（Coe 等，2004）。区域开放是实现经济发展的重要条件，经济发展也会推动区域进一步开放。当前一个普遍的认识是东北对外开放水平偏低（丁国荣，2004）。究其原因主要有以下三点：一是国际直接投资惯性因素；二是比较优势存在制约；三是地区调试的压力（王钰，2004）。李凯、史金艳（2003）提出吸引资本流入东北，并在更高水平、更高技术平台上与跨国公司开展"高位嫁接"，重点抓好汽车、装备制造和电子信息等产业的招商引资，形成产业链条、支柱产业群，更要加强与已落户东北老工业基地的外资企业的协作，实现以商引商。李俊江等（2012）分析东北招商引资的综合性系统，提出在加大创新意识的前提下扩大招商引资，充分利用网络平台促进招商引资。可见，在利用外资的过程中，依据东北产业结构调整的方向以及产业结构演进的规律，采取提高外资的关联度、引导外资投向优势主导产业、基础产业、限制投向一般加工业的战略来优化产业结构是振兴东北老工业基地的关键（陈丽蕾，2005）。除却前述因素外，东北区域开放需要良好的区位因素作为保障。目前，东北一些区位因素存在问题。例如，区域城镇化仍面临动力不足、城市群经济实力弱、资源型城市转型困难、乡村城镇化落后等问题。这些问题都可能对区域开放产生影响（阚澄宇、马斌，2014）。

中央 7 号文件指出，"主动融入、积极参与'一带一路'建设……积极扩大与周边国家的边境贸易，创新边贸方式，实现边境贸易与东北腹地优势产业发展的互动，促进东北进出口贸易水平不断提高"。综上，为了对东北老工业基地的区域开放进行评价，本书提炼出 5 个方面的三级指标对区域开放进行衡量，分别涉及贸易、投资、生产、市场 4 个方面，用于描述经济系统运行的重要环境与环节，而上述 4 个方面将对"区位支撑"的三级指标产生较为直接的双向影响。

（四）产业发展评价指标选择依据

产业发展是指单个产业或产业总体的进化过程，既包括某一产业中企业数量、产品或者服务产量等数量上的变化，也包括产业结构的调整、变化、更替和产业主导位置等质量上的变化，而且主要以结构变化为核心，以产业结构优化为发展方向。东北老工业基地改造在于产业结构的调整和升级，区域产业协调发展是东北老工业基地改造的关键（高相铎、李诚固，2006；胡琦，2005）。东北产业结构的调整需要兼顾其主导产业的选择，既要遵循主导产业选择的一般原则，又要结合地区经济的特点，而且要考虑到与国家宏观产业政策和地区发展战略的协调（黄继忠，2011）。经济的持续发展已经使得中国逐渐进入工业化后期甚至后工业化时期，服务业发展的重要性逐渐显现。因此，在评价产业结构水平时，服务业发展水平是重点之一，其中以金融业为代表的生产性服务业尤其是重中之重（刘力臻、王庆龙，2017）。东北的老工业基地地位使得重化工业占比一直居高不下，东北的产业结构调整的重点之一就是逐步降低重化工业的比重，尤其是重化工业中产能过剩产业的比重（衣保中，2016）。农业是东北地区的传统优势产业，并且肩负着中国粮食安全的重任，因此在评价产业发展时也需要作为一个重点产业加以关注。

产业转型升级是东北老工业基地振兴的重要支撑，新时期东北地区需要加快淘汰落后产能、化解过剩产能、培育发展新动能，提高全要素生产率，实现高质量发展。中央 7 号文件强调，"坚持多策并举，'加减乘除'一起做，全面推进经济结构优化升级，加快构建战略性新兴产业和传统制造业并驾齐驱、现代服务业和传统服务业相互促进、信息化和工业化深度融合的产业发展新格局。……促进装备制造等优势产业提质增效。准确把握经济发展新常态下东北地区产业转型升级的战略定位，控制重化工业规模、练好内功、提高水平、深化改革，提高制造业核心竞争力，再造产业竞争新优势，努力将东北地区打造成为实施'中国制造 2025'的先行区。……提升原材料产业精深加工水平，推进钢铁、有色、化工、建材等行业绿色改造升级，积极稳妥化解过剩产能。……大力发展以生产性服务业为重点的现代服务业。实施老工业基地服务型制造行动计划，引导和支持制造业企业从生产制造型向生产服务型转变。……加快发展现代化大农业。率先构建现代农业产业体系、生产体系、经营体系，着力提高农业生产规模化、集约化、专业化、标准化水平和可持续发展能力，使现代农业成为重要的产业支撑"。综合以上论述，评价东北地区产业发展问题，既要考虑产业结构的合理化与高级化，还要考虑重化工调整和服务业、金融业与农业问题。为此，本书用产业均衡、服务业发展、重化工调整、金融深化和现代农业5个三级指标来测度产业发展。

（五）创新创业评价指标选择依据

创新创业是指基于技术创新、管理创新或创办新企业等方面的某一点或几点所进行的活动。创新创业是建立"学习型"区域，实现老工业基地转型的关键因素，这一观点已经在国际上达成普遍共识（Morgan，1997）。随着经济全球化，国际竞争的加强、区域企业和产业集群的成功出现，以及传统区域发展模式和政策的明显不足，区域创新系统概念得到迅速流行（Florida等，2012）。目前，东北地区的创新水平不高且动力不足，创新资金投入不足，创新难以就地产业化（李政，2015）。建立具有区域特征的创新创业生态系统，对振兴东北工业基地和改变产业结构尤为重要。于晓琳等（2017）从创新环境、创新投入、企业创新、创新绩效4个方面评价了辽宁省各地级市的科技创新能力，发现辽宁各市创新环境、创新基础和创新资源等差别较大，"双创"呈现出明显的区域性不平衡和不协调特征。除了沈阳、大连区域创新能力较强外，大部分地区创新能力不足、创新基础薄弱、创新意识不强，区域创新缺乏竞争力。在创业的重要性方面，孙少岩（2004）从东北的"项目怪圈"出发，认为东北要走出资金项目依赖的怪圈，就需要通过创业来激发经济社会的持续活力。

中央"7号文件"对此也有表述，"完善区域创新体系。把鼓励支持创新放在更加突出的位置，激发调动全社会的创新激情，推动科技创新、产业创新、企业创新、市场创新、产品创新、业态创新、管理创新。……促进科教机构与区域发展紧密结合。扶持东北地区科研院所和高校、职业院校加快发展，支持布局建设国家重大科技基础设施。……加大人才培养和智力引进力度。把引进人才、培养人才、留住人才、用好人才放在优先位置"。有鉴于此，本书用研发基础、人才基础、技术转化、技术产出和创业成效来衡量创新创业水平。其中，创新方面包含创新投入和创新产出，具体为研发基础、人才基础、技术转化和技术产出4个三级指标，创业方面包含创业成效1个三级指标。

（六）社会民生评价指标选择依据

社会民生主要表现为一系列社会问题的解决与生态保护，既是区域经济发展的最终目的，也是支撑区域经济发展的人文要素。社会民生具体可分为经济（居民收入与消费）、政治（社会保障、社会公平）和生态（生态环境保护）三个层面。国务院发展研究中心

"中国民生指数研究"课题组（2015）设计了中国民生指数，该指数由"民生客观指数"和"民生主观（满意度）指数"两部分构成。鉴于指标客观性和数据来源限制，本书主要借鉴该指数的客观指数部分。在东北民生问题方面，部分研究分析了东北农村居民收入与消费问题。金华林、李天国（2011）通过灰色关联模型分析东北三省农村居民收入后预测，在新农村建设环境下东北农村居民收入将有显著性提升，其收入结构也将日渐合理。但是，东北农村居民的消费模式尚不合理，仍处于由传统农耕社会的消费模式向现代消费模式转变的起始阶段（于洪彦等，2008）。因此，收入与消费模式并不协调，仍存在问题。在政治层面，东北社会保障问题引发关注，其中东北失业问题等成为关注的焦点（李培林，1998）。在生态层面，良好的资源环境条件是东北地区区域开发的重要基础，但由于历史因素、人为过度利用等因素的叠加，东北资源环境不断恶化（李琛、谢辉，2006）。为此，刘艳军、王颖（2012）提出调整与优化区域发展模式、适度控制空间开发速度及规模、加强能源利用与碳排放的引导控制、抑制污染物排放与强化环境设施配置及强化政策制度与空间管制引导等建议。

中央"7号文件"指出，"抓民生也是抓发展，人民生活水平不断提高是判断东北老工业基地振兴成功的重要标准。……切实解决好社保、就业等重点民生问题。加大民生建设资金投入，全力解决好人民群众关心的教育、就业、收入、社保、医疗卫生、食品安全等问题，保障民生链正常运转。……推进城市更新改造和城乡公共服务均等化。针对城市基础设施老旧问题，加大城市道路、城市轨道交通、城市地下综合管廊等设施建设与更新改造力度，改善薄弱环节，优化城市功能，提高城市综合承载和辐射能力。……打造北方生态屏障和山青水绿的宜居家园。生态环境也是民生"。根据上述研究，本书对于社会民生，从经济基础、制度保障、生态环境三个方面进行评价。其中，经济基础层面分别从收支（收入与消费）两个维度对居民的物质水平进行衡量；制度保障层面分别从社会保障、社会公平两个方面进行衡量；而生态环境层面是当前国内外共同探讨的重要议题，对于改善民生水平，实现东北地区的可持续性发展有着牵线引路的作用。

以上各指标具体如表3-1所示。

表3-1 东北老工业基地全面振兴进程评价（省域）指标体系及数据来源

二级	三级	基础测度指标	来源
政府治理	市场干预	政府分配资源的比重（逆）	中国统计年鉴
	政府规模	政府人员规模（逆） 行政成本比重（逆）	中国劳动统计年鉴、中国统计年鉴
	简政放权	社会服务机构规模	中国民政统计年鉴、中国统计年鉴
	监管水平	银行不良资产比率（逆） 单位GDP事故死亡数（逆）	中国金融年鉴、中国劳动统计年鉴、万德数据库
	营商环境	万人新增企业数 民间固定资产投资增速	中国统计年鉴

续表

二级	三级	基础测度指标	来源
企态优化	国企效率	国企劳均主营业务收入	中国统计年鉴、中国劳动统计年鉴
	国企保增值	国企利润率	中国统计年鉴
	企业实力	百万人上市公司数 上市公司资产比重	中国金融年鉴、中国证券期货统计年鉴
	民企规模	民企资产占比 民企数量占比 民企就业占比	中国统计年鉴
	民企融资	民企与国企资产负债率比	中国统计年鉴
区域开放	贸易开放	对外贸易依存度 净出口贡献率	中国统计年鉴
	投资开放	人均实际利用外资额 外商投资进出口货物占比	中国统计年鉴
	生产开放	外资工业企业资产比重	中国统计年鉴
	市场开放	单位 GDP 外商投资企业数 货运活跃度 客运活跃度	中国统计年鉴
	区位支撑	城市化水平 运网密度 国际旅游收入比	中国统计年鉴
产业发展	产业均衡	产业分布泰尔指数（逆）	中国统计年鉴、中国劳动统计年鉴
	服务业发展	服务业增加值比重 服务业增长率 金融业增加值比重	国家统计局官网、中国统计年鉴
	重化工调整	重化工业比重（逆） 产能过剩产业比重（逆）	中国工业统计年鉴
	金融深化	银行信贷占比 社会融资规模增量	中国金融年鉴
	现代农业	农业综合机械化水平 农业劳动生产率	中国农业机械工业年鉴、中国统计年鉴
创新创业	研发基础	研发（R&D）投入强度 科技创新支出强度	中国科技统计年鉴、中国统计年鉴
	人才基础	研发（R&D）人员占比 高校（R&D）人员平均强度	中国科技统计年鉴、中国统计年鉴
	技术转化	技术市场成交额占比 科技人员专利申请强度 科技人员专利批准强度	中国统计年鉴、中国科技统计年鉴

二级	三级	基础测度指标	来源
创新创业	技术产出	高新技术产业收入占比 新产品销售收入占比	中国科技统计年鉴、中国统计年鉴
	创业成效	千人私营企业数 百万人非主板上市企业数	中国统计年鉴、万德数据库
社会民生	居民收入	城乡居民收入水平 居民人均存款额	中国统计年鉴、中国城市统计年鉴
	居民消费	城乡居民消费水平 人均社会消费品零售额	中国统计年鉴
	社会保障	城镇职工基本养老保险抚养比 人均养老金支出	国家统计局官网、中国统计年鉴
	社会公平	城乡居民收入比（逆） 城乡每千人卫生技术人员比（逆） 城乡中小学人均教师资源比（逆）	中国统计年鉴
	生态环境	人均公园绿地面积 PM2.5 平均浓度（逆） 空气质量达到及好于二级的天数	中国统计年鉴、中国城市统计年鉴

指标计算公式

1. 政府分配资源的比重 = 扣除教科文卫和社会保障后的财政支出/地区 GDP ×100%

2. 政府人员规模 = 公共管理部门年底职工人数/地区人口 ×100%

3. 行政成本比重 = 财政支出中的一般公共服务支出/地区 GDP ×100%

4. 社会服务机构规模 = 社会服务机构及设施数/（地区年末人口 × 地区面积）

5. 银行不良资产比率 = 不良贷款/各项贷款 ×100%

6. 单位 GDP 事故死亡数 = 因公死亡人数/地区 GDP

7. 万人新增企业数 =（当年企业单位数 – 上一年企业单位数）/地区年末人口 ×10⁴

8. 民间固定资产投资增速 =（当年民间固定资产投资 – 上一年民间固定资产投资）/上一年民间固定资产投资 ×100%

9. 国企劳均主营业务收入 = 国有控股工业企业主营业务收入/（国有单位采矿业 + 制造业 + 电力业就业人数）

10. 国企利润率 = 国有及国有控股工业企业利润/国有及国有控股工业企业主营业务收入 ×100%

11. 百万人上市公司数 = 当年所有上市公司数量/地区年末人口 $\times 10^6$

12. 上市公司资产比重 = 当年所有上市公司总资产/地区生产总值 $\times 100\%$

13. 民企资产占比 = 民企资产/社会总资产 $\times 100\%$

14. 民企数量占比 = 私营企业法人单位数/企业法人单位数 $\times 100\%$

15. 民企就业占比 = 民企就业人数/（民企就业人数 + 城镇单位就业人数）$\times 100\%$

16. 民企与国企资产负债率比 = 民企资产负债率/国企资产负债率

17. 对外贸易依存度 = 进出口总额/地区 GDP $\times 100\%$

18. 净出口贡献率 = （地区 GDP – 资本形式总额 – 最终消费支出）/地区 GDP $\times 100\%$

19. 人均实际利用外资额 = 实际利用外资额/地区年末人口

20. 外商投资进出口货物占比 = 外商投资企业进出口总额/地区进出口货物总额 $\times$ 100%（该公式按境内目的地和货源地分）

21. 外资工业企业资产比重 = （港澳台商投资的工业企业总资产 + 外商投资的工业企业总资产）/地区 GDP $\times 100\%$

22. 单位 GDP 外商投资企业数 = 外商投资企业数/地区 GDP

23. 货运活跃度 = 地区货运周转量/地区总面积

24. 客运活跃度 = 地区客运周转量/地区总面积

25. 运网密度 = （铁路营业里程 + 内河航道里程 + 公路里程）/地区总面积

26. 城市化水平 = 地区城市人口/地区年末人口 $\times 100\%$

27. 国际旅游收入比 = 国际旅游收入/地区 GDP $\times 100\%$

28. 产业分布泰尔指数 = $\sum_{i=1}^{3}$（产业增加值$_i$/GDP）$\times \ln$（产业增加值$_i$/产业就业$_i$）/（GDP/总就业）

29. 服务业增加值比重 = 第三产业增加值/地区 GDP $\times 100\%$

30. 服务业增长率 = （当年第三产业增加值 – 上一年第三产业增加值）/上一年第三产业增加值 $\times 100\%$

31. 金融业增加值比重 = 金融业增加值/地区 GDP $\times 100\%$

32. 重化工业比重 = 重化工业总资产/资产总计 $\times 100\%$

33. 产能过剩产业比重 = 地区产能过剩产业主营业务收入/重化工业主营业务收入 $\times 100\%$

34. 银行信贷占比 = 银行信贷/地区 GDP $\times 100\%$

35. 社会融资规模增量 = 当年社会融资总额 – 上一年社会融资总额

36. 农业综合机械化水平 = （0.4 $\times$ 机耕面积 + 0.3 $\times$ 机播面积 + 0.3 $\times$ 机收面积）/农作物播种面积 $\times 100\%$

37. 农业劳动生产率 = 第一产业增加值/第一产业从业人员数

38. 研发（R&D）投入强度 = 研发经费/地区 GDP $\times 100\%$

39. 科技创新支出强度 = 科学技术支出/地方一般财政预算支出

40. 研发（R&D）人员占比 = 研发人员数/地区年末人口 $\times 100\%$

41. 高校（R&D）人员平均强度 = 高校（R&D）人员合计数/学校数

42. 技术市场成交额占比 = 技术市场成交额/地区 GDP×100%

43. 科技人员专利申请强度 = 专利受理数/R&D 人员数

44. 科技人员专利批准强度 = 国内专利授权数/R&D 人员数

45. 高新技术产业收入占比 = 高技术产业主营业务收入/地区 GDP×100%

46. 新产品销售收入占比 = 高技术产业新产品销售收入/高技术产业主营业务收入×100%

47. 千人私营企业数 = 私人企业法人单位数/地区年末人口×10^3

48. 百万人非主板上市企业数 = （创业板上市企业数量 + 中小板上市企业数量）/地区年末人口×10^6

49. 城乡居民收入水平 = （城市居民收入水平×城镇人口数 + 农村居民收入水平×乡村人口数）/（城镇人口数 + 乡村人口数）

50. 居民人均存款额 = 居民人民币储蓄存款余额/地区年末人口

51. 城乡居民消费水平 = （城市居民消费水平×城镇人口数 + 农村居民消费水平×乡村人口数）/（城镇人口数 + 乡村人口数）

52. 人均社会消费品零售额 = 社会消费品零售总额/地区年末人口

53. 城镇职工基本养老保险抚养比 = 城镇在岗职工数/离退休人员数

54. 养老金支出占比 = （城镇职工养老金支出 + 城乡居民社会养老金支出）/地区年末人口

55. 城乡居民收入比 = 城市居民收入水平/农村居民收入水平

56. 城乡每千人卫生技术人员比 = 城市每千人卫生技术人员/农村每千人卫生技术人员

57. 城乡中小学人均教师资源比 = ［（城镇小学教师数 + 城镇中学教师数）/城镇人口］/［（乡村小学教师数 + 乡村中学教师数）/乡村人口］

58. 人均公园绿地面积 = 城市公园绿地面积/地区年末人口

59. PM2.5 平均浓度：取各省市区下辖环保重点城市该指标的平均值

60. 空气质量达到及好于二级的天数：取各省市区下辖环保重点城市该指标的平均值

表 3–2　东北老工业基地全面振兴进程评价（地市级）指标体系及数据来源

二级	三级	基础测度指标	来源
政府治理	市场干预	政府分配资源的比重（逆）	黑龙江统计年鉴、吉林统计年鉴、辽宁统计年鉴
	政府规模	政府人员规模（逆） 行政成本比重（逆）	中国城市统计年鉴、黑龙江统计年鉴、吉林统计年鉴、辽宁统计年鉴
	招商引资	外商直接投资项目数 人均实际利用外资额	中国城市统计年鉴、黑龙江统计年鉴、吉林统计年鉴、辽宁统计年鉴

二级	三级	基础测度指标	来源
企态优化	国企保增值	国企利润率	黑龙江统计年鉴、吉林统计年鉴、辽宁统计年鉴
	企业实力	均企利润额 均企资产	中国城市统计年鉴
	民企发展	民企就业占比 民营企业数占比	中国城市统计年鉴、黑龙江统计年鉴、吉林统计年鉴、辽宁统计年鉴
区域开放	对内外贸易	对外贸易依存度 限额以上批发零售贸易业销售总额增加值	中国城市统计年鉴、黑龙江统计年鉴、吉林统计年鉴、辽宁统计年鉴
	生产开放	外资工业企业产值比 外资投资经济占比	中国城市统计年鉴、黑龙江统计年鉴、吉林统计年鉴、辽宁统计年鉴
	区位支撑	地区货运量	黑龙江统计年鉴、吉林统计年鉴、辽宁统计年鉴、中国区域经济统计年鉴
产业发展	结构调整	第三产业占地区 GDP 比重 第三产业就业人员占比	中国城市统计年鉴
	服务业发展	服务业增加值比重 服务业增长率	中国城市统计年鉴、黑龙江统计年鉴、吉林统计年鉴、辽宁统计年鉴
	金融深化	银行信贷占比	黑龙江统计年鉴、吉林统计年鉴、辽宁统计年鉴
创新创业	研发基础	信息技术从业人员占比 科技投入占比	中国城市统计年鉴
	创业成效	百万人非主板上市企业数（百万人创业板上市企业数量、百万人中小板上市企业数量）	Wind 数据库或深圳证券交易所官网：上市公司情况表
	教育支撑	每十万人高等学校在校生数 高等学校师生比	中国城市统计年鉴
社会民生	居民生活	城乡居民收入水平 城镇居民消费水平	中国区域经济统计年鉴、黑龙江统计年鉴、吉林统计年鉴、辽宁统计年鉴
	社会和谐	社会保障和就业支出占地方公共财政支出比重	黑龙江统计年鉴、吉林统计年鉴、辽宁统计年鉴
	生态环境	人均公园绿地面积 工业烟粉尘去除量	中国城市统计年鉴、黑龙江统计年鉴、吉林统计年鉴、辽宁统计年鉴

指标计算公式

1. 政府分配资源的比重 = 扣除教科文卫和社会保障后的财政支出/地区 GDP×100%

2. 政府人员规模 = 公共管理部门年底职工人数/地区年末人口×100%

3. 行政成本比重 = 财政支出中的一般公共服务支出/地区 GDP×100%

4. 外商直接投资项目数：直接摘录

5. 人均实际利用外资额 = 人均实际利用外资额 = 实际利用外资额/地区年末人口

6. 国企利润率 = 国企利润/国企收入×100%

7. 均企利润额 = 利润总额/工业企业数

8. 均企资产 = (流动资产 + 固定资产)/工业企业数

9. 民企就业占比 = 城镇私营和个体从业人员/城镇单位从业人员期末人数

10. 民营企业占比 = (内资企业数 − 国有企业数)/工业企业数

11. 对外贸易依存度 = 进出口总额/地区 GDP

12. 限额以上批发零售贸易业销售总额增加值 = 当年限额以上批发零售贸易业销售总额 − 上一年限额以上批发零售贸易业销售总额

13. 外资工业企业产值比 = (港澳台商投资的企业总产值 + 外商投资企业总产值)/工业总产值

14. 外资投资经济占比 = 外资投资/(国家预算内资金 + 国内贷款 + 债券 + 外资投资 + 自筹资金 + 其他投资)

15. 地区货运量 = 铁路货运量 + 公路货运量 + 水运货运量 + 民用航空货运量

16. 第三产业占地区 GDP 比重：直接摘录

17. 第三产业就业人员占比：直接摘录

18. 服务业增加值比重 = 服务业增加值/地区 GDP×100%

19. 服务业增长率 = (当年服务业增加值 − 上一年服务业增加值)/上一年服务业增加值×100%

20. 银行信贷占比 = 银行信贷/地区 GDP×100%

21. 信息技术从业人员占比 = 信息传输、计算机服务和软件业从业人员/城镇单位从业人员数

22. 科技投入占比 = 科学技术支出/公共财政支出

23. 每十万人高等学校在校生数 = 在校学生数/[年末人口数 (人)/100000]

24. 高等学校师生比 = 专任教师数/在校学生数

25. 百万人非主板上市企业数 = 当年所有上市公司数量/[地区年末人口 (人)/1000000]

26. 城乡居民收入水平 =（城市居民收入水平 × 城镇人口数 + 农村居民收入水平 × 乡村人口数）/（城镇人口数 + 乡村人口数）

27. 城镇居民消费水平 = 城镇居民人均消费支出

28. 社会保障和就业支出占地方公共财政支出比重 = 社会保障和就业支出/公共财政支出

29. 人均公园绿地面积：直接从年鉴中摘录

30. 工业烟粉尘去除量 = 烟粉尘产生量 − 烟粉尘排放量，各分项直接从年鉴中摘录。

参考文献

［1］郭亚军．综合评价理论、方法及应用［M］．北京：科学出版社，2007.

［2］易平涛，李伟伟，郭亚军．综合评价理论与方法（第二版）［M］．北京：经济管理出版社，2019.

［3］迟福林．二次开放：全球化十字路口的中国选择［M］．北京：中国工人出版社，2017.

［4］马国霞，石敏俊，李娜．中国制造业产业间集聚度及产业间集聚机制［J］．管理世界，2007（8）：58 - 65.

［5］刘凤朝，马荣康．东北老工业基地创新驱动发展研究［M］．北京：科学出版社，2016.

［6］吕政．振兴东北老工业基地科技支撑战略研究［M］．北京：经济管理出版社，2012.

［7］张虹．东北老工业基地经济与社会可持续发展研究［M］．北京：经济科学出版社，2011.

［8］青木昌彦．比较制度分析［M］．周黎安译．上海：上海远东出版社，2001.

［9］黄继忠．东北老工业基地产业结构调整优化研究［M］．北京：经济科学出版社，2011.

［10］肖兴志．中国老工业基地产业结构调整研究［M］．北京：科学出版社，2013.

［11］东北解放区财政经济史编写组．东北解放区财政经济史资料选编（第一辑）［M］．哈尔滨：黑龙江人民出版社，1988.

［12］东北解放区财政经济史编写组．东北解放区财政经济史资料选编（第二辑）［M］．哈尔滨：黑龙江人民出版社，1988.

［13］梁方仲．中国历代户口、田地、田赋统计［M］．上海：上海人民出版社，1980.

［14］葛剑雄，侯杨方，张根福．人口与中国的现代化（1850 年以来）［M］．上海：学林出版社，1999.

［15］王魁喜等．近代东北史［M］．哈尔滨：黑龙江人民出版社，1984.

［16］陈耀．中国东北工业发展 60 年：回顾与展望［J］．学习与探索，2009（5）：40 - 45.

［17］伍晓鹰. 中国工业化道路的再思考：对国家或政府作用的经济学解释［J］. 比较, 2014（6）：1 - 25.

［18］刘智文. 东北封禁政策刍议［J］. 学习与探索, 2003（6）：133 - 136.

［19］孙经纬. 新编中国东北地区经济史［M］. 长春：吉林教育出版社, 1994.

［20］李怀. "东北现象"：问题的实质与根源［J］. 管理世界, 2000（4）：206 - 207, 216.

［21］常修泽. "再振兴"东北战略思路探讨［J］. 人民论坛, 2015（21）：18 - 21.

［22］陈丽蔷. 外资对东北老工业基地产业结构演进的影响［J］. 经济地理, 2005（5）：624 - 628.

［23］丁国荣. 东北振兴中的对外开放战略［J］. 经济管理, 2004（5）：18 - 21.

［24］黄继忠. 东北老工业基地产业结构调整优化研究［M］. 北京：经济科学出版社, 2011.

［25］李凯, 史金艳. 略论东北老工业基地的振兴及其发展思路［J］. 管理世界, 2003（12）：140 - 141.

［26］李培林. 老工业基地的失业治理：后工业化和市场化——东北地区 9 家大型国有企业的调查［J］. 社会学研究, 1998（4）：3 - 14.

［27］林木西. 振兴东北老工业基地的理性思考与战略抉择［J］. 经济学动态, 2003（10）：39 - 42.

［28］刘柏. 对东北经济衰退的深度解读［J］. 人民论坛, 2015（16）：26 - 27.

［29］刘艳军, 王颖. 东北地区区域开发程度演化及其资源环境影响［J］. 经济地理, 2012（5）：37 - 42.

［30］王珏. "西部大开发"实施成效对"振兴东北老工业基地"的启示——基于地区利用外资的分析［J］. 管理世界, 2004（10）：149 - 150.

［31］衣保中. 振兴东北当补轻工业欠账［J］. 人民论坛, 2016（9）：42 - 42.

［32］李伟伟, 易平涛, 李玲玉. 综合评价中异常值的识别及无量纲化处理方法［J］. 运筹管理, 2018（4）：173 - 178.

［33］Coe N M, Hess M, Yeung H W C. "Globalizing" regional development：A global production networks perspective［J］. Transactions of the Institute of British Geographers, 2004, 29（4）：468 - 484.

［34］Dincecco M. Fiscal centralization, limited government, and public revenues in Europe, 1650 - 1913［J］. The Journal of Economic History, 2009, 69（1）：48 - 103.

［35］Florida R, Mellander C, Qian H. China's development disconnect［J］. Environment and Planning A, 2012, 44（3）：628 - 648.

［36］Morgan, K. The learning region：Institutions innovation and regional renewal［J］. Regional Studies, 2007（31）：491 - 403.